The Study of Technology and Engineering Education

기술교육과정 탐구

최유현 저

www.hyungseul.co.kr

서문 PREFACE

기술교과 교육의 도전

기술은 인류 문명을 여는 시점부터 지금까지 사회적 구조와 변화를 바꾸고 이끄는 동인이 되어 왔다. 한편으로는 사회적 요구와 영향들이 기술의 새로운 발전 패러다임으로 반영되기도 한다. 오늘날 인공지능을 중심으로 한 기술의 대변혁 속에서 인간의 고유영역인 지능적 영역까지 침범하여 인간은 기술을 더 이상 편리함과 발전의 수단으로 여기기에는 너무 안일한 대처이다. 그래서 기술의 속성과 본질을 알아야 하고 욕망으로 잉태되는 기술에 대한 지혜로운 안목과 대처가 필요하다. 즉 기술은 더 이상 전문가만의 일이 아니라 보통의 시민이라면 기술에 대한 지식과 이해, 과정과 가능, 가치와 태도의 탐구적, 체험적 학습이 교양교육의 차원에서 강화되어야 한다.

기술은 위대한 변화의 성장동력(great growling engine of change)이고, 사회를 재구조화하는 힘(a force that reshapes society)이다. 글로벌 시민으로서의 생활에서 만연된 기술적 환경에서 기술적 무지(technological illiteracy)를 벗어나기 위하여 기술에 대한 올바른 이해가 필요하다. 즉 기술교양의 교육적 배려는 충분한 가치와 당위로 받아들여진다.

> 우리는 기술의 여러 가지 종류나 제품 중에서 하나를 선택할 수는 있지만, 기술을 피하여 사는 것을 선택할 수는 없다(Walker, 1985).
>
> 기술은 본래 딱딱하고 비인간적이서 그 자체로는 해결방안이 되지 못한다. 그러나 기술이 관리될 수 있다면 유연해질 수 있다. 또한 기술을 교육적으로 이해할 수 있다면, 우리의 필요와 요구에 따라 수용되거나 개선될 수 있다(Johnson, 1992).
>
> '기술의 본질이 닦달하는 것'이라는 마르틴 하이데거(Martin Heidegger, 1889~1976)의 재미있는 비유에서 보듯이 우리는 매일 수없이 기술에 의하여 닦달 당한다.
>
> 인간과 기술의 관계는 그동안 주로 유토피아와 디스토피아의 이분법적 관점에서 해석되어 왔다. 기술 시대에 새롭게 드러난 이 양자의 측면을 동시에 고려할 때, 기술시대의 인간에 대한 올바른 이해에 도달할 수 있을 뿐 아니라, 인간의 능력을 확장시키는 기술과의 공생도 충분히 가능하다(돈 아이디(Don Idhe, 1936~).

위의 주장과 같이 기술을 교육적으로 배려하는 일은 학생들이 장차 빠르게 변화하는 기술에 익숙해지며, 기술적 문제와 활동에 참여를 돕고, 학생들이 자신의 삶의 질을 개선하기 위하여 창조적으로 사고하는 일을 가능케 한다. 즉 기술의 교육적 배려는 학생들이 개인 및 집단의 구성원으로서 능동적이고 창조적 문제해결자(problem solvers)와 혁신자(innovators)가 되도록 돕는다.

기술교과 교육의 새로운 도전은 정신과 사고교육의 강조를 지속적으로 주장하고 있다. 즉 '정신성(minds on)' '근육에서 두뇌로(brain over brown)' '물질에서 정신으로(mind over matter)' '지적 기능(intellectual skills)' '유체역학으로부터 유체정신으로(from fluid mechanism to fluid intelligence)' 등의 용어와 슬로건들이 기술교과 교육연구에서 발견되고 있는 점은 이를 잘 확인시켜 주고 있다. 또한 기술교과 교육은 지식기반 사회의 담론과 요구에 부응하기 위하여 기술교과 교육학 탐구의 새로운 해석과 비전이 발명(invention), 혁신(innovation), 창조(creation), 교육(education)의 조화로운 만남 속에서 추구되어야 할 것이다.

이러한 변혁의 시기에서 기술교과 교육의 변혁적 요구도 새로운 교육의 패러다임을 요구하고 있다. 영국의 오픈 유니버시티에서 해마다 10개의 교육 키워드로 혁신적인 교수학(innovating pedagogy) 보고서를 10년간 (2012~2022) 발간하고 있다. 10년 동안 키워드 100개에 담긴 교육의 트렌드는 몸과 마음의 체화 과정으로서의 교육 트렌드, 대화와 맥락 상황을 고려한 교육 트렌드, 새로운 테크놀로지인 인공지능, 드론, 메타버스 등의 슬기로운 교육 활용 트렌드, 인간의 감정, 감성, 공감, 협력을 이끌어 내는 교육 트렌드, 창조와 혁신 학습을 위한 학습자 소유권을 강조하는 교육 트렌드의 변화는 이른바 교육 4.0시대의 공통의 교육의 지향점이다.

또한 미국의 기술 공학 교양 표준(STEL, 2020), 한국의 2022 개정 교육과정 개정은 공학과 강조와 더불어 새로운 기술교과 교육의 지식 이해, 과정 기능, 가치 태도의 입체적 변화를 요청하고 있다.

저술의 기본지향

이 책은 **기술교과 교육학의 학문적 이해와 연구**를 위한 목적으로 쓰여졌으며, 다음의 집필 방향을 견지하였다.

첫째, 기술교과 교육학의 학문적 토대인 **'기술학(the study of technology)'의 이론과 방법론**에 터하여 집필하였다. 따라서 기술의 본질과 방법론에 기초하여 집필한 이 책은 고유한 기술이 가지는 본질과 과정을 중시하였다.

둘째, 기술교과 교육학의 정체와 정당화의 관점에서 전문 기술교육이 아닌 일반 교양교육적 목적을 지닌 교과의 성격에 기초하여 기술교과 교육의 학문적 기초, 교육과정, 교육방법, 교육평가, 교사교육, 교육시설, 교육연구 등의 핵심적인 주제만을 다루었다.

셋째, 기술교과 교육의 학습방법론적 철학은 구성주의적·자기주도적·수행 중심적인 학습과 평가에 기초하고 있다. 이는 기술적 활동의 본질적 측면을 반영한 것이다.

넷째, 최근에 기술교과 교육에서 강조되는 정신적인 사고력 교육을 강화하고 전략화하는 방향에서 집필하였다.

다섯째, 이 책에서 다룬 내용은 절대적 내용이기보다는 문제제기의 차원에서 다양한 주제를 다루었고, 독자는 이 책의 주제를 중심으로 대안적 연구와 탐구가 장려될 수 있도록 배려하였다.

여섯째, 이 책은 기술교과 교육의 전문적 이해와 탐구를 위한 학술서로서 대부분의 내용은 기술교과 교육학의 범주에서 논의된 연구결과들을 바탕으로 집필하였다.

무엇보다도 이 책은 기술을 주제로 하고 있지만, 인간, 자연의 조화 속에서 실천 지혜의 담론을 추구하는 데 기본지향이 있다. 이는 기술교과 교육의 철학적 담론이기도 하다.

저술 체제

이번 출판은 총 3권, 7부로 구성되어 있다. 각 부에서의 기본 체제는 연구 주제로의 초대에서 각 부의 기본문제를 제기하였다. 그리고 각 장에서는 개요문과 주요 개념을 제시하여 다루어지는 내용의 안내와 목표를 구체화하였다. 또한 본문을 진술한 후 각 부의 마지막에서는 개념정리를 위한 탐구문제(concept mapping)와 성찰을 위한 토론과제(reflection)로 전체 내용을 정리하고 성찰하게 하였고, 각 부별로 참고문헌을 제시하였다.

저술의 담론과 내용

이 책은 기본적으로 2005년 출판된 기술교과교육학이 모태가 되고 있다. 기술교과교육학이 출판된 이후 교육과정의 개정과 학문적 담론의 변화로 인하여 새로운 이론과 내용을 담을 필요가 크게 느껴졌다.

2007년 개정된 교육과정을 보면, 기술학적 체계의 강화, 발명교육, 전통기술의 새로운 교육내용의 등장, 수행, 문제해결, 협력의 방법론적인 패러다임의 강화가 눈에 띄게 강화되고 있다. 눈을 돌려 세계를 보면, 창조, 혁신, 발명, 공학 설계 등의 키워드를 중심으로 한 기술교과 교육과정의 변혁을 가져오고 있다. 특히 2008년에 영국, 일본, 대만, 뉴질랜드 등이 새로운 교육과정을 마련하고 기술교육의 새로운 패러다임을 완성해 가고 있다.

또한 2005년 출판된 이 책의 미완성된 부분들을 재구조화하고 보충하는 작업이 필요하였다. 2005년 출판된 책은 교과교육학이라는 학문 영역에서 빠진 교육공학, 교사교육, 시설과 장학 등의 영역이 보충될 필요가 있었다. 그리고 그 책의 내용에서 재구조화나 부분적인 보완이 필요한 부분들을 새롭게 정리하는 작업이 필요하였다.

2010년 출간한 기술교과교육학은 내용 분량상의 문제로 크게 2권의 책으로 출판하게 되었다.

제1권은 기술교과교육의 개념적 기초, 학문적 기초, 교육과정, 교사교육, 교육환경과 장학, 교육 연구를 중심으로 '기술교육론 I : 교육학적 이론과 탐구' '기술교육론 II : 학습학적 이론과 실천'란 이름으로 출판하였다.

2023년에 새롭게 출간한 책은 기술교과교육학 시리즈로 3권의 책으로 분권되었다. 기술교과교육 탐구, 기술 교육과정 탐구, 기술 학습과 평가 탐구의 3권으로 출판하였다.

제 1권 **'기술 교과교육 탐구'**는 다음과 같이 기술교과교육의 개념, 기술교과 교육의 가치, 기술교육 장학 및 교사교육, 기술 교육 시설, 기술교육 연구를 중심으로 구성하였다.

> 제 1부에서는 기술교과 교육의 학문적 탐구로서 이와 관련된 개념과 가치에 대하여 논의하였다. 즉 기술교과 교육의 정체성(identity) 탐구의 차원에서 기술, 기술교과 교육의 개념, 기술교과 교육의 성격, 공학교 교육의 강조 등을 논의하였고, 기술교과 교육의 정당성(justification) 탐구의 차원에서 교과의 가치, 손놀림 활동가치, 노작교육, 기술적 교양, 기술과 사회, 기술과 철학 등의 담론을을 살펴보았다.
>
> 제 2부에서는 기술 교사교육과 교육시설의 이해로서 기술교사 교육의 이해와 자질, 기술교과 교육환경, 장학, 기술 교육 시설 등의 내용을 다루었다.
>
> 제 3부에서는 기술교과 교육연구와 관련된 이론적 탐색으로 기술교과 연구모형, 기술교과 교육연구 정보수집, 그리고 연구의 절차상 필요한 기법을 논의하였다.

제 2권 **'기술 교육과정 탐구'**는 기술 교과 교육과정의 모형, 변천, 2022 기술교육과정, 기술교육 교재 및 교육 공학 등을 중심으로 구성하였다.

> 제1부에서는 기술 교육과정의 탐색과 동향으로서 기술 교육과정의 개발과 모형, 우리나라의 기술 교육과정의 변천, 기술교과 교육과정의 통합적 접근, 미국 · 영국 · 호주 · 독일 · 프랑스 · 일본 · 대만 · 중국 · 북한의 기술교과 교육과정의 편제 · 특징 · 동향을 살펴보았다.
>
> 제2부에서는 기술교과 교육공학의 탐구로서 교육공학의 개념과 동향, 기술교과 교수설계와 매체, 기술교과서의 이해, 기술교과교육과 교육공학 등의 내용을 다루었다

제 3권은 **'기술교과 학습 및 평가 탐구'**에서는 기술교과 교육의 방법, 학습평가를 중심으로 한 수업방법론과 관련된 주제를 다루었다.

> 제1부에서는 기술교과 학습방법의 탐구로서 기술교과 교육에서의 가르친다는 의미, 즉 학생들이 학습한다는 의미가 무엇인지 탐구하며, 그 전략으로 문제해결적 접근의 프로젝트 학습, 설계과정, 문제해결학습, 문제중심학습, 디자인 씽킹 등의 모형과 협동적 접근의 여러 가지 모형의 이론,

토의토론 학습 모형 등의 실제적 전략을 탐구하였다.

제2부에서는 기술교과 교육의 학습평가에 대한 탐구로서 학습 평가의 개념과 동향, 기술교과 교육에서의 학습과 통합된 수행 중심 평가와 루브릭, 포트폴리오 평가의 이론과 실제에 관련된 문제를 다루었다.

저술대상과 저자의 바램

이 책은 기술교과 교육을 수학하는 **예비교사**, 기술교과 교육을 실천하는 **교사**, 기술교과 교육을 연구하는 **연구자**를 위하여 쓰여진 책이다. 모쪼록 이 책으로 인하여 기술교과 교육학의 학문적 이해의 폭을 넓히고, 새로운 기술교과 교육학의 문제를 제기하고 대안을 연구하는 기초자료가 되기를 희망한다.

이 책은 기술교과 교육학의 학문적 연구를 지속적으로 새롭게 하고, 이 책에서 다루어진 모든 주제가 저자의 축적된 연구 결과이다.

기술교과 교육학과 관련하여 저자의 네 번째 출판된 책(2005, 2010, 2017, 2023)이다. 이 책은 다른 어느 책보다 애정을 가지고 새롭고 심오한 내용과 논의를 지속해왔다. 따라서 이 책에서 다루어진 주제와 내용에 대하여 독자들의 기술 교과교육학에 대한 이해를 돕고 나아가 기술교육의 새로운 연구와 실천의 밑거름이 되기를 희망한다.

감사의 글

이 책은 **많은 분들의 모범과 애정의 결실**이다. 학문적 연구와 정도를 몸소 가르쳐 주신 스승님, 학문적 깨우침을 이끄신 선배, 동료, 후배 교수님께 감사 드린다.

그리고 『실과교육연구』(1997), 『실과교육학연구』(2001) 『기술교과교육학』(2005) 『기술교과교육의 탐구』(2010) 『기술교과 학습의 탐구』(2010) 『발명교육학 연구』(2014) 『기술교육론 1: 교육학적 이론과 탐구』(2017) 『기술교육론 2: 학습학적 이론과 실천』(2017) 『기술교과교육 탐구』(2023) 『기술 교육과정 탐구』(2023) 『기술교과 학습 및 평가 탐구』(2023) 등 한결 같이 개인적 집필에 늘 관심과 지원을 해주신 형설출판사 장진혁 대표님과 형설출판사 편집부에 감사드린다.

이 책의 집필 작업은 길게는 저자가 기술교과 교육을 연구하는 시점에서부터 시작되었다. 즉 1997년 첫 출판으로 따지면 26년 동안 지속된 연구 결과의 성과이다. 다른 수십 권의 책을 출판하였지만, 위 열거한 책은 저자가 평생 연구해온 실과, 기술 교과 교육학 연구의 핵심 저술이기에 더욱 애정이 가지만 그에 따른 책무도 크게 느껴진다.

40여년 교사로서, 교사 교육자로서 교육하고 연구하면서 많은 좋은 분들을 만나는 축복을 하나님으로부터 받았다. 그 좋은 분들이 함께해서 가능한 일이었다. 참 고마운 그분들에게도 감사를 드린다. 늘 연구하는 일을 우선적으로 배려하고 지원해 준 아내의 사랑과 인내에 고마움을 전한다. 그리고 험난하지만 나름 즐거운 업으로 연구의 길을 들어서고 또 성실히 성취하고 있는 아들 부부 용빈, 지원, 아들 용민에게도 고마움을 전한다. 무엇보다도 이제 첫 돌을 맞이하는 손자 이든(Eden)이의 재롱은 이 책을 출간하는데 큰 기쁨과 힘이 되었다.

‘교육은 들통에 지식을 쏟아붓는 것이 아니라 불을 지피는 것’이라고 한다. 이 책에 담긴 수많은 지식들이 독자들의 교육과 연구의 생명력을 불어넣고, 독자의 교육 철학으로 재 해석되는 소중한 연구 자료가 되길 희망한다.

2023년 2월에
한밭, 대덕의 연구실에서
최 유 현

차례 CONTENTS

제1부 기술교과 교육과정의 탐색과 동향

제 1 부

기술교과 교육과정의 탐색과 동향

1장 기술교과 교육과정의 개발과 모형
2장 기술교과 교육과정의 변천과 특징
3장 기술교과 교육과정의 국제적 동향

주제를 여는 연구 문제 *Meeting the Problems*

제1부에서는 기술교과 교육과정의 탐색과 동향으로서 기술 교육과정의 개발과 모형, 우리나라 교육과정의 변천과 그 특징, 세계적 동향을 다음과 같은 문제의 탐구와 담론을 논의한다.

1 교육과정의 개념 및 개발 이론의 탐색과 기술교과 교육과정의 이론적 기초가 되는 기술교과 교육과정 개발 모형은 어떻게 이론화 될 수 있는가?

2 우리나라 교육과정은 어떻게 변천되어 왔으며, 변천과정에서의 특징은 무엇인가?

4 세계 기술교과 교육과정의 편제, 특징과 그 동향은 어떠한가?

기술교과 교육과정의 개발과 모형

이 장에서는 교육과정 개발이론의 탐색과 기술교과 교육학의 범주에서 논의되어 온 기술교과 교육과정 이론을 기술학 중심, 설계 중심, 공학 중심으로 구분하여 제시한다. 이 장은 기술교과 교육과정의 내용 구조를 이해하는 데 도움을 줄 것이다.

◎ 해시 태그 Key words

#목표모형
#기술 교육과정 개발
#설계 중심 기술 교육과정 모형
#이해기반 교육과정 /백워드 교육과정
#내용모형
#기술학 중심 기술 교육과정 모형
#공학 중심 기술 교육과정 모형

1. 교육과정의 개념과 유형

가. 교육과정의 개념과 영역

'쿠레레(currere)'라는 어원으로부터 출발한 '교육과정(curriculum)'의 용어는 경기 코스, 트랙, 나아가 수행해야 할 교수요목(couse of study)을 의미한다. Barrow(1984)는 용어의 어원에 관한 한 교육과정은 '처방된 학습내용(prescribed content for study)'으로 이해되어야만 한다고 본다. 이러한 측면에서 보면 교육과정은 바로 학습되어야 할 교과(subject matter)의 개요로 볼 수 있다(이귀윤, 1996 : 171).

교육과정의 개념을 한 문장으로 단순화시켜 표현하는 것은 많은 학자들에 의하여 다음과 같이 지적된 바와 같이 어려운 작업이다.

> 교육과정은 만물상(everything)인 동시에 극히 포괄적인 용어를 빌리지 않고서도 쉽게 특징 지워질 수 없는 무(nothing)이기도 하다(Kiebard, 1986, 이귀윤, 1996 : 122, 재인용).
>
> 오늘날 교육에서 말하는 커리큘럼(curriculum)이란 도대체 무슨 뜻일까? 사실이지, 어떤 때는 마치 장님이 코끼리 만져보는 것과 같이 모호할 때가 많다. 끝없이 시시각각 그 모습을 바꾸는 무형질의 생물체처럼 교육과정의 개념도 사용하는 사람의 철학적 신념에 따라 달라진다(이성호, 1984 : 13).

그러나 이성호(1984)는 교육과정을 내용(content)으로서의 교육과정, 경험(experience)으로서의 교육과정, 계획(plan)으로서의 교육과정, 결과(outcome)로서의 교육과정으로 분류하여 교육과정을 '학습자의 인지적·정의적·기능적 능력의 성장과 발전을 돕기 위하여 교육을 주도하는 기관이 체계적으로 개발하는 모든 종류의 교수·학습 경험의 계획이다(이성호, 1984 : 20)'로 정의하였다. 이러한 정의는 다소 포괄적이고 조작적으로 개념을 정의하였지만, 교육과정이 담고 있는 의미의 실체를 파악하기가 쉽지 않다.

Finch & Crunkilton(1990)은 교육과정의 개념을 명확히 하기 위하여 교육과정과 수업의 관계를 논의하였다. <그림 1-1>을 보면, 수업 전개의 영역과 교육과정 전개의 영역의 공통점과 차이점을 발견할 수 있다. 즉 목표진술, 목표의 계열화, 학생들의 요구와 흥미 결정, 교육과정 자료개발, 교육과정 자료효과 평가 등은 교육과정과 수업의 공통적 요인으로 고려할 수 있을 것이다(이무근, 1990 : 11, 재인용).

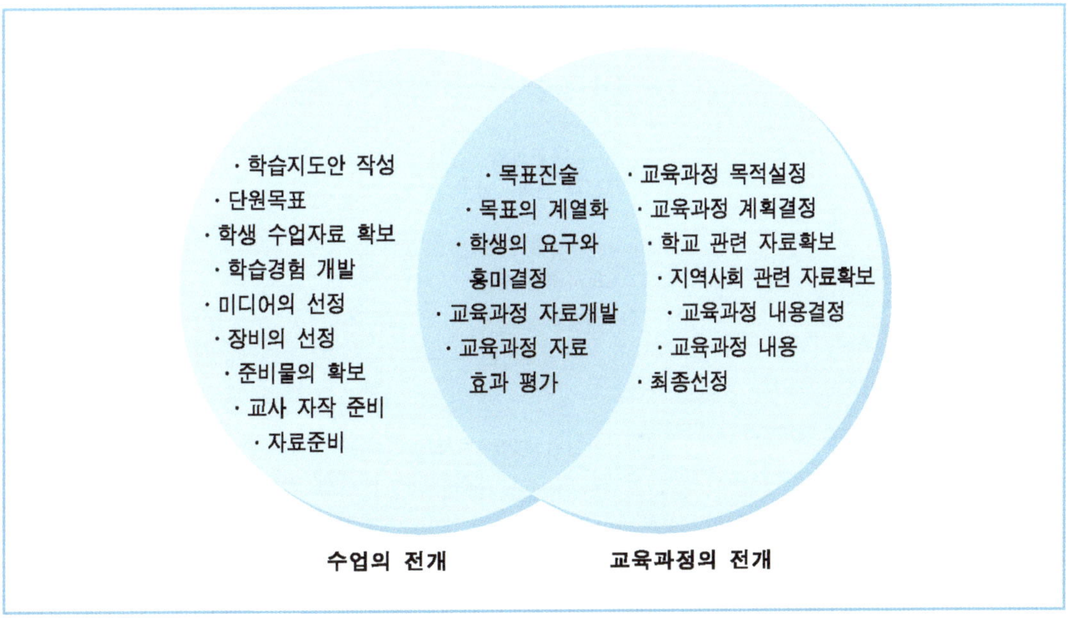

<그림 1-1> 교육과정과 수업의 관계

[표 1-1] 교육과정의 영역

Zais	Barrow	Short	Schubert	Ornstein & Hunkins
기초 설계 구성 시행 공학 개선 및 변화	개발 설계 연구 시행 평가	정책 수립 개발 및 평가 변화 및 실행 의사결정방식 탐구 : 수행방식 : 과제 : 쟁점	이론 역사 개발 설계 시행 평가 변화	설계 개발 변화 및 개혁 탐구 기본 언어 및 개념 이해방식 정책 · 추세 · 쟁점

한편, 이귀윤(1986)도 교육과정이 담고 있는 영역의 논의를 통하여 개념을 구체화하려고 하였다. 이귀윤(1986)은 Goodlad(1966), Walker(1976), Zais(1976), Barrow(1984), Short(1985), Schubert(1986), Ornstein & Hunkins(1988) 등의 연구를 종합적으로 고찰하여 교육과정의 영역을 [표 1-1]과 같이 제시하였다(1996 : 145).

교육과정의 영역은 크게 **중핵영역**(core field)과 **주변영역**(fringe field)으로 나누어 볼 수 있는데, 중핵 영역에 해당하는 것은 실천적 의사결정을 근간으로 하는 교육과정 실천활동으로서 보다 구체적으로는 교육과정의 **설계** · **개발** · **시행** · **평가**를 말한다. 주변영역에 해당하는 것으로 1차적으로는 교육과정의 개선과 변화, 그리고 교육과정의 탐구, 즉 방법론, 쟁점, 이론을, 2차적으로는 교육과정의 기초와 교육과정의 역사를 들 수 있다(이귀윤, 1996 : 146).

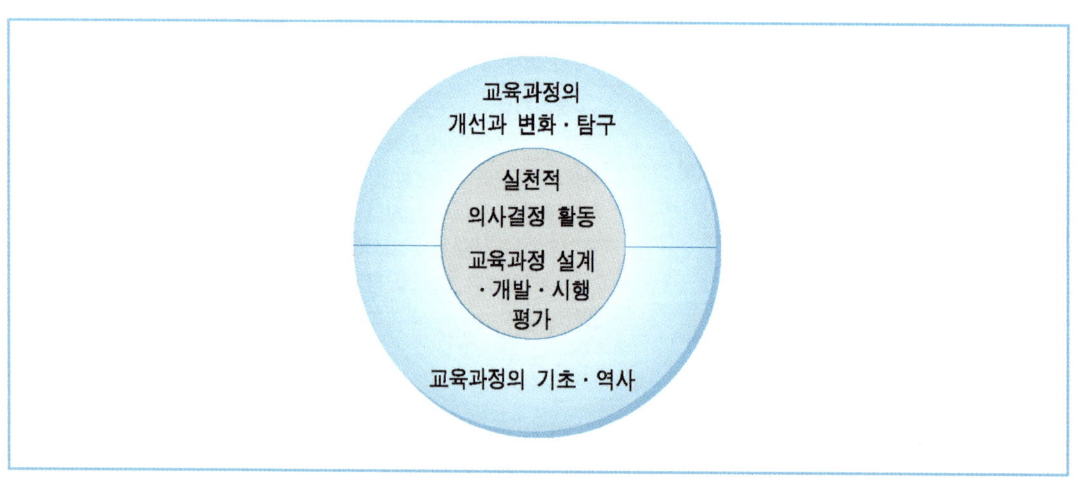

<그림 1-2> 교육과정의 개념적 탐구영역

따라서 교육과정의 개념은 다양한 형태와 접근방법으로 전개되고 있다고 볼 수 있다. 교육과정이 담고 있는 용어 자체를 종합적으로 접근하는 이성호(1984)의 정의, 교육과정과 가장 밀접한 수업과 관계를 중심으로 논의한 Finch & Crunkilton(1990)의 접근, 그리고 교육과정 연구를 위한 영역의 관점에서 접근한 이귀윤(1996)의 접근 모두 나름대로 교육과정의 개념을 이해하는 데 도움을 주고 있다. 그러나 많은 학자들이 제시한 중핵적 개념영역인 교육과정의 설계 · 개발 · 시행 · 평가활동을 교육과정의 일반적 개념으로 보는 것이 타당하다.

나. 교육과정의 유형

교육과정 학자들은 지식, 인간, 사회를 보는 시각의 차이에 따라 교육과정의 유형을 다르게 분류한다. 교육의 목적을 무엇으로 보며 인간을 어떻게 이해하는지, 그리고 어떠한 분류 기준을 사용했는지에 따라 교육과정의 유형은 달라지게 마련이다. 그러나 어떤 한 유형의 교육과정이 반드시 한 가지 관점이나 사조(思潮) 혹은 하나의 기준에 의하여 분류된 것이라고는 볼 수 없다. 이러한 이유인지 교육과정의 유형을 분류할 때 'ㅇㅇ 중심' 교육과정이라고 부른다. 여기서 '중심'의 의미는 적어도 '중심 이외의 영역'을 전제하고 사용하는 것 같다. 따라서 어떤 교육과정을 'ㅇㅇ중심 교육과정'이라고 할 때 그 의미를 올바로 이해하여야 한다.

이귀윤(1996 : 166)은 교육과정의 유형을 교과 중심 교육과정, 학문 중심 교육과정, 인지과정 중심 교육과정, 경험 중심 교육과정, 사회재건 중심 교육과정, 인간 중심 교육과정으로 다음과 같이 분류하였다(이귀윤, 1996 : 166).

- 교과 중심 교육과정 : 교과 중심 교육과정은 학교에서 가르치느냐에 주된 관심을 둔 것으로 학교의 지도하에 학생이 배우는 모든 교과와 교재를 말한다(유봉호, 1990 : 14). 교과 중심 교육과정은 가장 전통적인 교육과정 유형이며, 학습자에게 학문 또는 진리의 체계를 부여하는 데 그 목적을 두고 있다. 교과 중심 교육과정을 주장하는 학자들은 각 교과가 그 자체의 논리와 체계를 지니고 있다고 보고, 이 교과를 체계적으로 학습케 하는 것이 교육의 목적이 되어야 한다고 주장한다. 그러나 이 교육과정은 학생들이 경험하는 다른 중요한 부분들, 즉 계획되거나 계획되지 않은 활동들에 대해서는 적절히 설명하지 못할 뿐만 아니라, 인지발달, 창조적 표현력, 사고력 등의 고등정신능력을 함양하는 데도 부적절하다.
- 학문 중심 교육과정 : Bruner(1960)의 'The Process of Education'에서 시작하여 Broudy, Phenix 등에 의해 제시된 교육과정의 동향을 학문 중심 교육과정이라는 말로 일컫는다. 지식이나 학문의 구조를 가르쳐야 한다는 Bruner의 주장은 학습의 경제성에 그 기초를 두고 있다. 그의 주장에 의하면, 지식이나 학문의 구조는 학습의 전이를 높이며, 기억을 오래가게 할 뿐만 아니라, 고등지식과 기초지식 간의 간격을 좁힐 수 있다는 것이다. 학문 중심 교육과정은 이러한 지식이나 학문의 구조를 중시하는데, 학문의 구조란 그 학문의 중심이 되는 개념이나 법칙, 원리로서 그 학문 영역을 하나

의 특수한 학문 영역으로 만드는 기본 패턴을 말한다.

- 인지과정 중심 교육과정 : 인지과정이란 일반적으로 생각하기, 계획세우기, 분류하기, 관계 짓기, 창작하기, 문제해결하기 등과 같은 인간의 지적 작용을 지칭하는 말로 사용된다. 다시 말해 인지과정은 학습과정에서 사용되는 특수한 전략이나 지적·정의적 요소를 작동시키고, 변화시키고, 처치하고, 변환시키는 일련의 특수한 정신적 기능을 의미한다. 인지과정 중심 교육과정이란 탐구결과로서의 지식 그 자체를 가르치기보다는 문제해결력, 창의력, 비판적 사고력 등 사고의 방식이나 학습하는 방법을 중시하는 교육과정 유형을 말한다.
- 경험 중심 교육과정 : 경험 중심 교육과정은 교육의 수단과 목적이 하나의 과정, 즉 경험과 분리될 수 없다는 입장에서 출발한다. 다시 말해서 교육과정을 학습 이전에 의도된 계획으로 보기보다는 교사와 학생 간의 상호작용을 통해 학습자에 의해 경험되는 의미로 보는 입장이다. 경험 중심 교육과정에서는 교과보다는 생활을, 지식보다는 활동(행동)을, 분과보다는 통합을, 교사의 교수보다는 학습자의 활동을 중심하고 있다. Goodson(1988)은 교사, 학생, 과업 간의 역동적인 관계를 통해 공유되어진 경험이 바로 교육과정이라고 정의하고 있으며, Johnson(1992)은 지금까지 교육과정을 정의하는 방식이 너무 협소하게 이루어져 왔음을 지적하면서 '경험으로서의 교육과정'을 강조하였다. 경험 중심 교육과정은 첫째, '행함으로써 배운다'는 학습심리의 원칙에 따라 활발한 학습활동이 이루어질 수 있으며, 둘째, 실생활과 결부된 문제들을 올바르게 처리할 수 있다는 장점이 있으나, 일정한 지적 체계보다는 학습자의 흥미나 요구를 중시하기 때문에 학력의 질적 저하를 초래할 수도 있다는 비판을 받기도 한다.
- 인간 중심 교육과정 : 인간 중심 교육과정은 현대 학교교육의 비인간적인 측면에 대한 반발로서 전인교육을 학교현장에서 보다 구체적으로 전개하려는 일련의 교육과정 동향을 말한다. 교과나 학문중심의 교육과정이 개개인의 필요나 심리적 요구를 충족시키지 못한다는 비판을 받게 되자 1970년대에 들어서 새롭게 강조되기 시작한 것이 바로 교육의 인간화, 즉 인간중심 교육이라고 볼 수 있다. 인간중심 교육과정을 지지하는 학자들은 현재 시도되고 있는 학교교육의 비인간화 가능성을 지적하면서, 학교교육은 학습자의 필요에 따라 학습자가 하나의 전인(全人)으로 성장하는 데 필요한 경험을 균형 있게 제공해야 한다고 주장한다. 다시 말해서 인간 중심 교육과정은 인간의 성장 가능성을 최대한으로 신장시키고 개인적으로 만족스러운 삶을 살 수 있도록 도와 줌으로써 개인의 자아실현을 지향하는 데 궁극적인 목적이 있다.
- 사회재건 중심 교육과정 : 사회재건 중심 교육과정은 교육이 사회를 개선하고 건설하는 데 견인차의 역할을 해야 한다는 사회재건주의자들의 주장에서 출발한다. 1930년대 Rugg는 학교에서 가르치는 교육과정과 현실사회의 문화 사이에 격차가 있음을 지적하면서, 학교는 사회의 발전에 뒤떨어져서는 안 된다고 주장하였다. Rugg의 동료 Counts(1932)는 『*Dare the School Build a New Social Order?*』라는 책에서 사회변화의 도구로서 학교 교육의 필요성을 역설하였다. Counts의 뒤를 이어 Brameld는 학생들이 사회변화의 필요성과 타당성을 인식하고 새로운 사회건설을 수행할 수 있도록 학교에서는 사회개선에 필요한 지식과 가치를 제공해야 한다고 주장하였다.

  NcNeil(1977) 역시 사회개혁을 효과적으로 수행하는 것이 교육과정의 주된 역할이 되어야 한다고 주장하였고, 같은 맥락에서 Klibard(1986)는 학교가 사회변동의 대리인 역할을 해야 함을 강조하였다.

[표 1-2] 분류기준에 따른 교육과정 유형

유형 \ 기준	철학적 관점		교육의 목적		내용선정의 원천			교육과정의 구조 (교육과정/수업)	
	전통	진보	개인	사회	지식	문화	생활경험	이원론	일원론
교과 중심	●				●			●	
학문 중심	●				●			●	
인지과정 중심			●	●	●				●
경험 중심		●	●	●		●	●		●
인간 중심		●	●				●		
사회재건 중심				●			●		

사회재건주의자들의 주장에 의하면, 교육은 단순히 학생들을 기존의 사회체제에 적응시키기보다는 기존 사회의 불합리한 조건들을 비판적으로 분석하고 보다 이상적인 사회로 이끌어 가는 능력을 제공해 줄 수 있어야 한다는 것이다. 따라서 사회재건 중심 교육과정을 강조하는 학자들은 학교가 기존의 지식체계를 있는 그대로 전달하는 것에 반대하면서, 사회의 중요한 문제들을 분석하고 이를 실천에 옮기도록 하는 데 주안점을 두고 있다.

이러한 교육과정의 유형과 관련하여 각 유형의 철학적 관점, 교육의 목적, 내용선정의 원천, 교육과정의 구조[1] 측면에서 비교하면 [표 1-2]와 같다(이귀윤, 1996 : 167). 이러한 틀은 우리나라 기술교과 교육과정의 변천에 있어서 기저로 삼고 있는 교육과정 철학과 교육사조를 이해하는 데 도움을 준다.

철학적 관점에서 보면, 교과 중심과 학문 중심 교육과정이 전통적인 철학에 기초하고 있는 반면, 경험 중심과 인간 중심 교육과정은 진보적인 철학에 기초하고 있음을 알 수 있다.

그리고 **교육의 목적**에서는 인지과정 중심, 경험 중심 교육과정은 개인과 사회 모두 관심을 갖고, 인간 중심 교육과정은 개인, 사회재건 중심 교육과정은 사회에 강조를 두고 있다.

또한 내용선정의 원천에서는 교과 중심, 학문 중심, 인지 과정 중심 교육과정이 지식에 비중을 두는 반면, 경험 중심 교육과정은 문화에 비중을 두고 있다.

끝으로 **교육과정과 수업의 통합 여부**와 관련된 교육과정의 구조 측면에서는 교과 중심과 학문 중심 교육과정이 이원론적 입장이고, 인지과정 중심, 경험 중심 교육과정은 교육과정과 수업이 통합되는 일원론적 입장을 취하고 있다.

1) 교육과정의 구조는 교육과정의 수업의 분리(이원론)의 구조와 교육과정과 수업의 통합(일원론)구조로 구분된다.

2. 교육과정의 개발모형 연구

교육과정 모형2) 또는 이론은 교육이론의 일부로서 '교육과정과 관련되는 여러 가지 행위를 안내하거나 통제하는 규칙의 체계'로 정의할 수 있다(윤팔중, 1983). 한편, Beauchamp(1968)은 "교육과정 이론은 그것을 구성하는 요인들간의 관계를 지적함으로써, 그리고 그것의 개발 · 활용 · 평가를 위한 방향을 지시함으로써 특정한 학교의 교육과정에 의미를 던져 주는 일련의 상호 관련된 진술들이다"라고 정의하고 있다(윤팔중, 1983). 따라서 교육과정 이론은 교육과정을 이루는 여러 요인들 서로간의 상호관계를 규정하는 기능과 교육과정을 개발하여 활용한 다음에 그 효과를 평가할 때 지향해야 할 방향을 지시해 주는 기능을 하게 된다(김진순 외, 1994 : 5에서 재인용).

여기에서는 교육과정 개발모형의 고전적인 관점의 목표모형과 내용모형의 기본철학을 논의하고, 지금까지의 교육과정 개발모형을 정리하는 관점에서 체계적 접근모형과 비체계적 접근모형을 비교하여 논의하고자 한다. 여기서 체계적 접근모형은 목표모형에 그 기본철학을 두는 반면, 비체계적 접근모형들은 내용모형에 기본철학을 두고 있다고 볼 수 있을 것이다. 그러나 이러한 이분법적 구분에 적당하지 않는 모형도 있다. 예컨대 Walker의 모형은 목표를 교육과정 개발절차의 우선 순위에 두지 않고서도 체계적 접근에 기초하고 있음을 보여주고 있다.

가. 목표모형과 내용모형

이 두 모형은 근본적으로 교육과정을 하나의 기술적 절차로 파악한 Tyler(1949)의 전통모형과 교육내용에서 학문의 성격을 강조한 Bruner(1960)의 지식구조 모형간의 논쟁이다.

목표모형인 교육과정 입안의 목표 지향 이론은 교육과정을 입안함에 있어 목표의 사전 명

2) 이러한 교육과정 이론의 이론적 기저로서 모형 혹은 중심이론의 분류는 몇 가지로 요약할 수 있다. 김인식(1984)은 목표지향이론, 과정 중심이론, 체제접근이론, 개별화이론으로 분류하고 있고, Pinar(1975), Giroux(1981) 등의 학자는 전통주의자(traditionalists)의 이론, 개념 · 경험론자(conceptual empiricalists)들의 이론, 재개념론자(reconceptualists)들의 이론으로 규정하고 있다[곽병선(1985 : 45)]. 한편, 이홍우(1977 : 31-77)는 교육과정 이론을 목표모형과 내용모형으로 대별하여 논의를 하고 있다. 여기서 모형의 의미는 특정 학문 집단이 공유하고 있는 신념, 가치, 탐구절차의 총체로서 그 학문에 관련된 문제를 해결하려는 데 최선의 표본으로 사용되어지는 것이다(Kuhn, 1970, 곽병선, 1985 : 38 재인용). Ornstein과 Hunkins(1988)는 교육과정 모형을 분류함에 있어서 기술 · 과학적인(technical-scientific) 것과 비기술적 · 비과학적(nontechnical-non-scientific)인 것으로 분류하였다. 그리고는 기술적 · 과학적 개발모형에 ① 행동적 · 합리적인 것 ② 체제적 · 운영적인 것 ③ 지적 · 학문적인 것을 포함시켰다. 비기술적 · 비과학적 개발모형으로는 ① 인본적 · 심미적인 것 ② 재개념적인 것을 포함시키고 있다.

세화를 전제로 하고 있다. 교육에 있어서 목표의 사전 결정은 오래 전부터 실시되었으나, 추상적이고 일반적인 교육목표를 구체적이고 세목적인 목표로 번역하려는 시도는 1910년대부터였다. 특히 타일러, 블룸, 가네 등에 의해서 교육과정에서뿐만 아니라 수업이론 분야에서도 크게 활용되었다. 이러한 목표 지향의 교육과정 입안은 행동주의적 학습이론을 그 기저로 삼고 있다(김인식, 1984 : 10-11). 이러한 목표모형의 대표적인 것은 타일러 모형, 소토 모형, 타바 모형, 세일러와 알렉산더 모형, 올리바 모형, 이성호 모형 등이 있으며, 직업기술 교육과정의 측면에서 적용시킨 메이거 모형, 라손과 발렌타인 모형, 마티손 모형, 이무근 모형 등이 있다(이무근 · 함종한, 1983 : 100-120). 타일러의 목표모형에 기초한 네 가지 교육과정 요소는 ① 교육목표의 설정 ② 학습경험의 선정 ③ 학습경험의 조직, 그리고 ④ 평가로 표현될 수 있다. 즉 타일러에 의하면 교육목표는 교육과정의 순환과정에서 가장 먼저 결정되어야 한다는 뜻에서만 아니라, 그 이후의 절차를 밟는 데 기준이 되어야 한다는 뜻에서도 가장 중요한 요소라고 보아야 할 것이다(이홍우, 1992 : 13-15).

그리고 교육내용 모형 혹은 **내용모형**이라 함은 목표모형에 어느 정도 상반되는 모형으로, 가르쳐야 할 지식을 목표에서 찾는 것이 아니라 그 지식 속에 내재된 교육내용에 출발점을 두고 있는 점에서 목표모형과 다른 입장을 보인다. 내용모형은 목표모형에서 제시한 명확한 절차를 제시하지 못한 점을 간과할 수 없지만 교과내용에 내재된 지식체계를 가지고 있다는 학문적 전통을 중요시한다. Bruner(1971 : 97)는 교과를 가르치는 교사는 그 교과의 '구조'를 알아야 한다고 말하였다. 즉 한 교과의 교육과정은 그 교과의 구조를 가장 깊이 이해하고 있는 사람들에 의하여 결정되어야 한다고 주장한다(이홍우, 1992 : 81 재인용). 목표모형에서의 '내용'은 목표를 달성하는 수단으로서의 의미를 가지지만, 지식의 구조라는 아이디어에서는 '내용'이 교육의 핵심적 관심사가 된다(이홍우, 1992 : 81).

Finch & Crunkilton(1989)의 직업기술 교육에서의 교육과정 개발모형, 교양교과로서의 기술교과 교육에 적용하기 위한 장석민(1985)의 기술교육과정 개발모형, 김진순(1994)의 기술교과 교육과정 개발모형 등이 그 예이다.

그러나 이들 두 모형이 갖는 약점은 교육과정을 보는 관점이 너무 협소하다는 것이다. 즉 타일러의 전통적인 목표모형은 네 개의 중요한 요소의 설정과 그 요소들간의 역동적인 관계 파악에 있어서 포괄적이긴 하나 근본적으로 교육과정을 하나의 목적 · 수단에 관계되는 방법론적 절차로서 보았다는 점에서 그 교육과정관은 협소하다. 이러한 이유로 타일러의 원리는 공학적(technical model)으로 때로는 공장모형(factory model)으로 혹평을 받기도 한다(Kliebard, 1972). 한편, 지식구조 이론의 내용모형은 교육의 목표 · 내용 · 방법을 오로지 학문적 지식의 전달과 학문의 탐구에만 제한한다는 점에서 그 관점이 협소하다. 이 지식구조 모형은 사고과정(thinking process)을 중시하는 인지 심리학파의 뒷받침과 고대 그리스 플라톤의 사상적 전통을 이어받은 형식(form)으로서의 지식은 순수성을 숭상하는 허스트(Hirst, 1971) 등 자유 교양(liberal arts)교육 중심 학자들의 철학적 뒷받침을 받았다. 지식구조 모형의 가장 큰 공헌은 아마도 학교교육에서 지성의 계발이 얼마나 중요한 것인가에 대한 우리의 인식을 새롭게 한 데 있을 것이다. 그러나 이러한 지식구조 모형의 입장이 교육적 경험에 있어서 지식의 학문성을 절대로 강조함으로써 교육의 개인적 · 사회적 적합성에 관한 문제를 소홀히 다루게 되고, 결과적으로 교육과정을 그렇게 협소한 시각으로 보는 데 대하여 비판을 받게 된 것이다(곽병선, 1985 : 41-42).

이홍우(1977)는 목표모형과 내용모형의 기본적 차이는 '왜 가르치는가?'라는 질문(즉 교육목표)에 대한 해답방식의 차이에 있으며, 목표모형에 의하면 왜 가르치는가 하는 질문에 대한 대답은 반드시 '교육내용'의 가치가 아닌 다른 것에서 주어져야 한다. 타일러의 이론에 의하면 그것은 주로 아동과 사회의 필요에 의하여 주어지는 것으로 되어 있다. 여기에 비하여 내용모형에서는 교육목표를 교육내용에 붙박혀 있는 가치에서 직접 찾고 있다.

나. 체계적 접근모형과 비체계적 접근모형

이귀윤(1996 : 188-227)은 편의상 교육과정 개발을 두 접근, 즉 체계적 접근과 비체계적 접근으로 나누었다. 일반적으로 말하는 과학적 접근, 기술적 접근, 비인본적 접근은 전자로 대표될 수 있고 인본적 접근, 비과학적 접근, 비기술적 접근은 후자로 분류하였다.

체계적 접근이란 말이 곧 비인본적 접근이라는 말은 아니다. 또한 체계적 접근이 과학적 특성을 가졌다고 해서 교육적 사실을 단순하게 기계적으로 본다는 의미도 아니다. 체계적 접근은 교육적 상황, 교육과정에 관련되는 상황들이 아무리 복잡하더라도 그것을 체계적으로 분류 · 조직할 수 있다는 전제에서 출발한다. 체계적 접근방법의 최대 관심은 학습효과를 높여 교육적 효과(교육결과)를 극대화하는 데 있으며 이런 의미에서 교육과정 개발은 학습교과를 최대화하기 위해 교육환경을 어떤 질서 속에 구조화하는 계획이라 볼 수 있다. 체계적 접근방법은 개발작업의 과업을 분명히 하는 데서 시작된다. 확인된 과업의 수행을 위해서는 최대의 효율성을 위한 합리적이고 체계적인 방법을 필요로 한다. 체계적 접근방법을 '수단 · 목표'의 패러다임으로 보는 것도 바로 이런 이유에서이다. [표 1-3]은 체계적 교육과정 개발모형을 개발수준과 방식, 개발단계와 절차, 개발요소, 개발참여자를 중심으로 학자들의 견해를 정리한 것이다.

체계적 접근에 의한 교육과정 개발이 객관성 · 일반성에 기초를 두고 논리적 합리성을 중시한 반면, 비체계적 접근은 이 말이 암시하는 바와 같이 개발과정에 있어서 주관적 · 심미적 · 총체적이면서 상황변화적인 융통성을 강조한다. 그래서 생성된 교육과정 자체보다는 그

교육과정이 되기까지의 과정에 있어서 학습자의 활동과정을 중시한다. 이런 의미에서 사전에 모든 학습결과(교육결과, 넓게는 교육목표나 목적)가 반드시 정해져야 할 이유와 필요가 있

[표 1-3] 체계적 교육과정 개발모형의 특징

특징 학자	개발수준, 방식	개발단계 및 절차	개발요소	개발참여자
Tyler	• 상의하달식	• 목표설정 • 학습경험 선정 • 학습경험 조직, 평가		
Walker			• 정강 • 숙의 • 설계	• 교사, 학생 개발 담당자 • 정책수립가
Taba	• 하의상달식	• 요구진단 • 목표설정 • 내용선정 • 내용조직 • 학습경험 선정 • 학습경험 조직, 평가		• 교육현장의 교사
Goodlad	• 수업적 수준 • 제도적 수준 • 사회적 수준		• 본질적 요소 • 정치 · 사회적 요소 • 기술 · 전문적 요소	
Schwad			• 교사, 학습자, 교사, 환경	• 교육관계자 교사, 학생
Ornstein과 Hunkins		• 개념화와 합법화 • 교육과정 진단 • 내용선정 • 경험선정 • 교육과정 이행 • 교육과정 평가 • 교육과정 유지	• 내용 • 경험 • 내용과 경험과의 관계	• 정책입안자 • 교사, 학생 • 교장 • 교육과정 전문가 • 비전문가
Saylor, Alexander와 Lewis		• 목표와 수업목표 • 교육과정 설계 • 교육과정 실행 • 교육과정 평가	• 학습자 사회지식	
Miller와 Seller		• 방침결정 • 목적, 발달상의 목표 • 교수 · 학습모형 • 이행계획 • 평가		

[표 1-4] 비체계적 교육과정 개발의 특징

특징 / 학자	기본입장	단계, 절차, 방식	개발요소 및 사항	주된 참여자
Kelly	• 인간화 • 행동주의 비판	• 복합적 개발단계	• 목표선택의 자원	• 교육과정 전문가, 교사, 학생
Carlson	• 체제경영에 대한 비판	• 상부 · 하부 간의 융통	• 지식의 통합	• 교사
Lewy	• 비획일성	• 학교 중심	• 학교특성에 따른 자료 개발	• 일선행정가 • 교사 • 지역사회인
Fantini	• 융합교육 (인지와 정의 영역)	• 귀납적 조직	• 학생의 흥미 관심사에 따른 내용선정	• 학생
Rogers	• 인본주의 심리학	• 상호교류를 통한 자율적 선택	• 인간심리에 대한 이해, 토의, 숙의	• 교사, 학생
Freire	• 반성적 사고, 평등, 비판의식	• 해방적 접근 • 자유 실행	• 기준문화 • 외부조건	• 교사, 학생 • 지역사회인 (동등한 위치에서)
Kohl	• 학교개혁, 인간의 자유의지 존중	• 개방교실 학생 개인에 의한 계획	• 학생의 흥미, 요구	• 학생

는 것은 아니라고 보는 것이다. 비체계적 접근방법의 핵심적인 전제는 미리 정해진 교육목적에 대한 도전에서 출발한다. 이는 교육학에 있어서 논리실증적인 입장, 즉 '어떤 것이라도 존재하는 것이라면 지각될 수 있고 따라서 측정될 수 있다'는 가정에 대한 도전이다. 따라서 비체계적 접근방법에서 교육과정 개발은 '측정될 수 없다라고 하는 사실이 곧 실체의 존재를 부정하는 것은 아니며 교육적 실체는 측정될 수 없는 것이 더 많고 이들이야말로 교육과정 개발에서 더 중요한 것들이다'라는 입장을 고수한다.

따라서 체계적 접근에 의한 교육과정 개발모형은 수단 · 목표 관계에 중심을 둔 목표를 강조하고, 내용과 경험을 중요시하여 전문가들의 역할이 중요시됨을 알 수 있다. 그러나 비체계적 교육과정 개발모형은 인간화, 융합교육, 인본주의, 반성적 사고 등에 기본입장을 두고 귀납적 · 복합적 절차로서 인간 심리가 중요한 개발요소이고 교사와 학생들이 중요한 역할을 한다고 볼 수 있다. 결국 교육과정을 개발하는 일은 교육과정이 담아야 할 철학이 중요한 변수가 될 것이다.

이러한 분류는 교육과정 개발의 기초가 되는 교육과정 의식, 즉 교육과정을 보는 기본입

장의 차이에 근거한다. 이것은 인간만사가 어떤 법칙에 따라 움직인다는 입장과 모든 인간은 자율적인 의지에 따른다는 입장의 차이, 즉 인간사를 체계적으로 설명하려는 입장과 인본적 입장에서 설명하는 입장의 차이에서 오는 것이다. 교육과정 개발모형이 다양한 이유는 이 두 입장을 잇는 직선상에 무수히 많은 점이 있을 수 있기 때문이다(이귀윤, 1996 : 189). 지금까지 교육과정 분야에서 학문적 성숙이 문제되어 온 데는 대체로 교육과정을 협소한 시각으로 보아 온 종래의 교육과정관과 교육과정 연구에서의 탈역사적 성격이다(곽병선, 1985 : 41-45).

3. 이해 기반 기술 교육과정 설계모형

가. 이해 기반 교육과정의 이해

기술교과의 실천적 개선 노력과 더불어 지식의 습득이 아닌 '학습을 통한 **진정한 이해**'에 대한 의미있는 연구 결과와 실천이 선보이고 있다. 이러한 변화가 사회적으로 이루어지고 있는 현상은 아마도 그동안 우리가 지속해왔던 교육이 선언적 지식과 절차적 지식의 습득에 연연한 나머지 학습자를 무기력하게 했거나(Whitehead, 1929), 진도 빼기 그리고 수업활동도 단순하게 운영함으로써 (Wiggins & McTighe, 2005) 학습자의 진정한 이해를 보장하지 못했기 때문일지 모른다.

다행히 2009 개정 교육과정을 통하여 학습자의 이해와 전이를 강조하는 성취기준 중심의 교육과정이 제시된 것은 의미 있는 변화로 볼 수 있다. 이러한 변화에 맞춰 교사의 역할로서 국가수준의 교육과정을 해석하고 단위학교 및 학급의 교과 수업을 설계 · 운영하는 교사의 전문성 강조되고 있다(강현석, 이지은, 2013; 백남진, 2013; 온정덕, 2011; 주상덕, 2002; 최병옥, 1998).

최근 개정된 2015 교육과정개정의 초 · 중등학교 교육과정 총론에서 제시된 국가수준 교육과정의 성격을 살펴보면 첫째가 공통성과 다양성의 추구이며, 둘째가 학습자 중심의 자율성과 창의성 신장으로 제시되었다(교육부, 2015). 이는 개인의 학습 수준을 국가수준에서 기본적으로 관리하겠다는 의미와 동시에 학습자 개인의 입장에서 의미 있는 학습과 참된 이해를 목표로 삼는다고 볼 수 있다.

한편 기술교과에서도 이해기반의 교육과정 설계의 시도가 최근에 있었지만(임윤진, 최유현, 홍영지, 2016), 이는 기술교과의 본질과 학습 지향을 충족시키기는 한계가 있다. 즉 기술교과에서도 기술교과의 본질과 특성, 지향을 반영한 진정한 '이해'를 기술 교육과정 설계 모형3)의 개발이 필요하다.

따라서 이해를 위한 교육과정 설계 이론을 고찰하고, 기술교과에 적합한 이해를 위한 교육과정 설계 모형을 구안하는 연구는 시의 적절하다고 판단된다.

수행 평가의 연구에서 의미 있는 평가를 위해서는 학습과 평가가 통합되어 설계되어야 그 효과를 증진할 수 있다는 연구 결과가 있다. 이러한 측면은 수업 설계에 증거물을 수업 설계단계에서 고려하는 이해기반 백워드 교육과정 설계와 맥락을 같이한다고 볼 수 있다.

학습과 평가를 통합한 접근을 보인 대표적인 연구는 Marzano, Pickering & McTighe(1993)은 학습모형의 단계를 활용한 수행평가 전략의 연구이다. 그들은 학습을 다섯 단계로 설정하고, 수행 중심 평가와 학습의 다섯 단계에서 고려될 수 있는 다섯 가지 학습표준인 '복잡한 사고표준, 정보처리 표준, 효과적인 의사소통 표준, 협동과 협력의 표준, 마음의 습관표준'을 제시하였다(최유현, 2010, 재인용).

또한 그들은 수행 중심 평가와 학습의 다섯 단계에서 고려될 수 있는 다섯 가지 학습표준인 '복잡한 사고표준, 정보처리 표준, 효과적인 의사소통 표준, 협동과 협력의 표준, 마음의 습관과 표준'을 제시하였다. 이 학습표준을 기초로 하여 수행과제를 구성하는 방법을 여섯 단계로 구조화하였다.

Marzano, Pickering & McTighe(1993)가 제시한 학습을 고려한 수행평가의 전략은 수행평가를 학습의 다섯 가지 차원과 관련하여 접근한 점과 과제에 포함된 내용표준을 중심으로 구조화한 점이 특징이면서 평가의 전체적인 고려가 반영되지 않았다(최유현, 2010, 재인용).

한편, Hibbard(1996 : 6) 등은 '수행 중심 학습과 평가'의 교사 지침서에서 수행 중심 학습과 평가는 지식, 기능, 일의 습관의 획득 및 적용이 학습자에게 의미 있고 관련지을 수 있는 수행과제를 통하여 전략화되어야 한다고 주장하였다. 그러나 수행 중심 학습 및 평가는 전통적인 개념-기능 수업을 확장하여 접근되어야 하며 균형을 이루어야 한다고 보고 있다. 즉 균형이란 전통적으로 알고 있는 것(Do you know it?)과 수행 중심의 학습 및 평가의 실제로 알고 있는 것을 활용할 수 있는 것(Can you use it?)과의 균형을 의미한다고 보았다.

최유현(2010)은 수행평가는 결과 지향적인 평가(product-oriented assessment)보다 과정 지향적인 평가(process-oriented assessment))를 강조하여 수업과 평가의 통합적인 접근을 시도하고 있다고 전제하면서 지금까지의 평가는 학습과 평가는 별개의 작업으로, 즉 학습이 끝나

---

3) 이 책에서 이해를 위한 기술 교육과정 설계 모형은 Wiggins & McTighe(2005, 2010)의 이해기반 설계(Understanding by Design, 백워드 교육과정 설계 모형이로고도 불림)를 연구자가 기술교과의 학습과 평가를 통합한 학습전략을 통합한 기술교과를 위한 수업설계안으로 진전한 '이해'를 기반으로 교육과정을 재구성할 수 있는 이론적 모형으로 기본모형, 학습 문제추출 모형, 목표 설계안, 평가 설계안, 수업 설계를 포함한 모형이다.

고 평가가 이어지는 결과 지향적인 평가가 주를 이루고 있다고 하고 학습과 평가를 통한한 모형을 구안하였다.

최유현(2010)은 학습 및 평가를 통합한 수행 중심 수업전략의 모형을 설정을 위하여 다음의 문제들을 면밀히 검토한 점은 백워드 교육과정 설계의 철학과 맥락을 같이한다고 보여 진다.

> 첫째, 학습과 평가를 통합한 모형은 수행평가 철학이 스며들어야 한다.
> 둘째, 한 모형에 학습과 평가가 동시에 포함된 기본모형이 구안되어야 한다. 가장 이상적인 수행평가는 학습과 평가가 통합되는 전략이다.
> 셋째, 평가준거, 평가기준, 채점기준 등이 명확하게 진술될 수 있도록 구체적인 전략이 반영되어야 한다.

이러한 기본방향을 반영하고, 수행평가 모형 연구들을 기초로 하여 학습과 평가를 통합한 모형은 이 연구에서 구안하고자 하는 평가 전략을 앞세운 백워드 교육과정 설계와 맥락을 같이하고 구체적인 시사점을 주고 있다고 판단된다.

이해를 위한 교육과정 설계 모형(UbD)은 백워드 설계라고도 불린다. Wiggins와 McTighe(2005)가 제시한 백워드 설계의 절차는 크게 3단계로, '바라는 결과 확인하기', '수용가능한 평가증거 결정하기', '학습경험과 수업계획하기'로 이루어진다.

1단계에서는 바라는 결과(desired results)란 단원의 학습을 통하여 학생들이 달성해야할 설정된 목표(established goals)를 말한다. 따라서 교사가 바라는 목표(goal)를 분명히 함으로써 학습의 결과가 단순히 지식과 기능의 습득을 넘어 실제 맥락 속에서 배운 내용이 자율적으로 활용할 수 있는 수준인 전이(transfer)가 이루어질 수 있도록 전이 목표를 포함해야한다. Wiggins와 McTighe (2005)는 학습 목표를 이해(understanding)로 보면서 이해를 '설명, 해석, 적용, 관점의 변화, 공감, 자기 평가'의 6가지를 활용하여 설정하도록 제안하였다. 이를 위하여 본질적 질문(essential question)을 통하여 학습자의 탐구와 사고를 촉진하도록 하였다. 그러면서도 반드시 알아야 할(acquisition) 명확한 사실, 정의, 기본개념으로서 지식과 배운 내용을 능숙하게 수행할 수 있는 기능을 포함하도록 하였다.

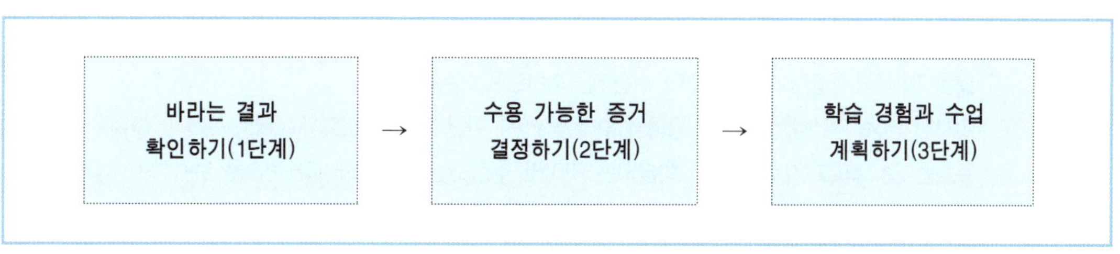

<그림 1-3> Wiggins와 McTighe(2005)가 제시한 백워드 설계의 절차

2단계에서는 1단계에서 설정한 목표를 학습자가 성취했다는 **증거 수집** 방법을 개발한다. 이는 전통적인 평가가 사실의 회상만으로 평가하는데 비해, 더욱 심층적인 이해를 요구한다는 것이 특징이다. 2단계에서는 코드, 평가 준거, 수행 과제, 수행 과제외의 다른 증거로 구분된다. 코드(code)는 1단계의 바라는 목표 종류를 말하고, 평가준거는 과제 수행 정도의 판단을 위한 평가 준거(evaluative criteria)를 말한다. 수행 과제(performance task)는 바라는 목표에 기초한 학습 과제를 말한다. 다른 증거(other evidence)는 수행 평가 외의 평가 방법을 말한다.

3단계에서는 1단계와 2단계를 고려하여 일치된 **학습 경험으로서 수업을 계획**한다. 이를 위하여 사전 평가를 통한 선수 학습의 확인(pre-assessment), 학습 활동의 계획(learning events) 그리고 학습 중 발생할 수 있는 문제를 검토하여 피드백 할 수 있도록 과정 모니터링(progress monitoring)을 포함한다.

MaTighe & Wiggins는 Understanding by Design의 모듈 개발을 2008년(핸드북)에 2011년에서는 'The understanding by design guide to creating high quality units'의 기본 모듈(I), 2012년에서는 'The understanding by design guide to advanced concepts in creating and reviewing units' 기본 모듈(II)을 개발하였다.

UbD의 주요 원리 8가지

1. UbD는 엄격한 프로그램이나 처방적인 레시피가 아닌 교육 과정 계획에 관해 의도적이고 유목적적으로 사고하는 방식이다.
2. UbD의 주요 목표는 학생들의 이해 능력("주요 아이디어"를 통해 학습의 의미를 형성하고 학습을 전이시키는 능력)을 개발하고 심화시키는 것이다.
3. UbD는 내용 기준과 미션 관련 목표를 상세하게 분석하여 적절한 1단계(Stage 1)요소와 2단계(Stage 2)의 적합한 평가로 전환시켜 준다.
4. 학생들이 독자적으로 자신들의 학습을 이해하고 진정한 수행을 통해 학습을 전이시킬 때 이해(understanding)가 드러난다. 이해의 여섯 가지 측면(설명, 해석, 적용, 관점의 변화, 공감, 그리고 자기 평가의 능력)은 이해의 지표로 작용한다.
5. 효과적인 교육과정은 장기적인 의도된 결과에서 시작하여 3단계의 설계 과정(의도된 결과, 증거, 학습 계획)을 거치며 "백워드(backward)"로 계획된다. 이 과정은 쌍둥이 과실(우선 사항도 목적도 분명하지 않은 "피상적 학습"과 "활동 과다 수업")을 피하도록 돕는다.
6. 교사는 내용이나 활동의 단순 공급자(purveyors)가 아닌 이해의 지도자(coaches)이다. 그들은 단지 가르치는 것(그리고 가르친 것이 학습되는 것이라 추정하는 것)이 아니라 학습을 보증하는 것에 초점을 맞추며 학습자의 성공적인 의미(형성과 전이)를 늘 지향하고 확인한다.
7. 설계 기준을 거스르는 단원과 교육과정을 규칙적으로 검토하는 것은 교육과정의 질과 효율성을 높여준다.

8. UbD는 성취에 대한 지속적인 향상 접근법을 반영한다. 우리가 만든 설계의 결과(학생들의 수행)는 수업뿐만 아니라 교육과정에 필요한 조정(adjustments)을 알려주는데, 우리는 필요에 따라 정기적으로 멈추고 분석하고 그리고 조정해야 한다.

Wiggins와 McTighe(2005)는 이해의 의미를 유의미 추론, 전이 가능성의 관점으로 구분하여 제시하였다. 이를 종합해 보면 이해는 아는 것의 회상을 넘어 알고 있는 지식과 기능을 다른 맥락에서 적용, 분석, 종합, 평가할 수 있는 능력으로 이해의 가장 큰 특징은 전이 가능성이라고 볼 수 있다. 따라서 학습자는 지식과 기능을 습득하고 지식의 추론 과정을 거쳐 이해에 도달하며 이해한 것을 전이할 수 있어야 한다. 이러한 이해기반 설계(백워드 설계)의 특징을 제시하면 다음과 같다(강현석 유제순, 2010).

첫째, 백워드 설계는 교육과정 설계 절차상의 획기적인 변화이다.
둘째, 백워드 설계는 전이 가능성이 높은 주요 아이디어에 초점을 둔다.
셋째, 백워드 설계는 학습자의 진정한 이해를 강조한다.

Wiggins와 McTighe는 이해에 도달하는 관문으로 본질적 질문을 제안하고 있다. 본질적 질문은 주요 아이디어를 가리키거나 암시하는 질문으로 학생들의 흥미를 유발한다. 또한 아이디어들을 하나의 상황에서 다른 상황으로 전이되도록 촉진시키는 질문이다. 즉, 백워드 설계는 교사들로 하여금 교육과정 내용에서 주요 아이디어를 확인 · 선택하고 학습자가 전이 가능한 진정한 이해에 도달하도록 학습목표－평가－학습경험의 순으로 수업을 설계하며 평가에 많은 역점을 두는 교육과정 설계방법이다(강현석 · 유제순, 2010).

최유현(2016)은 최유현(2010)의 학습을 통합한 수행평가 모형, 기술적 문제해결 모형과 Wiggins와 McTighe(2005) 및 Wiggins와 McTighe(2010)의 본질적 이해를 위한 백워드 교육과정 설계모형을 통합적으로 고려하여 모형화하였다. 이 연구에서 구상한 연구 설계 모형은 다음과 같다. 이 모형은 **이해기반의 기술 수업 설계안**의 기본 모형이기도 하다.

연구자의 모형 구안의 기본 전제를 다음과 같이 설정하였다.

- 백워드 교육과정의 기본 절차를 따른다.
- 최유현의 학습과 평가를 통한 수업 모형을 기본 프레임으로 한다.
- 기술교과의 특성을 살려 '문제 기반,' '문제해결,' '수행중심평가'의 학습 지향을 반영한다.
- 교사에게 실제적인 수업설계를 돕도록 구체적으로 제시한다.

연구자가 개발한 모형은 10명의 기술교사가 직접 설계안을 작성하여 수업 설계의 실제적 타당성을 확보하고 수정과 보완의 단계를 거쳤다.

그리고 이 수업 설계자를 포함하여 기술교육 전문가 그룹과 더불어 총 15명을 대상으로 양적인 타당화 과정을 거쳤다. 타당성 평가의 방법은 우선 5점 만점의 각 평가항목의 평균 점수를 확인하고, 일치된 의견을 양화(quantifying consensus)한 내용타당도 비율(CVR)을 산출하여 검증[4]하였다.

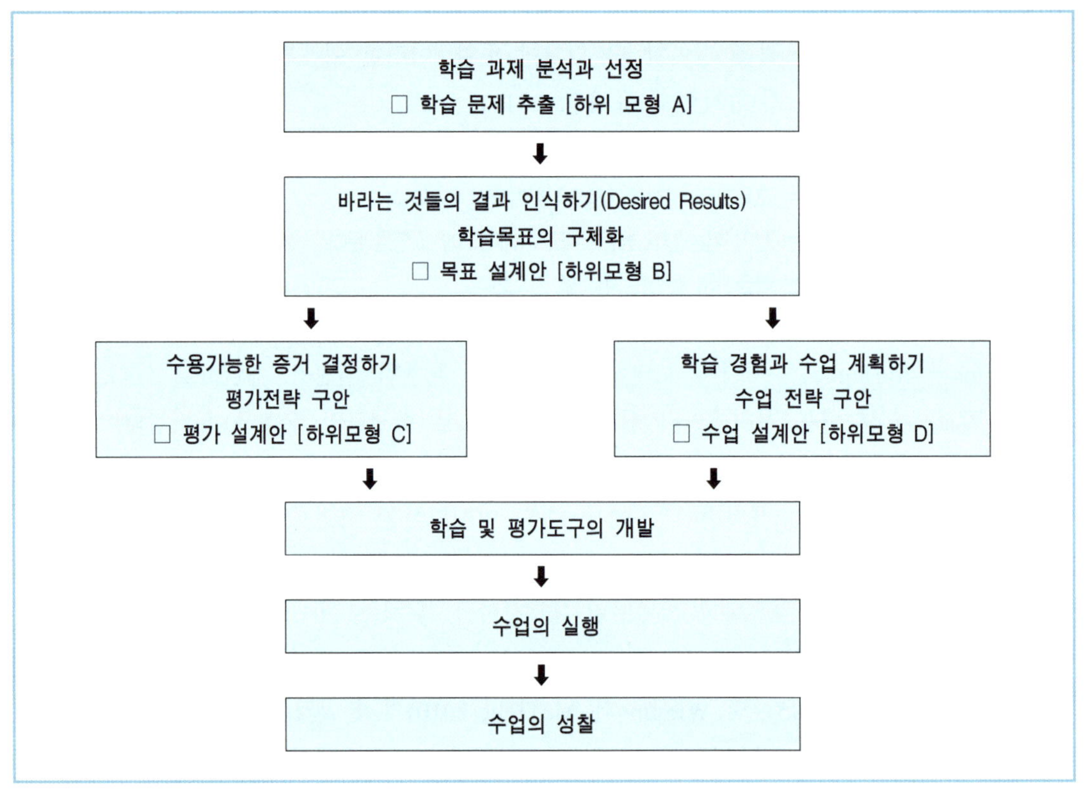

<그림 1-4> 이해기반의 기술 수업 설계모형 개발 연구 도식

4) CVR = (ne − N /2)/(N /2). 여기서 ne는 '중요하다'고 응답한 전문가들의 수로서 이 연구에서는 Likert 5단계 척도에서 각 영역별로 중요한 항목이라고 볼 수 있는 4, 5점에 응답한 응답자의 빈도수를 의미한다. 그리고 N은 전체 전문가의 수를 의미한다. 내용타당도 비율은 다음과 같은 가정에 의해 고안되었다. 가정 1. 어떠한 문장이든 '중요하다'라고 응답한 패널의 수가 50% 이상일 때 그 문항은 내용타당도를 어느 정도 가지고 있다. 가정 2. 그 문항이 '중요하다'라고 인식하고 있는 패널들이 많으면 많을수록(50% 이상) 그 문항의 내용타당도 또는 범위는 증가한다. 값을 계산하는 공식은 다음과 같은 특성들로부터 유도되었다. 즉 '중요하다'라고 응답한 패널수가 50%보다 적을 때 CVR은 음수, 50%일 때 CVR은 0, 100%일 때 CVR은 1.00, 50% 이상 100% 이하일 때 CVR값은 0과 1.00 사이에 위치한다. 이러한 CVR값은 Schipper가 제시한 데이터에 의해 델파이 조사지에 참여한 패널의 수에 따라 그 최소값이 결정되어진다. 즉 유의도 .05수준에서 패널 수에 따른 최소값 이상의 CVR값을 가진 항목들만이 내용타당도가 있다고 판단할 수 있다 (Lawshe, 1975).

[표 1-5] 이해기반 기술교과의 수업 설계안 타당성 조사 항목

구분	항목
이해기반 교육과정 설계 측면	백워드 교육과정의 철학에 적절한가?
	백워드 교육과정 이론이 잘 반영되었는가?
기술학습 지향의 관점에서	창조적 문제해결
	협력적 학습
	실천적 체험
수업 실천 가능성의 측면에서	기술교육과정 재구조화 적절성
	기술 교사의 수업 설계 용이성
	모형의 수업 실현 가능성
학습자의 측면에서	학습자의 이해
	학습자의 흥미
	학습자의 만족
모형	기본 모형
	모형 A
	모형 B
	모형 C
	모형 D

이 기술적 문제해결 모형의 타당성을 평가한 결과, 각 항목의 전체적인 평균점수는 타당성 점수 5점 만점에서 4.40~4.87의 범위로 높은 수준의 타당도 점수를 보였다. 즉 연구자가 설계한 모형은 전체적으로 타당성 정도가 높다고 평가되었다.

한편, 타당성을 검증하기 위하여 구한 CVR 값도 모든 영역에서 타당성이 검증되었다. 전문가 집단이 15명인 범위에서 통계적 유의수준(p) 0.05 수준은 CVR 값이 0.49를 상회하면 통계적으로 타당하다는 해석될 수 있다. 따라서 전문가 집단의 CVR치가 모든 영역에서 이보다 상회하므로 통계적으로 이 모형의 각 항목의 타당성이 통계적으로는 검증되었다고 판단된다.

전반적으로 높은 타당성 평가 결과를 보였지만, 상대적으로 기술 교사의 수업 설계 용이성이 M= 4.40으로 나타나 다소 복잡한 이론, 전략이 반영된 모형임을 알 수 있다.

또한 이 연구에서 개발한 모형을 10명의 기술교사를 통하여 실제로 수업을 설계하여 작성한 결과 모형은 큰 무리 없이 설계안을 적용하였다.

최유현(2016)이 구안한 이해를 위한 **기술 수업 설계 모형**(Technology Instructional Design for Understanding)은 Wiggins & McTighe(2005, 2010)의 이해기반 백워드 교육과정 설계 모형과 연구자가 기술교과의 학습과 평가를 통합한 학습전략인 기술교과 수업설계안으로 진정한 '이해'를 기반으로 하는 이론적 모형으로 다음과 같이 구성되었다.

1. 학습 과제 분석과 선정, 학습 문제 추출 [하위 모형 A]
2. 바라는 것들의 결과 인식하기(Desired Results)－학습목표의 구체화, 목표 설계안 [하위모형 B]
3. 수용 가능한 증거 결정하기, 평가 전략 구안, 평가 설계안 [하위모형 C]
4. 학습 경험과 수업 계획하기, 수업 전략 구안, 수업 설계안 [하위모형 D]
5. 학습 및 평가 도구의 개발
6. 수업의 실행
7. 수업의 성찰

최유현(2016)이 개발한 모형을 실제로 수업 설계안 내용을 포함하여 제시하면 다음과 같다.

ㅁ 학습 과제 추출 [하위모형 A]

교과서, 교사용 지도서, 교육과정의 내용 분석
↓
큰 개념 중심의 교육과정 탐색 및 분석
↓
단원에서 가르쳐야 할 내용을 지식의 구조로 변환
↓
내용 학습 문제로 발전 : 문제 점검 □ 비구조화 문제 □ 유의미한 개념, □ 실세계 연결, □ 학습자 흥미
↓
학습 문제의 구체화 전략 : 문제상황 기획, 제시방법(스토리텔링, 미디어 활용 등)
↓
학습 문제의 추출

[학습 문제 사례]

문제 상황

성문이는 몇 일전 부산 국립과학관에 견학을 갔다가 평소 관심이 많은 항공 전시관에서 레오나르도 다빈치가 남긴 비행기구 디자인을 보게 되었습니다. 레오나르도 다빈치는 새를 관찰하여 공기역학 원리를 터득하고 하늘을 나는 기구를 발명했다고 합니다.

평소 주변을 관찰하는 태도가 오늘날에도 활용할 수 있는 비행기구를 설계했다는 것에서 성문이 자신도 비행기를 단순히 좋아하는 것에 만족하지 않고 주변에서 쉽게 구할 수 있는 재료를 활용해서 하늘을 날 수 있는 비행체를 만들어 보자고 다짐했습니다.

그러나 비행체 제작에는 많은 문제가 있었습니다. 어떤 재료를 선택해야하는지, 날개와 몸체의 제작뿐만 아니라 비행체를 날개 할 수 있는 동력 적용 방법 등 많은 고민거리가 성문이를 괴롭게 했습니다.

여러분이 항공기 제작 전문가로서 성문이의 고민을 해결해 주는 것에 제안을 해봅니다.

학습 문제

- 우리 주변에서 쉽게 구할 수 있는 재료를 활용하여 비행의 원리를 쉽게 알게 하고 자신만의 비행체를 만들 수 있는 방법은 무엇일까요? 항공기 제작 전문가로서 비행 물체를 창의적으로 제작할 수 있는 방법을 제안해 보세요.

□ **목표 설계안 [하위모형 B]**

[목표 설계안 사례]

<table>
<tr><td colspan="3">바라는 것들의 결과 인식하기
- 학습 목표 설정</td></tr>
<tr><td rowspan="7">설정된 목표

해당 기술과 교육과정 성취기준(2019)</td><td colspan="2">전이 : 장기적 교육 목표</td></tr>
<tr><td colspan="2">학생들은 자신들이 학습한 것을 ...하는 데 사용할 것이다.

어떤 유형의 장기적 성취가 바람직한가?</td></tr>
<tr><td colspan="2">의미 - 진정한 이해 목표
[설명, 해석, 관점 찾기, 자기 지식, 감정 이입, 적용]</td></tr>
<tr><td>이해
학생들은 ...을 이해할 것이다.

학생들이 이해하기를 바라는 것은 구체적으로 무엇인가?
그들은 어떠한 추론을 형성해야 하는가?</td><td>본질적 질문

어떠한 사고-유발 질문이 탐구, 의미형성, 그리고 전이를 촉진할 것인가?</td></tr>
<tr><td colspan="2">지식과 기능, 사고 목표</td></tr>
<tr><td>지식 목표 - 서술적 지식
학생들은 어떤 사실과 기본 개념을 알고 또 기억할 수 있어야 하는가?</td><td>사고나 기능 목표 - 절차적 지식
학생들은 ...에 능숙할 것이다.

학생들은 어떠한 별개의 기술과 절차를 사용할 수 있어야 하는가?</td></tr>
</table>

기술이 투입-과정-산출-되먹임의 시스템을 통해 이루어지는 것을 이해하고 체험 활동을 통해 문제해결 능력 및 기술시스템설계능력을 함양한다.

설정된 목표

[9기가04-12] 수송 기술과 관련된 문제를 이해하고, 해결책을 창의적으로 탐색하고 실현하며 평가한다.

전이 : 장기적 교육 목표

- 실생활과 연계된 비구조화된 문제를 통해 아이디어 창출, 대안 수립, 설계 및 제작 계획 짜기, 실행 및 평가의 과정을 통해 기술적 소양을 함양한다.
- 의미 : 진정한 이해 목표
- 학생들은 항공기의 양력발생에 따른 비행원리를 이해할 수 있다.
- 학생들은 콘덴서의 원리를 이해할 수 있다.

지식과 기능, 사고 목표

- 학생들은 모형 비행기 날개를 제작해보고 시험해 봄으로써 항공기의 비행 방법을 설명할 수 있다.

- 학생들은 합리적인 의사결정을 통해 문제를 해결하기 위한 수행 계획을 수립하고 실행할 수 있다.
- 학생들은 제작에 필요한 설계도를 제작할 수 있다.
- 학생들은 제작과정에서 발생한 문제를 보완 · 수정할 수 있다.

ㅁ 평가설계안 [하위모형 C]

수용가능한 증거 결정하기		
평가 목표	평가준거	증거
바라는 결과 모두가 적절하게 평가되고 있는가 ? T(전이), M(의미), A(습득)로 구분하여 스스로 점검할 수 있도록 함.	바라는 결과 달성을 판단하기 위해서 각각의 평가에 필요한 준거는 무엇인가? 기술과 일반 평가 기준 기술적 문제해결 실용적 창조적 협력적 기타 구체적 평가 준거	수행과제 – 학습자 실제 수행과제 수용가능한 학습자 수행 증거 학생들은 복잡한 수행을 행하며 그들의 이해를 어떻게 증명할 것인가?

[평가설계안 사례]

① 평가 목표

- 전이 : 포트폴리오 제작을 통해 학생들이 문제해결과정을 이해하고 실천해봄으로써 기술적 소양을 함양할 수 있도록 한다.
- 의미 : 설계 및 제작을 위해 고려해야할 사안인 양력과 콘덴서의 원리에 대해
- 습득 : 풍등시험을 통해 날개의 형상을 설계, 제작해보고 합리적인 의사결정 과정을 통해 제작 계획을 결정하여 실제 콘덴서와 양력을 이용한 비행기를 제작할 수 있도록 한다.

② 평가 준거

- 기술적 문제해결력 : 비구조화된 문제를 해결하기 위해 당면한 문제를 이해하고, 분석하며, 최적인 방안을 찾아 실행하여 새롭게 발견된 문제점들은 보완할 수 있다.
- 실용적 : 제작을 통해 항공기의 비행원리를 파악하고, 항공 기술자란 직업을 알 수 있다.
- 창조적 : 가장 합리적인 작품을 얻기 위해 다양한 해결책을 창출하여 오랜 시간 비행할 수 있는 비행기를 만들 수 있다.
- 협력적 : 조별 역할분배와 활동소감의 공유, 동료평가를 통해 학생들이 합리적 의사결정을 할 수 있다.

③ 증거

- 작품 전반의 제작 과정이 담겨있는 포트폴리오를 제작
- 실제 작품을 만들고 작동 여부를 실험
- 제작내용 발표, 자기평가 및 동료평가 활동지

ㅁ 수업 설계안 [하위모형 D]

단원		주제 (소단원)		영역	
학년					

학습 기본 계획		
학습 목표	WHERETO 고려 설계	사전- 평가
각 학습활동 혹은 유형의 목표는 무엇인가?	W : 어디로 왜 배우는가? H : 학습자의 흥미 유발과유지? E : 주요 학습 경험의 제공과 준비 R : 학습자의 사고 기회와 수정 E : 자기 평가 반성 T : 학습자 요구, 스타일 부합 O : 학습 계열의 조직	향상도 관찰 학습 활동 중에서 학생들이 습득, 의미, 그리고 전이로 나아가는 것을 어떻게 관찰할 것인가? 잠재적인 난관이나 오해는 무엇인가? 학생들은 자신들이 필요한 피드백을 어떻게 구할 것인가?

학습주제					
배당시간			주요 학습 개념		
학습목표					
수업계획		학습구조	□개별, □동료, □협동, □기타____________		
		수업자료			
		준비물			
교수-학습과정	도입	문제해결 과정	학습자 활동	교사의 역할	시간계획
	도입	문제 제시			
	전개 *	문제 확인			
		대안 탐색			
		대안 선정			
		구체적 계획			
		실행			
		평가			
	평가	교사의 평가			
유의점					

* 전개 과정은 학습 전략에 따라 수정 가능 (이 설계안 문제해결학습 모형을 따르고 있음)

[수업 설계안 사례]

1차시 : 제시된 문제를 정확히 파악하고, 양력과 콘덴서를 설명할 수 있다.

W : 비행기의 사용에 따른 인간에게 미친 영향 파악하기.

H : 레오나르도 다빈치의 사례를 통해 공기 역학에 대한 호기심 자극하기.

E1 : 콘덴서와 양력에 대한 사례를 제시하기.

O : 전체 수업흐름을 제시함으로써 맥락 파악하기.

2~3차시 : 합리적인 대안으로 선택된 비행이 가능한 날개의 형상을 설계도로 표현하고 제작하여 테스트 할 수 있다.

W : 비행기가 뜨기 위한 날개의 형상은 어떤 형태로 구성되어있을지 고민하기.

H : 풍등시험을 통해 양력을 체험하여 비행에 대한 가능성 제시하기.

E1, R : 비행기가 뜨기 위해 고려해야할 사안을 의사결정 과정을 통해 가장 합리적인 대안 선택하기.

E2 : 제시된 아이디어를 분석하고 평가하여 개선시키기.

T : 자신의 의견을 제시하고 설득하기.

4~7차시 : 설계과정을 바탕으로 작품을 완성시키고 발생된 문제점을 수정, 보안 할 수 있다.

W : 설계된 내용을 실제 제작하면서 겪는 문제점을 피드백 과정을 통해 수정하기.

H : 콘덴서 비행기가 날 수 있도록 테스트 하기.

E1 : 노작활동을 통한 작품제작하기.

R, E2 : 다양하게 발생하는 문제점을 보완하여 작품을 완성시키기.

T : 자신의 의견을 제시하고 설득하기.

8차시 : 콘덴서 비행기의 작동여부를 확인하고, 발표, 평가할 수 있다.

W : 작품 내용을 평가받아 다른 사람들의 의견을 수용하기.

H : 콘덴서 비행기가 제대로 작동하는지 테스트하기.

E1, R, E2 : 비판적 시각을 통해 다른 모둠의 작품을 확인하고 자신의 작품과 비교, 분석함으로서 개선점 찾기.

O : 포트폴리오 제작을 통해 작품 전반에 관련된 내용을 조직하기.

<table>
<tr><td>학습
주제</td><td colspan="6">콘덴서 비행기 만들기</td></tr>
<tr><td>배당시간</td><td>8차시</td><td colspan="2">주요 학습 개념</td><td colspan="3">비행기의 비행원리(양력), 콘덴서의 원리</td></tr>
<tr><td>학습목표</td><td colspan="6">콘덴서 비행기를 제작하는 과정을 통해 양력과 콘덴서의 원리에 대해 설명할 수 있다.</td></tr>
<tr><td rowspan="3">수업계획</td><td>학습구조</td><td colspan="5">협동학습</td></tr>
<tr><td>수업자료</td><td colspan="5">PPT, 포트폴리오 자료, 개별 관련 자료</td></tr>
<tr><td>준비물</td><td colspan="5">우드락, 콘덴서, 프로펠러, 충전기, 필기도구</td></tr>
<tr><td rowspan="11">교수
–
학습
과정</td><td colspan="2">문제해결 과정</td><td>학습자 활동</td><td>교사의 역할</td><td>시간계획</td></tr>
<tr><td>도입</td><td>문제
제시</td><td rowspan="2">• 문제 확인
• 양력과 콘덴서 이해하기</td><td rowspan="2">• 동기유발 및 문제 상황 제시
• 전체 수업 흐름 제시
• 과제 핵심내용 제시</td><td rowspan="2">1</td></tr>
<tr><td rowspan="6">전개
*</td><td>문제
확인</td></tr>
<tr><td>대안
탐색</td><td rowspan="2">• 날개 제작에 대한 아이디어 창출
• 제작한 날개를 풍동시험을 통해 성능 시험
• 설계도 그리기</td><td rowspan="2">• 대안 탐색 및 선정 시 주의할 점 제시</td><td rowspan="3">2~3</td></tr>
<tr><td>대안
선정</td></tr>
<tr><td>구체적
계획</td><td>• 제작에 필요한 재료, 고려사항 파악
• 제작 일정 및 방법 결정</td><td>• 합리적 계획 여부 판단 및 조언</td></tr>
<tr><td>실행</td><td>• 각 날개 및 부품별 설계도 그리기
• 설계도를 바탕으로 시제품 제작
• 제작된 콘덴서 비행기 성능 시험</td><td>• 제작 시 주의해야할 점 제시</td><td>4~7</td></tr>
<tr><td>평가</td><td>• 콘덴서 비행기 비행 테스트
• 발표자료 정리하기
• 다른 모둠의 작품 평가하기</td><td>• 비행, 발표자료 평가</td><td rowspan="2">8</td></tr>
<tr><td>평가</td><td>교사의
평가</td><td>• 제작과정 발표</td><td>• 활동내용 (포트폴리오) 평가 및 반추</td></tr>
<tr><td>유의점</td><td colspan="6"></td></tr>
</table>

모형 설계의 관점에서 제시된 이해기반 교육과정 설계 모형은 교육과정 재구성, 문제 추출, 목표 설정, 평가 설계, 수업 설계, 수업 실행과 성찰의 홀리스틱이고 교육과정 및 수업의 통합적 접근으로 보다 맥락적이고 구체적인 설계안이므로 상당한 교수자의 노력과 전문성이 요구된다. 충분한 교과 이해와 수업 설계 전문성을 가지고 접근하며, 수업 상황에 따라 특정 단계의 부분적인 변용의 설계 융통성을 발휘할 필요가 있다.

다음은 임윤진, 최유현, 홍영지(2016)에 연구한 이해 기반의 '백워드 설계'를 통한 중학교 기술·가정 교과의 '발명' 단원 설계의 사례이다.

백워드 설계를 통한 '발명' 단원 수업 설계 사례

1. 바라는 결과의 확인

앞서 논한 바와 같이 백워드 설계에서 바라는 결과의 확인은 학습자가 학습 후 도달하길 원하는 목표로, 교육과정상의 성취수준과 밀접한 관련이 있다. 처음 '발명'단원이 도입된 후 2015 개정교육과정에 이르기까지 '발명'과 관련된 성취수준은 크게 '발명 아이디어 구상'과, '사고기법을 활용한 창의적 문제해결' 등 다양한 사고기법을 활용하여 아이디어를 구상하고, 해결하는 과정을 포함하고 있다.

또한 발명 교육 내용 요소는 '발명의 이해', '발명과 사고', '발명 체험', '발명과 특허'의 대영역으로 이루어져 있으며, 이 중 '발명 체험' 영역은 다른 내용 요소를 포함하는, 즉 발명 아이디어를 구상하고 실제 발명품 제작 및 평가에 이르는 과정을 거침으로써 발명에 대한 이해와 사고기법, 특허에 대해 학습할 수 있도록 도와준다.

따라서 백워드 설계를 통한 '발명'단원 수업 설계에서 설정 목표는 실생활과 밀접한 관련이 있으며, '발명' 단원의 성취수준, 발명 교육 내용 요소를 고려하여 '생활에 유용한 발명품을 만들 수 있다'로 설정하였다.

성공적인 학습을 위한 전이로서의 이해는 '설명, 해석, 적용, 관점, 공감, 자기지식' 등 6가지 측면에서 구체적으로 나타낼 수 있다. 이는 평가의 틀로 활용할 수 있으므로, 문제 인식 및 확인에서 해결방안 탐색, 아이디어 평가, 설계, 발명품 제작 및 평가까지 '발명' 단원의 내용요소에 따른 목표를 각각의 측면에서 제시하였다.

본질적 질문은 학습자의 탐구와 사고를 촉진하는 질문으로 구체적이고 하나의 답이 요구되는 질문이어서는 안 되며, 지식과 기능을 포함해야 한다.

이에 따라 '발명'단원에서의 목표를 제시하면 〈표 5〉와 같다.

1단계 : 바라는 결과의 확인

설정 목표 : 생활에 유용한 발명품을 만들 수 있다.	
이해	
설명	아이디어 구상에 필요한 사고기법을 설명할 수 있다.
해석	생활 속 문제가 무엇인지 나타낼 수 있다.
적용	문제 해결을 위한 해결방안을 탐색할 수 있다. 시제품 제작을 위한 설계도를 그릴 수 있다. 도면을 바탕으로 실제로 시제품을 제작할 수 있다.
관점	구상한 아이디어의 독창성을 분석할 수 있다.
공감	불편함이 해결되지 않았을 때 어떤 일이 발생할지 자신의 생각을 말할 수 있다. 시제품을 실제로 이용할 때 어떤 느낌일지 상상해보고 말할 수 있다. 문제 상황을 이해하고, 공감할 수 있다. 다른 사람들이 어려워하는 점을 찾을 수 있다. 대화를 통해 타인의 문제점을 찾을 수 있다'
자기지식	나의 발명품에 대해 스스로 평가해 볼 수 있다.

본질적 질문
1. 생활 속 불편함은 무엇일까?
2. 최적의 문제 해결을 위해 어떻게 해야 할까?
3. 경제적이고 효율적인 시제품은 어떻게 제작 할까?

지식	기능
- 문제 확인 기법을 이해한다. - 확산적 사고와 수렴적 사고의 차이와 활용 방법을 이해한다. - 도면 작성 방법을 안다.	- 해결방안 구상을 위해 적절한 사고기법을 활용할 수 있다. - 구상도와 제작도를 그릴 수 있다. - 시제품을 만들 수 있다.

2. 수용 가능한 증거의 결정

목표의 성취를 확인하기 위해서는 평가 계획이 요구된다. 따라서 이 단계에서는 수행과제가 무엇인지 이외에 다른 평가 증거는 무엇일지 결정해야 한다.

'생활에 유용한 발명품을 만들 수 있다'는 목표에 비추어 수행과제는 '발명품 만들기'로, 추가적인 평가 증거는 '발명품 홍보를 위한 포스터 만들기'로 선정하였다. 이 때 수행과제는 실제적이고 맥락적인 과제 제시를 위해 G(목표), R(역할), A(청중), S(상황), P(결과물), S(평가 기준)의 6가지 특성에 비추어 구성하였다(<표 6>참조).

2단계 : 수용 가능한 증거 결정하기

수행평가: 발명품 만들기	
발명품 제작 과정을 통해 누가, 어떠한 측면에서 문제를 겪고 있는지 분석하고, 이를 해결하기 위한 방안을 탐색할 수 있어야 한다. 탐색한 해결방안의 강·약점은 무엇일지 비교하고, 최적의 아이디어를 바탕으로 설계도를 그린 후 시제품을 제작함으로써 평가가 이루어진다.	
G(목표)	생활 속 불편함을 해결할 수 있는 발명품을 만들 수 있다.
R(역할)	학생들은 발명가와 문제해결자로서의 역할을 수행한다.
A(청중)	학생들이 목표로 하는 대상은 제품을 이용하는데 불편함을 겪는 사람들이다.
S(상황)	장애유무, 나이, 신체적 제한 등에 관계없이 누구나 편리하게 이용할 수 있는 제품을 발명해 보자.
P(결과물)	• 문제 분석의 증거 • 탐색한 아이디어의 목록 및 최종 선정 방안 • 시제품 제작을 위한 설계도 • 시제품(발명품)
S(평가기준)	• 생활 속 불편함을 인식하고, 문제가 무엇인지 구체적으로 확인하였는가? • 적절한 사고기법을 활용하여 다양한 아이디어를 탐색하였는가? 그 중 최적의 아이디어를 선정하였는가? • 설계도는 도면 작성 규칙을 준수하며, 시제품과 일치하는가? • 시제품(발명품)은 잘 작동하는가?

추가적인 평가 증거: 발명품 홍보를 위한 포스터 만들기
제작한 발명품 홍보를 위한 포스터를 만듦으로써 발명 단원의 학습에 필요한 지식을 갖추었는지 확인한다. 문제의 인식, 해결 가능한 방안 탐색, 설계도, 제품 제작 등 과정과 설명이 갖추어진 포스터를 통해 전 과정을 성찰할 뿐 아니라 제작한 발명품에 대해 스스로 평가할 수 있게 된다.

3. 학습경험과 수업의 설계

이 단계에서는 실제적인 학습경험이 이루어질 수 있도록 수업을 설계하는 단계로, 보다 효과적인 학습을 위해 W(목표 및 방향), H(흥미, 관심), E(지식, 기능), R(반성), E(평가), T(개별화), O(조직) 요소를 고려하여 설계하였다(〈표 7〉참조).

3단계 : 학습경험과 수업설계

교수 · 학습 경험	W	H	E	R	E	T	O
	목표 방향	흥미 관심	지식 기능	반성	평가	개별화	조직 (차시)
1. 다양한 사람들이 생활하는 짧은 영상을 제시	○	○					1
2. 영상 속에 등장하는 사람 중 한 명을 선정하여 불편함을 겪고 있는 장면 찾기		○					
3. 불편함을 해결하지 못했을 때 앞으로 어떤 결과를 불러일으킬지 생각해보기		○		○		○	
4. 발명의 필요성 및 중요성에 대해 배우기	○		○				
5. 문제확인 기법 배우기		○	○				2
6. 불편함의 원인이 무엇일지 분석하기		○					
7. 확산적 사고기법과 수렴적 사고기법 배우기		○					3
8. 불편함을 해결하기 위한 방안은 무엇일지 탐색하기		○		○	○		
9. 탐색한 방안은 새로운 방법인지 키프리스를 통해 분석하기				○	○		
10. 도면 그리는 법 배우기	○		○			○	4
11. 아이디어를 실제로 제작하기 위한 설계도 그리기			○				5
12. 제작을 위한 공구 사용법 익히기			○				
13. 설계도를 바탕으로 제작하기		○		○			6 ~ 10
14. 완성된 발명품이 사용되었을 때 어떤 느낌일지 생각해 보기	○	○			○	○	
15. 발명품 홍보를 위한 포스터 만들기	○			○	○		11

'발명' 단원에 대한 학습은 단순한 '발명 사고 기법'에 국한되어서는 안 된다. 교육과정 성취기준에 제시된 바와 같이 실제 생활 속 문제를 찾고 해결방안을 제시할 수 있는 능력을 기르기 위해 '발명'이라는 학습을 경험하도록 하는 것이 기술교과의 목표이다.

이러한 관점에서 백워드 설계를 통해 개발한 '발명'단원의 설계안은 '발명품 만들기'라는 프로젝트 활동으로 설정되었다. 이는 설계과정에서 학습경험과 수업은 단순한 지식들의 나열이나 흥미위주의 활동으로 설계하는 것을 지양하고 기대하는 목표에 부합하는 이해의 측면

을 다룰 수 있는 프로젝트 활동을 설계함으로써 많은 효과를 기대할 수 있다(이경숙, 유태명, 2015)는 연구의 제언에 따른 것이다. 특히 이론적 고찰에서 언급한 바와 같이 '발명'단원 설계에 있어서 발명교육의 지향점인 문제해결접근과 협동중심의 학습, 수행중심평가와 포트폴리오 평가가 잘 반영되었다고 볼 수 있다.

다만, 연구의 설계안은 학습 상황, 교수자의 의도 등 다양한 학습자 및 환경적 변인 등의 유동적인 요인이 존재하기 때문에 다양한 형태로 변형되어 적용되어야 할 것으로 사료된다.

4. 기술교과 교육과정 개발 기본모형 설정

교육과정의 개발모형의 각각의 특징을 고찰해 볼 때, 어느 한 모형을 설정한다는 문제는 간단하지는 않다. 목표모형과 체계적 모형이 갖는 절차의 논리성의 장점이 있는 반면, 각 교과가 지니는 학문적 지식과 교과에 내재된 심리적 현상을 철학적으로 반영하기가 어려운 점이 있다. 이와 같은 이유로 인하여 체계적 모형으로 분류되는 Ornstein과 Hunkins(1988)의 모형에서는 교육과정 개발의 첫 단계로 '교육과정 개념화와 합법화'를 두고 있다. 이는 교육과정 개발자의 철학적 숙의 없이 교육과정을 개발하는 우를 방지하기 위한 대안적 모형이라고 볼 수 있다. 따라서 기술교과 교육과정의 모형을 구조화하기 위해서 어떠한 이론적 모형에 그 철학을 두어야 하는 지는 대단히 중요한 문제이다. 우선 이러한 문제해결을 위해서 기본적으로 물어야 할 질문이 있다. 그것은, 즉 '이러한 논쟁에 모든 교과가 같은 입장에서 적용될 수 있는가'이다. 목표모형의 철학에 기초한다면 가르쳐야 할 원천인 사회와 개인의 필요에 결정된다고 보기 때문에 큰 문제가 없는 듯하다. 그러나 내용모형에 의하면 가치 있는 지식 혹은 교과의 존재를 전제하고 있다. 예컨대 수학적 지식, 과학적 지식이 아닌 기술교과적 지식의 존재 여부이다. 이러한 기술교과적 지식이 '수학적 지식' '과학적 지식' 등이 통합된 지식으로서의 '기술교과적 지식'이 존재할 수 있고, 기술교과 자체가 가지는 독자적인 지식이 존재할 두 가지 가능성이 있는 것이다. 이러한 문제는 다음의 논의에서 보다 구체화 할 수 있을 것이다. 결국 독자적인 지식 혹은 내용을 증명해 보여야 한다.

지금까지의 교육과정이 적어도 외현적으로는 목표모형적 접근에 기초하고 있다. 교육과정의 모든 진술에는 처음에 목표가 제시되고 있다. 그러나 그 목표의 원천이 대부분의 교과 전문가가 가지고 있는 내재화된 지식에 기초하고 있지는 않은가? 즉 내용을 머리 속에 두고 목표를 진술한다는 뜻이다. 만약 이러한 가정이 옳다면 지금까지의 두 논쟁은 의미가 없을 가능성도 있을 것이다. 즉 이 논쟁은 교육과정 모형의 논쟁이 아니라 교육과정 진술 방식의 문제에 국한될 수 있을 것이다. 이러한 가능성에서 기술교과 교육과정은 내용모형에 주안점을 두어야 할 것이다. 즉 지식의 가치는 단지 기술교과를 가르치는 것보다는 기술교과적 혹은 기술적 사고를 학생들에게 심어 주는 것이 더 중요하기 때문이다.

그러나 이러한 내용, 지식, 사고 등에 기초한 방법은 교육과정을 바라보고 이론화하는 데는 도움을 주지만 실제로 교육과정을 개발하는 데는 고도의 전문적 판단과 비논리적인 약점을 가질 수밖에 없다. 또한 전문가들의 주관적인 판단이 크게 작용할 소지도 무시할 수 없다.

그렇다면 기술교과 교육과정의 모형을 구조화하는 데 이론적 기저가 될 교육과정 모형은 결국 대안적 모형을 찾을 수밖에 없다. 그 대안은 적어도 기술교과 교과 자체가 지니는 지식과 내용을 중요하게 반영하면서 그 절차가 과학적이고 논리적이어야 한다.

논리적이고 과학적인 교육과정 모형으로는 Tyler의 모형을 보완한 Taba(1962)의 일곱 단계의 모형을 고려해 볼 수 있다. 즉 Taba(1962)는 ① 요구진단, 요구사정 ② 목표의 설정 ③ 내용의 선정 ④ 내용의 조직 ⑤ 학습경험의 선정 ⑥ 학습경험의 조직 ⑦ 평가내용 평가방법 및 도구의 결정 등으로 교육과정 모형을 제시하였다. 이 모형의 약점은 목표모형에서 비판받는 목표를 내용선정에 우선하여 진술한다는 점이다. 그러나 이러한 체계적 접근은 교육과정을 개발하는 데 논리적이고 과학적인 절차로서 가치를 지닌다. 그리고 Ornstein과 Hunkins(1988)의 모형에서는 교육과정 개발의 첫 단계로 '교육과정 개념화와 합법화'에 두어 교육과정 개발자의 철학적 숙의 없이 교육과정을 개발하는 우를 방지하기 위한 모형을 제시하였다. 즉 ① 교육과정 개념화와 합법화 ② 교육과정 진단 ③ 교육과정 개발내용 선정 ④ 교육과정 개발경험 선정 ⑤ 교육과정 이행 ⑥ 교육과정 평가 ⑦ 교육과정 유지의 단계를 제시하고 있다. 이 모형은 교육과정 목표를 설정하지 않고 교육내용에 우선을 두는 체계적 접근이다.

한편, Walker(1971)는 실제로 학교 교육과정이 어떻게 만들어지는가에 대한 질문을 제기하고, 정강(platporm), 숙의(deliberation), 설계(design)의 세 과정으로 교육과정이 개발된다고 주장하였다. 여기서 정강이란 교육의 과정을 개선하기 위한 교육자의 신념체계나 집단구성원들의 신념, 태도, 아이디어, 이상, 희망 등을 말한다. 정강에는 착상(conceptions), 이론(theories), 목적(aims) 등이 포함되어 있다. 그리고 숙의는 참석자들간의 의견교환 과정으로서 합리적이기보다는 정치적인 성격을 띠는 대화와 논쟁의 과정이다. 설계는 개념적 모형과 실제 프로그램을 연결해 주는 다리로서 실제 행동에 참여하는 단계이다. 즉 교육과정 설계는 일련의 의사결정에 의해 구체화될 수 있는 것이다(이귀윤, 1996 : 195).

따라서 Walker(1971)의 모형은 정강의 과정에서 교육과정 개발자의 철학이 요구되고, 숙

의와 설계과정에서 의사결정 과정을 중요시하고 있다. 이 모형은 구체적인 단계는 제시되지 않았을지라도 실제로 교육과정 개발이 이루어지는 의사결정 과정을 분석적으로 규명했다는 것은 새로운 아이디어를 주고 있다.

한편, Schwab(1969)은 기존의 교육과정 연구가 이론적으로 치우쳤음을 지적하면서, 교육과정에 대한 새로운 접근방법으로 실제적 접근을 제안하였다. 그는 교육과정 개발의 공통요소로서 교과, 학습자, 교사, 환경, 네 가지를 들고 있다. 교과는 협의의 교과관을 거부하고 학생들에게 학문을 가르치되, 다양한 경험을 제공할 것을 주장한다. 즉 학문 내의 다양한 개념들을 제공하여 학생들의 사고를 가능하게 해주는 바람직한 교육과정 구성이 필요하다는 것이다(이귀윤, 1996 : 200-201).

위에서 고찰한 세 개의 교육과정 모형은 각기 장점을 지니고 있으면서도 접근방법적인 관점의 차이로 약간의 불완전성도 발견된다. 여기서 기술교과 교육과정 개발모형을 설정하는데 한 가지 대안적인 모형이 제시될 수 있다. 즉 Ornstein과 Hunkins(1988) 모형은 교육과정 개발의 절차 변인으로, Walker의 모형은 교육과정 의사결정 변인으로, 그리고 Schwab의 모형은 교육과정 개발의 자원 변인으로 기여할 수 있다는 것이다. 이 모형들이 새로운 대안

모형의 변인	주요 내용	이론적 기저	비고
• 기술 교육과정 개발자원 변인(S)	1. 교과(S1), 2. 학습자(S2) 3. 교사(S3), 4. 환경(S4)	Schwab(1969)	
⬇			
• 기술 교육과정 개발절차 변인(P)	1. 교육과정 개념화와 성격 규명(I) 2. 교육내용의 선정(C) 3. 교육내용의 조직(E) 4. 교육과정의 교육목표 진술(O) 5. 교육과정의 수업·평가 전략의 제시(M)	Ornstein과 Hunkins(1988) Taba(1962) Miller와 Seller	피드백을 통한 수정이 가능한 순환적 모형
⬆			
• 기술 교육과정 의사결정 변인(D)	1. 정강(D1) : 전문가의 신념 체계 2. 숙의(D2) : 참여자 의견교환 과정 3. 설계(D3) : 개념적 모형과 실제 프로그램 연결	Walker(1971)	절차단계에서 이루어지는 의사결정 절차

<그림 1-5> 기술 교육과정 개발 기본모형

적인 모형에서 각각의 특징을 살리면서 기여할 때, 그 대안적 모형은 통합적인 모형으로 각 모형들이 지니고 있는 단점들을 극복할 수 있다. 이러한 대안적인 모형은 앞서 언급한 교육과정 개발절차의 과학성, 논리성, 그리고 목표보다는 내용을 우위에 두는 기본 전제에 충실하였다. 그러나 교육과정 내용과 경험이 선정된 후에 교육목표를 구체화하는 것은 교육과정을 명확하게 제시하는 데 도움을 주므로 Ornstein과 Hunkins(1988)의 모형은 약간 수정하여 제시되었다. 그리고 Miller와 Seller가 제시한 바와 같이, 교육과정을 실행하는 단계에서 중요한 변인으로 수업전략과 평가전략을 아울러 고려하였다.

따라서 **기술교과 교육과정 개발의 대안적 기본모형**은 <그림 1-5>와 같다.

Hirst(1974)는 교과를 구성하는 기본요소로서 지식형식을 제시하고 지식형식의 논리적 구조를 상세화하였지만, 교과의 조직방식이 반드시 지식형식의 논리적 구조를 따라야 한다는 것은 아니라고 하였다. Dewey(1916)는 전통적인 교육은 교육내용을 조직할 때, 교과의 논리만을 강조하는 잘못을 범했으며, 진보주의 교육에서는 학생들의 심리적 상태만을 고집한 어리석음을 저질렀다고 지적하면서, 교육내용 조직은 학생의 심리에서 교과의 논리로 나아가야 한다고 하였다.

Bruner(1960)는 교과의 논리와 학습자의 심리를 연관지어 나선형 교육과정을 제시하였다. 나선형 교육과정은 달팽이의 집이 위로 갈수록 점점 커지고 넓어지듯이, 교육내용은 교과의 기본구조를 다루되 시간의 흐름에 따라 점점 폭넓고 깊이 있게 조직해 나가야 한다는 것이다[5](김대현 · 김석우, 1996 : 103-105).

이와 같이 교육내용을 조직할 때는 **교과의 논리적 원칙과 학습자의 심리적 원칙**을 모두 존중해야 한다는 것이 여러 학자들의 공통된 견해임을 알 수 있다.

좀더 구체적으로 교육내용의 조직은 수평적 조직과 수직적 조직으로 나눌 수 있다. 즉 수평적 조직은 같은 시간대에 교육내용을 배치하는 범위(scope)와 통합성(integration)을 의미하며, 수직적 조직은 시간의 연속성을 토대로 계열성(sequence)과 계속성(continuity)을 의미한다.

수평적 조직원리인 범위(scope)는 특정한 시점에서 학생들이 배우게 될 내용의 폭과 깊이를 가르킨다. 즉 범위는 학생들이 배워야 할 내용이 무엇인지, 그것들을 얼마나 깊이 있게 배워야 하는가를 결정한다. **통합성**(integration)은 교육내용들의 관련성을 바탕으로 교육내용들을 하나의 교과나 단원으로 묶는 것을 말한다. 또는 통합성은 수업의 효과를 높이기 위하여 관련 있는 내용들을 동시에 혹은 비슷한 시간대에 배열하는 것을 말한다.

---

5) Bruner는 "어떤 교과이든지 어떤 발달단계에 있는 아동에게도 그 지적 성격에 충실한 형태로 효과적으로 가르칠 수 있다"는 명제와 함께 세 가지 표상형식을 제시하였다. 먼저 작동적 표상형식은 가르치고자 하는 개념을 역할연기, 게임 등의 동작을 가르치는 데 사용된다. 두 번째는 영상적 표상형식으로 그림이나 모형 등을 총하여 개념을 알게 하는 것이다. 그리고 상징적 표상형식은 문자나 숫자를 사용하여 개념을 알게 하는 것이다(김대현 · 김석우, 1996 : 105). 이러한 세 단계를 통하여 교육내용을 반복하면서 점점 상징적 조작에 이르도록 수준을 높인다는 것이다.

수직적 조직원리인 **계열성**(sequence)[6]은 교육내용을 배우는 순서를 말한다. 내용을 계열화하는 방법은 대체로 연대순 방법, 주제별 방법, 단순에서 복잡으로의 방법, 전체에서 부분으로의 방법, 논리적 선행요건 방법, 추상성의 증가에 의한 방법, 학생들의 발달에 의한 방법 등이 있다. 그리고 **계속성**(continuity)은 계열성의 문제와 밀접히 관련되어 있다. 학습내용을 일정한 순서로 계열화시켰을 때, 어떤 내용을 얼마나 계속할 것인가에 대한 문제이다. 계속성은 교육내용의 조직에 있어서 내용의 여러 요소가 계속해서 반복되어야 한다는 것이다. 여기서의 반복은 동일 요소의 반복이 아니라 점진적인 심화·확대·향상을 꾀하는 반복이다. Taba는 계속성을 누적학습(cumulative learning)이라고 표현한 바 있다(류광찬, 1994 : 90-91).

햄린(Hamlyn)은 학습의 논리적 측면과 심리적 측면에 관한 논문에서 지식의 습득과정을 설명하고 경험주의자들의 학설을 비판하고 인지에 있어 개념과 대상 사이에 존재하는 관계는 결코 우연한 것이 아니라고 전제한 뒤, 지식의 성장 그 자체가 우연한 일이 아니고 논리적인 체계를 가진 지식의 개념을 주장하고 있다. 그는 개념의 객관성을 지식이 그러하듯이 상호 주관적이고 인간간의 활동으로 규정하고 피아제(Piaget)의 생물학적 모델의 기초는 사회적 요소를 배제함으로써 지식의 객관성을 손상시킨다고 하여 발달론적인 심리적 측면의 지식 습득을 부인하고 있다(Peters, 1973 : 195-216).

듀이(Dewey)는 교육과정의 본질을 인식하는 방식에 대해서는 상당한 확신을 갖고 있었던 것 같다. 듀이는 「민주주의와 교육」에서 논리적인 것과 심리적인 것으로 대비시켜 논의하고 있다. 그는 논리적 함의로서 지식은 전문가가 아닌 사람에게는 이 완성된 형식이 방해물이 되고 학습자의 입장에서 보면 과학의 형식은 과학을 배우는 출발점이 아니라 도달해야 할 이상의 관점을 가진다고 보고 있다. 이러한 그의 견해는 논리적인 것을 비판하고 심리적인 것을 수용하려는 의도[7]가 다음 그의 주장에서 엿보인다.

> 교과를 완성된 형식으로 제시하는 것이 학습의 왕도라고 생각하는 것은 우리의 마음을 사로잡는 생각이다. 미성숙한 학생이 교과를 배울 때, 이미 유능한 학자들이 마쳐 놓은 부분에서 시작하면 시간과 노력을 절약할 수 있고 쓸데없는 오류를 저지를 필요가 없지 않은가?... 학생들은 일상 경험의 친숙한 자료를 과학적으로 취급하는 방법을 배우는 것이 아니라, 그냥 교과로서의 과학을 배운다. 학자들의 연구방법이 대학의 교육방법을 지배하고, 대학의 교육방법이 중·고등학교에 내려가고, 이런 식으로 계속 내려오면서 다만 조금씩 삭제를 하여 약간 난이도를 조절하는 정도이다. 학습자의 경험에서 시작하여 거기서부터 과학적 처리의 올바른 방식으로 발달해 나가는 '발달적 방법'은 흔히 전문가의 '논리적 방법'과 대비시켜 '심리적 방법'이라고 부른다. 심

---

6) 이 계열성은 실과의 경우 초등학교 슬기로운 생활과 5, 6학년의 계열성, 그리고 초등학교 실과와 중등학교 기술·가정 교과와의 계열성을 고려하는 원리이다.

7) 듀이가 반드시 논리적인 관점을 도외시한 것은 아니라고 판단되며, 교과의 심리화란 용어를 사용한 것을 보면 교과 자체의 논리적 면을 분리하지는 않고 새로운 해석을 시도하고 있는 것 같다.

리적 방법은 분명히 시간은 많이 걸리지만, 거기서 얻어지는 뛰어난 이해와 생생한 흥미는 그 손해를 보충하고도 남는다(*Dewey's Democracy and Education*, 이홍우(역), 1990 : 341-344).

이러한 듀이의 견해는 과학자가 완성한 방법에 의해서 학생들이 배우면 그의 주위에 있는 자료를 혼자서 다루는 힘을 가진다고 볼 수 있으며, 오직 상징에 의해서만 의미가 표현되어 있는 내용을 배우는 데에서 따라오는 정신적 혼란과 지적 혐오감을 피할 수 있을 것으로 보고 있는 것 같다.

앞서 고찰한 바와 같이 교육내용으로서의 지식의 선정원리는 두 측면에 기초한다고 볼 수 있다. 학문을 중심으로 하는 논리적 관점과 아동의 발달을 기초로 하는 심리적 관점이다. 어떤 관점에서 지식을 구성하는 문제는 대단히 중요한 철학적 문제이다. 그러나 단순히 두 측면의 입장을 비교하면서 어느 한 관점으로서의 결론을 유도하는 것은 편견에서 오는 철학적 오류를 저지를 가능성이 있으며, 이는 교과[8]의 본질적인 성격과 달성하고자 하는 목표에 기초한다면, 두 관점의 분리가 아닌 통합 혹은 수용(하나의 관점이 또 하나의 관점의 이면으로 취급되는 것)의 방법을 통해서 해결될 가능성을 가질 수 있는 것이 아닐까?

다음으로 제기되는 중요한 점은 선정된 지식 혹은 배워야 할 내용을 어떠한 관점에서 계열화시키는 순서(priorty or order)의 문제이다. 논리적인 지식의 경우 허스트(Hirst)는 논리적 문법과 논리적 계열로 구분하였는데(Peters, 1973 : 123-149), 여기서는 논리적 계열의 문제를 의미한다고 볼 수 있다. 그는 논리적 순서의 경우 일반적인 것은 특별한 것보다는 우선하고, 심리적 순서의 경우는 아동에게 쉬운 내용이 어려운 내용에 우선한다고 가정한다. 즉 구체적이고 단순한 것보다 추상적이고 복잡한 것이 어려운 내용으로 취급하고 있으며(Hamlyn, 1973 : 195-213), 논리적인 순서와 심리적인 순서를 엄연히 구분하고 있다.

듀이는 논리적인 순서와 심리적인 순서를 대립시키면서도 '교과의 심리화'란 용어로서 통합을 시도하였지만 원래의 분리를 완전히 해소하지 못하고 책보다 아이 자체에 비중을 두고 있다. 그러나 아동과 학자 모두에게 논리와 심리가 있다는 사실을 듀이는 착오를 하고 있으며, 심리는 논리의 이면에 가깝다고 보는 것이 타당할는지도 모른다. 이러한 상정은 근본적으로 논리적인 순서와 심리적인 순서의 구분은 기본적으로 오류라고 판단되며 통합된(역할과 의미의 차이에 불과) 것으로 볼 수 있을 것이다.

일반적으로 교과의 의미론적 측면과 통상론적 측면은 논리적 측면으로 다룰 수 있으며, 각 교과마다 논리적 계열과 문법이 있는데, 대체로 교과마다 개념이 다르다고 보면, 개념의 사용규칙(논리적 문법)이 다르다고 볼 수 있다.

---

8) 모든 교과가 동일한 지식의 체계나 양식을 가질 수 없다는 사실을 전제로 한 것이며, 이는 각 교과마다 가지고 있는 독특한 양식이 존재한다는 것이다.

우선 검토해야 할 사항은 기술교과 교육이 가지고 있는 지식의 구조와 관련된 논의이다. 이는 결국 기술교과 교육의 지식을 본질적인 지식의 체계로 보는 논리적 관점이냐, 아니면 학생들이 기술교과 활동과정을 거치면서 도달해야 할 심리적 관점이냐라는 문제이다.

그러나 실제로 이러한 교육내용 조직원리를 구체적으로 어떻게 적용시켰는지는 알 수가 없다. 그 적용방법이 교육과정을 구성하는 전문가의 식견에 기초하여 이루어졌을 가능성이 높다. 이는 보다 체계적인 절차와 분석을 통하여 교육과정의 평가작업과 동시에 새로운 교육과정을 구성할 경우 적용되어야 할 것이다.

5. 기술교과 교육과정의 개발모형

기술교과 교육과정의 접근방법에 따라 매우 다양한 모형이 제시되어 왔다. 류창열(2000)은 기술 교육과정 개발을 위한 접근방법으로 산업 중심 교육과정 개발, 기술학 중심 교육과정 개발, 학생 중심 교육과정 개발, 직업 중심 교육과정 개발, 설계 중심 교육과정 개발, 통합적 기술 교육과정 개발 등의 여섯 가지로 구분하여 설명하였다.

학문적 입장에서 본다면, 크게 기술교과 교육과정은 미국과 한국을 중심으로 한 **기술학**(the study of technology) **중심 교육과정과 설계 중심**(design centered) **교육과정**으로 크게 대별하여 살펴볼 수 있다.

기술학 중심 교육과정은 JMIACT(Jackson's Mill Industrial Arts Curriculum), 기술적 활동 중심 교육과정(Technolgical Action Approach), TfAA(Technlogy for All Americans), 김진순 모형(1990), 한국교육과정평가원 모형(2001)을 제시하고, 설계 중심 교육과정은 영국 국가교육과정 모형(1990), McCormick 모형(2002)을 제시하고자 한다.

가. 기술학 중심 교육과정 모형

1) JMIACT(Jackson's Mill Industrial Arts Curriculum Theory)

잭슨밀 기술교과 교육과정 이론(JMIACT, Jackson's Mill Industrial Arts Curriculum Theory)은 미국 전 지역을 대표하는 21명의 전문가들이 2년 동안 연구를 통하여 기술교과 교육의 당위성과 내용구조를 제시하였다. 이 보고서는 인간 생산활동에 기초하여 <그림 3－4>와 같이 제안되었다(Wright, 1995 : 258).

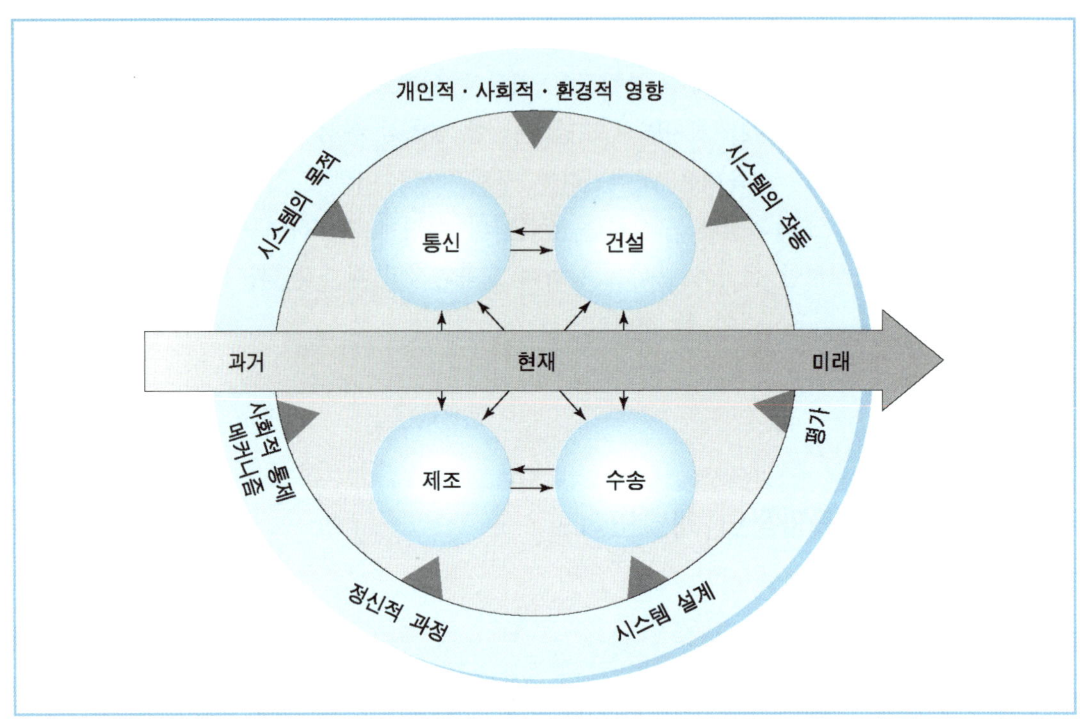

<그림 1-6> JMIACT의 기술교과 교육을 위한 인간 생산활동의 맥락

자료 : Snyder & Hales(1981 : 25).

JMIACT는 다음과 같은 기본요소로 구성되었다(Wright, 1995).

① 모형의 영역은 기술, 산업, 기술의 사회적 영향이다. 기술(technology)은 "개인적·사회적 시민활동의 관계와 인간 잠재력을 확대하기 위하여 인간이 만든 환경과 자연환경에 대한 도구, 기법, 자원을 창조하거나 이용하는 데 있어서 인간 노력의 지식과 탐구"로 정의하였다. 그리고 산업(industry)은 "개인과 사회의 요구와 필요를 충족시키기 위한 상품, 서비스, 정보를 생산하기 위하여 자원을 활용하는 사회·경제적 조직체"로 정의하였다.

② 기술학(the study of technology)은 통신, 건설, 제조, 수송 기술의 인간 생산활동에 강조점을 둔다. 이는 역사적으로 제품을 만들고, 구조물을 건설하고, 아이디어를 통신하고, 상품과 사람을 수송하는 활동을 해왔기 때문이다.

③ 이러한 활동들은 사회에 영향을 주는 사회·문화적 상황에서 작동되는 투입(inputs), 과정(processes), 산출(outputs), 피드백(feedback)의 시스템으로 가장 쉽게 이해된다. 시스템에 대한 투입요소는 사람, 지식, 재료, 에너지, 자본, 재정 등이다. 과정은 시스템의 기술적 수단으로 실제적 실천활동을 의미하며, 기술적 수단의 지식이 기술이다.

2) 기술적 활동 접근모형(Technological Action Approach, 1993)

기술적 활동 접근모형은 기술을 인간이 만드는 세계를 새롭게 창조하는 하나의 시스템으로 인식하고 있다. 이 접근의 기본적인 내용은 다음과 같다.

① 기술적 제품(artifacts)과 시스템을 설계한다.
② 공구와 기계를 이용하여 그 시스템과 제품을 생산한다.
③ 개발되거나 생산된 시스템과 제품을 이용한다.
④ 인간·사회·환경적 측면에서 기술적 영향을 평가한다.

이상과 같이 기술적 활동 접근모형은 기술의 네 과정을 핵심으로 하고 있다. 특히 이러한 과정의 투입적 요인은 '인간의 필요와 욕구'를 두고 있다.

특히 이 모형은 구체적으로 위의 네 단계마다 구체적 하위모형을 제시하고 있다는 점에서 매우 구체적인 모형으로 시사점을 주고 이 모형은 기술의 과정적 이해에 도움을 주는 모형이라고 할 수 있다.

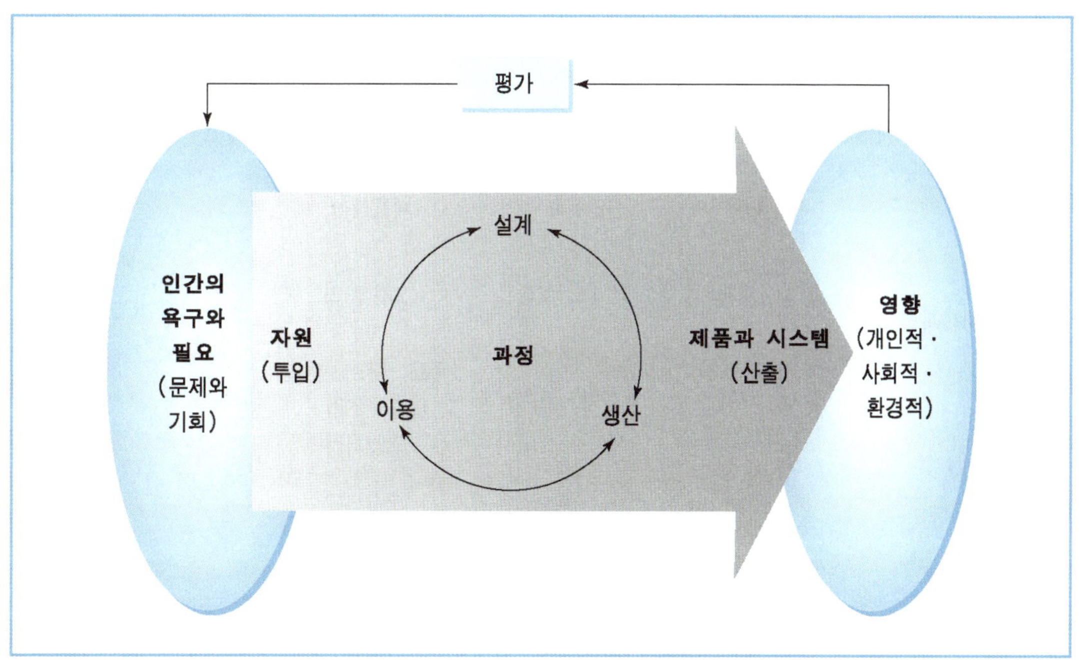

<그림 1-7> 기술적 활동 접근모형

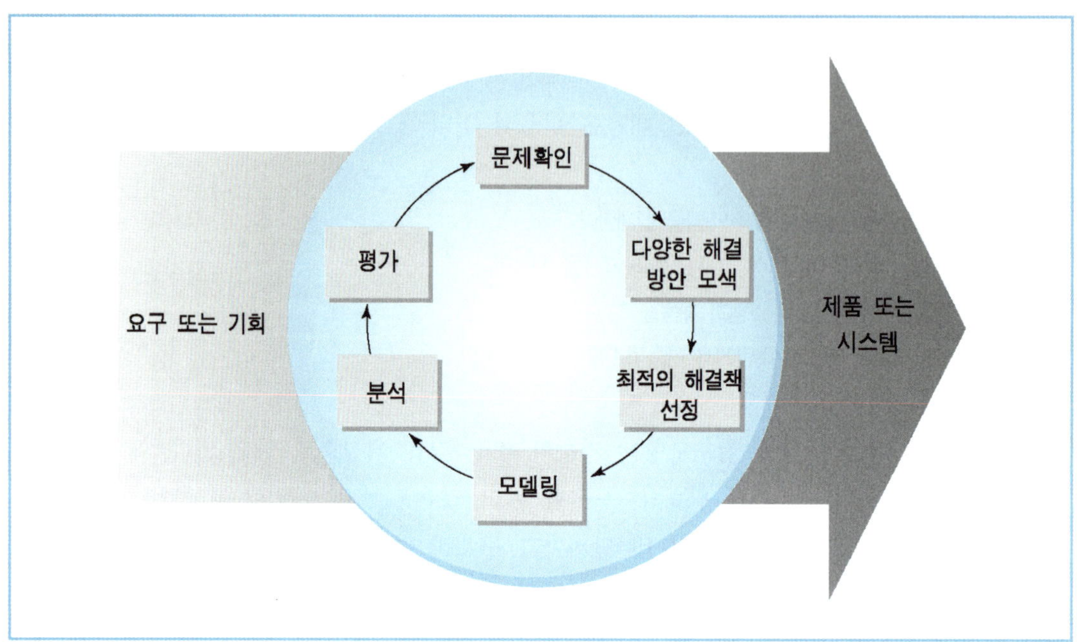

<그림 1-8> 기술의 설계와 개발(developing technology) 하위모형

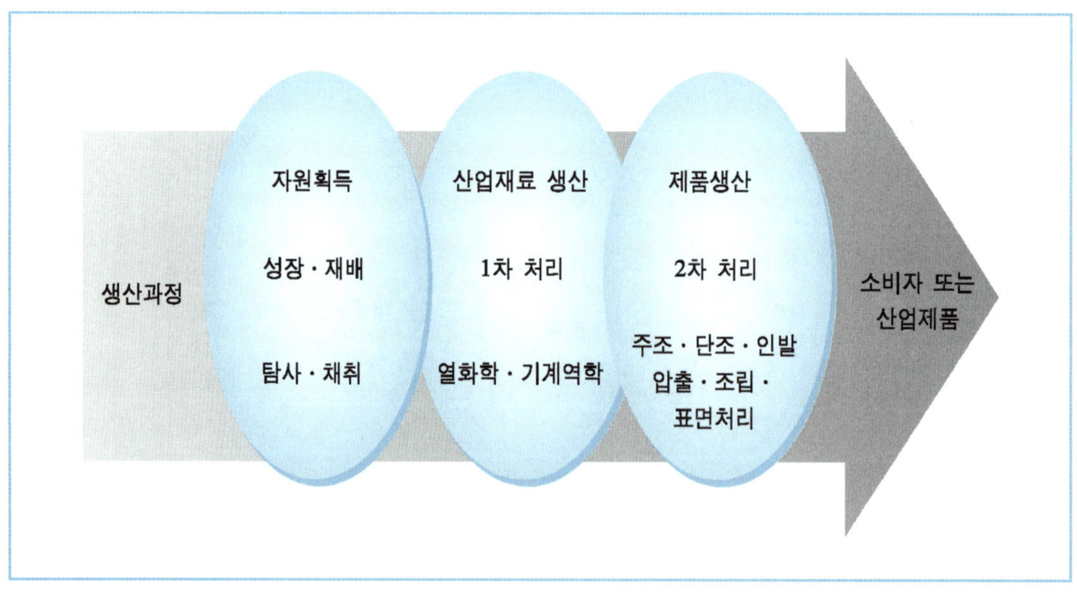

<그림 1-9> 기술의 생산(producing technology) 하위모형 : 제조기술의 예

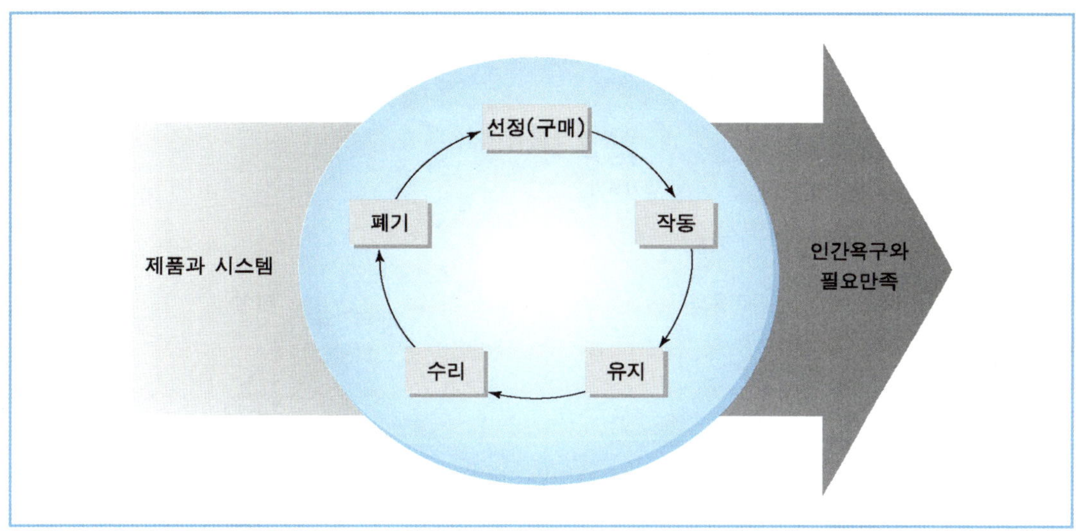

<그림 1－10> 기술의 이용(using technology) 하위모형

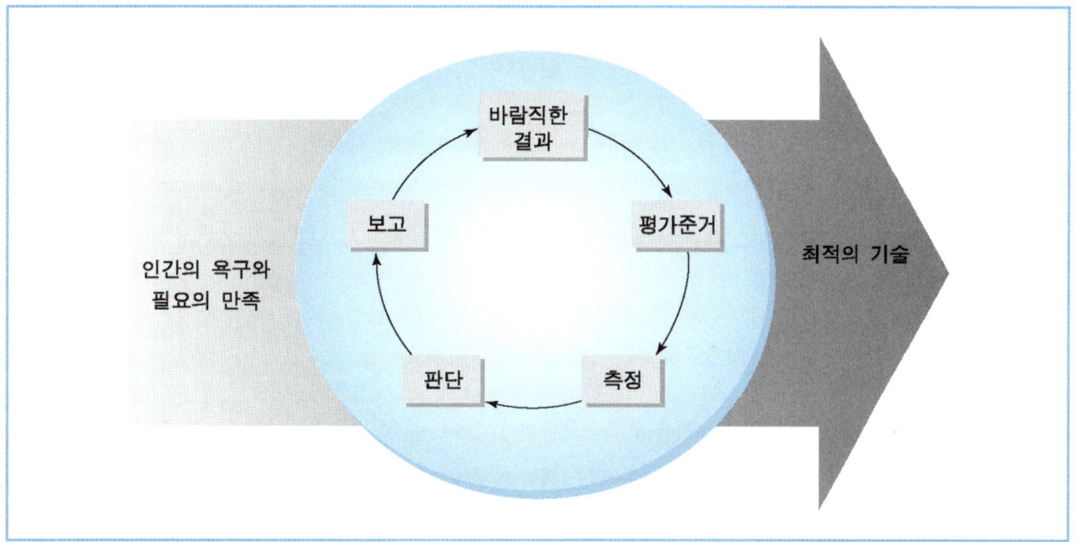

<그림 1－11> 기술의 평가(assessing technology) 하위모형

3) TfAA(Technology for All Americans, 1996)의 기술의 보편적 체제모형

미국의 TfAA의 1차 보고서에서 기술교과 교육의 정당성과 구조 보고서에서의 핵심적인 모델을 제시하였다. ITEA(1996)는 기술을 인간의 능력을 확장하기 위한 시스템의 개발로 보고 기술의 내용구조를 <그림 1－11>과 같이 **과정**(process), **지식**(knowledge), **맥락적 상황**(context)으로 설정하여 제시하였다. 이 중에서 맥락적 상황(기술의 영역)은 **정보 시스템**(infor

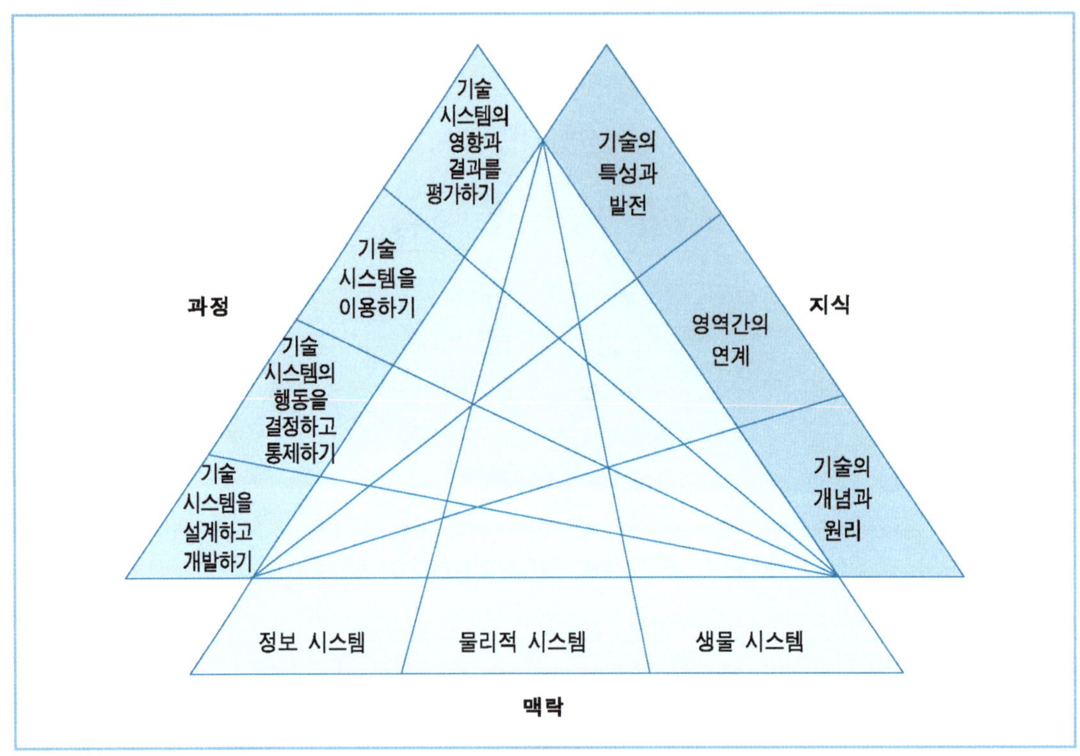

<그림 1－12> ITEA가 설정한 기술의 보편적 체제모형

mation systems), 물리적 시스템(physical systems), 생물학적 시스템(biological systems)으로 상정하였다.

4) 김진순 모형(1990)

김진순(1990)은 초 · 중등학교 기술교과 내용계열화에 관한 박사학위논문을 수행하였다. 그는 기술교과 교육내용의 선정과 구조화 원리를 '기술학에 기초한 구조화된 지식의 체계'에서 도입하였다. 이것은 기술교과 자체가 가지고 있는 내재적 가치와 목적, 즉 내재적 원리에 해당된다고 보았다. <그림 1－12>에서와 같이 기술교과 내용구조를 기술의 영역, 기술의 요소, 기술의 진보의 세 가지 축을 설정하였다.

여기서 기술의 영역은 생물기술, 통신기술, 수송기술, 건설기술, 제조기술의 다섯 가지 영역을 설정하였고, 기술의 요소는 투입, 과정, 산출로, 그리고 기술의 진보는 과거, 현재, 미래로 구성하여 교육과정 내용을 선정할 것을 제안하였다.

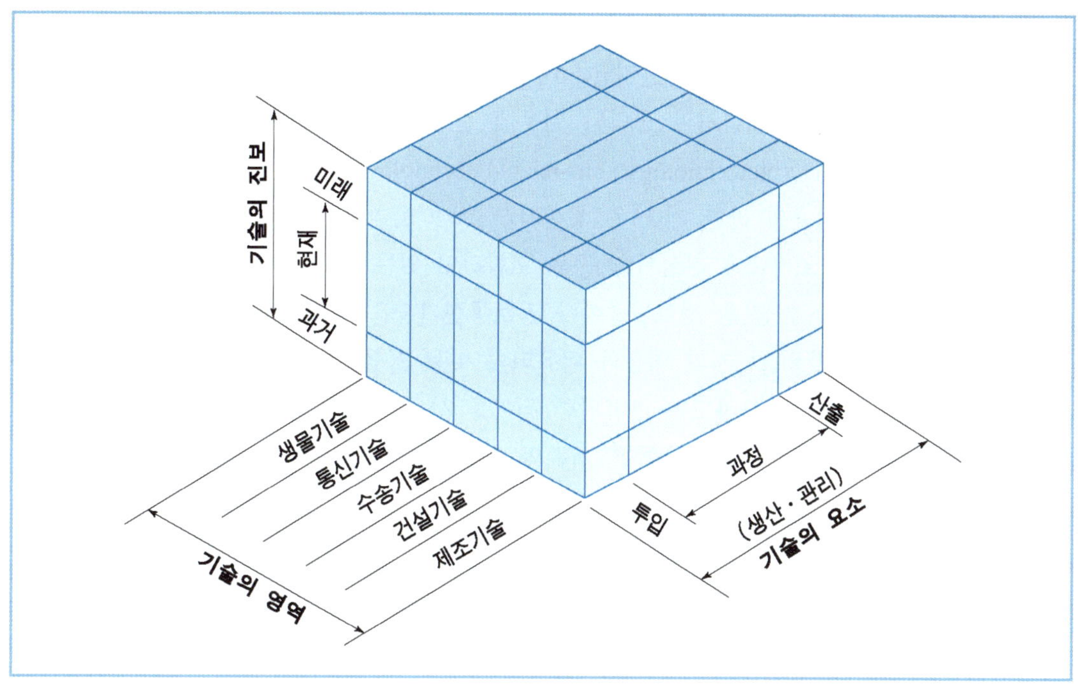

<그림 1-13> 김진순(1990)의 기술교과 교육내용 구조 모형

5) 한국교육과정평가원 모형(2001)

한국교육과정평가원(2001)은 미래 기술교과 교육의 교육과정 개발의 기초 연구과제에서 기술교과 교육과정 모형을 제시하였다(이춘식 · 최유현 · 유태명, 2001 : 196-199).

기술의 영역

기술의 과정	학문영역	제조기술	건설기술	통신기술	수송기술	생물기술
	학습영역	재료의 이용		정보의 가공	에너지의 이용	생물체의 처리
	계획/디자인하기					
	실행/만들기					
	평가					

<그림 1-14> 한국교육과정평가원(2001)의 기술과 교육내용의 구조

(1) 기술의 영역

기술의 영역은 재료의 이용에 관한 기술(production technology), 정보의 가공에 관한 기술(information technology), 에너지와 동력의 이용에 관한 기술(transportation technology), 생물체의 처리에 관한 기술(biotechnology ; bio-related technology)이다.

여기에서 '재료의 이용에 관한 기술'은 생산기술 또는 물리적 기술(physical technology)에 해당하는 것으로서, 제조기술과 건설기술 등을 포함하고 있는 영역이다.

'정보의 가공에 관한 기술'은 정보기술이나 정보통신기술을 의미하는 것으로서, 어떻게 정보를 가공하고(생성) 활용하는지의 내용과 컴퓨터의 이용 등을 내용으로 하는 통합된 영역을 의미하며 다양한 접근이 가능하도록 광범위한 용어를 사용하였다.

'에너지와 동력의 이용에 관한 기술'은 기존의 수송기술 또는 에너지와 수송기술을 의미하는 것으로서, 수송기술의 근원이 되는 에너지나 동력을 어떻게 이용하여 인간생활에 적용할 수 있는지에 초점을 두고 설정한 것이다.

'생물체의 조작에 관한 기술'은 생명기술이나 생물기술에 해당하는 용어를 대체하여 사용한 용어이다. 생물기술이 보다 광범위한 용어로서 생물체의 조작과 처리를 통해 인간에게 유용한 고부가가치의 물질을 만드는 데 관심을 갖기 때문에 이러한 원리와 과정을 교육적으로 이해하도록 하는 데 의의가 있다.

(2) 기술의 과정

기술과의 내용을 구성하기 위한 또다른 축으로서 상정해 볼 수 있는 것이 바로 '기술의 과정(process)'이다. 이 연구에서 구안된 기술의 과정은 디자인하기(designing) 또는 계획하기(planning), 만들기(making) 또는 실행하기(practicing), 평가하기(assessing/evaluation)이다.

나. 설계 중심 교육과정 모형

1) 영국 국가교육과정 모형(1990)

1990년에 영국에 도입된 기술(Technology)교과는 설계 · 기술(Design and Technology)과 정보기술(Information Technology)의 두 개 과목으로 구성되었다. 특히 설계 · 기술 과목은 초 · 중등학교에서 주제와 프로젝트 중심으로 가르쳐질 것을 기대하였다. 설계 · 기술 과목의 수업은 <그림 3−13>과 같이 학교, 오락, 지역사회, 산업의 맥락에서 환경, 기술적 제품, 시스템의 상호관계를 탐색하도록 구성되었다(Wright, 1995 : 270-272).

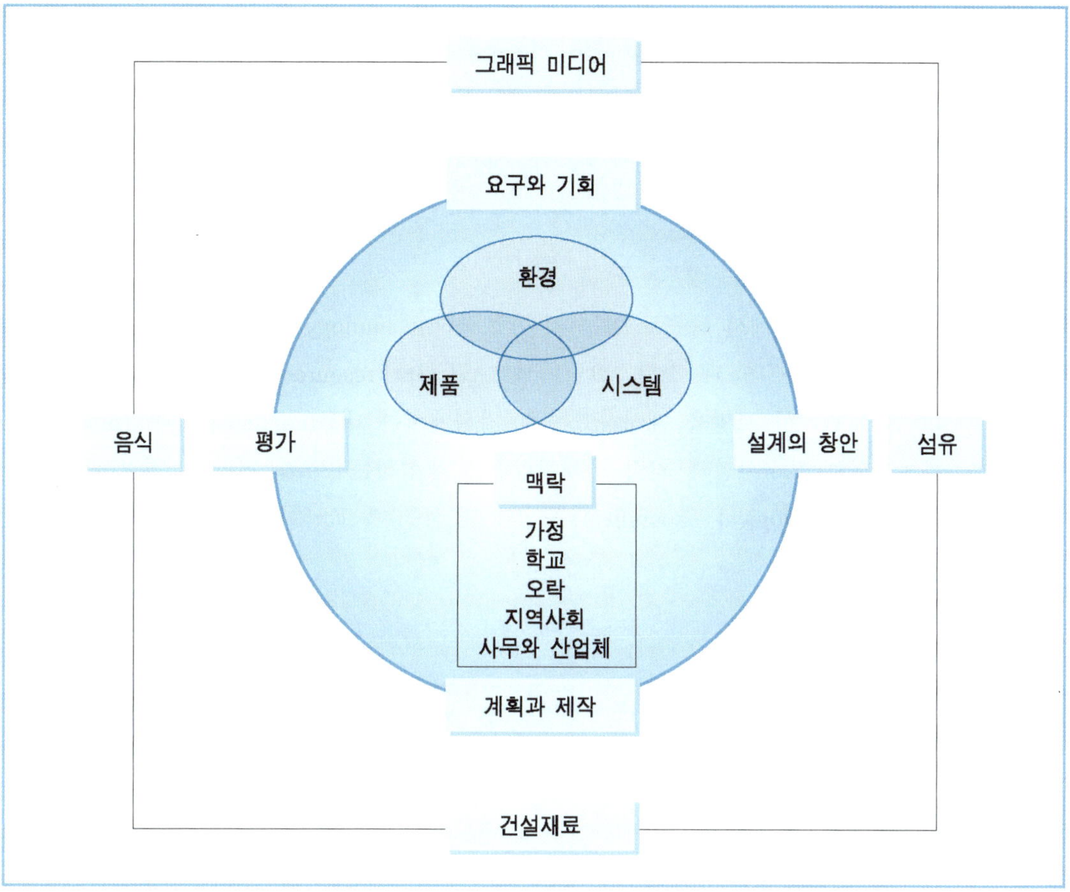

그래픽 미디어
요구와 기회
환경
제품
시스템
음식
평가
설계의 창안
섬유
맥락
가정
학교
오락
지역사회
사무와 산업체
계획과 제작
건설재료

<그림 1－15> 영국 국가교육과정의 기술교과 교육모형

여기서 세 가지 구성 요소는 다음과 같이 정의된다.

① 환경 : 인간에 의하여 개발되거나 만들어진 주변 환경(surroundings)
② 인공물 : 인간에 의하여 개발된 제품
③ 시스템 : 어떤 과제를 함께 수행하는 대상이나 활동의 집합체

그리고 설계 · 기술 과목의 기본영역은 건설재료(construction materials), 음식(food), 섬유(textiles), 그래픽 미디어(graphic media)로 구성되고, 각 영역은 네 단계의 성취목표(attainment targets)에 중점을 두고 있다.

AT1 : 요구와 기회를 확인하기
AT2 : 설계를 구안하기

AT3 : 계획하고 만들기

AT4 : 평가하기

여기서 성취목표로 네 단계의 설계과정 또는 문제해결 과정을 제시한 것은 설계 중심의 교육과정이 갖는 특징이다.

2) McCormick 모형(2002)

영국의 설계 · 기술 교과에서 목표로 삼는 기술적 능력(technology capability)을 중심으로 한 제시된 모형은 <그림 1-16>과 같다. 그림에서 보면 자원(resources), 과제(task), 결과(outcome)를 시스템 차원에서 모형을 제시하였는데, 자원에서는 내용(content)과 과정(process)의 상호작용, 과제에서는 요구확인과 최적의 해결방안을 구성하는 기술과제활동, 결과는 완전한 기술적 능력(full technological capability) 도달에 초점을 두고 있는 모형이다(McCormick, 2002 : 93).

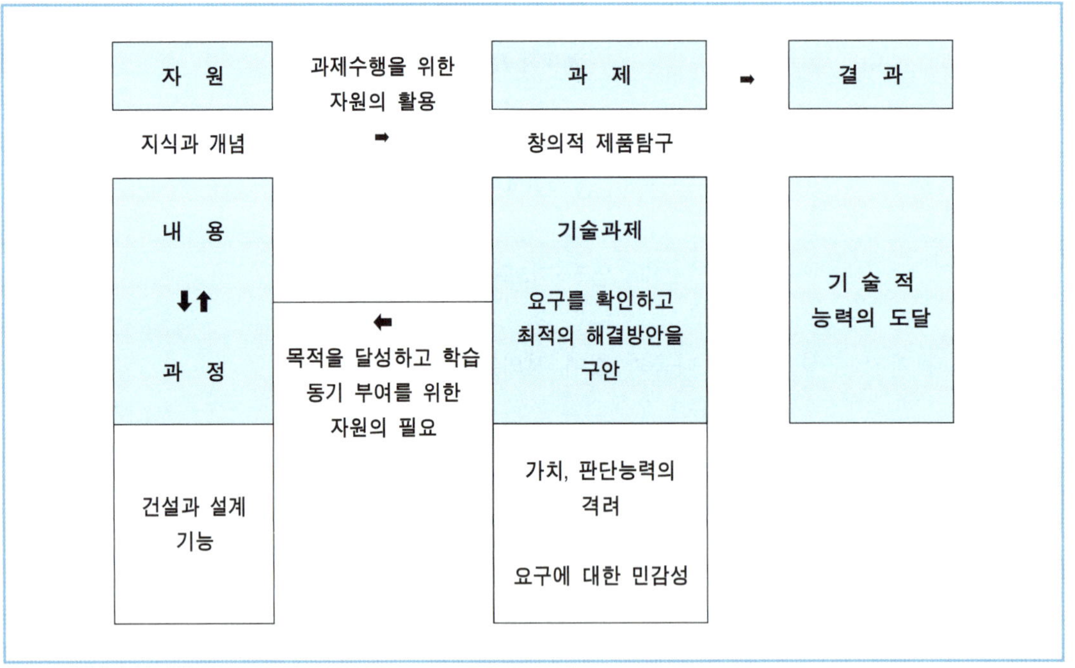

<그림 1-16> McCormick(2000)의 설계 · 기술교육의 모형

다. 공학 중심 교육과정 모형

1) 기술교육에서의 공학 내용의 강화

미국의 기술교육의 목표는 기술적 교양이며 이러한 목표가 교육과정에 반영되고 있다. 즉 기술교육과정 국가 표준(STL)과 국가 공학 아케데미(NAE) 모든 사람을 위한 기술적 교양을 강조하면서 특별히 **'공학적 설계'** 내용을 교육과정에 담고 있다. 특히 NAE에서는 기술적 교양을 위하여 공학을 K-12 과정에서 가르칠 것을 제안하는 보고서를 출판하였다(Peason & Young, 2002, p.108).

어떤 기술교육자는 공학적 내용을 기술교육에 융합시켜야 한다고 주장하고, 또 다른 학자들은 보다 신중한 접근을 해야 한다고 한다. 그럼에도 불구하고 기술교육자 대부분은 공학적 내용을 기술교육에 포함하거나 연결시키고, 나아가 수학, 과학 교육과의 융합 교과적 접근을 하여 공학교육을 학생들에게 경험시켜야 한다고 하였다.

최근에 국내에서는 기술교과에서의 공학기술 교사 역량 연구(이은상, 2016), 초중고 공학교 교육과정 연구(김영민, 2017) 등의 박사학위 논문이 수행되어 기술교육에서의 공학교육의 중요성이 증대되고 있는 실정이다.

이러한 국내외 움직임은 특별히 미국의 STEM 교육, 한국의 STEAM 교육 정책과 맞물려 강조되고 있는 추세이다.

미국 주단위에서 대부분의 주가 기술 교육과정을 개발하고 있는데, 이러한 개발 노력은 두가지 범주이다. 첫 번째는 인간의 창조성, 기술적 시스템, 기술의 본질과 사회적 영향을 중심으로 기술 기반의 개념적 접근이다. 두 번째 범주에서는 국가 기술교육 표준, 산업 중심 군, 컴퓨터 교양. 공학 설계 표준 등을 적절히 융합시켜서 제시하고 있다.

뉴욕 주의 경우 핵심 교과로서 7개 교과군의 학습 표준(learning standard)을 제시하고 있는데, 그 중에서 수학, 과학, 기술교육의 학습 표준으로 제시하고 있는데, 이 학습 표준에서 공학 설계를 핵심 내용으로 다음과 같이 제안하고 있다[9].

> Mathematics, Science, and Technology Education
>
> Standard 1: Analysis, Inquiry, and **Design**
>
> Students will use mathematical analysis, scientific inquiry, and **engineering design**, as appropriate, to pose questions, seek answers, and develop solutions.
>
> Standard 2: Information Systems
>
> Students will access, generate, process, and transfer information using appropriate technologies.

9) http://www.p12.nysed.gov/ciai/standards.html

Standard 3: Mathematics (Revised 2005)

Students will understand the concepts of and become proficient with the skills of mathematics; communicate and reason mathematically; become problem solvers by using appropriate tools and strategies; through the integrated study of number sense and operations, algebra, geometry, measurement, and statistics and probability.

Standard 4: Science

Students will understand and apply scientific concepts, principles, and theories pertaining to the physical setting and living environment and recognize the historical development of ideas in science.

Standard 5: Technology

Students will apply technological knowledge and skills to design, construct, use, and evaluate products and systems to satisfy human and environmental needs.

Standard 6: Interconnectedness: Common Themes

Students will understand the relationships and common themes that connect mathematics, science, and technology and apply the themes to these and other areas of learning.

Standard 7: **Interdisciplinary Problem Solving**

Students will apply the knowledge and thinking skills of mathematics, science, and technology to address real-life problems and make informed decisions.

2) 공학 교육과정의 탐색

공학 교육과정을 이루는 핵심 내용은 무엇일까? Vincenti(1990)가 확인한 K-12 공학 교육 내용은 다음 6가지 범주로 제안되었다(McAlister, Hacker, Tiala, 2008, p.88).

- 기술적 시스템 지식 등의 설계의 기본 개념
- 설계 단계에서의 제한 사항, 준거와 명세
- 공학 응용을 위한 기하학, 물리학 등의 이론적 도구
- 재료 특성 등의 양적인 데이터 해석
- 실천 공학적 고려사항
- 설계, 사고 판단 도구

이러한 광범위한 공학적 지식은 시스템, 설계, 모델링이 교육과정이나 학습자 활동에 반영되어야 한다고 주장한다.

실제로 국가 수준에서 ITEA-CATTS의 Engineering by Design과 Project Lead the Way(PLTW)가 공학 기반의 기술 교육과정을 개발하였다. Engineering by Design는 18주의 학교 과정, 36주 과정의 고등학교 과정이 개발되었다.

[표 1-6] Engineering by Design 과 Project Lead the Way(PLTW)의 교육과정 비교

학교 수준	Engineering by Design	Project Lead the Way's(PLTW)
중학교	• 기술의 탐색 6학년 • 발명과 혁신 7학년 • 기술적 시스템 8학년	• 기술과의 만남 • 설계와 모델링 • 신비로운 전자 • 기술의 과학 • 자동화와 로봇 • 항공과 우주
고등학교	• 기술의 기초 9학년 • 기술의 영향 10-12학년 • 기술의 쟁점 10-12학년 • 기술적 설계 10-12학년	• 공학설계의 개론 • 공학의 원리 • 디지털 전자/이상 9-12학년
	• 고급 설계 활용 11-12학년 • 고급 기술 활용 11-12학년 • 공학 설계 11-12학년	• 컴퓨터 통합 설계 • 생명 공학 • 건설 공학 • 우주항공 공학 • 공학 설계와 개발 /이상 11-12학년

출처 : McAlister, Hacker, Tiala, 2008, p.90.

이 외에도 미국국가과학재단(National Science Foundation)에서는 손 체험 중심, 탐구 중심 학습을 겨냥한 INSPIRES(INcreasing Student Participation, Interest and Recruitment in Engineering and Science) 교육과정(2006)을 개발하였다. 이 프로젝트의 내용은 헬스캐어 공학, 항공 공학, 환경 공학, 정보 통신 공학, 에너지 문제해결 공학 등으로 되어 있다(McAlister, Hacker, Tiala, 2008, pp.90-91).

그리고 NSF에서 지원한 뉴욕주의 고급 기술교육을 위한 교육과정(NYSCATE, 2002)을 Hofstra 대학교가 개발하였다. 이 교육과정은 13개의 모듈로 구성되었는데, 재료와 제조, 정보 기술, 생명과 화학 기술을 위한 활동을 'The Informed Design Process의 공학 설계과정을 방법론으로 제시하였다.10)

10) http://misswdesignp.blogspot.kr/2015/11/design-process.html

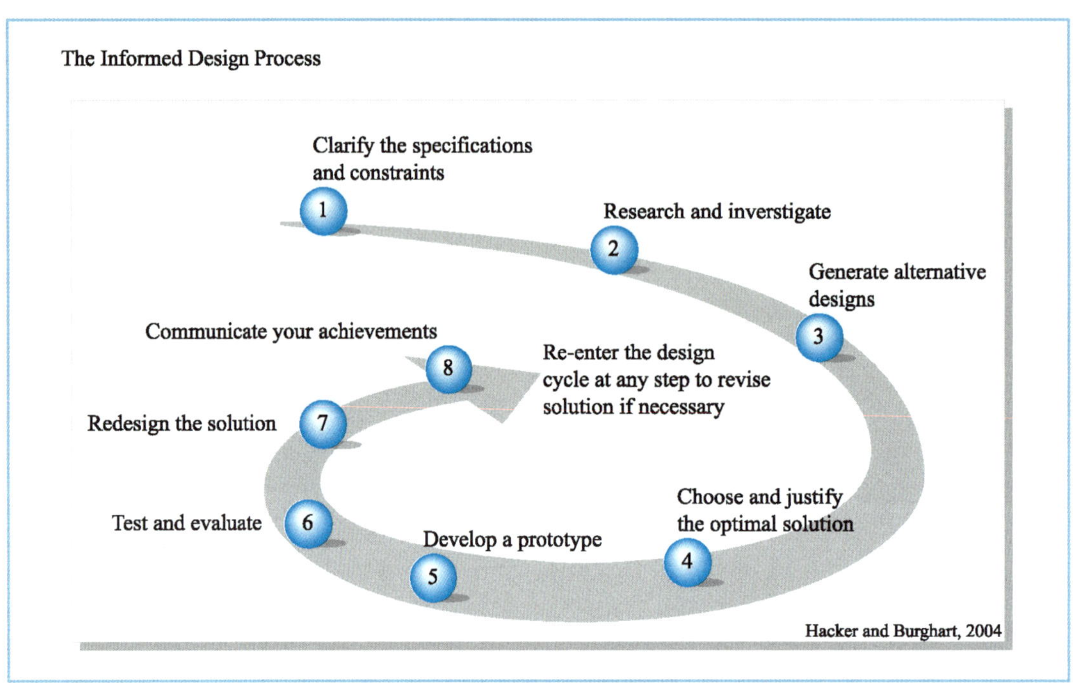

<그림 1－17> The Informed Design Process

최근의 공학 교육과정을 종합하여 **공학 모델**(Engineering Model)을 정리하면 다음 표와 같다.

[표 1－7] 공학 모델

학생 수준	교육과정
K-6	• 공학 기초와 자각 • 설계 도전, 손 체험/ 사고 체험 활동 • 교실에서의 통합 교과적 활동
7-8	• 공학 기초와 자각 • 설계 도전, 손 체험/ 사고 체험 활동 • 국가 표준에 기반한 교과 통합적 주제 활동 • 문제해결 과정 활동
9-10	• 진로 탐색 • 설계 도전, 손 체험/ 사고 체험 활동 • 문제해결 과정 활동 • 팀워크 기술 • 수업에 통합한 교과 통합적 활동

출처 : McAlister, Hacker, Tiala, 2008, p.95.

김영민(2017)은 **초·중등 공학교육** 프로그램 구성 모형 개발 연구에서 정의 및 기본 방향, 성격, 교육 목표, 내용요소, 방법 및 평가 등의 내용을 다음과 같이 제시하였다.

[표 1-8] 최종 초·중등 공학교육 프로그램 구성 모형

구분	초·중등 공학교육 프로그램 구성 모형
정의 및 기본 방향	<정의> 초·중등 공학교육은 공학 설계 활동을 통해 과학, 기술, 수학 등의 지식과 기능을 융합하여 학생들의 공학적 사고 및 태도를 함양하는 교육이다. <기본 방향> 첫째, 공학 기반의 세상을 이해하고, 이를 활용 및 발전시켜 나갈 수 있는 소양을 기르는 교육 둘째, 초·중등교육 과정의 과학, 기술, 수학 등의 기존 교육 내용들과 융합 및 응용하는 교육 셋째, 공학 설계 기반의 창의적 문제해결 과정을 경험하고 활용하는 교육 넷째, 공학, 공학자, 공학 관련 전공 및 분야에 대한 이해와 진로 탐색의 기회를 제공하는 교육
성격	<성격> 첫째, 초·중등 공학교육 프로그램은 공학 기반의 세계에서 살고 있으며, 공학 기술 개발과 관련 인재 양성이 중요시 되고 있는 공학중심 시대의 초·중·고등학교 학생을 위한 교육 프로그램이다. 둘째, 초·중등 공학교육 프로그램을 통해 학생들은 체계적 사고, 창의적 사고, 비판적 사고, 문제해결력 등의 공학적 사고 역량을 함양하며, 동료들과의 협력 및 의사소통 능력, 실패에 대한 긍정적 태도와 사회에 대한 윤리적 태도 등의 공학적 태도 역량을 향상시킬 수 있다. 또한, 학생들의 과학, 기술, 수학 등 관련 교과에 대한 흥미 및 학습 동기와 학업 성취도에 긍정적인 영향을 주고, 공학 및 공학자와 공학 분야 진로 인식 향상에도 기여할 수 있다. 셋째, 초·중등 공학교육 프로그램은 형식교육과정에서는 과학, 기술, 수학 등의 교육과정과 연계하여, 관련 교과의 수업시간과 창의적체험활동, 방과후활동, 동아리활동, 자유학기제 등에 적용될 수 있으며, 비형식교육과정에서는 다양한 공학관련 단체, 기관, 학회 등에서 적용될 수 있다. 넷째, 초·중등 공학교육 프로그램은 학생들이 실제적이고 비구조화된 문제를 공학 설계를 통해 반복적, 조작적, 협력적으로 해결하는 과정을 경험하도록 하여야 한다. 이를 통해, 학생들은 공학 설계와 공학 지식을 학습하고, 공학의 핵심 개념, 공학자의 일, 세부 공학 분야에 대하여 이해할 수 있다.
교육 목표	<초등학교 교육 목표> 첫째, 기초적인 재료의 특성과 도구의 사용법을 이해하고, 공학 설계 과정 단계에 따라서 문제해결을 경험할 수 있다. 둘째, 기초적인 공학적 사고 및 태도를 기를 수 있다. 셋째, 공학이 적용된 사례와 공학자가 하는 일을 조사하여 설명할 수 있다.

<table>
<tr><th>구분</th><th>초 · 중등 공학교육 프로그램 구성 모형</th></tr>
<tr><td>교육 목표</td><td><중학교 교육 목표>
첫째, 공학 설계 과정의 각 단계에 따른 공학의 핵심 개념을 이해하고, 문제해결을 위해 공학 설계 과정을 적용할 수 있다.
둘째, 공학적 사고 및 태도와 기술적 소양을 기를 수 있다.
셋째, 공학 및 공학자의 사회적 영향과 공학 분야의 진로에 대해 이해하고, 자신의 진로를 설계할 수 있다.
<고등학교 교육 목표>
첫째, 다양한 공학 분야의 복합적이고 실제적인 문제를 관련 지식과 융합 및 응용하고, 공학 설계 과정을 활용하여 해결할 수 있다.
둘째, 공학적 사고 및 태도, 역량과 기술적 소양을 함양하고, 공학 관련 지식을 기를 수 있다.
셋째, 공학 및 공학자의 사회적, 윤리적 영향을 이해하고, 다양한 공학 분야의 진로와 직업에 대해 탐색하여, 자신의 진로를 구체적으로 준비할 수 있다.</td></tr>
<tr><td>내용 영역 및 요소</td><td>
<table>
<tr><th>대영역</th><th>중영역</th><th>내용 요소</th><th>내용 요소 설명</th><th>관련 공학 핵심 개념</th></tr>
<tr><td rowspan="9">1. 공학 지식</td><td rowspan="4">공학 및 공학자 지식</td><td>• 공학의 특성</td><td>• 공학의 역사적, 본질적인 특성과 과학, 기술과의 관계</td><td rowspan="9">• 공학의 본질 (Nature of engineering)
• 공학윤리(Ethics)
• 현재 이슈에 대한 이해 (Knowledge of contemp issues)
• 공학과 사회(Eng & Society)
• 지속가능성(Sustainability)
• 혁신(Innovation)
• 직업으로써의 공학이해 (Understand eng as career option)
• 공학과 과학, 수학, 기술간의 연계(Cxs to STM)
• 재료(Materials)
• 자원(Resource)
• 특정 기술에 대한 지식 (Knowledge of specific techniques)
• 이용, 관리, 평가 기술 (Use, manage, assess technology)
• 시스템/시스템 사고 (Systems / System thinking)</td></tr>
<tr><td>• 공학과 사회</td><td>• 사회와 인간의 필요와 요구 해결을 위한 공학의 역할과 공학이 사회에 미치는 영향 및 이슈</td></tr>
<tr><td>• 공학자의 일과 특성</td><td>• 공학자가 하는 일의 특성 및 과학자, 기술자와 관계</td></tr>
<tr><td>• 공학 진로 및 직업</td><td>• 대학교의 공학교육 관련 전공과 직업 분야의 세계</td></tr>
<tr><td rowspan="3">공학 실제 지식</td><td>• 공학 전공 지식</td><td>• 공학 전공 및 분야 관련 세부 내용 지식</td></tr>
<tr><td>• 시스템 지식</td><td>• 일반적인 시스템 모형과 시스템의 유형</td></tr>
<tr><td>• 기술적 지식</td><td>• 공학과 관련된 기술적 지식 (제조, 건설, 수송, 통신, 생명)과 자원, 재료, 도구, 기능, 공정에 관한 지식</td></tr>
<tr><td rowspan="2">융합 공학 지식</td><td>• 과학적 지식
• 수학적 지식</td><td>• 공학과 관련된 과학적 지식 (물리학, 화학, 생명과학, 지구과학)
• 공학과 관련된 수학적 지식(기하학, 미적분, 통계, 대수학)</td></tr>
<tr><td>• 기타 지식</td><td>• 공학과 관련된 인문, 예술 관련 지식</td></tr>
</table>
</td></tr>
</table>

<table>
<tr><th>구분</th><th colspan="5">초·중등 공학교육 프로그램 구성 모형</th></tr>
<tr><td rowspan="10">내용 영역 및 요소</td><td>대영역</td><td>중영역</td><td>내용 요소</td><td>내용 요소 설명</td><td>관련 공학 핵심 개념</td></tr>
<tr><td rowspan="9">1. 공학 설계</td><td rowspan="2">설계 과정</td><td>• 공학설계 개요</td><td>• 공학설계 전체 과정과 각 단계별로 가지고 있는 반복적이고 순환적인 특성</td><td rowspan="9">• 설계(Design)
• 제약조건(Constraints)
• 협동/팀워크 (Collaboration/teamwork)
• 창의성(Creativity)
• 의사소통(Communication)
• 시각화(Visualization)
• 모델링(Modeling)
• 시제품화(Prototyping)
• 최적화(Optimization)
• 효율성(Efficiency)
• 기능성(Functionality)
• 상충관계/균형(Trade-offs)
• 분석(Analysis)
• 실험(Experimentation)
• 긍정성(Optimism)
• 발표(Presentation)</td></tr>
<tr><td>• 공학설계과정 단계</td><td>• 사용되는 공학설계과정 단계</td></tr>
<tr><td rowspan="2">개념 (문제 정의와 배경지식) 단계</td><td>• 문제 정의</td><td>• 문제가 무엇인지 명확히 확인하고, 문제해결에 필요한 기준과 제한조건을 확인하는 과정</td></tr>
<tr><td>• 아이디어 생성</td><td>• 브레인스토밍과 같은 창의적 아이디어 발산기법을 활용하여 문제해결을 위한 다양한 아이디어를 생성하는 과정</td></tr>
<tr><td rowspan="2">개발 (계획과 실행) 단계</td><td>• 해결책 탐색 및 선택</td><td>• 선택을 위한 아이디어와 해결책에 대한 탐색 과정</td></tr>
<tr><td>• 모델링 및 시제품 제작</td><td>• 선택된 해결책의 시각화 및 모델링, 시제품 제작하는 과정</td></tr>
<tr><td rowspan="2">평가 (시험) 단계</td><td>• 및 평가</td><td>• 선택된 해결책이나 제작된 시제품의 최적화 여부를 확인하기 위한 시험과 평가의 과정</td></tr>
<tr><td>• 개선 및 재설계</td><td>• 보다 나은 해결책 제시를 위한 피드백, 개선 및 재설계의 과정</td></tr>
<tr></tr>
<tr><td>교수학습 및 평가 방법</td><td colspan="5"><교수학습 방법>
학생들의 발달 단계, 학습 수준, 요구, 흥미, 진로, 학교 및 지역사회 환경 등을 고려하여, 학생들이 문제해결을 위한 공학설계과정을 체험해 볼 수 있도록 지도한다. 교육 주제, 내용, 시간, 환경 등에 따라 팀기반의 문제해결학습법, 문제중심학습법, 프로젝트중심학습법, 설계중심학습법 등을 적절히 활용하여 지도한다.
<평가 방법>
평가에 대한 제한조건 및 기준을 사전에 제시하고 문제해결 결과를 중심으로 평가하되, 시제품, 모델링, 시각적 자료 등 산출물 및 해결책과 이에 대한 시연, 발표 등을 통한 결과 중심 평가뿐만 아니라 자기평가, 동료평가, 포트폴리오, 교사 관찰 평가 등을 활용한 과정 중심 평가도 종합적으로 고려하여 평가한다.</td></tr>
</table>

라. 기술 및 공학 중심 교육과정 모형

1) 미국 기술 및 공학교육을 위한 교양 표준

2020년에 이 학회는 유치원 및 초중고등학교 기술 및 공학 교육의 표준(STEL, Standards for Technological and Engineering Literacy) 보고서를 출간하였다. 이 보고서에서 제시된 교육표준의 핵심 모형은 전체적으로 8개의 핵심 표준, 8개의 핵심역량, 8개의 내용영역의 표준을 제시하고 있다.

미국의 기술교육은 산업공예 (Industrial Arts), 기술 교육 (Technology Education), 기술-공학 교육(Technology Engineering Education)으로 변모하고 있다. 기술교육 시대에 교육의 표준은 2000년에 ITEA(International Technology Education Association)에서 미국의 기술적 교양 교육 표준(Standard for Technological Literacy)을 발표하였다. 미국에서는 국가교육과정이 없는 대신에 교육과정 표준을 만들어서 각 주에서 이를 참조로 주 교육과정의 표준을 만들기도하며, 각급 학교에서 이러한 표준을 가지고 자율적으로 기술과목을 가르쳐 오고 있다.

근래에 들어 미국 교육의 패러다임 중 하나는 STEM(Science, Technology, Engineering, Mathematics)이다. 연방 차원에서 미국에서의 과학, 기술, 공학, 수학 교육의 중요성을 초·중·고등는 물론 대학, 대학원교육까지 투자를 확대하였다. 기술교육의 중심 학회인 ITEA도 공학을 포함할 수 밖에 없었고, 마침내 학회명칭을 ITEEA(INTERNATIONAL TECHNOLOGY AND ENGINEERING EDUCATORS ASSOCIATION)으로 바꾸었다. ITEEA에서는 마침내 STL이 발표된 20년만인 2020년에 기술-공학 교양 표준(STEL, Standards for Technological and Engineering Literacy)을 발간하였다.

주요 내용

STEL은 8개의 핵심 표준, 8개의 실천 역량, 8개의 맥락을 발표하였다. 20개의 표준을 8개의 핵심 표준으로 줄이고, 역량을 강조하는 8개의 실천 역량을 새롭게 제시하였으며, 맥락은 최근의 자동화, 인공지능, 로봇의 영역을 설정하였다.

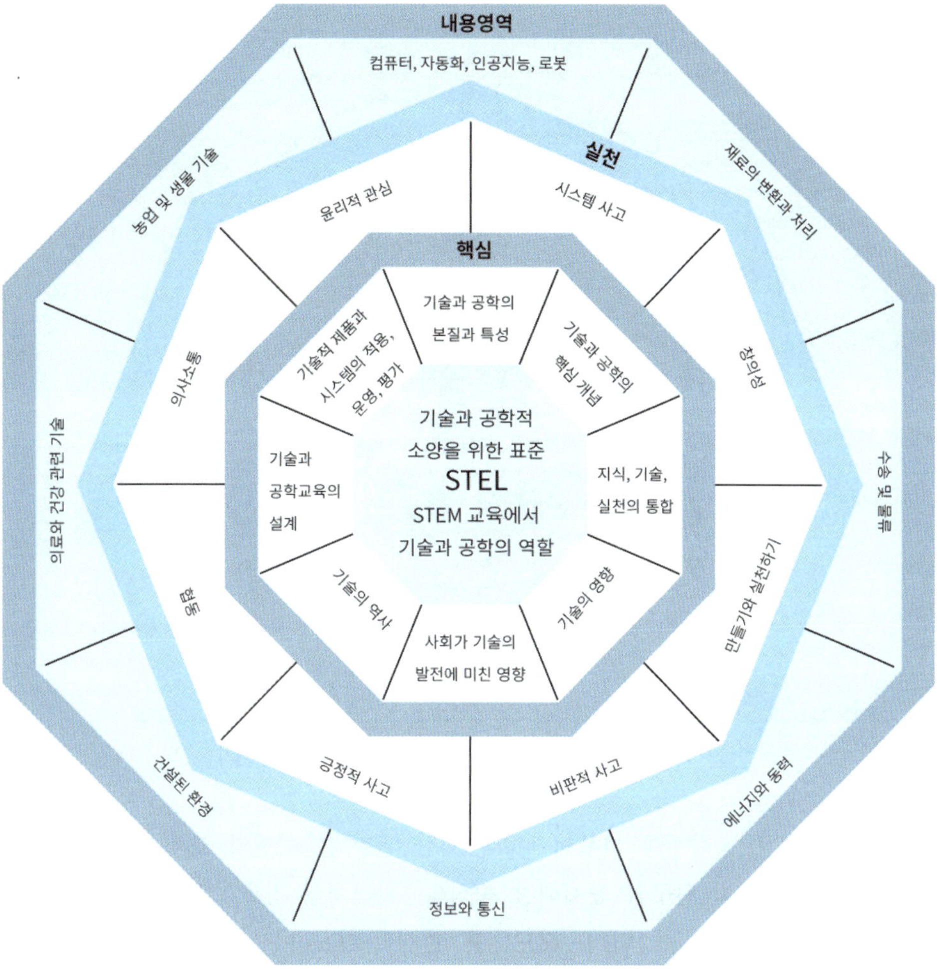

내용영역
컴퓨터, 자동화, 인공지능, 로봇
재료의 변환과 처리
수송 및 물류
에너지와 동력
정보와 통신
건설된 환경
의료와 건강 관련 기술
농업 및 생물 기술

실천
시스템 사고
창의성
만들기와 실천하기
비판적 사고
긍정적 사고
협동
의사소통
윤리적 관심

핵심
기술과 공학의 본질과 특성
기술과 공학의 핵심 개념
지식, 기술, 실천의 통합
기술의 영향
사회가 기술의 발전에 미친 영향
기술의 역사
기술과 공학교육의 설계
기술적 제품과 시스템의 적용, 운영, 평가

기술과 공학적 소양을 위한 표준
STEL
STEM 교육에서 기술과 공학의 역할

<그림 3-19> STEL 기본 모형

2) 2022 개정 고등학교 기술 교육과정

2022 개정 고등학교 일반선택 과목인 '기술·가정'의 공학 분야는 공학의 기본이 되는 '공학의 기초와 융합'과 '첨단 중심의 공학 기술 체험'으로 구성하였다.

그리고 진로선택 과목인 '로봇과 공학세계'는 로봇과 공학의 융합적 특성에 기초하여 여러 공학 분야와 관련된 흥미로운 로봇을 중심으로 전반적인 공학의 세계를 이해하고 체험함으로써 공학 분야의 진로를 탐색하도록 하였다.

융합선택 과목인 '창의 공학 설계'는 이전의 교육과정의 '공학 일반'과 가장 유사한 과목으로 공학자들이 사용하는 공학 문제해결 방법론을 다양한 공학 설계 프로젝트를 통해 이해하고 체험함으로써 공학자의 기본 소양과 역량을 함양하고 관련 분야의 흥미와 진로 탐색을

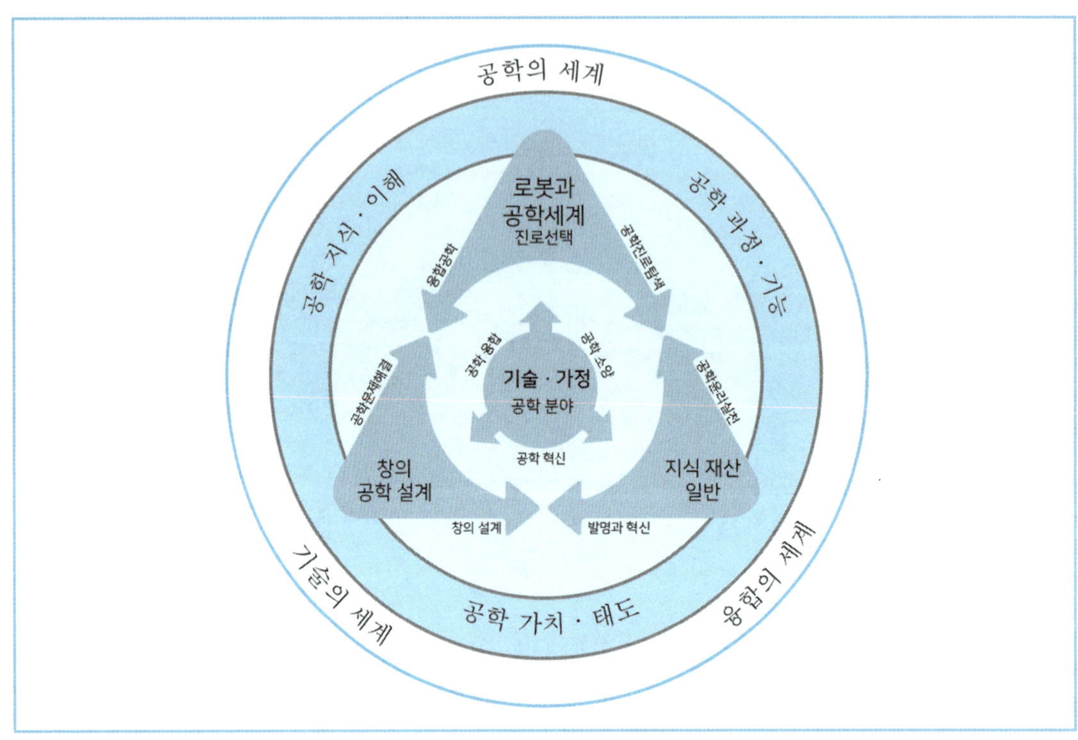

<그림 3-20> 공학 분야 선택과목 교육과정의 설계 원리

돕도록 한다. 또 다른 융합선택 과목인 '지식 재산 일반'은 이전의 교육과정에 있었던 과목으로 보다 흥미로운 사례 탐구와 문제해결 중심의 '지식재산 창출, 보호, 활용'을 위한 기본적인 '지식 · 이해, 과정 · 기능, 가치 · 태도' 를 반영하였다. 이상의 공학 분야 선택 과목의 학습을 통해 학습자들은 융합공학, 공학진로탐색, 공학문제해결, 창의설계, 발명과 혁신, 공학윤리 실천 등 공학 분야 진로에서 요구되는 기초 소양과 능력을 기를 수 있다.

특히 고등학교 수준에서 공학 분야의 학습은 초등학교 과정의 기술적 자각과 기초적인 체험활동, 중학교 과정의 다양한 기술의 세계 탐색과 문제해결 활동을 바탕으로 공학 분야의 이해와 체험을 심화하는 것으로, 공학적 기초 소양, 첨단 공학기술을 통한 혁신과 융합을 주제로 다룬다.

마. 기술교과 교육과정 개발모형의 종합비교

이상의 기술학 중심의 기술 교육과정 개발모형, 설계 중심의 기술 교육과정 개발모형, 공학 중심 기술의 교육과정 개발모형을 종합적으로 비교하면 [표 1-9]와 같다. 특히 기술학 중심 모형의 특징은 기술학적 지식 체계에 기초하고 있으며, 미국과 한국의 모형들에서 이를 확인

할 수 있다. 그러나 영국을 중심으로 한 설계 중심 모형은 지식과 내용보다는 설계과정을 강조하고 있다. 그러나 기술학 중심 모형에서 한국교육과정평가원 모형(2001)과 Technological Action 모형(1993), TfAA(1996)의 모형은 기술의 과정을 교육과정 개발의 하나의 영역으로 설정하고 있는 점은 과정 중심의 철학이 반영되고 있음을 알 수 있다. 그리고 공학 중심 교육과정 모형은 STEM 등의 융합적인 교육 시도에서 다양한 프로그램이 개발되고 있다.

[표 1-9] 기술 교과 교육과정 개발 모형의 종합비교

접근 방법	모형	기본영역	구성요소	특징
기술학 중심	김진순모형 (1990)	기술의 영역	• 생물기술 • 통신기술 • 수송기술 • 건설기술 • 제조기술	
		기술의 요소	• 투입 • 과정 • 산출	
		기술의 진보	• 과거 • 현재 • 미래	
	한국교육과정평가원 모형 (2001)	기술의 영역	• 재료의 이용에 관한 기술 • 정보의 가공에 관한 기술 • 에너지와 동력의 이용에 관한 기술 • 생물체의 처리에 관한 기술	• 재료의 이용을 제조기술, 건설기술을 포함
		기술의 과정	• 디자인하기 또는 계획하기 • 만들기 또는 실행하기 • 평가하기	
	JMIACT (1981)	인간의 기술적 · 사회적 진보	• 제조 • 건설 • 통신 • 수송	• 인간 생산 적응 체제
		체제변인	• 투입 • 과정 • 산출	
		사회와 문화의 진보	• 과거 • 현재 • 미래	
	Technological Action 모형 (1993)	설계하기	• 기술적 제품(artifacts)과 시스템을 설계하는 과정	• 구성요소는 각 단계별로 자세하게 제시
		생산하기	• 공구와 기계를 이용하여 그 시스템과 제품을 생산하는 과정	
		이용하기	• 개발되거나 생산된 시스템과 제품을 이용하는 과정	
		평가하기	• 인간 · 사회 · 환경적 측면에서 기술적 영향을 평가하는 과정	

기술학 중심	TfAA 모형 (1996)	맥락(contexts)	• 정보 시스템 • 물리적 시스템(제조, 건설, 수송기술 포함) • 생물학적 시스템	• 기술적 교양 목표 • 기술적 행동 • 2차 보고서 (2000)의 이론적 기초
		과정(process)	• 기술 시스템을 설계하고 개발하기 • 기술 시스템의 행동을 결정하고 통제하기 • 기술 시스템을 이용하기 • 기술 시스템의 영향과 결과를 평가하기	
		지식 (knowledge)	• 기술의 특성과 발전 • 영역간의 연계 • 기술의 개념과 원리	
설계 중심	영국 국가교육과정 모형 (1990)	환경 인공물 시스템	• 건설 재료 • 음식 • 섬유 • 그래픽 미디어 AT1 : 요구와 기회를 확인하기 AT2 : 설계를 구안하기 AT3 : 계획하고 만들기 AT4 : 평가하기	• 각 영역은 네 단계의 성취 표 (Attain-ment Targets)에 중점
	McCormic 모형(2002)	자원	• 내용과 과정의 상호작용	• 시스템적 접근 • 기술적 능력 중심
		과제	• 기술 과제 – 요구를 확인하고 최적의 해결 방안을 구안	
		결과	• 기술적 능력의 도달	
공학 중심	Engineering by Design (2008)	기술 발명 기술 영향과 쟁점 공학 설계와 활동	• 기술의 탐색 6학년 • 발명과 혁신 7학년 • 기술적 시스템 8학년 • 기술의 기초 9학년 • 기술의 영향 10 – 12학년 • 기술의 쟁점 10 – 12학년 • 기술적 설계 10 – 12학년 • 고급 설계 활용 11 – 12학년 • 고급 기술 활용 11 – 12학년 • 공학 설계 11 – 12학년	

공학 중심	PLTW(2008)	기술 설계와 모델링 공학 설계 컴퓨터 통합 설계 공학원리 공학 세계 (전자, 생명, 건설, 우주항공)	• 기술과의 만남 • 설계와 모델링 • 신비로운 전자 • 기술의 과학 • 자동화와 로봇 • 항공과 우주 • 공학설계의 개론 • 공학의 원리 • 디지털 전자/이상 9－12학년 • 컴퓨터 통합 설계 • 생명 공학 • 건설 공학 • 우주항공 공학 • 공학 설계와 개발 /이상 11－12학년	• 공학 설계 접근 • 교과 통합 접근
공학 중심	Engineering Model(2007)	공학 자각 체험활동 통합교과 활동 문제해결 및 팀워크 활동 진로 탐색	• 공학 기초와 자각 • 설계 도전, 손 체험/ 사고 체험 활동 • 교실에서의 통합 교과적 활동 • 국가 표준에 기반한 교과 통합적 주제 활동 • 문제해결 과정 활동 • 진로 탐색 • 팀워크 기술	
	김영민 (2017)	공학 지식 공학 설계	• 공학 및 공학자 지식 • 공학 실제 지식 • 융합 공학 지식 • 설계 과정 • 개념(문제 정의와 배경지식) 단계 • 개발(계획과 실행) 단계 • 평가(시험) 단계	정의 및 기본 방향, 성격, 교육목표, 내용요소, 방법 및 평가 등의 내용
	STEL	STEL은 8개의 핵심 표준, 8개의 실천, 8개의 맥락	• 실천 역량을 제시 • 맥락에서 로봇, 자동화, 인공지능 강조 • 핵심표준에서 기술의 본질과 과정을 제시	기술 및 공학 소양 표준
	2022 개정 고등학교	고 일반선택 기술·가정에서 기술을 공학으로 접근	• 기술－가정(일반 선택) －공학의 기초 －미래를 여는 공학혁신 －지속가능한 융합 공학 • 로봇과 공학세계(진로선택) • 창의공학설계(융합선택)	고등학교에서 공학 중심으로 전환

2장

기술교과 교육과정의 변천과 특징

이 장에서는 우리나라 기술교과 교육과정의 태동과 변천과정을 시기별로 탐색하고 편제, 목표, 내용을 중심으로 한 교육과정 변천을 비교하고자 한다.

이러한 기술교육과정의 변천의 이해를 통하여 교육과정이 갖는 역사성을 인식하고 미래 기술 교육과정 논의에 시사점을 얻을 수 있을 것이다.

◎ 해시 태그 Key words

#기술	#생활기술	#산업기술	#기술 · 산업
#기술 · 가정	#실업 · 가정	#기술교육 목표	#기술교육 내용
#기술교육 태동기	#기술교육 전환기	#기술교육 발전기	#기술교육 정착기

기술 및 공학교육의 전환기 #기술교육과정 비교

기술교과 교육은 제2차 교육과정이 부분 개정된 1969년, 실업 · 가정 교과 내에 '기술'과목을 신설하여 남자와 여자와 구별된 내용으로 가르치면서 시작되었다. 그 이후 제3차 교육과정기에서는 남자는 '기술', 여자는 '가정'과목으로 분리되었으며, 제4차 교육과정기(1981년 고시)에서는 과목 명칭이 중학교 '생활기술', 고등학교 '산업기술'로 명칭을 변경하였으나, 제5차(1987년 고시)에서는 다시 '기술'과목으로 환원하였다.

제6차 교육과정기(1992년 고시)에서 중학교는 종래의 '실업 · 가정'교과가 사라지고 '기술 · 산업' 및 '가정'교과[1])가 등장하여 남녀 모두 두 개 교과를 이수케 하고, 고등학교는 '실업 · 가정'교과를 그대로 유지하였다. 그리고 제7차 교육과정기(1997년 고시)에서는 중 · 고등학교 모두 '기술 · 가정'교과로 명칭이 바꾸어지고 제7학년(중1)부터 제10학년(고1)까지 가르치게 되어 있다. 이러한 기술과 가정과목의 병합은 국민공통기본교육기간(10년)의 기본이념에 따라 초등학교 실과와의 계열성 측면에서 이루어졌다.

1) 5차 교육과정까지는 '기술' '가정'이 실업 · 가정교과 내에 과목 수준에서 존재하였으나, 6차 교육과정부터는 교과 수준으로 승격되었다고 볼 수 있다.

개정시기	교과명 (과목명)		기술과 배당시간	시기구분
	중학교	고등학교		
제2차 교육과정 후기 (1969. 9. 4.)	실업 · 가정 [기술(남), 기술(여)]	실업 · 가정 (남자기술, 여자기술)	[중학교] •1학년 4~5 •2학년 3 •3학년 3 [고등학교] •4단위	기술교과 교육의 태동기
제3차 교육과정기 (1973. 8. 31.)	실업 · 가정 (기술)	실업 · 가정 (기술)	[중학교] •1학년 3 •2학년 3 •3학년 3 [고등학교] •8~10단위	
제4차 교육과정기 (1981. 12. 31.)	실업 · 가정 (생활기술)	실업 · 가정 (산업기술)	[중학교] •1학년 3 •2학년 4~6 [고등학교] •8~10단위	기술교과 교육의 전환기
제5차 교육과정기 (1987. 3. 31.)	실업 · 가정 (기술)	실업 · 가정 (기술)	[중학교] •1학년 3 •2학년 4~6 [고등학교] •8단위	
제6차 교육과정기 (1992. 6. 30.)	기술 · 산업 가정	실업 · 가정 (기술)	[중학교] •1학년 1 •2학년 2 •3학년 2 [고등학교] •8단위	
제7차 교육과정기 (1997. 12. 30.)	기술 · 가정	기술 · 가정	[중학교] •1학년 2 •2학년 3 •3학년 3(가정포함) [고등학교] •1학년 3(기술 · 가정)	기술교과 교육의 통합기
2007년 개정 교육 과정기 (2007.12. 30.)	기술 · 가정	기술 · 가정	[중학교] •1학년 2 •2학년 3 •3학년 3(가정포함) [고등학교] •1학년 3(기술 · 가정)	
2011년 개정 교육 과정기 (2011.12. 30.)	기술 · 가정	기술 · 가정	[중학교] 과학/기술 · 가정 군 •1–3학년 272시간 [고등학교] 생활과학군 기술 · 가정(4단위 범위 내에서 증감)	기술교과 교육의 정착기
2015년 개정 교육 과정기 (2015.12. 30.)	기술 · 가정	기술 · 가정	[중학교] 과학/기술 · 가정 군 •1–3학년 272시간 [고등학교] 생활과학군 일반선택 기술 · 가정	
2022년 개정 교육 과정기 (2022.12. 30.)	기술 · 가정	기술 · 가정	[중학교] 기술-가정 1–3학년 272시간 [고등학교] 일반선택 기술-가정 진로선택 로봈과 공학세계 융합선택 창의공학설계 지식재산일반	기술 및 공학 교육의 전환기

<그림 2–1> 중 · 고등학교 기술교과 교육편제의 변화와 시기 구분

그 이후 2015년까지 교과 명칭은 기술 · 가정으로 유지되고 있고, 이는 통합이 아닌 단순한 물리적인 병합으로 이루어져 기술과 가정이 각각 독립된 다른 교사에 의하여 가르쳐지도록 제시되었다.

기술교과 교육과정을 본 책에서는 제2차 교육과정 후기(1969년)부터 제3차 교육과정까지 '**기술교과 교육의 태동기**'로, 제4차부터 제6차 교육과정기를 '**기술교과 교육의 전환기**'로, 제7차부터 2007 교육과정기를 '**기술교과 교육의 통합기**'로, 그리고 2011 교육과정기와 2015 교육과정기를 '**기술교과 교육의 정착기**'로, 그리고 2022년 개정에서는 고등학교에서 공학이 강조되고 공학 관련 선택과목도 늘어나게 되어 '기술 및 공학 교육의 전환기'로 구분한다.

<그림 2-1>은 1969년 이후부터 현재까지 기술교과 교육의 교과 및 과목명의 변천과 이에 따른 시기 구분을 제시한 것이다.

1. 기술교과 교육의 태동기 : 제2차 ~ 제3차 교육과정

가. 제2차 교육과정 후기

정식으로 기술과목이 교육과정상에 하나의 과목으로 고시된 것은 바로 제2차 교육과정이 부분 개정된 1969년이다. 이는 당시 제1차 및 제2차 경제개발 5개년 계획이 순조롭게 추진되어 가고 산업구조가 전문화됨에 따라, 산업사회의 합리적인 생활역량을 기르고, 현대 산업기술의 바탕을 익히게 하는 기술교과 교육의 필요성을 인식하여 기술인력의 저변을 확대한다는 취지 아래 행해진 조처라고 볼 수 있다(문교부, 1988 : 83).

우리나라에 기술과가 도입된 배경을 당시 문교부 차관으로 있던 박희범은 훗날 도입의 직접적인 동기를 다음과 같이 밝혔다(이재원, 1986 : 3).

> 첫째는, 당시 우리나라보다 앞서 착실하게 경제발전을 이룩하고 있는 이웃 일본과 대만이 중학교 때부터 기술 과목을 가르치고 있었고, 두 번째로는 남북한의 교육을 비교 · 분석해 볼 때, 북한에서는 대학생은 물론 초 · 중 · 고교에서 남 · 여학생 모두가 많은 시간을 공장 노동에 동원되어 실제적 생산활동을 체험하고 있는 데 비하여 우리나라에서는 지나치게 국 · 영 · 수에 얽매어 교실 안에서 지식 전수에 전념하고 있었다. 이에 대한 반성과 개선책의 일환으로, 그리고 기술입국을 지향하는 나라의 국민으로서 기술적 교양을 갖추게 하기 위하여 "기술"과를 신설케 하였다.

그러나 과목의 신설을 서두른 나머지, 교과 전문가가 거의 없는 상태에서 사전에 충분한 기초 연구와 준비가 없이 이루어졌기 때문에, 담당교사, 학교시설 등에 있어 많은 문제가 제기되었으며, 교육내용면에서 공업과목과 중복되는 부분이 많이 나타나기도 하였다.

이때에는 종래의 중학교 실업 · 가정과인 농업, 공업, 상업, 수산업, 가정 이외에 **'기술(남자)'**와 **'기술(여자)'**를 필수로 넣어 남녀 각각 1학년에서 주당 4~5시간, 2학년에서 주당 3시간, 3학년에서 주당 3시간, 총 10~11시간을 이수하게 하였다. 그리고 1학년에서 가르치던 실업의 종합과정을 없애고, 2학년부터 농업, 공업, 상업, 수산업, 가정과목 중에 한 과목을 선택하게 하여, 2학년에서는 주당 2~3시간, 3학년에서는 주당 2~9시간, 총 4~12시간을 이수하게 하였다.

이때의 기술교과 교육과정의 체계는 지도목표, 학년목표, 지도내용, 지도상의 유의점으로 구성되어 있다. 이 기술교과 교육과정에서는 기술과목을 통하여 도달해야 할 목표인 '지도목표'와 각 학년별로 도달해야 할 목표인 '학년목표'가 제시되어 있다.

지도목표는 4개항으로 구성되어 있는데, 여기에 나타난 주요 개념은 직업의 의의와 종류 이해 및 적성의 발견, 생활에 필요한 기술습득, 현대기술에 대한 흥미와 관심 고취, 산업사회 적응 · 소양 · 육성, 기계 · 기구 · 재료 등의 사용기능 및 창조능력 육성, 그리고 협동 · 근면 · 안전 · 책임의 중요성 인식, 기술향상을 위한 태도함양 등이다(문교부, 1988 : 323). 따라서 기술과목이 기술인력 양성을 위한 전문 직업교육이나 기능공 양성을 위한 교육이 아니라, 일상생활을 해나가는 데에 필요한 교양교육의 성격을 지니고 있음을 알 수 있다.

학년목표는 1, 2, 3학년별로 3개항씩 구성되어 있는데, 각 학년의 지도내용과 관련하여 각 영역을 통하여 도달해야 할 목표가 제시되어 있다. 이때의 기술교과 교육과정상에 제시되어 있는 지도내용의 체제는, 학년별로 대영역을 3개씩 구성하고, 각 대영역별로 여러 개의 중영역을 제시한 후, 각 중영역에서는 교육과정으로서 다루어야 할 요소들을 제시한 형태로 이루어져 있다.

대영역으로는 1학년의 경우는 산업과 직업, 제도, 목공영역이, 2학년의 경우는 제도, 금속가공, 기계영역이, 3학년의 경우는 기계, 전기, 제작, 실습영역이 제시되어 있다. 이 중에서도 제도영역과 기계영역은 2개 학년에 걸쳐 제시되어 있어, 실제로는 7개의 대영역으로 구성되어 있다고 할 수 있다. 1960년에 신설된 기술과 지도내용에서는 실습이 매우 강조되었다. '산업과 직업' 영역을 제외한 모든 영역에서 실습을 하도록 되어 있으며, 특히 3학년에서는 '제작실습' 영역이 대영역으로 선정되어 중요 기계요소를 갖춘 부품을 제작하도록 되어 있다.

그리고 기술(여자)는 1학년에서 산업과 직업, 의생활, 식생활, 설계제도, 목공, 가정원예를, 2학년에서는 의생활, 식생활, 가정원예, 가정기계, 3학년은 의생활, 식생활, 아동보육, 가정전기 등의 내용이 포함되어 있었다.

이와 같이 처음 도입된 기술과목은 중학교 남녀 학생 모두에게 필수과목으로 부과되었던 점에서 매우 혁신적인 것이었다.

고등학교에서 우리나라에 처음으로 기술과목이 신설된 것은 중학교와 같이 1969년 부분 개정이 이루어진 시기이다. 실업과와 가정과 편제에서 알 수 있듯이, 기술과목은 남자와 여자에게 필수 4단위로 부과되었다. 신설 당시의 단위수가 낮은 이유는 실업과에 기술과 유사한 '산업 일반' '기초공학' 과목이 각각 4단위로 편제되어 있기 때문이다.

따라서 그 당시에는 남자 기술, 여자 기술이 필수로 부과되게 되었는데, 즉 남자 기술은 '설계제도' '자동차' '제작실습' 등의 내용이 설정되었고, 여자 기술은 '설계제도' '전열기구와 전동기 기구의 점검 및 수리', '제작실습' 등 가정생활과 관련 있는 기술적인 내용이었다. 고등학교 수준에서 남녀 모두에게 기술이 부과된 것은 이후 제7차 교육과정 이전까지는 전무한 일이었다.

나. 제3차 교육과정기

제3차 교육과정은 1973년 8월 31일 문교부령 제325호로 공포되었다. 교육과정 개정의 이유는 첫째, 국가 · 사회적 배경에서 국제사회의 제반 변화에 대처하는 국력배양을 위한 교육이 요구되고, 둘째, 기술의 급격한 진보, 지식의 급격한 증가에 의한 지식내용의 정리 및 구조화로 활용능력의 배양을 필요로 하며, 세째, 평준화 이후 학생 수의 급격한 증가에 의한 여러 가지 교육여건의 변화에 대응한다는 것이었다(문교부, 1988 : 38-39).

이때에는 종전의 '기술(남자)'을 '기술'로 하여 남학생에게만 필수로, '기술(여자)'을 '가정'으로 개정하여 여학생에게만 필수로 이수하도록 하였다. 그리고 1, 2, 3학년에서 각각 주당 3시간씩, 총 9시간을 이수하도록 하여 종전에 비하여 1~2시간이 감소되었다. 선택과목은 종전과 같이 5개 과목('가정'을 '가사'로 개정함) 중에서 한 과목을 선택하여, 2학년에서 주당 3~4시간, 3학년에서 주당 3~7시간, 총 6~11시간을 이수하도록 하여 최저 이수시간이 종전의 4시간에 비하여 2시간이 증가되었다.

이때의 기술교과 교육과정상에 제시된 목표는 '일반목표'와 '학년목표'로 구성되어 있으며, 제2차 교육과정에서의 '지도목표'가 '일반목표'로 그 명칭이 바뀌었다.[2] 또 종전의 '지도내

2) 일반목표는 3개항으로 종전보다 1개항이 줄었는데, 여기에 나타난 주요 개념은 생활에 필요한 기술습득, 근대기술의 이해, 사물의 합리적 처리 및 창조 · 생산하는 능력과 태도 배양, 기술과 생활과의 관계이해, 생활향상 및 기술발전 태도 배양 등으로 종전의 교육과정과 큰 차이는 없다. 그러나 종전에는 기계, 기구, 재료 등을 다루는 기능육성과 협동 · 근면 · 안전 · 책임의 중요성 인식이 목표에 제시되어 있으나, 이때의 목표에는 서술되어 있지 않다. 학년목표는 1학년의 경우 4개항으로 종전에 비하여 1개항이 늘었는데, 그 이유는 1학년 내용에서 '재배'영역이 신설되었기 때문이다. 2, 3학년의 경우에는 종전과 마찬가지로 3개항씩 구성되어 있는데, 3학년의 내용에서 종전의 '제작실습'영역이 삭제되고, '전자'영역이 신설됨에 따라 학년목표도 변화를 가져왔다.

용'이 '내용'으로 그 명칭이 바뀌었으며, 체제면에서는 1학년의 경우 종전에 비하여 대영역의 수가 1개 늘어 4개 영역으로 되었다. 그러나 2, 3학년에서는 종전과 같이 각각 3개의 대영역으로 되어 있으며, 내용 수준도 대영역, 중영역 요소로 종전과 같다.

대영역으로는 1학년의 경우 산업과 직업, 설계제도, 목공, 재배영역이, 2학년의 경우 기계제도, 금속가공, 기계영역이, 3학년의 경우 기계, 전기, 전자영역이 제시되어, 제도와 기계 영역은 종전과 같이 2개 학년에 걸쳐 있다. 대영역의 명칭이 바뀐 것은 제도영역인데, 종전에는 1, 2학년 똑같이 '제도'로 되어 있었으나, 이때에는 1학년에서는 '설계제도'로, 2학년에서는 '기계제도'로 제시되어 구분을 명확하게 하였다.

신설된 것은 1학년의 '재배'영역으로 이때부터 기술과 내용에 농업기술에 관한 내용이 존재하게 되었다. '재배'영역은 학생들에게 재배에 관한 기초적 기술을 습득시키고, 작물의 생육과정과 재배기술과의 관계를 이해하게 하여, 작물을 합리적으로 재배하는 능력과 태도를 육성하기 위하여 선정되었다.

3학년의 내용에서는 종전의 '제작실습' 영역이 삭제되고, 전자분야의 급속한 발전과 중요성에 따라 '전자'영역이 신설되었다. '전자'영역에서는 라디오 방송, 수신, 부품, 꾸미기, 조정과 수리 등을 다루어, 학생들에게 전자제품의 구성요소를 알게 하고, 간단한 전자제품 꾸미기에 관한 기초적 기술을 습득시켜, 합리적인 활용능력을 기르도록 하였다.

제3차 고등학교 교육과정은 1974년 12월 31일에 문교부령 제350호로 개정·공포된 것으로, 1963년의 개정 이후 11년만에 전면적으로 개정이 이루어졌다. 이 당시의 실업과와 가정과의 편제 및 단위배당 기준은 많은 변화가 있었다. 이 개정에서는 종전의 산업 일반, 기초공학 과목을 폐지하고 필수과목인 기술과로 단일화하였다.[3] 즉 실업에는 기술(남), 농업, 공업, 상업, 수산업 과목이 편제되어 있으며, 가정에는 가정(여)과 가사(여)가 제시되어 있다.

교과의 이수단위는 실업과에서 기술(남)을 필수과목으로 8~10단위를 이수하도록 하여, 종전의 4단위에 비해 4~6단위가 증가되었다. 전체 이수단위에 대한 실업·가정 교과의 이수단위 비율은 제2차 교육과정기에 비해 인문·자연 과정은 0.2~1.3%, 직업과정은 7.3~20.5%가 증가되었다. 실업·가정과 편제 및 단위배당 기준을 보면, 여학생의 경우 필요에 따라서 '가사' 대신 '농업', '공업', '상업', '수산업' 중에서 한 과목을 선택할 수도 있는 조항을 두고 있으나, 실제로 여학생이 다른 선택과목을 선택한 경우는 거의 없었다(정성봉, 1990 : 560).

제3차 교육과정기의 고등학교 기술교과 교육목표는 1969년 신설 당시와는 달리 학생들로 하여금 산업에 관한 기초적 지식과 기능을 습득시킴으로써 현대 산업사회를 이해하도록 하

3) 그 이유는 인문계 고등학교의 실업과 교육이 전문적 직업교육이라기보다는 중견 국민에게 필요한 소양을 기르고, 개성에 맞는 장래의 진로를 결정하는 데 바탕이 되는 교육이라는 점과 인문계 고등학교에서는 실업과의 교육이 극히 제한된 시간 내에 이루어져야 한다는 점이다.

고, 산업사회에 적응할 수 있는 기본소양을 기르는 점에 중점을 두고 있다. 이를 위해 자동차 구조 및 제작기술에 관한 진술이 새롭게 제시되었다. 또 산업 일반의 교육목표에 제시되었던 경영관리에 관한 내용도 반영되었다. 이는 1969년의 기술과 지도목표가 예비 직업교육적 성격을 띤 반면, 이 교육과정은 교양교육적 성격을 강조하고 있다.

기술과목의 지도내용은 6개의 대영역으로 분류되어 각 영역당 2~4개의 중영역까지 제시되어 있다. 이는 종전의 3개 대영역에 비해 교육내용 영역이 크게 넓어진 것이다.

주요 교육내용의 변화를 살펴보면, 1969년 신설 당시에는 설계제도, 자동차, 제작실습이 강조되었으나, 1974년 개정시에는 제작실습이 삭제되고 산업의 발달과 구조, 자동제어, 전자계산기, 경영관리가 대영역으로 신설되었다. 이러한 주요 영역의 변화를 급속히 발전하는 과학기술과 산업구조의 변화 및 교양교육적 성격을 반영하려는 의지로 볼 수 있다.

2. 기술교과 교육의 전환기 : 제4차 ~ 제6차 교육과정

가. 제4차 교육과정기

제4차 교육과정은 1981년 12월 31일 문교부 고시 제442호로 제정되었다. 이때의 기술교과 교육과정에서의 큰 변화는 과목 명칭이 **중학교에서는 '생활기술'로 고등학교에서는 '산업기술'로 개정**되었다는 점이다. 이는 중학교에서는 일상생활과 가정생활에 관한 기초적인 지식과 기술을 습득하여 생활인으로서의 기본적인 자질을 기르는 것에 역점을 둔 것이다(한국교육개발원, 1986 : 64).

문교부에서 1982년에 편찬한 '중학교 새 교육과정 개요'에는 **생활 기술교과 교육**의 성격과 교육과정 구성방향을 다음과 같이 제시하였다(문교부, 1982 : 152).

- 생활기술 교과목은 국민학교 실과교육의 토대 위에서 고도로 발전된 산업사회에 적응하기 위한 기본이론과 기초지식을 배우는 교양교과로서, 학생들이 미래의 발전된 사회에서 생활을 영위할 수 있는 능력을 길러 주기 위한 교과목이다.
- 생활기술 교육은 앞으로의 고도 산업사회에서 가정생활과 사회생활에 합리적으로 대처할 수 있도록 하기 위한, 일반적이고 조화로운 인격형성을 위한 교양교육이어야 한다.
- 생활기술 교육은 간단한 물건을 만들어 봄으로써 이론을 보다 깊이 이해하고 실습과정에서 얻은

'만드는 즐거움'과 '만들어 보았다'는 성취감, 그리고 '할 수 있다'는 자신감을 가지고 생활환경을 개선하고, 기술적인 사고를 할 수 있는 정신을 계발하는 데 주안점을 두었다.

- 생활에 필요한 기술적인 요소를 알게 함으로써 노동의 가치, 기술의 중요성을 깨닫게 하고, 이를 통하여 건전한 직업관이나 노작관을 키우는 교육이어야 한다.
- 생활기술 교육이 충실히 이루어짐으로써 기술 인력의 저변이 확대되어 국가 발전에 기여하는 교육이 되어야겠다.

종전에는 기술과목이나 가정과목을 1, 2, 3학년 전학년에 걸쳐 주당 3시간씩 총 9시간을 이수하도록 했으나, 실업 · 가정 교과의 시간배당 기준에 있어서는 큰 변화가 있었다. 즉 제4차 교육과정에서는 1학년에서 주당 3시간, 2학년에서 주당 4~6시간, 총 7~9시간을 이수하도록 하여 최저 이수시간이 2시간 감소되었다. 선택과목인 농업, 공업, 상업, 수산업, 가사과목은 종전에는 2학년에서 주당 3~4시간, 3학년에서 주당 3~7시간, 총 6~11시간을 이수하도록 했으나 제4차 교육과정에서는 3학년에서만 5~7시간을 이수하도록 하여 최저 이수시간이 1시간 감소되었다.

이때의 생활기술교과 교육과정의 체제는 목표, 학년목표 및 내용, 지도 및 평가상의 유의점으로 구성하였다.

목표설정의 기본입장은 생활 기술교과 교육의 특성, 학생들의 발달특성 및 전인교육이라는 국가 · 사회적 요구를 감안하여 기술적인 소양을 기르는 데 주안점을 두고, 생활기술 교육을 통하여 발달시켜야 할 행동적 특성을 포괄적으로 기술하였다(문교부, 1982 : 153).

목표에 나타난 주요 개념은 생활과 기술과의 관계이해, 에너지 · 재료 · 공구 · 기계 등의 활용능력 육성, 근로의 소중함 인식, 적성계발, 태도 및 능력 육성 등이다. 학년목표는 1학년의 경우 6개항으로 종전에 비해 2개항이 늘었는데, 그 이유는 1학년 내용에서 '생산과 소비' 영역과 '해양수산 기술' 영역이 신설되었기 때문이다. 2학년의 경우에는 내용이 5개 영역으로 구성되어 있으나, 목표에서는 '플라스틱의 이용' 영역과 '금속재료의 이용' 영역이 1개항으로 제시됨에 따라 모두 4개항으로 구성되어 있다.

이때의 생활 기술교과 교육과정상에 제시된 **내용의 체제**는 1학년의 경우 제3차 교육과정에 비하여 대영역의 수가 2개 늘어 6개로, 2학년의 경우에는 2개가 늘어 5개로 하였으며, 각 대영역별로 중영역만 제시하여 융통성을 부여했다.

생활기술과의 내용선정에 있어서는 교육목표가 지향하는 바를 충족시키면서도 학생들의 흥미와 호기심을 이끌 수 있는 소재를 우선적으로 다루었다. 또한 생활환경에서 출발하여 산업사회로 확대시켜 그 관심 분야를 넓혀 가도록 함으로써 가급적 기본적이고 전이가가 높은 실용성 있는 요소를 추출하여 조직하였다(문교부, 1982 : 154-155).

생활기술과 내용의 대영역으로는 1학년의 경우 생활과 기술, 생산과 소비, 재배, 해양과 수산 기술, 제도의 기초, 목재의 이용이, 2학년의 경우 플라스틱의 이용, 금속재료의 이용, 기계의 이용, 전기의 이용, 가정용 기기의 이용과 안전이 선정되어, 제3차 교육과정에 비하여 대폭적인 개정이 다음과 같이 이루어졌다.

특히, '제도'영역과 '기계'영역은 제3차 교육과정까지는 각각 2개 학년에 걸쳐 제시되어 있었으나, 제4차 교육과정에서는 2개 학년에 걸쳐 제시된 영역이 전혀 없다.

종전의 설계제도, 목공, 금속가공, 기계, 전기 영역은 각각 제도의 기초, 목재의 이용, 금속재료의 이용, 기계의 이용, 전기의 이용 영역으로 명칭이 바뀌어, 기초적이고 흥미를 주는 내용이 되도록 하였다.

종전의 '산업과 직업' 영역은 삭제되고, 학생들에게 생활과 기술과의 관계를 알게 하여 새로운 기술을 개발하는 일이 산업을 발전시키는 중요한 요소임을 이해시키기 위하여 '생활과 기술' 영역이 신설되었으며, 삭제된 영역의 내용 일부를 이 영역에서 다루도록 하였다. 또 종전의 '기계제도' 영역은 삭제되고 2학년과 3학년에 제시되었던 '기계' 영역에서 기초내용만을 선정하여 한 개의 영역으로 제시되었으며, '전자' 영역은 삭제되고 그 내용의 일부를 '전기의 이용'에서 다루도록 하였다.

이밖에 생산과 유통과정을 이해하게 하여 합리적인 소비생활을 할 수 있도록 하는 '생산과 소비' 영역과 수산업과 해운업의 기초지식을 이해하게 하여 그 중요성을 인식하도록 '해양과 수산 기술' 영역이 신설되었다. 또 플라스틱의 특징과 가공법에 관한 기초지식을 이해시키고 재료와 공구 등을 바르게 사용하여 간단한 제품을 설계 · 제작할 수 있도록 '플라스틱의 이용' 영역이 신설되었으며, 가정에서 쓰이는 기기 · 기구의 구조와 사용방법을 이해시켜 안전하게 사용할 수 있도록 '가정용 기기의 이용과 안전' 영역이 신설되었다.

제3차 교육과정까지는 기술과와 공업과의 내용에 상호 중복되는 부분이 있었으나, 제4차 교육과정에서는 내용 중복을 피해 조직하였다.

제4차 고등학교 교육과정 중 실업 · 가정 교과의 특징은, 종래의 실업 · 가정 교과를 실업과와 가정과로 분리하여 실업과(남자)는 '기술', '농업', '공업', '상업', '수산업' 과목으로, 가정과(여자)는 '가정', '가사' 과목으로 편제하여 성의 차별을 두어 이수시키던 것을 남녀 구별 없이 '산업기술'이나 '가정' 중에서 한 과목을 선택하고 '농업', '공업', '상업', '수산업', '가사' 중에서 한 과목을 선택하도록 하였다는 점이다. 또 하나의 특징으로서 일반계 고교 직업과정, 실업계 및 기타 계열의 경우 일반계 고교와 차이를 두어, 실업 · 가정 교과를 선택 이수하고자 할 때에는 '산업기술'과 '가정'과목 중 한 과목을 선택하여 4~8단위를 이수하도록 한 것이다.

제4차 고등학교 기술교과 교육과정은 제3차 기술교과 교육과정이 폭넓은 산업기술에 관한

교육내용으로 조직되어 있지 못한 점과 부분적으로 전문적인 내용인 점, 그리고 새로운 기술 내용의 필요성 등 여러 가지 문제점을 발견하고, 이를 보완하여 학생 수준에 맞는 새로운 기술교과 교육과정 구성을 위하여 다음과 같은 기본방향을 정하였다(문교부, 1982 : 175).

> 첫째, 미래 고도 산업사회에서 능률적으로 생활할 수 있는 인간을 기르기 위하여 산업기술에 관한 기본적인 지식과 기술을 가지도록 하였다.
>
> 둘째, 산업기술에 관한 전문적인 내용을 지양하고, 각종 산업 중에서 교육적 가치가 큰 내용을 정선하여 학생 수준에 맞게 조직하였다.
>
> 셋째, 산업사회의 직업인의 역할을 이해하도록 하고, 자기의 적성에 맞는 직업 진로를 선택할 수 있도록 하였다.

또 교과내용이 산업 전반에 관한 기술 내용으로 구성됨에 따라 교과명을 산업기술로 개정하였고, 산업기술의 교과목표 설정은 기술교육이 전문적 기술인을 양성하는 것이 아니라, 앞으로의 산업사회 생활에 필요한 기술적 소양과 국가산업 발전에 기여할 수 있는 능력을 기르는 데 중점을 두고 있다.

제3차 교육과정기와 비교해 볼 때, 설계제도, 자동제어 및 정보처리에 관한 기초지식과 기술, 생활의 과학화를 기하는 능력과 태도 등의 개념이 삭제되고, 산업발전에 보다 비중이 큰 전자계산기, 에너지와 동력, 제조 · 건설에 관한 기초지식과 기술, 그리고 보다 많은 발전과 개척이 필요한 농업, 수산, 해양 등 산업 전반에 관한 기초지식과 기술, 적성에 알맞은 직업 지도를 위한 직업과 진로 등의 개념을 새롭게 제시하였다.

이는 1981년의 교육목표가 1974년의 단순히 산업사회에 적응한다는 제한된 목표 및 내용에서 벗어나, 국가산업 발전에 기여한다는 폭넓은 개념 및 내용으로 발전되고 있음을 알 수 있다.

기술과목의 지도내용은 종전의 6개 영역보다 증가된 8개 영역으로 분류되어 각 영역당 2~3개의 중영역까지 제시하였다. 학생으로 하여금 산업사회의 변화에 능동적으로 대처하고, 개인과 사회의 미래를 창조적으로 개척할 수 있도록 직업과 적성을 바탕으로 경영관리, 고도 산업사회의 적응 기술, 주택건설 기술, 농업 · 해양기술을 중심으로 내용이 선정되었다(한국교육개발원, 1981 : 96).

교육목표에 제시된 내용에 따라 전반적인 산업을 이해할 수 있도록 하기 위하여 농업기술, 해양개발, 수산업에 관한 내용을 신설하였으며, 일관성 있는 내용의 전개를 위하여 다양한 공업 분야의 산업을 통합하여 제조공업, 건설을 대영역으로 선정하였다.

제3차 교육과정기에서 전문적인 내용이었던 자동차 구조와 기능, 자동제어 기기 및 응용 등은 축소 조정 또는 삭제함으로써 학생 수준에 맞는 내용과 범위를 정하도록 하였다. 또한 경영관리 영역에 포함되어 있던 직업과 진로에 대한 내용을 독립영역으로 설정하여 전개함으로써, 적성과 직업을 바르게 이해하여 알맞은 진로를 선택·준비할 수 있도록 내용을 강화하였다.

라. 제5차 교육과정기

제5차 교육과정은 1987년 3월 31일 문교부 고시 제87-7호로 제정되었다. 이때의 기술교과 교육과정에서는 중학교 기술 과목의 명칭이 제4차 교육과정의 **'생활기술'에서 '기술'**로 다시 바뀌었다. 이는 기술과목의 성격을 생활기술보다는 생산기술을 중시하는 교육으로서 기술학이라는 고유의 지식체계를 바탕으로 함을 분명히 하기 위한 것이다(문교부, 1988 : 84).

문교부에서 1988년에 편찬한 '중학교 실업·가정과 교육과정 해설'에는 기술교과 교육의 특성이 다음과 같이 제시되어 있다(문교부, 1988 : 34-40).

- 기술과 교육은 기술학이라는 고유의 지식체계에 바탕을 둔 자주적 교과교육이다.
- 기술과 교육은 일반 보통교육의 성격을 지니며 남녀 성차 없이 공통으로 이수시켜야 함을 전제로 한다.
- 기술과 교육은 생활기술보다는 생산기술을 중시하는 교육임을 전제로 한다.
- 기술과 교육은 생산적 학습활동을 통하여, 추상적 개념원리를 구체적·실천적으로 이해하게 하고 인간 본래의 조작적 활동 욕구를 충족·신장시켜 주는 교육이다.

또한, 여기에는 기술과 교육과정의 구성방향이 '학문발전에 따른 새로운 교과관의 수용', '산업발전에 따른 사회적 요구의 수용', '기술과 교육의 새로운 방향 수용' 등의 세 가지로 제시되어 있다.

제5차 교육과정에서는 실업·가정 교과의 편제와 시간배당에서 변화가 이루어졌다. 제4차 교육과정에서는 생활기술 과목을 남학생에게만, 가정과목을 여학생에게만 이수시키도록 하였으나, 제5차 교육과정에서는 기술과목을 여학생에게, 가정과목을 남학생에게 이수시킬 수도 있게 되었다. 또한, 시대적 요구와 남녀 혼성 학급의 운영 등을 고려하여 기술과목과 가정과목이 합쳐진 '기술·가정' 과목이 신설되었으며, '기술', '가정', '기술·가정' 과목 중에서 한 과목을 선택하여 종전과 같이 1학년에서 주당 3시간, 2학년에서 주당 4~6시간, 총 7~9시간을 이수시키도록 되어 있다.

이때의 기술교과 교육과정상에는 '과목목표'와 '학년목표'가 제시되어 있는데, 종전의 '목표'가 '과목목표'로 그 명칭이 바뀌었으나, 항목 수는 종전과 같이 3개항으로 구성되어 있다.

목표설정의 기본방향은 다음과 같다(문교부, 1988 : 106).

- 기술과 교육의 방향이 고도 산업기술 사회에 적응할 수 있는 기술적 교양인 양성이라고 할 때, 기술과 교육의 목표에는 산업 및 기술의 이해와 기술적 대상과 수단인 재료, 에너지, 공구, 기계 등을 효율적으로 활용할 수 있는 기술적 실천력 배양의 측면이 포함되도록 한다.
- 기술과 교육은 적성 계발 및 진로 탐색 기회의 제공으로 인간의 전인적 발달에 기여하는 교육의 측면이 있으므로, 실천적 · 체험적 학습활동을 통하여 일의 세계를 알게 하고, 자신의 적성을 계발하여 스스로 진로를 탐색하는 능력을 배양하도록 하는 기술과 교육의 목표가 제시되도록 한다.

과목목표에 나타난 주요 개념은 산업과 기술의 기초지식 이해, 산업과 사회의 적응능력 육성, 기술적 경험을 통한 재료, 에너지, 공구, 기계 등의 활용능력 육성, 일의 세계 이해, 진로탐색 능력 및 태도육성 등이다. 이것은 종전과 비교하여 볼 때 과목 명칭이 '생활기술'에서 '기술'로 바뀜에 따라, 종전의 '생활과 기술과의 관계이해'가 '산업과 기술의 기초지식 이해'로 개정되었으며, 산업사회 적응능력이 강조되었다.

학년목표는 1학년의 경우 5개항으로 종전에 비하여 1개항이 줄었는데, 그 이유는 1학년 내용에서 '생산과 소비' 영역과 '해양과 수산기술' 영역이 중영역 수준으로 축소되고 '컴퓨터의 이용' 영역이 신설되었기 때문이다. 2학년의 경우에는 5개항으로 종전에 비하여 1개항이 늘었는데, 그 이유는 종전에 1개항으로 묶어 제시되었던 '플라스틱의 이용' 영역과 '금속재료의 이용' 영역의 목표가 분리되었고, 종전의 내용에서 대영역으로 제시되었던 '가정용 기기의 이용과 안전'을 '전기의 이용' 영역에서 다루도록 하였으며, '진로의 탐색' 영역이 신설되었기 때문이다.

이때의 기술교과 교육과정상에 제시된 내용의 체제는 1학년의 경우 제4차 교육과정에 비하여 대영역 수가 1개 줄어 5개로, 2학년의 경우에는 종전과 같이 5개로 되어 있다. 또한 종전과 같이 각 대영역별로 중영역만 제시되어 있으나, 대영역마다 다루어야 할 내용의 범위가 서술되어 있다.

기술교과 교육내용을 선정 · 조직함에 있어서는 선행 기술교과 교육과정의 교육내용을 분석하여 범위를 정하고, 기술과 내용 원천으로서의 기술학의 구성과 산업사회의 요구적 측면을 고려하여 내용을 선정한 후에, 학생의 흥미와 동기 유발의 측면에서 내용을 조정하고 순서를 배열하였다(문교부, 1988 : 110).

기술교과 교육과정에 제시된 **대영역**으로는 1학년의 경우 기술과 산업, 재배 · 제도의 기초, 목재의 이용, 컴퓨터의 이용 등이며, 2학년의 경우 플라스틱의 이용, 금속재료의 이용, 기계의 이용, 전기의 이용, 진로의 탐색이 선정되었는데, 종전에 비하여 몇 개 영역이 삭제 · 신설되었다. 그 내용은 다음과 같다(문교부, 1988 : 110-120).

- 과목 명칭이 '생활기술'에서 '기술'로 바뀜에 따라, 생활기술의 강조보다는 생산기술 및 산업과 기술을 강조하기 위하여 종전의 '생활과 기술' 영역을 '기술과 산업' 영역으로 개정하였다. 이 영역에서는 기술의 발달에 따라 인간 생활이 변화함을 이해시키고, 기술과 산업 및 환경과의 관계를 알게 함을 목적으로 하고 있다.
- 종전의 '생산과 소비', '해양과 수산기술' 영역은 기술과 교육의 성격을 뚜렷이 하기 위하여 '기술과 산업' 영역에 포함시켜 중영역 수준으로 축소하였다.
- 기술과 주요 영역인 통신기술과 관련되어 고등학교 기술과 교육과정에만 제시되었던 컴퓨터 분야를 학교급별로 체계적으로 지도하도록 '컴퓨터의 이용' 영역을 신설하였다. 이 영역에서는 컴퓨터의 기본원리와 기능을 이해시키고, 이를 효율적으로 이용할 수 있는 능력의 육성을 목적으로 하고 있다.
- 국가 · 사회 강조 영역이며, 특히 기술과 교육과 관련이 깊은 진로교육 분야를 강조하기 위하여 '진로의 탐색' 영역을 신설하였다. 이 영역에서는 "기술의 발달에 따라 변화하는 일의 세계를 이해시키고, 산업과 직업에 대한 올바른 지식을 알게 하여, 자신의 적성에 맞는 진로를 탐색할 수 있는 능력과 태도를 가지게 함"을 목적으로 하고 있다.

또한 제5차 교육과정에서는 기술과와 공업과의 내용 간에 중복되는 부분이 거의 나타나지 않게 되었다.

1988년 3월 31일에 문교부 고시 제88-7호로 개정 · 고시된 제5차 교육과정에서는 편제상에 큰 변화는 없으나, 과목 명칭이 '산업기술'에서 다시 '기술'로 바뀌고, '정보산업' 과목이 신설되었다는 점이 제4차 교육과정과 크게 다른 점이다. 이수단위로는 기준단위를 설정하였는데, '기술'과 '가정' 중 한 과목을 선택하고, '농업', '공업', '상업', '수산업', '가사', '정보산업' 과목 중에서 한 과목을 선택하여 각각 8단위씩 이수하도록 하였다. 이때 기준단위가 2 또는 4 단위인 교과목은 단위수를 감축할 수 없으며, 6단위 이상인 교과목에 있어서는 2단위까지 증 · 감축 운영할 수 있으므로, 실업 · 가정 교과의 총 이수단위가 종전에는 16~20단위였던 것을 최저 12단위까지 학교장 재량으로 하향조정하여 이수할 수 있게 됨에 따라 16단위 이상을 이수하는 학교와 그 차이가 커지게 되었다.

제5차 교육과정기의 실업 · 가정과의 목표는 "산업과 기술 및 가정생활에 관한 지식과 기능을 습득하게 하여, 진로를 바르게 선택하고, 변화하는 고도 산업사회에 적응할 수 있는 능력과 태도를 기르게 한다"로 설정되었다.

제5차 고등학교 기술과 교육과정은 학문발전에 따르는 새로운 교과관과 산업발전에 따르는 사회적 요구를 적극 반영하였으며, 고도 산업사회의 발전과 더불어 새롭게 제시된 기술교과 교육의 새로운 방향을 수용하였다. 이를 제시하면 다음과 같다(문교부, 1988 : 105).

첫째, 기술과 교육은 모든 학교 수준, 모든 연령층을 포괄하여 일반 교양교육으로 가르쳐져야 할 것이다.
둘째, 기술과 교육은 기술학적 본질에 근거한 지식의 체계로서 가르쳐져야 할 것이다.
셋째, 기술과 교육은 인지적 이해를 바탕으로 가르쳐져야 할 것이다.
넷째, 기술과 교육은 인간의 조작적 발달 요구에 일치되도록 가르쳐져야 할 것이다.

종래의 기술교과 교육은 일반 보통교육임에도 불구하고, 현대 산업사회에 적응할 수 있는 기술적 소양을 가지게 하는 데 다소 소홀히 하였으며, 특정 영역에 치우쳤다. 따라서 제5차 기술교과 교육은 고도 산업사회에 능동적으로 적응할 수 있는 시민을 육성하기 위한 보통교육적 기능을 강조하였다. 이러한 점에서 제시된 목표설정의 기본방향은 다음과 같다(문교부, 1988 : 15).

첫째, 기술과 교육이 기술학이라는 고유의 지식체계에 근거한 자주적 교과교육의 한 영역임을 고려하여 기술학의 구조를 이루고 있는 제조, 건설, 수송, 통신의 영역이 반드시 제시되어야 한다.
둘째, 현대 사회에 적응할 수 있는 기술적 소양을 강조한다.
셋째, 실천적 · 체험적 학습활동을 통하여 일의 세계를 알게 하고, 자신의 적성을 계발하며, 나아가서 진로를 바르게 선택하는 능력을 배양하도록 한다.

따라서 목표 진술에서는 '기술의 본질과 특성이해 및 생활기술 활용능력 배양'을 첨가시키고, '경영관리', '농업과 수산업 및 해양'은 '산업기술'이라는 용어로 묶어 표현하였다.

기술과목의 지도내용은 종전의 8개 영역에서 6개 영역으로 분류되어 각 영역당 3~5개의 중영역까지 제시되었다. 종전과는 달리 학습내용 및 수준을 좀더 구체적으로 제시하기 위해 대영역 목표를 신설하였다.

기술과 고유의 성격을 뚜렷이 하기 위해 '경영관리', '농업기술', '해양개발과 수산기술' 등의 3개 대영역이 '기술과 산업'이라는 대영역 속에 통합되어 중영역 수준으로 제시되었다. 제조공업과 건설영역은 기술과 고유 영역을 강조시키고 보완한다는 측면에서, '제조기술'과 '건설기술'로 분리시켜 각각 대영역으로 제시하였다. 또한 기술의 본질과 특성을 이해시키기 위해서 '기술과 산업'이라는 영역 속에 기술의 발달(기술의 본질과 특성)에 관한 내용을 중영역으로 제시하였다.

다. 제6차 교육과정기

제6차 중학교 교육과정 편제에서는 종래의 '실업 · 가정' 교과를 '기술 · 산업' 및 '가정'의 2개 교과로 바꾸었다. 즉 제5차 중학교 교육과정 편제에 있던 3학년 선택 과정인 농업, 공업, 상업, 수산업, 가사를 제6차 교육과정에서는 기술 · 산업 및 가정으로 통합하여 선택을 없애고 필수로 남녀 학생 모두가 두 과목을 이수하게 하였다. 이는 사회의 변화에 따라 남녀 성에 따른 교과의 차이를 부여해 온 실업 · 가정 교과에서 혁신적인 시도이다.

따라서 기술 · 산업과는 재료, 에너지, 공구, 기계 등과 산업기술을 다루는 실천적 학습경험을 중시하게 하였고, 다음과 같이 제6차 **기술 · 산업과 교육목표**를 제시하였다(교육부, 1992).

> 기술과 산업에 관한 기초적인 지식과 기능을 습득하고, 기술과 산업에 관련된 일과 직업의 세계를 이해하게 하여, 고도 산업사회에 적응할 수 있는 능력과 태도를 기르게 한다.
>
> ① 기술과 산업에 관한 기초적인 지식과 기능을 습득하게 하여, 가정생활과 사회생활에 적응할 수 있는 능력을 기르게 한다.
>
> ② 재료, 에너지, 공구, 기계 등에 관한 지식과 기술적 경험을 통하여 이들을 효율적으로 활용할 수 있는 실천적 태도를 가지게 한다.
>
> ③ 일을 창의적으로 계획하고 실천하는 학습활동을 통하여 기술 · 산업의 세계를 이해하게 하고, 자신에 대한 진로를 탐색하는 능력과 태도를 기르게 한다.

기술 · 산업과의 내용은 종래의 기술과의 내용을 1, 2학년에 이수시키고, 선택과목의 산업영역인 공업, 농업, 상업, 수산업 등의 영역을 3학년에서 배우게 하였다. 이러한 산업영역은 진로와 직업과 관련지어 직업 탐색적인 기초적 내용을 다루고 있다.

제6차 교육과정 개정과 맞물려 '기술 · 산업' 교과가 국정(1종)에서 **검인정(2종)으로 전환**되었다. 이는 기술교과의 학문적 기반, 그리고 기술교과를 전문적으로 해석하고 내용을 선정 · 조직할 수 있는 인적 자원의 확보 가능성을 보여 주고 있다.

제6차 교육과정의 큰 특징 중의 하나는 검인정(2종) 교과서의 도입이다. 이는 교육과정의 범위 내에서 다양한 학습활동을 기대할 수 있는데, 무엇보다도 만들기 과제가 8책의 2학년 교과서에서 51개 과제가 다양하게 개발된 점이다. 이는 각 학교에서 선정한 교과서 이외의 만들기 과제를 실습함으로써 지역실정, 학생 관심, 학교여건에 알맞은 교육내용을 선정할 수 있는 좋은 계기가 되었다(교육부, 1992 : 90).

고등학교 기술과와 가정과는 제5차 교육과정 편제의 필수 교과군에서 제외되었다. 즉 공통 필수과목(교육부 지정 필수)이 아니라 과정별 필수과목(교육청지정필수)에 편제되었다(교육부, 1992 : 260).

제6차 고등학교 교육과정에 제시된 **기술교과 교육**의 성격은 다음과 같이 제시하고 있다(교육부, 1992 : 260-261).

> '기술'과목은 인간 생활의 유지 및 발전을 위해 필요한 기술 요소를 알게 하여, 현대 산업사회에 적응할 수 있는 기술적 소양을 길러 주는 과목이다.

기술에 관련된 지식은 실천적인 지식으로서, 인간이 환경에 적응 · 발전해 나가기 위해 노력하는 실천적 수단체계로 설명된다. '기술' 과목은 이러한 실천적 수단체계의 분석을 통해 확인되는 지식체계에 의하여 성립된다. 현재까지 확인된 기술적 수단은 제조기술, 건설기술, 통신기술, 수송기술 등으로, '기술'과목의 주요 교육내용이 되고 있다.

'기술'과목은 생산적 학습활동을 통하여 추상적 개념 및 원리를 구체적 · 실천적으로 이해하게 하고, 인간 본래의 조작적 활동 욕구를 충족시켜 주는 과목이다. 따라서 교수 · 학습에 있어서는 재료, 공구, 기계 등 실체를 대상으로 한 생산적 · 실천적 학습경험, 즉 기술적 경험이 이루어지도록 하는 데 주안점을 두어야 한다.

그리고 **고등학교 기술과의 목표**는 다음과 같이 설정하였고(교육부, 1992 : 260-261), 내용은 기술과 산업, 에너지와 수송기술, 정보통신기술, 제조기술, 건설기술, 직업과 진로로 설정되어 기술교과 교육의 내용체계에 따라 조직되었다.

- 기술의 특성을 이해하고 경험하게 함으로써 기술적 사고능력과 태도를 기르게 한다.
- 에너지와 수송, 정보통신, 제조, 건설에 관한 지식과 기술을 습득하게 함으로써 고도 산업사회에 적응할 수 있는 능력을 기르게 한다.
- 기술의 발달과 관련된 여러 가지 직업의 특성을 이해하게 하여, 직업의 세계와 자신에 대한 이해의 폭을 넓히고, 스스로 진로를 선택할 수 있는 능력과 태도를 기르게 한다.

3. 기술교과 교육의 통합기 : 제7차 ~ 2009 개정 교육과정

가. 제7차 교육과정기

1997년 12월 30일에 고시된 제7차 교육과정의 특징은 **'국민공통기본교육'** 10년(초1 ~ 고1)의 설정과 수준별 교육과정 도입(단계형 수준별 교육과정 : 수학, 영어, 심화보충형 수준별 교육과정 : 국어, 사회, 사회)이다. 그리고 국민공통기본교육 기간인 10년 동안의 교과는 10개 교과로 하고 종래의 중학교 기술 · 산업 및 가정, 고등학교 실업 · 가정 교과는 **기술 · 가정교과**로 통합하였다.

국민공통기본 10개 교과 중 하나인 **실과(기술 · 가정)는 5~6학년의 실과, 7~10학년의 기술 · 가정을 포함한 6년간 연계**를 가지고 남녀 모든 학생이 이수하도록 하고 있다. 실과(기술 · 가정)의 성격을 다음과 같이 제시되고 있다.[4]

4) 교육부(1997), 실과(기술 · 가정) 교육과정, 대한교과서주식회사, p. 28.

실과는 학생의 실천적 경험과 실생활에서의 유용성을 중시하는 교과로서 5~6학년에서는 자신의 일상생활과 가정 일에 필요한 기본적인 소양을, 7~10학년에서는 기술·산업과 가정생활에 관한 다양한 경험과 진로 탐색의 기회를 주고, 11~12학년의 심화 선택과목을 선택하는 데 도움을 주는 교과이다.

실과(기술·가정)의 지도내용은 여러 과목의 성격, 지도내용과 요소의 공통적 특성, 국가·사회의 요구 등을 고려하여 **가족과 일의 이해, 생활기술, 생활자원과 환경관리의 3개 영역**으로 구성되고, 세부 내용의 대상을 개인·가정·산업 세계로 점진적으로 확대하도록 구성되어 있으며, 기술·가정과의 성격을 다음과 같이 제시되고 있다(교육부, 1997 : 28).

- 7~10학년의 기술·가정은 6차 교육과정의 기술·산업 교과와 가정 교과를 통합한 것으로, 초등학교의 실과를 바탕으로 중학교 1학년부터 고등학교 1학년까지의 남녀 학생 모두에게 이수시키는 과목이다.
- 기술·가정은 기술과 산업에 관한 기초지식과 기능을 습득하게 하여 고도 산업사회에 적응할 수 있게 하고, 가정생활에 필요한 기본적인 지식과 기능을 습득하여 가정생활에 대한 이해를 높여 생활의 질을 향상시킬 수 있는 능력과 태도를 길러 준다.
- 기술·가정은 실생활에 적용을 중시하는 실천 교과로서 체험학습을 통하여 개념과 원리를 구체적으로 이해시키고, 의사결정 능력, 문제해결 능력, 창의력 등을 기르는 데 도움을 주며, 일의 경험을 통하여 자신의 적성을 계발하고 진로를 탐색하며 일에 대한 건전한 태도를 가지게 한다. 따라서 기술·가정 교과는 21세기를 살아갈 능력을 가진 인간을 기르는 데 필요한 직접적이고 실천적인 경험을 제공해 주는 중요한 교과이다.

기술·가정의 지도내용은 기술·산업과 가정내용을 일상생활과 학생의 요구, 교육현장의 여건 등을 고려하여 구성함으로써 현대사회와 미래사회의 적응에 필요한 기초적인 내용을 다룰 수 있도록 하였다. 지도내용의 구성은 7~9학년에서는 실생활에 필요한 기초지식과 진로 탐색을 위한 다양한 경험을 할 수 있는 것으로 하고, 이를 실행활에 적용하고 실천하는 데 중점을 두었다. 10학년에서는 남녀 학생이 장래 가정과 직업생활을 보다 효과적으로 수행하는 데 필요한 내용과 관련 분야에 대한 폭넓은 안목을 기르고, 11~12학년에서의 선택과목을 선택하는 데 도움이 될 수 있도록 하였다(교육부, 1997 : 29).

교수·학습 활동에서는 교과의 성격에 유의하여, 단순한 지식과 기능의 습득보다는 이를 일상생활에 창의적으로 실천할 수 있으며, 원만한 인간관계를 수행할 수 있는 능력을 가지도록 하는 데 중점을 두고 있다. 또 실험·실습을 통한 체험적인 과정과 토의학습, 사례조사, 견학 등 학생 중심의 수업을 강조하고 있다. 그리고 그 과정에서 창의력, 문제해결 능력, 의사결정 능력, 의사소통 능력, 인간관계 기술, 협동심 등이 길러질 수 있도록 하며, 일에 대한

긍정적인 태도를 가지는 것을 중시한다(교육부, 1997 : 29-31).

이와 같이 실과(기술 · 가정)는 미래 사회를 살아가는 데 필요한 지식, 기능, 태도를 종합적으로 길러 줄 수 있는 중요한 교과로서, 궁극적으로는 개인과 가정생활의 질을 향상시키고 사회의 복지와 국가발전에 기여할 수 있도록 의도하고 있다. **기술 · 가정과의 목표와 내용은** 다음과 같이 제시하고 있다(교육부, 1997 : 29-31).

[표 2－1] 제7차 기술교과 교육과정 교육내용의 체계(7학년~10학년)

학년 영역	7학년	8학년	9학년	10학년
가족과 일의 이해	◦ 나와 가족의 이해 • 청소년의 특성 • 성과 이성교제 • 나와 가족관계		**◦ 산업과 진로** **• 산업의 이해** **• 진로의 선택과 직업윤리** **• 산업재해와 안전**	◦ 가정생활의 설계 • 가족 생활문화의 변화 • 가족 생활주기와 생활설계 • 결혼과 육아
생활 기술	◦ 청소년의 영양과 식사 • 청소년의 영양 • 청소년의 식사 • 조리의 기초와 실제 **◦ 미래의 기술** **• 기술의 발달과 미래** **• 생명기술과 재배** **◦ 제도의 기초** **• 물체를 나타내는 방법** **• 도면 읽기와 그리기**	◦ 의복 마련과 관리 • 의복의 기능과 옷차림 • 의복 마련 계획과 구입 • 옷만들기와 재활용 • 옷의 손질과 보관 **◦ 기계의 이해** **• 기계요소** **• 운동물체 만들기** **◦ 재료의 이용** **• 재료의 특성** **• 제품의 구상과 만들기**	◦ 가족의 식사관리 • 식단과 식품의 선택 • 식사준비와 평가 • 식사예절 **◦ 전기전자 기술** **• 전기회로와 조명** **• 가전기기의 점검** **• 전자제품 만들기**	◦ 가정생활의 실제 • 초대와 행사의 계획과 준비 • 직물을 이용한 생활용품 만들기 • 나의 주거 공간 꾸미기 **◦ 에너지와 수송기술** **• 에너지원의 이용** **• 동력의 발생과 이용** **• 자동차의 관리** **◦ 건설기술의 기초** **• 건설구조물의 시공원리** **• 건설구조물 모형 만들기**
	◦ 컴퓨터와 정보처리 **• 컴퓨터의 구조와 원리** **• 정보의 생산, 저장과 분배**	**◦ 컴퓨터와 생활** **• 소프트웨어의 활용** **• 인터넷의 활용**		
생활 자원과 환경의 관리		◦ 자원의 관리와 환경 • 자원의 활용과 환경 • 청소년의 일과 시간 • 청소년과 소비생활	◦ 가족생활과 주거 • 생활공간의 활용 • 실내환경과 설비 • 주택의 유지와 보수	

※ 진한 글씨체는 기술분야 영역을 의미함

• 목표 : 개인과 가정, 산업생활의 이해와 적응에 필요한 지식과 기능을 습득하여 가정생활을 충실하게 하고, 정보화, 세계화 등 미래 사회의 변화에 대처할 수 있는 능력과 태도를 가진다.
① 일상생활과 관련되는 일을 경험하여, 생활에 필요한 기초적 능력을 습득한다.
② 기술과 가정생활에 관련되는 다양한 실천적 경험을 통하여 자신의 적성을 계발하고 진로를 탐색하며, 일과 직업에 대한 건전한 태도를 가진다.
③ 일을 창의적으로 계획하고 실천하여 자신의 미래 생활을 합리적으로 설계할 수 있으며, 그에 필요한 준비를 할 수 있다.

나. 2007년 개정 교육과정기

기술 · 가정 교과의 2007년 개정 교육과정은 2007년 2월 28일에 고시된 것으로 전체 교육과정 개정의 배경과 같은 맥락에서 제 7차 교육과정의 기본 정신에 따라 초등 실과 교육과정과 교육과정의 성격, 목표, 내용, 교수 · 학습 방법, 평가에서 하나의 교과 체제로서의 틀을 갖추면서도 중등 기술과 교육, 가장과 교육이 갖는 정체성을 확립하도록 하는 것이 우선 과제로 등장하였다. 따라서 기술 · 가정과 교육과정 개정은 사회의 변화에 따른 국가 · 사회적 요구와 교육의 주체인 교사와 학생, 그리고 학부모의 요구를 반영하고, 교과의 최근 학문적 동향을 반영하였다.

1) 개정 중점 내용

기술 · 가정과 교육과정 개정은 2007년 개정 교육과정의 방향에 따라 다음과 같은 내용에 중점을 두고 이루어졌다.

• 기술과 교육, 가정과 교육의 정체성이 드러날 수 있도록 하였다

기술 · 가정과는 제 7차 교육과정이후 기술과 교육, 가정과 교육 내용이 하나의 교과로 병합됨에 따라 교과 정체성에 여러 가지 논란을 가중시켜 왔고, 이에 따른 교육과정 운영에 많은 문제점을 파생시켰다. 이에 개정 교육과정은 성격, 목표에 기술과 교육, 가정과 교육의 교육적 본질, 필요성, 목적이 드러날 수 있도록 단락을 나누어 진술하였다. 그리고 내용 체계는 '가정생활', '기술의 세계' 2개 대영역으로 구성함으로써 '가정, 생활' 영역은 가정과 교사가 '기술의 세계' 영역은 기술과 교사가 독립적인 티칭을 할 수 있는 근거를 마련하여 교과 정체성을 보다 분명히 드러내고 교과의 전문성을 확보하고자 하였다.

• 국가 · 사회의 시대적 요구에 따른 교육 목표와 교육 내용을 강조하였다.

개정 교육과정에서 국가 · 사회의 시대적 요구에 따라 우리 사회가 당면해 있는 여러 가지 현안 문제를 반영하고자 하였다. 즉 '가정 생활'에서는 저 출산 · 고령화 사회로의 진입에 따른 가족의 다양한 변화와 이에 따른 개인 및 가정의 사회적 역할에 대한 내용을 강조하고 다양한 가족 형태와 더불어 다문화 이해 교육, 국제 이해 교육과 관련된 내용을 반영하였다. 이를 통해 개인과 가족의 건강한 삶, 지속 가능한 삶의 선택을

통한 삶의 질 향상을 위하여 의생활, 식생활, 주생활, 소비생활과 관련된 생활의 역량을 기를 수 있는 내용을 강조하였다. 한편, '기술의 세계'에서는 정보와 기술이 급속도로 발전하는 지식기반 사회에서 기술의 발달이 개인의 생활에 미치는 영향을 이해하고 창의적 사고력, 문제해결능력 등에 대한 국가 사회적 요구가 높아지고 있으므로 학습자의 다양한 아이디어를 생성할 수 있는 발명 교육, 제조기술 영역을 강조하였으며 정보화 및 정보 윤리 소양과 관련된 내용을 강화하였다.

또한, '가정 생활', '기술의 세계' 영역에서 공통으로 전 생애 발달적 관점에서 자신의 미래의 생애 설계에 따른 직업 탐색, 일에 대한 긍정적 태도 및 일과 가정생활을 조화롭게 유지할 수 있는 능력을 기를 수 있는 진로 교육 내용을 강조하였다. 그리고 우리나라의 전통적인 의생활, 식생활, 주생활과 관련 있는 생활 문화 내용, 전통 기술과 관련된 내용을 통해 우리 문화의 우수성을 이해하고 이를 계승하도록 하였다.

• 초 · 중등 학습의 연계성을 강화 하였다.

개정 교육과정은 국민공통기본교과의 필수 교과라는 교육과정 체제에 따라 초등의 실과와 중등의 기술 · 가정과의 연계성을 고려하여 성격과 목표, 내용, 교수 · 학습 방법, 평가를 일관성 있게 체계화하였다. 학습 내용은 초 · 중등 학습이 직접적으로 연결될 수 있도록 대 영역 명칭을 '가정 생활'과 '기술의 세계'로 구성하였다. '가정 생활'에서는 초등 실과에서 경험한 의생활, 식생활, 주생활, 소비생활, 가족생활과 관련된 주제를 다루면서 아동기에서 청소년기로, 나의 문제와 관점에서 가족과 사회의 문제와 관점으로 확대해 가면서 학습 내용을 심화할 수 있도록 하였다. '기술의 세계'에서는 실과의 생활 속의 목제품, 식물과 함께하는 생활, 정보 기기와 사이버 공간, 생활 속의 전기 · 전자, 동물과 함께하는 생활, 인터넷과 정보, 일과 진로 등의 주제를 확대시켜 기술학의 하위 영역인 제조 기술, 건설 기술, 수송 기술, 정보 통신 기술, 생명 기술 등의 체계화된 구성으로 연계될 수 있도록 하였다.

• 학습 수준의 난이도 조정과 학습량 감소를 통하여 내용 구성의 적정성을 추구하였다.

개정 교육과정 내용은 학습 수준의 난이도 조정과 학습량 감소를 통하여 내용 구성의 적정성을 추구하였다. 즉 실태 조사 결과를 근거로, 학습의 어려움을 호소하는 가정 분양의 의복 마련과 관리, 가정생활의 실제, 기술 분야의 제도와 기초, 전기 · 전자기술 등을 대상으로 난이도 조정이 이루어졌다. 그리고 기술의 발달과 사회적 변화로 인해 교육과정 내용에 대한 현장에서의 수정 요구가 많은 기술 분야의 미래의 기술, 컴퓨터와 정보 처리 등을 보완 · 재구성함으로써 교육 내용의 타당성을 높였다.

• 학생들의 일상생활에서의 경험을 중심으로 학습 내용을 통합하였다.

개정 교육과정에는 교수 · 학습 과정에서 학습 내용을 연관된 개념이나 경험으로 제공할 필요가 있는 경우, 이를 따로 분리시키지 않고 통합하여 구성한 것이 특징이다. 즉, '가정 생활'의 경우, 복잡하고 다원화된 가정생활을 합리적으로 운영하기 위해서는 의생활, 식생활, 주생활, 소비생활, 가족생활 등 여러 영역의 지식과 능력이 요구되므로 나, 가족, 사회의 관점에서 학생들이 경험하는 생활을 중심으로 학습 내용을 통합하여 가정생활을 보다 실제적으로 접근하도록 하였다. 그리고 '기술의 세계'의 경우, 아이디어 구상과 발명 기법과 실제를 7학년에서 다루고, 제조 기술의 이해와 제품의 구상과 설계, 제품 만들기를 8학년에서 다루는 등 학년별 연계를 이루어 학습 내용 및 학습 경험을 제시하여 공통된 학습 목표를 추구하도록 하였다.

• 학생이 직면하는 생활의 과제를 해결하기 위하여 학습자의 '체험 중심 학습'과 '실천적 추론 학습'을 강조하였다.

기술 · 가정과는 실천 교과이므로 다양한 생활의 장면에서 구체적으로 실천하고 수행할 수 있는 능력을 길러주고자 학습자가 학습 과정에서 얻은 지식, 능력, 가치 판단력이 생활 세계와 동떨어진 것이 되지 않도록 하였다. 따라서 학생의 다양한 사고나 흥미, 관심을 존중하고 학생이 자발적으로 학습에 몰두할 수 있는 '가정 생활' 및 '기술의 세계'와 관련 있는 학습의 장, 경험의 장을 가능한 한 많이 제공하고자 하였다. '가정 생활'에서는 의생활, 식생활, 주생활, 소비생활, 가족생활과 관련 있는 다양한 활동을 제공하여 체험 중심 학습이 이루어지도록 하였다. 그리고 '기술의 세계'에서는 다양한 기술의 세계를 이해하고 실천적인 학습 활동을 경험하며 실생활에 이용되고 있는 기술의 결과물에 대한 평가 및 활용을 하도록 하였다. 또한 내용은 '이해와 활용'과 '체험과 만들기' 로 구분하여 기술적 체험 활도잉 이루어지도록 하였다.

• 학생의 자기 주도적 학습을 지원하고, 교사의 교과에 대한 이해를 도울 수 있는 교육과정 운영 방안을 마련하였다.

기술 · 기정과 교육과정의 학년별 내용의 수준은 학습자가 성취해야할 기준 (standards)으로 구체화하여 '성취 기준'을 제시하였고 그 내용은 학생의 자기 주도적 학습을 지원할 수 있는 교육과정이 될 수 있는 방향으로 진술하였다. 그리고 교수 · 학습 방법은 '교수 · 학습 계획', '교수 · 학습방법', '교수 · 학습 자료 활용'으로 유목화하고 평가는 '평가 계획', '평가 내용', '평가 결과 활용'으로 유목화 하는 등 교육과정의 내용을 효과적으로 전달하도록 조직하여 교육과정을 효율적으로 운영하는 데 있어 도움을 주고자 하였다.

2) 성격

기술 · 가정교과는 기술과 교육, 가정과 교육의 두 가지 교과 교육 성격을 동시에 지니고 있다. 즉 기술학이라는 지식 체계에 근거한 교양 교육으로서 실천적이고 문제 해결적인 학습 활동을 통하여 학생들이 기술적 소양(technological literacy)을 갖도록 하는 기술과 교육의 성격을 지니면서 기술적 이해 능력, 기술적 조작 능력, 기술적 문제 해결 능력, 기술적 평가 능력 등을 기르는 데 중점을 두고 있다. 그리고 가정학의 지식 체계에 근거한 교양교육으로서 성격을 지니면서 개인과 가족, 사회 그리고 이들과 관련된 환경의 상호 작용에 관심을 가지고, 건강한 개인 및 가정 생활을 영위하고 이웃과 더불어 생활하며 궁극적으로는 전체 사회 구성원의 삶의 질을 향상시킬 수 있는 능력의 함양에 중점을 두고 있다. 따라서 개정 교육과정에서는 이러한 배경을 가지고 기술 · 가정과의 대상과 범위, 개정 배경, 본질 및 목표 면에서 다음과 같이 교과의 성격을 제시하였다. 실과(기술 · 가정)는 5~6학년의 실과, 7~10학년의 기술 · 가정을 포함한 국민 공통 기본 교과로서 6년간 연계를 가지고 이수하도록 하고 있다.

실과(기술 · 가정)는 학습자의 경험과 실생활에의 유용성을 중시하며, 급변하는 가정생활과 산업 기술 환경에서 학습자가 주도적인 삶을 영위하는 데 필요한 가치관과 다양한 능력을 기르는데 도움을 주는 실천 교과이다. 5~6학년에서는 자신과 가족의 일상생활과 가정의 일에 필요한 기본적인 소양을 기르게 하며, 7~10학년에서는 가정생활과 산업 기술의 세계에 관한 다양한 경험을 제공하여 실생활에 필요한 능력을 기르고 삶의 질을 향상시키며, 미래

생활을 설계하는 진로 탐색의 기회를 제공한다. 그리고 11~12학년의 다양한 선택 과목과 연계성을 가지고 있다.

3) 목표

기술·가정과의 목표는 우리나라 교육법과 교육과정 및 학교교육에서 추구하는 인간상의 상위 목표 달성을 지향하였다. 구체적인 목표 설정의 기본 방향은 다음과 같다.

> 첫째, 기술·가정과의 목표는 학교 교육의 목표에서 고려하는 더불어 사는 인간, 슬기로운 인간, 열린 인간, 일하는 인간이라는 인간상을 추구하고 그 수준을 고려 하였다.
> 둘째, 기술·가정과의 하위 목표는 교과에서 다루는 '가정 생활', '기술의 세계'영역별 목표를 1가지씩 제시하고 학생들의 전 생애 설계를 도울 수 있는 진로 교육과 관련된 1개 목표를 제시하여 총 3개의 목표를 제시하였다.
> 셋째, 기술·가정과의 하위 목표는 실과(기술·과정)의 국민공통교육 기간의 최종 학년인 10학년의 도달 목표를 기준으로 하였다.
> 넷째, 기술·가정과의 목표 진술은 2개의 내용체계영역을 기준으로 하되 학교급별, 학년 간에 위계가 이루어질 수 있도록 서술하였다.

기술·가정과 교육 목표는 우리나라 교육법과 교육과정 및 학교 교육에서 추구하는 인간상의 상위 목표 달성을 지향하면서 교과 목표와 영역별·학년별 목표로 제시하였다. 교과 목표는 총괄 목표와 이를 달성하기 위한 3개 항의 구체적 목표로 구성되어 있다. 그리고 이를 달성하기 위한 영역별·학년별 목표는 '가정 생활', '기술의 세계'2개 영역의 구성 내용과 관련시켜 다음과 같이 포괄적으로 제시하였다.

이들 목표의 체계를 보면 다음 표와 같다.

교육 목표	홍익인간의 이념 아래 자주적 민주 시민으로서의 자질 향상		
교과 목표	나의 삶, 가정생활, 산업 기술의 세계에 대한 지식, 능력, 가치 판단력을 함양하여 건강한 개인 및 가정생활을 영위하고, 기술의 세계에 대한 기본 소양을 습득하여 현재와 미래의 가정생활과 사회를 주도할 수 있는 능력과 태도를 기른다.		
	기술에 대한 개념과 특성을 이해하고 일상생활과 관련되는 문제를 창의적으로 해결함으로써 기술에 대한 바람직한 자세와 미래 사회에 적응하는 능력과 태도를 기른다.	나와 가족을 이해하고 가정생활에 필요한 기본자질을 함양하여 가정생활에서 직면하는 생활의 문제를 해결하고 바람직한 가정생활 문화를 창조할 수 있다.	일과 직업에 대한 건전한 가치관을 형성하여 진로를 탐색하고 가정생활과 일을 조화롭게 영위할 수 있는 능력을 기른다.

	영역 / 학년	기술의 세계	가정 생활
영역별 학년별 목표	7	기술의 개념과 특성의 이해를 통해 기술이 개인과 사회에 미치는 영향을 알고 미래 사회를 변화시킬 기술의 세계에 대처할 수 있는 실천적 능력과 태도를 기르며, 일상생활에서의 기술적 문제를 해결하기 위한 창의적인 아이디어와 발명의 가치를 이해한다.	청소년기의 발달 특성에 대한 이해를 통해 자아 정체감을 형성하고, 자립적 생활을 위해 필요한 식생활, 의생활, 소비 생활의 능력을 길러 자주적인 삶을 영위할 수 있는 기본 자질을 기른다.
	8	정보 통신 기술과 제조 기술이 우리 생활 속에서 갖는 역할과 기능 그리고 어떤 영향을 끼치고 있는지의 이해와 올바른 정보통신 윤리를 실천하며, 제조생산 시스템의 이해와 함께 제품 제작 활동을 통해 제품의 생산과정을 이해한다.	가정생활에 대한 이해를 바탕으로 바람직한 가족관계를 형성할 수 있는 자질을 기르며, 의생활, 식생활, 주생활, 소비생활과 관련 있는 다양한 생활의 과제를 해결함으로써 가정생활의 질을 향상 시킬 수 있는 능력을 기른다.
	9	생활 속에서 사용되는 전기, 전자, 기계제품들의 작동원리를 이해하고 건설 기술 및 생명 기술이 일상생활 속에서 어떻게 활용, 발전될 것인지를 이해한다.	생애 발달 단계에 따라 진로를 탐색하고, 생애 단계에 따른 가정 복지의 중요성을 이해하여 삶의 질을 추구하는 가정생활을 영위할 수 있는 능력을 기른다.

<그림 2-2> 기술·가정과의 목표 체계

4) 내용 체계

내용조직의 기본 원칙은 다음과 같다.

첫째, 기술 · 가정과 영역은 가정과 교육, 기술과 교육의 정체성을 살릴 수 있도록 '가정 생활', '기술의 세계'의 2개 영역으로 구분하고 각 영역의 성격에 맞는 학습 내용을 선정하였다.

둘째, 교육과정 편성 · 운영을 고려하여 내용의 양을 조정하였다. 7~9학년 기술 · 가정과의 편제에서 8, 9학년의 시간 배당이 각각 3시간인 홀수로 되어 있어 학교 현장에서 교육과정을 편성 · 운영하는데 어려움이 많으므로 '가정 생활'영역과 '기술의 세계'영역에 대해 각각 7학년은 1시간/1시간, 8학년은 2시간/1시간, 9학년은 1시간/2시간을 기준으로 내용의 양을 조정하여 조직하였다.

셋째, 학생의 발달 정도, 시 · 공간상 교수 · 학습 가능성을 고려하여 학습 내용의 양을 조정하였다. 특히 '가정 생활'영역은 주된 관심을 7~9학년별로 나, 가정, 사회로 확대시켜 학년별 학습 내용이 심화될 수 있도록 하였으며, 실습과 관련하여 학생, 학교, 지역 사회의 여건을 고려할 수 있도록 하였다.

넷째, 내용 주제 간의 수준 및 타 교과와의 연관성을 고려하여 학습 전개의 수준에 따라 난이도를 고려하여 7~9학년에 배치하였다. 실과(기술 · 가정)의 내용 체계는 다음과 같다.

[표 2-2] 실과(기술 · 가정)의 내용체계

학년 영역	7	8	9	10
기술의 세 계	• 기술의 발달과 미래 사회 -기술의 발달과 생활 -전통 기술의 이해 -미래의 기술	• 정보 통신 기술 -정보 통신 기술과 생활 -정보 통신 기술의 활용 -정보 보호와 공유	• 전자 기계 기술 -전기 · 전자의 이해 -기계 운동의 원리 -운동 장치 만들기	• 직업과 진로 설계 -일과 직업의 세계 -진로 계획과 직업 윤리
	• 기술과 발명 -아이디어의 구상 -발명 기법과 실제	• 제조 기술 -제조 기술의 이해 -제품의 구상과 설계 -제품 만들기	• 건설 기술 -건설 기술의 이해 -건설 구조물의 이용 -건설 구조물 모형 만들기 • 생명 기술 -생활과 생명 기술 -생명 기술의 활용	• 수송 기술 -에너지의 생산과 이용 -수송 기술의 특성과 이용 -수송 모형 장치 만들기

가 정 생 활	• 청소년의 이해 – 청소년의 발달 – 청소년의 성과 친구 관계 – 청소년의 자기 관리	• 가족의 이해 – 변화하는 가족 – 가족 관계	• 생애 설계와 진로 탐색 – 생애 설계의 실제 – 가정생활과 직업 생활	• 미래의 가족생활 – 배우자 선택과 결혼 – 부모됨과 임신 · 출산 – 가족 돌보기
	• 청소년의 생활 – 청소년의 영양과 식사 – 옷차림과 자기 표현 – 청소년의 소비 생활	• 가족의 생활 – 식단과 식품 선택 – 의복의 선택과 관리 – 주거와 거주 환경 • 가정생활의 실제 – 식사 준비와 예절 – 옷 만들기와 고쳐 입기 – 주거 공간 활용	• 가정생활과 복지 – 생애 단계와 가족 복지 – 가족 복지 서비스	• 가정생활 문화 – 가족 · 소비생활 문화 – 식 · 의 · 주생활 문화

6) 개정 2007년 기술과 교육과정의 특징

7차 교육과정과 비교한 2007년 개정 기술과 교육의 특징을 살펴보면 다음과 같다(최유현, 2008).

첫째, 기술의 세계에 제시된 대단원 수준의 명칭이 제조기술, 건설기술, 정보통신기술, 생물기술, 에너지와 수송기술의 5개 핵심 영역이 모두 명명되어 기술학(the study of technology)의 지식 체계를 보다 강화했다고 보여 진다.

둘째, 특별히 개정 교육과정에서 신설된 영역이라고 볼 수 있는 '기술과 발명'이 대단원 수준에서 제시되었다. 이는 기술과 교육의 핵심적 내용인 설계. 발명, 혁신, 창조의 내용을 보다 강화한 내용으로 보다 창조적, 혁신적, 기술적 문제해결 활동을 배려하고 있다. 또한 중단원 수준이지만 기술의 발달과 미래사회에서 '전통기술의 이해'가 새롭게 내용에 포함되었다. 이는 우리의 전통 기술을 이해와 조작을 통하여 우리 기술의 자부와 긍지를 갖도록 하는데 주된 이유가 있는 듯 하며, 매우 바람직한 시도로 판단된다.

셋째, 제도의 기초와 재료의 이용이 통합되어 생활과 전기, 전자, 기계의 이용이란 단원으로 통합되었다는 것이다. 제조기술로 통합되고, 기계의 이해와 전기전자 기술이 통합되었다. 제조기술의 독립은 기술학적 내용 구성 측면에서 긍정적인 측면이 있지만 자칫 기술에서의 중요한 설계 영역이 소홀히 취급될 가능성이 있다. 따라서 제조기술에서의 '제품의 구상과 설계'에서 구상(ideation), 설계(designing), 제도(drawing)의 통합적인 교육이 가능하도록 배려되어야 한다.

넷째, 전통적인 기술 내용인 전기, 전자, 기계의 방대한 분량이 한 단원으로 축소 통합되었다. 기술학적 지식체계에 대분류로 적당하지 않은 전기, 기계, 전자 기술의 접근이 한 단원으로 통합되어 전자 기계(mechatronics)의 단원으로 설정되었는데 긍정적 시각으로 보면

통합 공학기술인 로봇 교육의 첨단기술교육의 가능성을 열어주고 있다는 점이다.

다섯째, 컴퓨터 단원의 2개 단원을 '정보통신기술의 이용'으로 통합하여 컴퓨터의 도구적 교육내용에서 기술학적 내용인 정보 통신 기술을 강조하고 있으며, 기술과에서의 컴퓨터, 정보, 미디어, 통신 교육의 새로운 방향을 위한 접근으로 보인다.

개정 내용을 보면 그래도 편제가 아닌 내용 수정의 차원에서 내용 변화가 발전적으로 된 것으로 판단된다. 다만 앞으로 이러한 내용 단원을 어떻게 세목화 하고, 내용을 전개할 것인지에 따라 개정 내용에서 담긴 발전적 개정이 그 효과를 발휘할 수 있을 것이다.

4. 기술교과 교육의 정착기 : 2011 ~ 2015 개정 교육과정

가. 2011년 개정 교육과정

1) 개정의 개요

개정 2007년 교육과정이 개정된지 불과 2년만에 2009년 12월에 개정 2009년 교육과정이 개정되었다. 개정 2009년 교육과정은 각론보다는 총론적 개정으로 교육과정 운영 지침에 가까운 교육과정이다.

급격하고 복잡한 사회 변화에 대응하기 위해서는 학교 교육과정의 유연성과 개방성, 효율성을 높일 수 있는 국가 수준 교육과정 정책이 자리하고 있어야 한다. 특히 그 동안의 양적 성장보다는 이제는 질적으로 성장하고 도약을 추구할 시점에 이르렀다. 이러한 배경에 바탕을 투고 2009 개정 교육과정이 발표되었다. 2009 개정 교육과정의 노력은 미래 사회에서 요구하는 능력을 키우고 단위 학교가 보다 자율적으로 교육과정을 운영할 수 있도록 초·중등 교육과정을 재구성하기 위한 것이다.

2009 개정 교육과정의 주된 배경은 '공급자 위주의 교육과정 편성'에 대한 반성이라고 할 수 있다. 우리 교육의 고질적인 문제점은 학습 부담이 과중하고, 학습에 대한 흥미도가 낮다는 점이다. 이를 위해 교육과정 개정의 주요 방향은 '가르치기 중심에서 배우기 중심으로', '경직된 교육과정에서 유연한 교육과정으로', '지시와 통제 중심에서 분권과 참여로' 나아가는 것이다. 이에 우선 획일화되고 경직된 국가 교육과정 편제와 시간 배당 체제를 조정하여 각급 학교가 지역과 학교 상황에 맞추어 교육과정을 자율적으로 편성·운영할 수 있도록 하였고, 수업시수 배당방식과 시수 운영 지침을 개선해 교수-학습의 효율성을 증진하도록 하였

다. 이에 따라 2011학년부터 초 · 중 · 고교 학생들이 학기당 배우는 과목수가 줄어든다. 또 특정 과목을 한 학기 또는 학년에 몰아서 배우는 **집중이수제**가 단계적으로 도입된다. 교육과정은 학교교육을 어떻게 할 거인지에 대한 방향을 제시하는 것으로 전국의 모든 초 · 중 · 고교는 이 교육과정에 따라 교과목을 편성하고 수업시간을 짜야 한다.

개정안에 따르면 초 · 중학교 경우 현재 10개인 국민 공통 기본 교과군(국어, 도덕, 사회, 수학, 과학, 실과, 외국어, 체육, 음악, 미술) 가운데 일부가 통합되어 7개(국어 · 사회 · 도덕, 수학, **과학 · 실과**, 외국어, 체육, 예술)로 줄어든다. 또 주당 수업시수가 1~2시간인 실과, 음악, 미술 등은 지금처럼 매학기, 매주에 나누어 수업하지 않고 특정 학기에 몰아서 교육하는 집중 이수제를 실시한다. 고등학교는 현재 인문사회(국어, 도덕, 사회), 과학기술(수학, 과학, 기술가정), 예체능(체육, 음악, 미술), 외국어(영어, 제2외국어), 교양(한문, 교양)등 5개 영역에서 기초(국어, 영어, 수학), 탐구(사회, 과학), 예체능(체육, 예술), **생활교양(기술가정**, 제2외국어, 한문, 교양)등 4개 영역으로 재편된다.

이에 따라 학생들이 한 학기에 이수하는 과목 수도 초등학생 고학년은 현재 10개에서 7개로, 중 · 고등학생은 13과목에서 8과목으로 줄어든다. 국민공통 기본교육과정은 1년 단축되어 초등 1학년부터 중학교 3학년까지가 국민공통기본 교육과정이고, 고등학교 3학년 과정은 모두 선택 교육과정으로 운영된다. 이는 국민공통교육과정을 의무교육 연한 (초1~중3)과 맞추고 고교는 완전히 선택 교육과정으로 바뀌어 고교의 특성에 따라 다양한 교육과정 운영이 가능하도록 하려는 것이다 .고교 선택과목도 통합, 축소되어 국어, 과학 등 일부 교과는 수준별로 과목이 구성된다. 자율활동, 동아리활동, 봉사활동 등 공부 이외의 활동을 강화하기 위해 현재 특별활동, 창의적 재량활동으로 구분되어 있는 비교과 시간을 '창의적 체험활동'으로 통합하고 시간도 주당 2시간에서 4시간 이상으로 늘릴 계획이다. 이번 개정 교육과정은 2011년 초 1 · 2, 중 1, 고 1, 2012년에 초3 · 4, 중2, 고2, 그리고 2013년 초 5 · 6, 중3, 고3 등에 단계적으로 적용된다.

개정된 중학교 기술교과의 편제방식과 운영지침을 살펴보면 다음과 같다.

[표 2-3] 중학교 편제와 시간 배당 기준

구 분		1~3학년
교과 (군)	국어	442
	사회(역사 포함)/도덕	510
	수학	374
	과학/기술 · 가정	646
	체육	272

	예술(음악/미술)	272
	영어	340
	선택	204
창의적 체험활동		306
총 수업 시간 수		3,366

[표 2-3]에서 보는 바와 같이 중학교 교육과정은 교과(군)와 창의적 체험활동으로 편성되었다. 교과(군)는 국어, 사회(역사 포함)/도덕, 수학, 과학/기술 · 가정, 체육, 예술(음악/미술), 영어, 선택으로 제시되어 있으며, 선택은 한문, 정보, 환경, 생활 외국어(독일어, 프랑스어, 스페인어, 중국어, 일본어, 러시아어, 아랍어), 보건, 진로와 직업 등을 선택 과목으로 하였다. 또한 창의적 체험활동은 자율 활동, 동아리 활동, 봉사 활동, 진로 활동으로 제시되어 있다.

기술 · 가정은 과학과 같은 교과(군)에 표시되어 있으며, 1~3학년까지 646시간이 배당되어 있다. 이 시간은 1시간 수업의 경우 45분을 원칙으로, 연간 34주를 기준으로 한 3년간의 기준수업시수를 나타낸 것으로, 2007년 개정교육과정의 시간 배당과 비교하여 볼 때 과학교과 374시간과 기술 · 가정 272시간을 합한 총 646시간이다.

[표 2-4] 고등학교 편제와 시간 배당 기준

구분	교과 영역	교과(군)	필수 이수 단위		학교자율과정
			교과(군)	교과 영역	
교과(군)	기초	국어	15(10)	45(30)	학생의 적성과 진로를 고려하여 편성
		수학	15(10)		
		영어	15(10)		
	탐구	사회(역사/도덕 포함)	15(10)	35(20)	
		과학	15(10)		
	체육 · 예술	체육	10(5)	20(10)	
		예술 (음악/미술)	10(5)		
	생활 · 교양	기술 · 가정/ 제2외국어/한문/교양	16(12)	16(12)	
	소 계		116(72)		64
창의적 체험활동			24		
총 이수 단위			204		

[표 2-4]에서 보는 바와 같이 고등학교 교육과정은 교과(군)와 창의적 체험활동으로 편성되어 있다. 또한 교과는 보통 교과와 전문 교과로 제시되어 있다. 보통 교과 영역은 기초, 탐구, 체육 · 예술, 생활 · 교양으로 구성하며, 교과(군)는 국어, 수학, 영어, 사회(역사/도덕 포함), 과학, 체육, 예술(음악/미술), 기술 · 가정/제2외국어/한문/교양으로 한다. 전문 교과는 농생명 산업, 공업, 상업 정보, 수산 · 해운, 가사 · 실업, 과학, 체육, 예술, 외국어, 국제에 관한 교과로 구성되어 있다.

기술 · 가정교과는 생활 · 교양 교과영역에 속해 있다. 생활교양 교과 영역에는 기술 · 가정, 농업 생명 과학, 공학 기술, 가정 과학, 창업과 경영, 해양 과학, 정보 과목으로 구성되어 있다. 단위는 50분을 기준으로 하여 17회를 이수하는 수업량이다. 각 과목의 기본 단위 수는 5단위이며, 각 과목별로 1단위 범위 내에서 증감 운영이 가능하며, 가능한 한 한 학기에 이수하도록 하며, 기술 · 가정 과목의 경우는 4단위 범위 내에서 증감하여 운영할 수 있다.

2) 2011 기술 교육과정

2009년 총론고시에 이어 2011년 각론 고시에 따라 중학교 기술 교육과정은 교과의 성격, 목표를 다음과 같이 제시하고 있다.

> '기술의 세계' 영역에서는 기술 세계에 근거한 실천적 경험을 통하여 인간이 삶에서 필요한 욕구의 충족, 기술적 잠재 능력을 확대하기 위한 창의적 문제해결 활동을 제공한다. '기술의 세계' 영역을 통한 기술 교과 교육은 기술학이라는 지식 체계에 근거한 기술적 교양 교육으로, 제조 기술, 건설 기술, 수송 기술, 정보 통신 기술, 생명 기술 등의 내용을 설계, 생산, 이용, 평가하는 등 기술의 세계에 관한 다양한 경험과 실천을 통하여 개념화 할 수 있다. 즉 '기술의 세계' 영역은 교육목표의 관점에서 기술적 소양, 학문 구조의 관점에서 기술학적 지식, 그리고 학습방법의 관점에서 기술적 문제해결 교과의 특성을 갖는다.
>
> '기술의 세계' 영역은 기술적 소양인을 기르는 데 의미 있는 학습 경험을 제공해주는 것과 동시에 국가의 미래 인재로서 필요한 핵심 역량 중 창의력, 문제해결 능력, 정보처리 능력, 자기관리 능력 등을 기르는데 크게 기여할 수 있을 것이다. '기술의 세계'영역의 학습 주제는 과학, 기술, 공학, 예술, 수학 교과들과의 융합적 교육 · 학습 활동을 수월하게 적용할 수 있으며, 미래 에너지 문제를 해결하기 위한 구체적인 학습 활동을 통해 에너지 절약 실천을 통해 미래 지속 가능한 성장이 가능하도록 할 수 있다. 그리고 발명과 특허 교육을 통한 기술 혁신과 창의적 학습 활동은 지식재산권의 창출, 활용 및 보호에 대한 기초적인 개념을 이해하게 될 것이다.
>
> '기술의 세계' 영역 학습의 기본적인 지향은 창의성, 문제해결, 협동심, 통합 교육의 실천 등에 기초한다. 즉, 학습한 지식과 경험을 일상생활에 실천적으로 적용할 수 있는 기회를 제공하여, 기술의 가치를 인식하고 자신의 적성을 고려한 진로 탐색 등 기술적 소양을 기를 수 있도록 한다.

〈목 표〉

[기술–가정 총괄 목표]

'가정생활'과 '기술의 세계'에 대한 지식, 능력, 가치 판단력을 함양하여 건강한 개인 및 가정생활을 영위하고, 기술에 대한 기본 소양을 습득하여, 현재와 미래 생활을 주도할 수 있는 역량과 태도를 기른다.

[기술교과 목표]

생활 속에서 기술과 관련되는 문제를 탐구하여 창의적으로 해결함으로써 일상생활에서 기술을 유용하게 활용할 수 있는 능력을 기르며, 또한 미래의 직업과 일의 세계에 대한 건전한 가치관을 형성하고 진로를 탐색하여 미래 사회에 적응하는 역량과 태도를 기른다.

그리고 중학교 기술교과의 내용 체계는 이전 교육과정 보다 기술학적 지식과 문제해결을 강조하여 다음과 같이 제시하였다.

[표 2–5] 기술 · 가정 교과의 기술의 세계의 교과 내용

대영역	내용
○ 기술과 발명	· 기술의 이해 · 문제해결과 발명
○ 건설 기술과 환경	· 건설 기술의 세계 · 친환경 건설 기술 체험과 문제해결 활동
○ 정보와 통신 기술	· 정보 통신 기술의 세계 · 컴퓨터와 통신기술 · 정보 통신 기술 체험과 문제해결 활동
○ 제조 기술과 자동화	· 제조 기술의 세계 · 자동화와 로봇 · 제조 기술 체험과 문제해결 활동
○ 에너지와 수송 기술	· 에너지와 동력 · 수송 기술의 세계 · 수송 기술 체험과 문제해결 활동
○ 생명 기술과 미래의 기술	· 생명 기술의 세계 · 미래 기술과 통합 체험 활동

중학교 1~3학년군 기술의 세계의 학습 내용별 성취 기준은 다음과 같다.

(1) 기술과 발명

기술에 대한 개념과 특성, 사회 및 환경과의 관계를 파악하고, 기술적 문제해결 과정 및 발명을 이해하며, 스스로 새로운 기술 제품을 고안하고 스케치 하여 발명 문제를 해결한다.

(가) 기술의 개념 및 특성, 시스템의 의미를 파악하고, 기술의 각 영역별 활용 방법을 예를 들어 설명할 수 있다.

(나) 아이디어 창출과 구체화, 실행, 평가의 기술적 문제해결 활동의 과정을 알고, 기본적인 아이디어 구상, 입체 투상법, 확산적 사고 기법, 수렴적 기법을 활용하여 생활 속의 제품의 문제를 창의적으로 해결할 수 있다.

(2) 건설 기술과 환경

우리 생활과 지구촌에서 건설 기술의 세계를 탐색하고, 건축 및 토목 기술을 중심으로 한 건설 기술을 친환경적 측면에서 살펴보고, 건설 기술과 관련된 문제를 해결한다.

(가) 건설 기술의 발달 과정 및 우리나라 전통 건설 기술을 탐색하고, 우리 생활 속에서의 건설 기술의 개념, 특성, 시스템을 이해하며, 건축 및 토목 기술을 중심으로 한 건설 기술의 기초적 원리와 활용 방법을 설명할 수 있다.

(나) 친환경적 건설 기술을 탐구하고, 건설 기술과 관련된 직업 세계를 탐색하며, 친환경적 건설 기술 체험활동 및 건설 구조물과 관련된 문제를 창의적으로 해결할 수 있다.

(3) 정보와 통신 기술

우리 생활 속에서 정보 통신 기술의 세계를 탐색하고, 정보 미디어 및 정보통신의 원리와 기능을 활용하여 정보 통신 기술과 관련된 문제를 해결한다.

(가) 정보 통신 기술의 발달 과정 및 우리나라 전통 통신 기술을 탐색하고, 우리 생활 속에서의 정보 통신 기술의 개념, 특성, 시스템을 이해하며, 미디어 및 이동 통신 기기를 개인의 생활에서 활용할 수 있다.

(나) 컴퓨터 및 정보통신 기술의 기초적 원리를 이해하고, 이와 관련된 직업 세계를 탐색하며, 정보 통신 윤리, 개인 정보 보호를 이해하고 실천할 수 있다.

(다) 정보 미디어 활용 체험활동 및 정보 통신 기술과 관련된 문제를 창의적으로 해결할 수 있다.

(4) 제조 기술과 자동화

우리 생활 속에서 제조 기술의 세계를 탐색하고, 기초 전자 기술 및 자동 제어, 기계적 요소 및 장치의 원리를 이해하며, 간단한 로봇의 제작 문제를 해결할 수 있다.

(가) 제조 기술의 발달 과정 및 우리나라 전통 제조 기술을 탐색하고, 우리 생활 속에서의 제조 기술의 개념, 특성, 시스템을 이해하며, 재료의 특성과 이용, 제품개발과 표준화를 설명할 수 있다.

(나) 기초 전기 · 전자 기술, 자동 제어 및 자동화 기술을 이해하고, 기계를 구성하는 요소와 동력 전달 장치를 원리를 이해하며, 생활 속에 로봇의 활용 및 제조 기술과 관련된 직업 세계를 설명할 수 있다.

(다) 간단한 로봇 체험활동 및 제조 기술과 관련된 문제를 창의적으로 해결할 수 있다.

(5) 에너지와 수송 기술

우리 생활 속에서 수송 기술의 세계를 이해하고, 수송 기술에 활용되는 에너지와 동력을 이해하며, 수송 기술과 관련된 문제를 해결한다.

(가) 에너지의 생산과 이용, 동력 기관의 기초적 원리를 파악하며, 신재생 에너지의 개발 사례를 탐색할 수 있다.

(나) 수송 기술의 발달 과정 및 우리나라 전통 수송 기술을 탐색하고, 우리 생활 속에서 수송 기술의 개념, 특성, 시스템을 이해하며, 육상, 해상, 우주 항공 분야의 수송 기술의 기초적 원리와 활용 방법을 탐구하고, 이와 관련된 직업 세계를 설명할 수 있다.

(다) 신재생 에너지에 대한 체험활동 및 수송 기술과 관련된 문제를 창의적으로 해결할 수 있다.

(6) 생명 기술과 미래기술

우리 생활 속에서 생명 기술의 활용과 그 원리 및 미래 기술의 동향을 이해하며 미래 사회에 미치는 영향을 설명할 수 있으며, 미래기술과 관련된 문제를 통합적으로 해결할 수 있다.

(가) 생명 기술의 발달 과정 및 우리나라 전통 생명 기술을 탐색하고, 우리 생활에서 이용되고 활용되는 생명 기술의 개념과 특성을 파악하며, 생명 기술에서 이용되는 원리와 활용, 생명 기술과 관련된 윤리적 쟁점을 이해하고, 이와 관련된 직업 세계를 설명할 수 있다.

(나) 미래 기술의 동향과 사례를 이해하고, 미래 사회에서 기술이 미치는 영향과 올바른 미래 기술의 방향을 설명하며, 미래 기술과 관련된 문제를 교과 간 통합적 지식을 활용하여 창의적으로 해결할 수 있다.

교수·학습 계획과 전략은 다음과 같다.

〈교수·학습 계획〉

가. 교수·학습 계획은 교육과정에 제시된 '가정생활' 영역과 '기술의 세계' 영역의 모든 내용을 고르게 지도할 수 있도록 하되, 교육과정을 영역별로 균형 있게 편성·운영한다. 단, 교과 내용이 실생활과의 관련성이 높으므로 학생, 학교, 지역 사회의 여건 등을 고려하여 학습 내용의 순서나 비중, 학습 과제의 선택 등을 달리하여 지도한다.

나. 국가 수준의 배당 시간은 반드시 확보하여야 하며, 교과 내용의 특성상 실험·실습, 현장 견학 등의 체험 활동으로 인하여 수업 시간이 부족할 경우에는 창의적 체험 활동 시간 등을 활용하도록 한다.

다. 수업은 실험·실습, 협동 학습, 토론 학습, 역할 놀이 등 다양한 활동을 중심으로 운영하는 경우가 많으므로 필요에 따라 학습의 실효성을 거둘 수 있도록 수업시간을 연속적으로 편성·운영할 수 있다.

라. 학생들의 발달 단계, 학습 수준, 관심, 흥미 등을 고려한 교수·학습을 계획하고, 문제를 인식하고 해결할 수 있는 학생 중심 활동으로 전개하며, 학생들이 자기관리능력, 문제해결능력, 창의력, 진로개발능력, 대인관계능력, 의사소통능력 등을 기를 수 있도록 한다.

마. 중학교 1~3학년군의 기술·가정과는 학문적 배경이 다른 가정과, 기술과 교육이 병합되어 하나의 교과로서 운영됨에 따라 교과 교사의 전문성과 교수·학습의 효율성을 고려하여 '가정생활' 영역은 가정

전공 교사가, '기술의 세계' 영역은 기술 전공 교사가 각각 지도하도록 한다.

바. 학교마다 실험 · 실습실, 실험 · 실습을 위한 예산, 계절, 학교와 지역사회의 특성, 학생집단 특성 등이 매우 다양하므로 사전에 학생이나 학교의 요구, 학교와 지역사회 여건 등을 파악하여 이를 지도계획에 반영한다.

〈교수 · 학습 전략〉

(3) 중학교 1~3학년군의 '기술의 세계' 영역의 대부분의 대단원에서 '○○기술 체험 및 문제해결 활동'으로 중영역을 제시하여 체험활동과 문제해결 활동을 강조하고 있으므로 학교 및 일상생활에서 실천 할 수 있는 소재와 내용을 선택해야 하며, 학교 실습실 환경 및 주변 여건에 따라 선택, 활용할 수 있도록 다양한 과제를 제시한다. 또한 체험활동을 적용하기 어려운 단원의 경우, 이에 관련된 전시회 관람을 통한 조사활동을 하거나, 지역 사회 및 산업체의 인적 자원 등의 견학 및 방문 등을 연계해서 지도할 수 있다.

다. 실과(기술 · 가정)의 '가정생활' 영역 및 '기술의 세계' 영역에서 중점을 두는 교수 · 학습 방법은 다음과 같다.

(1) 실과(기술 · 가정) 교수 · 학습 방법은 관련 내용에 따라 견학, 실험 · 실습, 조사, 토의, 역할 놀이, 협동 학습 등 다양한 교수 · 학습 방법을 활용하여, 활동 중심, 사례 중심에 초점을 두도록 한다. 특히, 실과(기술 · 가정) 수업에서는 문제해결 교수 · 학습 방법, 프로젝트 교수 · 학습 방법, 실습 중심 교수 · 학습 방법을 중점적으로 적용하도록 한다.

(가) 문제해결 교수 · 학습 방법

학습자의 사고과정을 중시하고 학생들로 하여금 자기가 문제를 해결할 수 있는 능력을 통합적으로 기르는 교수 · 학습 방법으로서 문제 인식, 정보 수집을 통한 문제해결 방안의 마련과 선택의 준비, 문제해결 방안 설정, 문제해결의 방안의 적용, 결과에 대한 평가를 거치는 과정으로 진행한다.

(나) 프로젝트 교수 · 학습 방법

학생 스스로 프로젝트를 선정하고 계획을 세워 이에 대한 문제를 찾고 해결함으로써 수행 후에는 문제해결의 결과로 반드시 다양한 형태의 산출물을 생산한다. 이를 위한 과정은 구체적인 프로젝트를 정하는 목적 설정(purposing), 수행 방법을 정하고 검토하는 계획(planning), 실제로 물건을 만드는 실행(executing), 전체 과정과 산출물을 평가하는 평가(evaluation) 단계의 순서로 이루어진다. 그러나 프로젝트 학습을 실제로 수행할 때에는 내용의 특성에 따라 부분적으로 변형하여 사용하기도 한다.

(다) 실습 중심 교수 · 학습 방법

실습 활동의 목적 및 관련 지식 이해, 실습 과정의 제시, 기본 기능 시범 관찰, 실습 과제 수행 과정에서의 기본 기능 습득, 자기평가 및 교사 평가의 과정으로 진행한다. 특히 실습 중심 교수 · 학습 활동에서는 재료를 합리적으로 선택, 구입, 활용하며 자원을 아껴 쓰는 태도를 갖게 하고, 체험활동이나 일의 수행에 있어서 기능 습득에 중점을 두기보다는 창의성을 강조하여 노작의 즐거움과 성취감을 느낄 수 있도록 한다.

라. 중학교 1~3학년군의 '기술의 세계' 영역에서는 학습의 절차 측면에서 '창의성 추구'를 지향한다. 이러한 창의성 추구는 기술의 본질적 활동이며, 기술의 문제해결 과정이다. 즉 기술적 문제해결 과정은 ①

기술적 문제를 확인하고, ② 문제를 해결하기 위한 기술적 대안을 탐색하며, ③ 탐색된 대안 중에서 최적의 대안을 선정하고, ④ 선정된 최적의 기술적 문제해결 대안을 구체적으로 설계하고 실행 계획을 세우며, ⑤ 실행하고, ⑥ 기술적 문제해결 과정과 결과를 평가한다. 이러한 과정은 내용 영역의 체험 활동, 문제해결 학습 과정에서 과정중심 교육을 실현함으로써 기술적 사고력의 배양과 창의적 문제해결 능력을 길러줌으로서, 손과 마음을 균형 있게 성장시키는 노작체험이 되도록 한다.

마. 각 영역에서는 다음 사항을 특히 주의해서 지도하도록 한다.

(2) '기술의 세계' 영역에서는 기술의 특성상 사회, 문화, 역사, 과학, 예술, 시스템 등의 다양한 환경과 밀접한 관련을 맺는다. 따라서 기술의 세계에서의 교수ㆍ학습 방법은 시스템 접근, 간학문 접근, 사회ㆍ문화ㆍ환경적 접근, 개념적 접근, 미래탐구 접근을 활용하여 다양하고 맥락적인 학습을 추구한다.

(나) 중학교 1~3학년군에서 '기술의 세계'는 체험 활동을 통하여 창의적 사고 능력과 기술적 문제해결 능력을 기르고, 스스로 실생활에 유용한 물건을 창안하여 설계하고 만드는 과정에서 문제해결 중심의 수업이 되도록 한다.

학습 평가와 관련하여 다음과 같이 제시하고 있다.

〈평가 계획〉

가. 학생의 학업 성취도 평가는 학습자의 학업 능력을 타당하고 신뢰성 있게 평가할 수 있도록 교육목표의 성취를 중심으로 하되, 학년군 및 영역별, 학습내용별로 교육과정에 제시된 성취기준의 성취를 중심으로 평가 계획을 설정하도록 한다.

나. 학생의 학업 성취도 평가에서는 교육목표와 교육내용, 성취기준의 성취를 염두에 두고 평가하되, 지적 영역, 정의적 영역, 기능적 영역의 모든 영역이 균형 있게 평가될 수 있도록 계획한다.

〈평가 목표와 내용〉

가. 평가의 목표는 학습자가 실과(기술ㆍ가정) 교육과정에서 제시한 교육목표 및 성취기준을 달성하였는가를 전반적으로 평가하되, 구체적으로 다음과 같은 사항에 중점을 두어 평가한다.

(1) 기본적인 개념이나 원리, 사실 등의 기본 지식과 배경 지식의 이해 능력

(2) 자료 수집 능력, 의사 결정 능력, 창의력 등을 활용한 실천적 문제해결 능력

(3) 실험 및 실습 방법과 과정에 따른 실천적 수행 능력

(4) 학습 내용을 실생활에 적극적으로 적용해 보려는 실천적 태도

나. 평가의 내용은 원칙적으로 교육과정에 제시된 성취기준의 범위와 수준에 근거하되, 다양한 교수ㆍ학습 활동 과정에서 활용한 자료 및 교수ㆍ학습 활동 결과로 산출된 자료를 활용하여 교수ㆍ학습과의 연계를 강화한다.

〈평가 방법〉

가. 평가 목적, 평가 내용이나 영역, 평가 결과 활용 등을 종합적으로 고려하여 검사 도구를 제작ㆍ적용하고, 점수를 산출하는 양적 평가와 수량화되지 않은 다양한 형태의 자료를 수집하여 평가하는 질적 평가를 적절하게 활용하도록 한다.

나. 양적 평가는 채점이 용이하고, 객관도와 신뢰도가 높으며, 비교적 넓은 범위의 교육내용을 문항으로 측정할 수 있는 장점을 지녔다. 진위형, 선다형, 배합형의 유형이 있는데, 이 중 선다형 문항은 단순한 사실이나 지식의 측정 뿐 아니라 학습자의 적용력, 분석력, 종합력, 평가력 등의 고등정신 기능까지 측정할 수 있다. 따라서 학습자의 고등 사고 능력을 측정할 수 있는 양질의 선다형 문항을 개발하여 양적 평가에 활용하도록 한다.

다. 질적 평가의 대표적인 유형인 수행 평가는 교육 목표와 교육 내용에 따라 시각자료 만들기, 도표나 그림에 제목 붙이기 등의 '구성적 반응'을 요구하는 방법, 연구보고서와 실험·실습보고서, 포트폴리오 등의 특정 산출물을 요구하는 방법, 구두 발표나 시연, 토의 및 토론과 같은 특정 활동을 요구하는 방법, 구두질문에 대한 답변, 면담, 학습일지와 같은 과정을 규명하는 방법 등의 다양한 방법을 적절히 활용한다. 단, 평가의 기준과 방법, 시기 등은 학습자가 미리 준비할 수 있도록 반드시 연간 교수·학습 및 평가 계획서에 근거하여 실시한다. 또한 수행평가가 어느 한 시기에 집중되지 않도록 한다.

라. 교사 외에 학습자 본인과 동료 등 평가의 주체를 다양화하여 평가에서의 학습자들의 참여 의식을 높이며, 평가 결과에 대한 학습자 자신의 책임을 강화한다.

마. 수행평가를 실시할 때는 평가 항목을 세분화, 단계화한 채점기준을 작성, 활용하여 객관적인 평가가 될 수 있도록 한다. 그러나 지나치게 세분화된 채점기준은 평가의 실용도를 감소시키므로 유의한다.

바. 수행평가는 다양한 교수·학습 활동과 연계하여 실시하는 것을 원칙으로 하여 가급적 수업 시간 내에 실시하고 평가하여 가정 학습 과제로 연장되지 않도록 유의한다.

〈평가의 활용〉

학습자의 학업 성취를 위한 평가 결과는 학생의 평정 점수 외에 학생의 자기 진단을 위한 자료 및 학업 개선의 자료로 활용하며, 궁극적으로 학생의 적성 파악 및 진로 지도의 기초 자료로 활용하도록 한다.

3) 2011 고등학교 기술교과의 교육과정

고등학교 '기술의 세계' 영역의 성격을 다음과 같이 제시하고 있다.

인간과 자연의 상호 작용에서 발생하는 문제를 기술적으로 해결하는 과정을 다루며, 기술적 문제해결 과정에는 급진적인 창조와 아울러 점진적인 개선이 포함되며 문제의 올바른 인식, 창의적 설계, 제작을 통한 실천적 체험, 협동적 일의 수행 등이 포함된다. 따라서 '기술의 세계' 영역은 문제와 관련된 기술의 기초적인 이해를 토대로 기술적 문제해결 과정과 관련된 내용을 이해하고 경험하도록 해 줌으로써 기술적 소양인을 기르는 동시에 국가의 미래 인재로서 필요한 창의력, 문제해결 능력, 정보 처리 및 활용 능력, 자기 관리 능력, 진로 개발 능력 등의 핵심 역량을 기르는데 기여한다. '기술의 세계'영역은 국가 사회 수준의 시대적 요구인 과학, 기술, 공학, 예술, 수학과의 융합적인 교수·학습 활동, 에너지 절약, 녹색 기술, 지식 재산권의 창출, 활용 및 보호 등을 반영함으로써 국가와 사회의 발전에 기여한다. 학습자에게는 실생활과 관련된 기술적 지식, 기술적 사고, 기술적 조작 능력, 기술적 문제해결 능력, 기술적 평가 능력을 길러 줌으로써 일상 생활이나 사회 문제해결에도 적용할 수 있는 실천적인 응용 능력을 제공한다. 이 과정에서 학습자는 스스로 다양한 문제 해결 기법을 이해하고 찾고 개선하고 창조하는 자기 주도적 학습 능력을 함양한다.

그리고 목표와 내용은 다음과 같이 제시하고 있다.

〈교과 목표〉

기술 혁신과 발명이 세상에 미친 영향을 이해하고 기술적 아이디어를 설계할 수 있으며, 미래 기술을 탐구하여 미래 사회에서 기술의 영향을 평가할 수 있다. 또한 미래 기술 사회와 관련된 직업 세계를 탐색하며, 융합적 기술 문제를 이해하고 해결할 수 있다.

[표 2-6] 고등학교 기술·가정 교과의 기술의 세계 내용 체계

영역 과목	기술의 세계
기술·가정	○ 기술 혁신과 설계 · 기술 혁신과 발명　　· 창의 공학 설계 ○ 미래 기술과 사회 · 미래 기술의 세계　　· 미래 기술과 사회 · 융합적 문제해결 체험 활동

특히 기술의 세계 학습에서는 '기술의 세계' 영역을 학습할 때에는 기술의 기초 원리를 실생활의 문제에 어떻게 적용하여 창의적으로 문제를 해결하였는지를 살펴봄으로써 기술 자체의 속성인 문제해결 과정을 탐색하고 체험하도록 한다. 이를 통해 창의 설계 능력과 문제해결 능력을 기르기 위하여 다음과 같이 교수학습의 방향을 제시하고 있다

(가) 실험·실습 수업은 기술적 사고와 문제해결 절차를 따라 지도하되, 학생들이 안전 수칙을 잘 지킬 수 있도록 유의하여 지도한다.

(나) '기술 혁신과 설계'에서는 기술의 기초 개념, 원리와 함께 기술적 소양, 창의적 문제해결 등의 내용을 지도한다. 기술 혁신 과정에서는 과거 기술적인 문제점들이 어떤 과정을 통해 해결되었는가를 조사해 보고, 기술의 진보에 기여한 발명가와 기술자를 소개하여 진로 교육을 병행한다. 한편 현대 기술의 문제점을 조사하고 탐구하는 과정을 통해 창의 공학 설계의 개념을 이해하고 그 과정을 체험하도록 한다.

(다) '미래 기술과 사회'에서는 우리의 생활에 크게 영향을 미치고 있는 정보 통신 기술, 우주 항공 기술, 바이오 기술, 로봇과 자동화 기술, 그리고 환경과 건설 기술의 현재 수준 및 미래의 발전 방향 등을 조사하고 평가하도록 지도한다. 아울러 이러한 미래 기술이 우리 사회에 미치는 긍정적인 영향과 부정적인 영향을 조사하고, 바람직한 미래 기술의 방향에 대해 모색하도록 지도한다. 최근의 기술 융합에 대한 이해를 토대로 융합적 기술 문제를 체험적으로 해결하도록 지도한다.

나. 2015년 개정 교육과정

1) 중학교 기술(교육부, 2015)

교육부 고시 제2015-74호로 고시된 2015 개정 교육과정의 기술·가정 교과의 기술의 세계 분야의 성격, 목표, 내용 체계를 다음과 같이 제시하고 있다.

'기술의 세계' 분야는 인간의 조작적 욕구에 부합하는 활동으로 자연으로부터 얻은 자원을 활용하여 생존과 적응에 필요한 산출물을 만드는 창의적 능력을 높이는 역할을 수행하고 있다. '기술의 세계' 분야의 교육은 다양한 실천적 경험을 통하여 기술적 지식, 태도, 기능을 함양하여, 문제해결능력, 비판적 사고력, 의사결정능력, 창의력 등을 길러 미래 사회를 살아갈 다양한 역량을 갖춘 인간을 기르는 데 목적이 있다. 따라서 '기술의 세계' 분야의 교육은 급변하는 과학기술의 발달에 따라 인류가 이룩한 기술 시스템을 이해하고 더 나은 기술 시스템을 설계하며, 능동적으로 대처할 수 있는 기술활용능력을 길러 미래 사회에 대처할 수 있도록 해야 한다.

'기술의 세계' 분야의 교육은 '기술 시스템' 영역의 생산·수송·통신 기술과 '기술 활용 ' 영역인 발명, 표준, 지속가능 발전에 대한 경험과 실천을 통해 이루어진다. 즉, 학습자가 삶의 과정에서 접하는 생산·수송·통신 기술의 문제를 창의적이고 융합적으로 해결할 수 있는 능력을 길러 주기 위해 기술적 지식, 기능, 태도를 바탕으로 문제를 이해하고, 아이디어를 탐색, 실현 및 평가하는 실천적 학습 경험을 제공한다. 다양한 경험과 학습을 통해 체득한 기술적 소양과 능력은 기술 혁신, 적정 기술의 개발, 지속가능한 발전에 활용되어 기술 사회에 대처하는 능력을 함양해준다.

따라서 '기술의 세계' 분야는 '기술 시스템', '기술 활용' 영역을 중심으로 창조, 효율, 소통, 적응, 혁신, 지속가능을 핵심 개념으로 설정하여 교육내용을 구성·제공함으로써 기술적 문제해결능력, 기술시스템설계능력, 기술활용능력을 기를 수 있다. '기술적 문제해결능력'은 기술과 관련된 문제를 이해하고 다양한 해결책을 탐색하여 창의적인 아이디어를 구현한 해결책을 평가하고 개선할 수 있는 능력이다. '기술시스템설계능력'은 다양한 자원을 활용하여 생산·수송·통신 기술의 투입, 과정, 산출, 되먹임의 흐름이 효율적으로 이루어지도록 필요한 기술을 개발하거나 설계하는 능력이다. '기술활용능력'은 생산·수송·통신 기술의 개발, 혁신, 적용, 융합을 통해 지속가능한 발전을 위한 발명과 표준화가 효율적으로 이루어지도록 촉진하는 능력이다.

〈총괄 목표〉

실과(기술·가정)에서는 가정생활에 대한 지식, 능력, 가치 판단력을 함양하여 실천적 문제 해결을 통해 자립적인 삶을 영위하고, 기술에 대한 실천적 학습 경험을 통해 기술적 지식, 기능, 태도를 함양하여 기술적 능력을 높여, 현재와 미래의 행복하고 건강한 가정생활과 창조적인 기술의 세계를 주도적으로 영위할 수 있도록 한다.

〈세부 목표〉

- 기술에 대한 이해를 기초로 기술적 문제를 창의적으로 해결하고 일상생활에 적용할 수 있는 기술적문제 해결능력과 기술활용능력을 기른다.

- 기술의 발달과 사회의 변화에 적극적으로 대처하고 적응할 수 있는 기술활용능력과 기술시스템설계능력을 기른다.
- 다양한 자원을 활용하여 기술적 문제를 이해하고 해결 방안을 탐색하고 개발할 수 있는 기술시스템설계능력과 기술적 문제해결능력을 기른다.

〈 내용 체계 〉

[표 2-7] 2015 초 · 중학교 기술의 세계의 내용 체계

<table>
<tr><th rowspan="2">영역</th><th rowspan="2">핵심 개념</th><th rowspan="2">일반화된 지식</th><th colspan="2">내용 요소</th><th rowspan="2">기능</th></tr>
<tr><th>초등학교(5~6학년)</th><th>중학교(1~3학년)</th></tr>
<tr><td rowspan="3">기술 시스템</td><td>창조</td><td>생산 기술은 다양한 자원을 활용하여 인류의 삶에 유용한 재화를 산출한다.</td><td>• 생명 기술 시스템
• 식물 가꾸기
• 동물 돌보기</td><td>• 제조 기술 시스템
• 제조 기술 문제해결
• 건설 기술 시스템
• 건설 기술 문제해결
• 미래의 기술과 생명 기술</td><td rowspan="6">• 탐색하기
• 계획하기
• 실천하기
• 조작하기
• 활용하기
• 적용하기
• 종합하기
• 평가하기
• 제안하기
• 설계하기
• 제작하기
• 실행하기
• 판단하기
• 조사하기
• 추론하기</td></tr>
<tr><td>효율</td><td>수송 기술은 사람이나 사물의 공간 이동의 효율성을 높인다.</td><td>• 수송 기술과 생활
• 수송 수단의 안전 관리</td><td>• 수송 기술 시스템
• 수송 기술 문제해결
• 신 · 재생 에너지</td></tr>
<tr><td>소통</td><td>통신 기술은 정보를 생산, 가공하여 다양한 수단과 장치를 통하여 송수신하여 공유한다.</td><td>• 소프트웨어의 이해
• 절차적 문제해결
• 프로그래밍 요소와 구조</td><td>• 통신 기술 시스템
• 통신 기술 문제해결
• 미디어와 이동 통신</td></tr>
<tr><td rowspan="3">기술 활용</td><td>적응</td><td>인간은 합리적인 의사결정 과정을 통하여 자신의 미래를 설계하고 기술의 발달과 사회 변화에 대처한다.</td><td>• 일과 직업의 세계
• 자기 이해와 직업 탐색</td><td>• 기술의 발달
• 기술과 사회 변화</td></tr>
<tr><td>혁신</td><td>문제 해결 과정에서의 발명과 기술 개발에서의 표준은 국가와 사회의 혁신과 발전에 기여한다.</td><td>• 발명과 문제해결
• 개인 정보와 지식 재산 보호
• 로봇의 기능과 구조</td><td>• 기술적 문제해결
• 발명 아이디어의 실현
• 기술의 이용과 표준</td></tr>
<tr><td>지속가능</td><td>인간은 기술 개발에 따른 삶의 변화를 예측하고, 사회를 지속가능하도록 유지 발전시킨다.</td><td>• 친환경 미래 농업
• 생활 속의 농업 체험</td><td>• 적정기술
• 지속가능한 발전</td></tr>
</table>

내용 체계를 보면, **기술의 세계에서는 창조, 효율, 소통**을 핵심개념으로 하는 **기술시스템**과 **적응, 혁신, 지속 가능을 핵심개념**으로 하는 기술 활용으로 구분하고 있다. 그리고 기능을 제시하여 기술 · 가정 교과의 공통적인 기능을 제시하고 있다.

그리고 각 핵심 개념별 일반화된 지식을 제시하고, 내용 요소를 제시하고 있다. 2011 교육과정과 비교하면, 중학교에서 다루던 수송 기술의 기초적 내용이 초등학교 단계에 제시되고, 초등학교 단계에서는 소프트웨어 교육을 실과에서 강조되어 제시되고 있음을 알 수 있다. 중학교에서는 기술의 이용과 표준, 적정 기술, 지속가능한 발전 등의 내용이 새롭게 제시되어 있다.

2) 고등학교 기술(교육부, 2015)

고등학교 수준에서 기술의 세계 분야도 중학교 수준에서의 성격과 같이 제시하고, 세부 목표 및 내용 체계를 다음과 같이 차별화하여 제시하고 있다.

〈세부 목표〉

- 첨단기술에 대한 이해를 기초로 기술적 문제를 창의적으로 해결하고 일상생활에 적용할 수 있는 기술적 문제해결능력과 기술활용능력을 기른다.
- 첨단기술의 발달과 사회의 변화에 적극적으로 대처하고 적응할 수 있는 기술활용능력과 기술시스템설계 능력을 기른다.
- 다양한 자원을 활용하여 기술적 문제를 이해하고 해결 방안을 탐색하고 개발할 수 있는 기술시스템설계 능력과 기술적 문제해결능력을 기른다.

〈내용 체계〉

[표 2-8] 고등학교 기술의 분야 내용 체계

영역	핵심 개념	일반화된 지식	내용 요소	기능
기술 시스템	창조	생산기술은 다양한 자원을 활용하여 인류의 삶에 유용한 재화를 산출한다.	• 첨단 제조기술 • 첨단 건설기술 • 첨단 생명기술 • 첨단 수송기술 • 첨단 통신기술	• 분석하기 • 평가하기 • 문제해결하기 • 실천하기 • 비교하기 • 탐색하기 • 적용하기 • 추론하기 • 설계하기 • 창안하기 • 수행하기 • 제안하기 • 활용하기 • 자기 평가하기 • 공감하기 • 조사하기 • 분석하기 • 분류하기 • 예측하기 • 평가하기 • 비판하기 • 종합하기 • 판단하기
	효율	수송기술의 발달은 사람이나 사물의 공간 이동의 효율성을 높이고 인류 발전의 밑거름이 된다.		
	소통	통신기술은 정보를 생산 가공하여 다양한 수단과 장치를 통하여 송수신하여 공유한다.		
기술 활용	적응	인간은 합리적인 의사 결정 과정을 통하여 자신의 미래를 설계하고 기술의 발달과 사회 변화에 대처한다.	• 기술과 직업 • 산업 재해 • 자동차 안전과 생활	
	혁신	문제 해결 과정에서의 발명과 기술 개발에서의 표준은 국가와 사회의 혁신과 발전에 기여한다.	• 창의공학 설계 • 발명과 창업 • 기술 개발과 표준	
	지속 가능	인간은 기술 개발에 따른 삶의 변화를 예측하고, 사회를 지속가능하도록 유지 발전시킨다.	• 지속가능한 발전	

고등학교 내용 체계를 보면, 중학교와 마찬가지로 기술의 세계에서는 창조, 효율, 소통을 핵심개념으로 하는 기술시스템과 적응, 혁신, 지속 가능을 핵심개념으로 하는 기술 활용으로 구분하고 있다. 그리고 중학교 보다 많은 기능을 제시하고 있다.

그리고 각 핵심 개념별 일반화된 지식을 제시하고, 내용 요소를 제시하고 있다. 2011 교육과정과 비교하면, 산업 재해, 자동차 안전과 생활, 창업, 지속가능한 발전 등이 새롭게 제시되고 있다. 그리고 이전 교육과정과 같이 중학교와 차별화하여 첨단 기술을 강조하고 있음을 알 수 있다.

아울러 내용 체계와 더불어 기술 시스템과 기술 활용으로 구분하여 성취기준, 학습 요소, 성취기준 해설, 교수학습 방법 및 유의사항, 평가 방법 및 유의사항을 제시하고 있다.

5. 기술 및 공학교육의 전환기 : 2022 개정 교육과정

가. 중학교 2022년 개정 교육과정

1) 설계과정의 개요

실과(기술 · 가정) 교육과정 설계는 교과 교육과정의 개정 방향인 '삶과 연계한 학습', '학습 과정에 대한 성찰'을 지향하고 있다. 또한 '생태전환교육', '민주시민교육', '디지털 · AI 소양 함양교육'이라는 주제가 실과(기술 · 가정)의 목표, 내용 체계, 성취기준의 각 내용에서 다루어지도록 하였다. 초 · 중학교 공통 교육과정으로서 실과(기술 · 가정)의 내용 영역은 '인간 발달과 주도적 삶', '생활환경과 지속가능한 선택', '기술적 문제해결과 혁신', '지속가능한 기술과 융합', '디지털 사회와 인공지능'으로 구성되어 있다.

실과(기술 · 가정) 교육과정의 내용 영역 중 '기술적 문제해결과 혁신', '지속가능한 기술과 융합'에서는 기술학적 지식의 이해 능력, 기술적 문제해결능력, 기술적 실천 능력을 기술 교육과정 편성의 세 가지 교과 역량으로 설정하여 교과 본질적 특성이 반영되도록 하였다. '기술적 문제해결과 혁신' 및 '지속 가능한 기술과 융합' 영역은 기술적 소양과 문제해결이라는 교과 주제와 '창의 혁신', '지속 가능'이라는 총론의 방향성을 고려하여 2개 영역으로 구성하였다. '기술적 문제해결과 혁신' 영역에서는 기술에 대한 소양, 설계를 통한 문제 해결, 발명의 가치, 제조 및 수송기술을 핵심 개념으로 하였다. 이 영역에서는 기술의 본질에 대한 이해와 기술적 소양을 갖도록 하고, 제조와 수송기술 등의 문제를 창의적으로 해결하는 능력을 기르도록 하였다. '지속 가능한 기술과 융합' 영역의 핵심 개념으로 구조물과 건설, 로봇과 제어, 정보통신과 인공지능, 지속가능한 생명기술, 기술과 윤리를 포함하였다. 이 영역에서는 건설, 정보통신, 생명기술 등의 문제를 융합적으로 해결하는 능력을 기르도록 설계하였다. 특히 초등학교 실과와 중학교 기술 영역 분야의 연계성을 강화하고, 최신의 미래 기술 동향을 지향하면서도 학습 내용이 적정하도록 교육과정을 설계하였다. [그림 2-3]은 실과(기술 · 가정) 교육과정과 총론과의 연관성, 교과 역량, 교과의 주요 개념 등을 도식으로 나타낸 것이다.

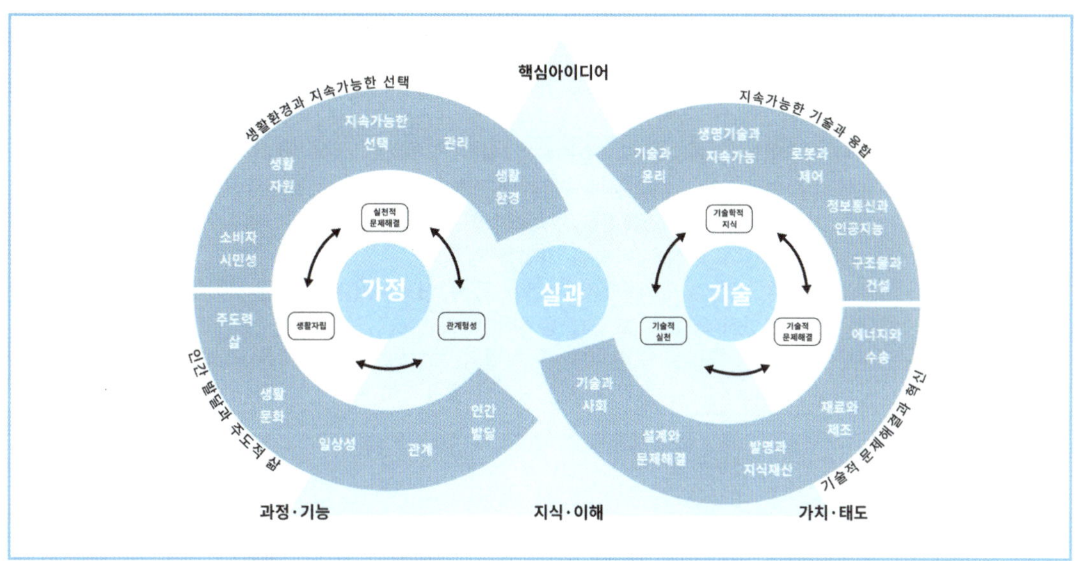

<그림 2-3> 실과(기술 · 가정) 교육과정의 영역별 핵심 개념 및 교과 역량

2) 성격과 목표

실과(기술 · 가정)의 '기술적 문제해결과 혁신', '지속가능한 기술과 융합' 영역은 인간의 혁신적인 활동과 관련된 기술에 대한 지식과 이해, 사고 과정과 기능, 추구하는 가치와 태도를 형성하여 기술적 소양을 갖추게 하고, 그 과정에서 기술적 문제해결에 대한 사고 발현 및 계발 역량 함량을 지향하고 있다. 또한, 기술학의 내용 요소에 해당하는 기술과 사회, 재료와 제조, 구조물과 건설, 에너지와 수송, 자동화와 정보통신, 생명과 의료 분야, 식량자원 등에 대한 지식을 설계, 생산, 유지, 평가하는 학습과정 및 기술적 문제해결과정의 경험을 제공한다. 기술 분야의 학습 경험은 학습 과정과 결과로 내재화하는 가치와 외현적으로 지향하고 성취하고자 하는 가치를 제공한다. 또한 '기술'은 학문 구조 측면에서 '기술학적 지식', 교육 목표 측면에서 '기술적 소양', 교육의 방법 측면에서 '기술적 문제해결', 그리고 진로 교육의 측면에서 '기술 진로 탐색'의 성격을 가진다. 아울러 실과의 '디지털 사회와 인공지능' 영역은 중학교 1~3학년 정보 교과와 연계되어 변화하는 세상을 인식하고 컴퓨팅 사고를 바탕으로 인공지능을 활용한 실생활 문제 해결 역량 함양을 지향한다.

- 기술의 개념과 특성, 기술적 문제 해결, 발명에 대한 이해를 통하여 기술에 대한 올바른 가치를 인식하고 협력적 태도를 바탕으로 창의적이고 혁신적인 기술적 실천을 통해 기술 소양을 기른다.
- 재료와 제조, 구조물과 건설, 에너지와 수송, 로봇과 제어, 인공지능과 정보통신, 생명과 의료, 식량자원 분야와 관련된 기술적 문제 해결 능력을 기르며, 융합적 사고와 체험을 바탕으로 기술의 세계와 활동을 바르게 이해하고 진로를 탐색한다.

3) 내용 체계

(1) 기술적 문제해결과 혁신

<table>
<tr><td>핵심 아이디어</td><td colspan="2">• 기술은 인간의 필요와 욕구를 충족하기 위한 혁신적인 문제 해결 활동으로 인류 문명을 주도하고 사회 · 문화 · 경제 등에 바람직한 영향을 끼치도록 활용되어야 한다.
• 인간은 기술적 문제 해결 과정을 통해 발명 문제를 창의적으로 해결하며, 지식재산에 대한 보호 및 발명과 혁신은 기술의 가치를 높인다.
• 제품의 개발은 기술적 문제 해결 과정을 통해 이루어지며, 제품을 생산하기 위해서는 설계 활동 및 다양한 재료와 도구의 활용이 필요하다.
• 친환경 에너지를 활용한 수송 수단은 자원의 고갈과 환경 문제를 극복하는 대안이며, 혁신적 수송 수단과 물류 체제 구축은 제품의 효율적인 수송을 가능하게 한다.</td></tr>
<tr><td rowspan="3">구분 / 범주</td><td colspan="2">내용 요소</td></tr>
<tr><td>초등학교</td><td>중학교</td></tr>
<tr><td>5~6학년</td><td>1~3학년</td></tr>
<tr><td>지식 · 이해</td><td>• 발명의 의미와 발명품
• 기술적 문제 해결과 발명사고기법
• 발명과 특허의 개념
• 지식재산권의 중요성
• 수송의 의미와 수송 수단의 발달
• 수송 수단의 구성 요소</td><td>• 기술의 이해와 미래 사회
• 기술의 활용
• 기술적 문제 해결
• 발명과 지식재산
• 재료의 종류와 활용
• 제품의 설계와 제작
• 친환경 에너지 자원
• 수송 수단과 물류</td></tr>
<tr><td>과정 · 기능</td><td>• 생활 속 기술적 문제 확인하기
• 창의적인 제품 구상하기
• 발명 제품의 설계와 제작하기
• 발명품의 특허 정보 검색하기
• 다양한 수송 수단 탐색하기
• 친환경 수송 수단의 설계와 제작하기</td><td>• 기술의 역사 탐구와 미래 예측하기
• 기술적 문제 확인하기
• 기술적 문제해결을 위한 정보 수집하기
• 확산적 사고와 수렴적 사고하기
• 기술적 해결 방안 탐색 및 선정하기
• 아이디어 시각화하기
• 재료 및 도구의 선택과 활용하기
• 설계 및 도면 작성하기
• 시제품 또는 모형 제작하기
• 기술적 문제해결 평가 및 개선하기
• 기술 사례 조사하기
• 기술 영향 평가하기</td></tr>
<tr><td>가치 · 태도</td><td>• 발명과 기술에 대한 관심과 흥미
• 기술에 대한 가치 인식
• 발명 아이디어 발상의 실천적 태도
• 지식재산보호에 대한 인식
• 미래 수송 수단에 대한 관심</td><td>• 기술에 대한 가치와 중요성 인식
• 기술적 문제 해결과 실천적 태도
• 지식재산을 보호하는 태도
• 창조적 활동에 대한 자신감
• 기술적 문제를 해결하기 위한 협력, 공감, 의사소통
• 기술의 영향을 고려한 사회 참여
• 진로 탐색과 자아실현
• 기술 활동에 안전을 고려하는 태도</td></tr>
</table>

(2) 지속가능한 기술과 융합

핵심 아이디어	• 건설기술은 쾌적하고 편리하며 안전한 생활을 위한 다양한 설계와 시공 및 유지관리 방법을 적용하고 있으며, 다른 산업의 수행을 위한 기반 요소로서 가치를 가진다. • 로봇은 기계요소, 전기전자 등의 하드웨어와 이를 제어하는 소프트웨어로 구성되며, 여러 가지 기술과 지식이 적용된 첨단 융합기술의 산물로서 사회 각 분야에 활용된다. • 정보통신 기술의 발달은 시공간 극복을 통해 정보와 문화의 교류 및 세계화에 기여해왔으며, 다양한 기술과 융합하여 인간을 새로운 영역으로 이끈다. • 생명기술은 다양한 기술과 융합하여 발달하고 있으며, 식량자원의 활용과 농업의 순환체험은 지속가능한 미래생활을 위한 기초가 된다.	
구분 / 범주	내용 요소	
	초등학교	중학교
	5~6학년	1~3학년
지식 · 이해	• 건설기술의 개념과 친환경 구조물 • 디지털 기술의 특징과 디지털 콘텐츠의 종류 • 로봇의 개념과 작동 원리 • 로봇 융합기술의 이해 • 생활 속 동식물의 이해 • 동식물 자원의 분류 • 동식물 자원의 친환경 농업 • 미래생활과 연관된 농업활동 • 농업과 농촌의 다원적인 역할	• 건축 구조물과 사회기반시설 • 구조물의 계획, 설계, 시공 및 유지관리 • 전기전자 부품과 회로 • 정보통신과 인공지능 기술 • 기계요소와 운동 • 로봇과 제어 • 생명기술과 지속가능 • 기술의 융합과 미래
과정 · 기능	• 생활 속 건설 구조물 탐색과 체험하기 • 디지털 콘텐츠의 제작과 공유하기 • 간단한 로봇의 조립과 작동시키기 • 로봇의 동작에 코딩 프로그램 적용하기 • 융합적 사고하기 • 동식물과 관련된 생명기술 탐색하기 • 동식물을 기르고 가꾸기 • 생활 속 농업활동 체험하기	• 시공 및 제작하기 • 도구의 선택과 이용하기 • 부품 활용과 회로 구성하기 • 기술적 문제 해결하기 • 기술 사례 조사 및 활용하기 • 융합적 사고하기 • 다양한 기술 비교 분석하기 • 미래 기술 예측하기
가치 · 태도	• 건설기술에 대한 가치 인식 • 로봇에 대한 관심과 흥미 • 건전한 사이버 공간의 활용 태도 • 동식물에 대한 생태존중감을 갖는 태도 • 지속가능한 농업의 순환성과 중요성 인식 • 농업에 대한 관심과 흥미 • 농산업에 대한 올바른 진로관을 갖는 태도	• 기술에 대한 가치와 중요성 인식 • 기술적 문제 해결에 대한 관심, 공감, 도전 • 창조적 활동에 대한 자신감 • 융합기술의 중요성과 가치 인식 • 진로 탐색과 자아실현 • 생명 존중과 윤리적 태도 • 기술 활동에 안전을 고려하는 태도

4) 성취기준

(1) 기술적 문제해결과 혁신

[9기가03-01] 기술의 의미와 특성을 이해하고 기술의 발달에 따른 사회의 변화를 파악하며, 미래의 기술과 사회의 변화를 평가하고 예측함으로써 기술에 대한 가치를 인식한다.

[9기가03-02] 기술의 표준화, 적정 기술과 같은 기술 활용 사례를 탐구하고, 기술이 사회에 미치는 영향을 바르게 인식하여 기술 혁신과 사회 발전에 참여하는 태도를 갖는다.

[9기가03-03] 기술적 문제 해결 과정의 이해를 바탕으로 문제를 확인하고, 정보를 수집하며, 확산적 사고와 수렴적 사고를 통해 해결방안을 탐색하고 대안을 선정한다.

[9기가03-04] 기술적 문제 해결 방안을 시각화하고 도면을 작성하며, 올바른 도구를 선택하여 시제품 또는 모형을 제작 및 평가하는 과정에서 협업 능력, 공감 능력과 의사소통 능력을 기른다.

[9기가03-05] 발명의 개념을 이해하고, 발명 문제 해결 과정을 바탕으로 발명 활동을 체험하여 창조에 대한 자신감을 갖고 발명이 사회에 미친 영향과 가치를 인식한다.

[9기가03-06] 지식재산권의 종류와 특징을 이해하고, 지식재산과 관련한 다양한 사례 조사 및 체험을 통해 지식재산권의 창출, 보호, 활용을 이해하고 실천한다.

[9기가03-07] 재료의 종류와 특성을 이해하며, 목적에 맞는 재료를 선택하고, 안전한 가공 방법을 실천한다.

[9기가03-08] 설계의 가치와 필요성을 인식하고, 제도의 기본 통칙에 따라 도면을 작성한다.

[9기가03-09] 제품의 제작 순서를 이해하고 올바른 도구를 선택하여 제품을 안전하게 제작하고 평가한다.

[9기가03-10] 친환경 에너지 자원의 특성을 이해하고, 종류와 활용 사례를 조사하여 친환경 에너지 개발의 중요성을 인식한다.

[9기가03-11] 에너지와 관련된 문제를 발견하고 창의적인 해결방안을 탐색하여 실현하고 평가한다.

[9기가03-12] 다양한 수송 수단과 물류 체제를 이해하고 발달과정 및 특징과 혁신적인 활용 사례를 조사하여 수송 분야의 발달을 전망한다.

[9기가03-13] 수송 수단 및 물류 체제와 관련된 문제를 이해하고 해결방안을 탐색하여 실현하고 평가한다.

(2) 지속가능한 기술과 융합

[9기가04-01] 건설기술의 개념 및 발달과정, 건설 구조물의 종류와 특성을 이해하고, 건설 구조물의 혁신사례를 탐구함으로써 건설기술의 중요성을 인식한다.
[9기가04-02] 건설 구조물의 종류에 따른 계획, 설계, 시공, 유지관리 방법을 탐구하고 건설과정의 중요성을 이해하며 건설 구조물의 가치를 인식한다.
[9기가04-03] 사용자 요구 및 주어진 환경과 조건을 충족하는 지속가능한 건설 구조물의 모형을 설계·제작 및 평가한다.
[9기가04-04] 전기·전자 부품의 종류와 기능을 이해하고 기능에 맞는 부품을 선택하여 문제를 해결하기 위한 간단한 회로를 구성하고 제작 및 평가한다.
[9기가04-05] 정보통신과 인공지능 기술의 활용 사례를 탐구하고, 정보통신과 인공지능 기술이 우리 삶에 미치는 영향을 다양한 관점에서 평가한다.
[9기가04-06] 정보통신과 인공지능 기술 관련 문제를 이해하고 해결 방안을 탐색, 실현, 평가함으로써 긍정적인 문제 해결 태도를 갖는다.
[9기가04-07] 기계의 구성 요소 및 동력 전달 장치의 종류와 특징을 이해하고, 작동 원리에 맞는 기계요소를 선택하여 평가한다.
[9기가04-08] 다양한 기계요소와 동력 전달 방법을 활용하여 주어진 문제를 해결할 수 있는 운동 물체를 안전하게 제작하고 평가한다.
[9기가04-09] 로봇에 활용되고 있는 제어 및 자동화 기술 등을 탐구하여 간단한 로봇을 제작하고 평가함으로써 창조에 대한 자신감을 갖는다.
[9기가04-10] 인간의 건강과 생명 연장을 위해 의료 분야에서 활용되는 생명기술 사례를 조사하고, 생명기술이 개인과 사회에 미친 영향을 평가한다.
[9기가04-11] 생명기술을 이해하며, 이와 관련된 문제의 해결 방안을 탐색, 실현, 평가하고, 생명 존중 및 윤리적 태도를 갖는다.
[9기가04-12] 기술적 문제에 대한 도전적 태도로 다양한 분야에 활용되고 있는 융합 기술의 사례를 탐구하고 미래의 기술 변화를 전망한다.
[9기가04-13] 긍정적이고 공감하는 문제 해결 태도를 바탕으로 지속가능한 발전과 혁신을 위해 융합 기술 문제를 해결하고 과정과 결과를 평가한다.

5) 교수 · 학습

(1) 교수 · 학습의 방향

(가) 학생들이 모든 영역의 내용을 고르게 학습할 수 있도록 영역별로 균형 있게 계획하여 지도한다. 단, 학습자의 요구 및 학교와 지역사회의 여건 등을 고려하여 학습 내용 및 활동 순서와 과제 종류 등을 달리하여 지도할 수 있다.

(나) 교육과정에 설정된 교과 배당 시간을 반드시 확보하여 지도하며, 교과 내용의 특성상 실험 · 실습, 현장 조사 및 견학 등의 체험 활동을 위하여 창의적 체험활동 등과 연계하여 지도할 수 있다. 또한 다양한 체험 활동을 중심으로 수업을 계획할 경우, 교수 · 학습의 효율성을 위해 수업 시간을 연속적으로 편성 · 지도 운영할 수 있다.

(다) 발달 단계, 학습 수준, 관심, 흥미 등의 학습자 요구를 고려하여 다양한 교수 · 학습을 계획하고, '지식 · 이해', '과정 · 기능', '가치 · 태도'를 통합적으로 적용하여 교과 역량을 기를 수 있도록 지도한다. 또한 대면 수업 뿐만 아니라 원격수업에서도 학습 효과를 극대화할 수 있도록 수업을 계획한다.

(라) 탐구 및 체험활동이나 실험 · 실습을 위하여 학교 내 실과실(가정실 · 기술실) 및 실습 설비와 교구 등을 확보하고, 학습자의 삶과 연계하고 교과 학습의 효과를 높이는 데 필요한 경우, 지역사회 교육 자원을 연계하여 수업한다.

(마) 생태전환교육, 민주시민교육 등 범교과의 지식, 사례, 주제를 융합적으로 학습하고 문제를 해결하도록 하며, 이에 필요한 기초적인 언어 소양, 수리 소양, 디지털 정보 및 도구를 활용하는 소양을 함께 기를 수 있도록 한다.

(바) 초등 실과는 일상생활 속의 경험과 연계된 노작(勞作)활동을 중심으로 한다. 이는 자신의 힘과 노력으로 창조 및 창작 과정을 경험하는 것으로, 정서적인 성장, 사회적 덕성의 함양, 만드는 과정의 몰입 및 결과물에 따른 성취의 경험 등을 통합적으로 제공할 수 있도록 수업을 계획한다.

(사) 중학교 기술 · 가정과는 학문적 배경이 다른 가정과 교육과 기술과 교육이 병합되어 하나의 교과로서 운영됨에 따라 교과 교사의 전문성과 교수 · 학습의 효율성을 고려하여 가정 내용은 가정 전공 교사가, 기술 내용은 기술 전공 교사가 각각 지도하도록 한다.

(2) 교수 · 학습 방법

(가) 실생활과 관련된 조사, 탐구, 체험, 문제해결, 공유나 나눔 활동을 중시하고, 학습자의 삶과 밀접한 지역사회 연계 교육을 활용한다. 특히 지역의 인적 자원을 활용하거나 지역 내 관련 자원 및 기관(박물관, 과학관, 산업체, 연구소 등)을 연계하여 지도할 수 있다.

(나) 실물이나 모형, 사진 및 동영상 자료, 멀티미디어 자료, 가상현실(VR), 증강현실(AR), 빅데이터 자료 등과 같은 여러 가지 유형의 아날로그 및 디지털 자료를 교수 · 학습 자료로 활용하여 교수 · 학습의 실재감을 높일 수 있도록 한다.

(다) 실과의 활동 과제는 자신의 일상생활 속에서의 경험과 연결하도록 하며, 조리하기, 바느질하기, 식물 가꾸기, 동물 기르기, 물건 만들기 등의 활동 과정에서 의미와 즐거움을 느낄 수 있는 학습 방법을 적용한다. 이러한 활동은 실물을 다루는 것을 원칙으로 하되, 이 과정에서 활동의 효과를 더할 수 있도록 다양한 정보기기를 활용할 수 있다. 특히, 정보교육 관련 내용은 삶의 맥락에서 컴퓨팅사고를 통해 문제를 해결할 수 있는 학습 과제를 제시하고 놀이 · 체험 중심의 학습 방법을 적용하여 과제를 해결하는 과정에서 자연스럽게 인공지능 소양을 함양할 수 있도록 한다.

(라) 가정과 관련된 교수 · 학습은 개인과 가족이 다양한 삶의 문제들에 대응하며 삶의 질을 향상시키는 주도적 역할을 할 수 있는 역량을 기르기 위해 초학문적 접근, 다양한 교육 내용 영역을 융합하는 통합적인 접근을 추구한다. 여러 가지 생활환경의 상황과 맥락을 깊이 있게 관찰하고 분석, 해석, 탐구, 성찰하기 위한 실천적 문제해결과정, 창의적 및 비판적 사고, 협력적 의사소통, 성찰하는 가치 · 태도를 함양하도록 한다. 이를 위해서 프로젝트 학습, 실험 · 실습학습, 실천적 문제 중심 학습, 토의 · 토론 학습, 메이커 중심 학습, 협동학습, 봉사기반 학습 등 다양한 방법을 활용하고, 지역사회 연계 체험학습이 이루어질 수 있도록 한다.

(마) 기술과 관련된 교수 · 학습은 기술 및 공학과 관련된 문제 상황을 협력하여 해결하도록 한다. 또한 핵심 아이디어를 개념적으로 이해하고 탐구하며, 직접적인 체험을 통해 실천하도록 한다. 따라서 기술 관련 내용과 활동에 따라 학습자 주도의 문제해결 학습, 프로젝트 학습, 문제 중심 학습, 실험 · 실습, 토의 · 토론 학습, 협동 학습, 디자인 씽킹, 역할 놀이, 사례 연구 등 다양한 방법을 적절히 활용하되, 특히 학습자의 삶과 연계된 학습을 위해 활동이나 실제 사례에 초점을 두도록 한다.

(바) 실험 · 실습 활동은 학습자 주도의 문제해결에 초점을 두고 아래 사항을 유의하도록 한다. 특히 교과의 교육 내용을 분석하여 연간 또는 학기별 실험 · 실습 계획을 세우고, 실험 · 실습 활동에 필요한 재료, 설비, 기구 및 자재 등을 사전에 준비하고 점검하며, 학습자의 안전을 가장 고려한다.

① 안전한 실험 · 실습 활동을 위하여 도구, 기계, 설비 등을 사전에 점검 및 수리하고, 사용 방법을 정확하게 익히도록 한다. 또한 안전사고 예방을 위해 사전에 교육을 실시하고, 안전 관련 보호 장비를 착용하도록 한다.
② 간단한 응급 처치 요령을 익히도록 하고 사고 발생 시 응급 처치 요령에 따라 즉각적으로 치료받을 수 있도록 한다.
③ 실험 · 실습 재료나 도구를 지정된 장소에 보관하고, 안전 · 위생 등을 고려하여 취급한다.
④ 조리기구, 열원과 연료를 다룰 때의 주의점과 소화기 사용법 등을 지도하여 안전사고가 발생하지 않도록 주의한다.
⑤ 조리 실험 · 실습에서는 식품을 선택, 손질, 보관할 때 위생과 안전을 고려하여 식품 오염에 유의하여 지도한다.
⑥ 실험 · 실습 후에 남은 재료, 부산물, 폐기물 등을 재활용 및 분리배출 등에 관한 지침에 따라 처리하여 환경오염을 예방한다.
⑦ 유해 물질이나 분진, 가스가 발생하는 활동에는 환기 및 공기순환장치의 설치를 의무화하고 관련 장비의 활용에 따른 주의사항을 준수한다.
⑧ 안전한 실험 · 실습 활동을 위한 최소한의 실습 공간을 확보하고, 학습자의 발달을 고려하여 인체공학적 측면에서 실습환경을 조성한다.

6) 평가

(1) 평가의 방향

(가) 실과(기술 · 가정)의 평가는 연간 혹은 학기 기준으로 사전에 계획하여, '교육과정-교수 · 학습-평가-기록'의 모든 절차가 정합성을 갖도록 실시되어야 한다.

(나) 평가의 목적이나 내용을 고려하고 학습자의 지식, 기능, 태도의 다양한 측면을 종합적으로 파악하는 것이 중요하므로 평가 방법을 다양화하여 실시한다.

(다) 평가는 학습자 성취에 대한 판단의 근거 자료 수집은 물론이고 학습의 수행 과정 및 결과를 평가하는 과정을 중시하는 평가를 지향한다. 또한 평가 결과는 학생의 변화와 성장을 위한 자료로 활용하는 동시에 교사의 수업 개선에 도움이 되도록 한다.

(라) 단편적인 지식이나 사실보다는 개념, 사고 과정 및 기능, 가치 및 태도 등에 대한 평가 자료를 다양하게 수집하여 학습자의 교과 역량을 평가한다.

(마) 실과(기술 · 가정) 교과의 역량을 평가하기 위해, 단편적인 지식이나 사실보다는 개념, 사고 과정 및 기능, 가치 및 태도 등에 대한 평가 자료를 다양하게 수집하고 기록, 판단하여 학습자의 교과 역량을 종합적으로 평가하고 학습자의 지식, 기능, 태도가 통합적으로 발달하고 있는지 파악한다.

(2) 평가 방법

(가) 자기주도성을 바탕으로 한 학습자 중심 수업을 위해서는 다양한 평가 장면에서 주어지는 교사의 적절한 피드백이 학습의 목표 달성과 학습 촉진을 위한 관건이 되므로, 구체적인 정보를 담은 다양한 방법의 피드백을 계획하여 실시하되, 학생 상호간의 피드백도 적절히 활용한다.

(나) 실과(기술 · 가정)의 평가를 할 때 단순히 지식 · 이해의 평가뿐 아니라 과정 · 기능의 수행, 가치 · 태도의 내면화를 확인하고 이를 평가에 반영한다.

(다) 평가는 평가 목표와 평가 내용에 따라서, 학습자가 직접 답을 구성해가는 개념지도, 서술형 및 논술형 평가, 그래프나 표, 도안 만들기 등의 방법, 특정 산출물을 요구하는 방법(연구보고서, 실험 · 실습보고서, 학습 노트, 포트폴리오), 각종 디지털 · AI 도구를 활용한 영상 및 제작물 만들기 등의 방법, 특정 활동을 요구하는 방법(구두발표, 시연 및 실습, 토의 및 토론), 과정을 밝히는 방법(관찰 및 면담, 학습일지, 회의) 등의 다양한 방법을 적절히 활용한다. 이 과정에서 학습자에게 과제 수행의 성취를 돕고, 신뢰도 높고 타당한 평가를 위하여 채점 기준(루브릭)을 개발하여 공개하고 채점에 활용한다.

(라) 평가 문항은 단순한 사실이나 지식의 측정 뿐만 아니라 학습자의 적용력, 분석력, 종합력, 평가력 등의 고등정신 기능까지 측정할 수 있도록 양질의 문항을 개발하여 활용한다.

(마) 평가에서 학습자들의 참여의식을 높이고 협력적 학습 공동체 구성원으로서 소통을 강화하기 위해 평가의 주체를 교사 외에 학습자 본인과 동료 학생 등으로 다양하게 실시한다. 이를 위해 평가 항목을 구체화한 채점 기준을 학생들과 함께 작성하여 동기유발은 물론 학습자가 평가에 성실히 참여할 수 있도록 한다.

(바) 학습 부진, 학습속도, 일시적 사고 등의 다양한 학습자 상황에서 발생하는 학습격차를 완화하기 위해 성취기준에 근거한 '평가기준' 및 '채점 기준'을 마련하여 평가를 기획하고 수행한다.

(사) 평가 상황에서 학습자의 디지털 격차로 인한 영향이 발생하지 않도록 계획을 세워 실시하되, 학습자가 평가 장면에서 갖추어야 할 책임성도 강조하여 실시한다.

나. 고등학교 2022년 개정 교육과정

1) 설계과정의 개요

일반 선택 과목인 '기술 · 가정'의 공학 분야는 공학의 기본이 되는 '공학의 기초와 융합'과 '첨단 중심의 공학 기술 체험'으로 구성된다. 그리고 진로 선택 과목인 '로봇과 공학세계'는 로봇과 공학의 융합적 특성에 기초하여 여러 공학 분야와 관련된 흥미로운 로봇을 중심으로 전반적인 공학의 세계를 이해하고 체험함으로써 공학 분야의 진로를 탐색하도록 하였다. 융합 선택 과목인 '창의 공학 설계'는 이전의 교육과정의 '공학 일반'과 가장 유사한 과목으로 공학자들이 사용하는 공학 문제해결 방법론을 다양한 공학 설계 프로젝트를 통해 이해하고 체험함으로써 공학자의 기본 소양과 역량을 함양하고 관련 분야의 흥미와 진로 탐색을 돕도록 한다. 또 다른 융합 선택 과목인 '지식 재산 일반'은 이전의 교육과정에 있었던 과목으로 더 흥미로운 사례 탐구와 문제해결 중심의 '지식재산 창출, 보호, 활용'을 위한 기본적인 '지식 · 이해, 과정 · 기능, 가치 · 태도' 를 반영하였다. 이상의 공학 분야 선택 과목의 학습을 통해 학습자들은 융합공학, 공학진로탐색, 공학문제해결, 창의설계, 발명과 혁신, 공학 윤리 실천 등 공학 분야 진로에서 요구되는 기초 소양과 능력을 기를 수 있다. 특히 고등학교 수준에서 공학 분야의 학습은 초등학교 과정의 기술적 자각과 기초적인 체험활동, 중학교

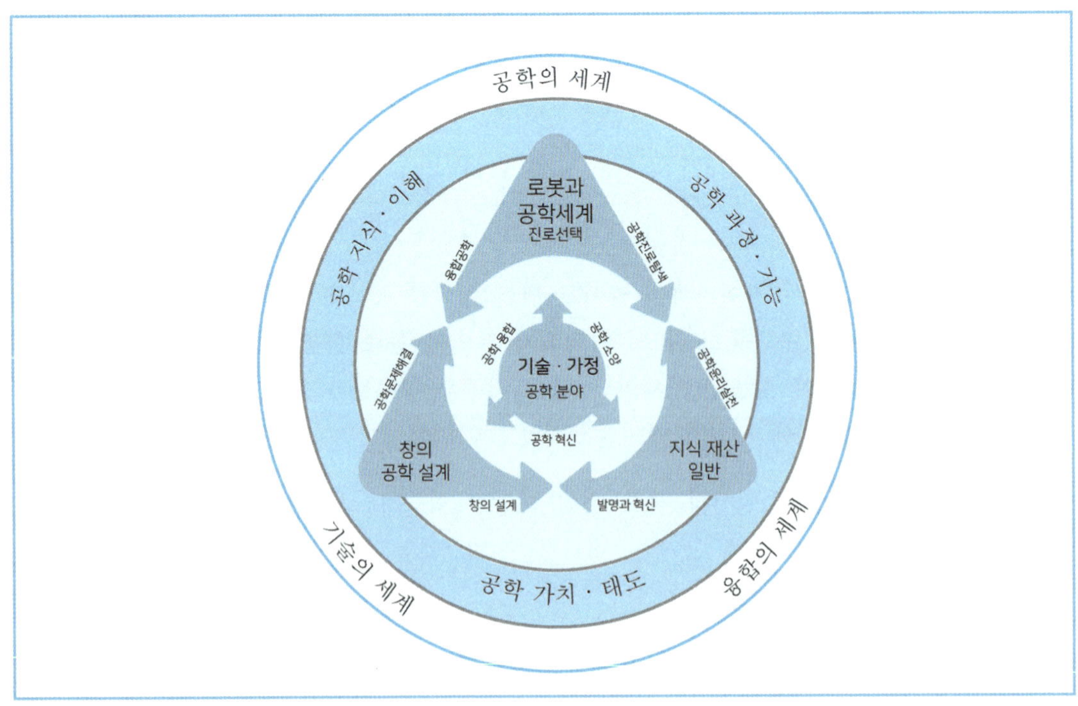

<그림 2-4> 공학 분야 선택과목 교육과정의 설계 원리

과정의 다양한 기술의 세계 탐색과 문제해결 활동을 바탕으로 공학 분야의 이해와 체험을 심화하는 것으로, 공학적 기초 소양, 첨단 공학기술을 통한 혁신과 융합을 주제로 다룬다.

2) 성격과 목표

고등학교 '기술·가정'의 기술 영역은 기술 및 공학의 세계에 근거한 실생활의 경험을 통하여 인간이 삶에서 필요한 욕구를 충족하고, 기술적 잠재 능력을 확대하기 위하여 창의적으로 문제를 해결하는 활동을 제공하도록 한다. 또한 기술 영역은 기술 및 공학을 구성하는 소양 교육으로 공학 기초, 디지털 기반 설계와 제조, 로봇과 자동화, 친환경 에너지와 에너지 전환, 첨단 수송수단과 항공우주, 초연결사회와 정보통신, 스마트 도시와 친환경 건설, 생명공학과 의공학, 첨단 융합공학 등의 지식을 이해하고 설계, 생산, 유지, 평가하는 등의 공학적 활동 과정을 체험하고 문제해결 활동을 하게 한다.

공학 분야를 학습하는 것은 인간의 혁신적인 실천으로서 기술의 지식과 이해, 사고 과정과 기능, 추구하는 바람직한 가치와 태도를 증진하고 기술 및 공학 소양을 갖추며 그 과정에서 기술적 문제해결에 대한 사고 발현 및 계발 기회를 갖도록 하는 것이다. 이 기술 영역의 학습을 통하여 학습자는 단순히 기술 및 공학의 지식, 사고, 가치 등을 익히는 학습을 넘어 기술의 역사적, 사회적, 경제적 맥락에서 기술의 작동과 영향을 학습하게 함으로써 변혁적인 미래의 기술을 더 슬기롭고 올바르게 평가하고 예측하는 학습 경험을 하도록 한다. 특히 고등학교 수준에서 기술 영역의 학습은 초등학교의 기술적 자각과 기초적인 체험활동, 중학교의 다양한 기술의 세계 탐색과 문제해결 활동의 수준을 심화하여 공학적 기초 소양과 새롭게 강조되는 첨단 공학기술의 지식·이해, 과정·기능, 가치·태도를 통합적으로 다룬다. 또한 기술 영역의 학습 활동은 공학적 지식, 사고, 문제해결의 측면에서 진로 선택 과목인 '로봇과 공학세계', 융합 선택 과목인 '창의 공학 설계'와 '지식 재산 일반'의 기본이 되며, 진로 선택 및 융합 선택 과목을 통하여 내용과 수준이 심화·확장된다.

- 공학의 역사와 미래, 공학 설계 과정의 기초적 이해를 바탕으로 공학 학습에 필요한 창조, 팀워크, 의사소통, 사회, 경제 등의 지식, 사고를 체험하여 공학의 가치를 인식하고, 기초적인 공학 소양을 갖게 한다.
- 첨단 공학의 핵심 영역인 디지털 기반 설계와 제조, 로봇과 자동화, 친환경 에너지와 에너지 전환, 첨단 수송수단과 항공우주, 초연결사회와 정보통신, 스마트 도시와 친환경 건설, 생명공학과 의공학, 첨단 융합공학 등을 탐구하며, 사용자 공감, 공학 문제 이해, 대안 탐색, 최적의 방안 선정, 실행, 평가의 공학적 문제해결 과정을 체험하여 공학의 가치 인식, 진로 탐색, 문제해결력을 기른다.

3) 내용 체계

(1) 공학의 기초

핵심 아이디어	• 공학은 인류 문명의 시작부터 함께해 왔으며 수학, 과학, 예술 등의 지식과 융합하여 사회, 경제 등 여러 분야의 변화를 촉진한다. • 공학자는 설계, 발명, 문제해결 등의 과정을 거쳐 공학적 산출물을 완성하는 일을 하며, 이 과정에서 창의성, 팀워크, 리더십, 의사소통, 윤리적 태도, 책임감 등과 같은 역량과 자질이 공학자에게 필요하다.
영역 범주	내용 요소
지식 · 이해	• 공학의 역사와 미래 • 공학의 개념과 설계 과정 • 공학과 융합 • 공학 소양 • 다양한 공학 분야와 진로
과정 · 기능	• 공학의 특징과 발전 과정 탐색하기 • 공학이 사회 발전에 미친 영향 분석하기 • 공학의 혁신 사례 조사하기 • 공학 설계 과정 탐색하기 • 공학 분야의 융합 지식 활용 사례 분석하기 • 공학 분야의 진로 탐색하기
가치 · 태도	• 공학의 가치 인식 • 긍정적 문제해결 태도 • 창의적 자신감 • 협력적 의사소통 • 공학을 통한 자아실현과 진로 탐색 및 설계

(2) 미래를 여는 공학 혁신

핵심 아이디어	• 디지털 기반 설계와 제조는 인류의 삶에 필요한 다양한 산출물을 혁신적으로 생산하는 데 이용되며, 로봇과 자동화를 통해 무인 생산시스템의 완성에 기여한다. • 인류는 친환경 에너지와 에너지 전환 등을 통해 효율적이며 지속가능한 에너지 관리와 개발을 실현하고 있으며, 첨단 수송수단은 사람이나 사물의 공간 이동의 안전성과 효율성을 높이고 항공우주 기술 발전에 기여한다.
범주 \ 영역	내용 요소
지식 · 이해	• 디지털 기반 설계와 제조 • 로봇과 자동화 • 친환경 에너지와 에너지 전환 • 첨단 수송수단과 항공우주
과정 · 기능	• 공학의 혁신 사례 및 방안 탐구하기 • 혁신적 문제 해결하기 • 아이디어 시각화하기 • 디지털 기반 설계하기 • 자동화 제어 장치 제작하기 • 재료와 도구의 선택 및 활용하기 • 제작과 시공하기 • 자동화 및 제어 프로그래밍 • 공학적 문제해결과정 기록하기 • 공학적 산출물 평가 및 공유하기 • 공학의 혁신 방향 예측하기
가치 · 태도	• 혁신적 사고와 비판적 태도 • 인공세계와 공학에 대한 흥미와 호기심 • 공학에 대한 도전적 자세 • 의사소통의 중요성 인식 • 창의적 자신감과 태도

(3) 지속가능한 융합 공학

핵심 아이디어	• 정보통신 공학은 사람과 사람, 사람과 사물, 사물과 사물의 연결과 정보교환을 통해 인공지능 기술 발전에 기여하고 있으며, 건설공학은 인간의 삶의 터전으로서 도시와 공간, 건설 구조물에 대한 다양한 문제를 융합적으로 해결하는 데 활용된다. • 생명공학은 인간의 건강한 삶을 유지하기 위해 농·축산업, 에너지, 의료, 의공학 분야에서 광범위하게 활용되고 있으며, 첨단 융합 공학은 정보통신을 중심으로 다양한 영역의 지식과 융합하여 공학적 문제를 해결하는데 기여한다.
영역 범주	내용 요소
지식 · 이해	• 초연결사회와 정보통신 공학 • 스마트 도시와 건설공학 • 생명공학과 의공학 • 첨단 융합공학
과정 · 기능	• 공학의 융합 사례 및 방안 탐구하기 • 융합적 문제 해결하기 • 인공지능 기술 활용하기 • 재료와 도구의 선택 및 활용하기 • 건설 구조물 설계하기 • 생명공학 기술 활용하기 • 제작과 시공하기 • 자동화 및 제어 프로그래밍 • 공학적 문제 해결 과정 기록하기 • 공학적 산출물 평가 및 공유하기 • 공학의 융합 방향 예측하기
가치 · 태도	• 융합적 사고와 비판적 태도 • 공학에 대한 가치 인식 • 공학 윤리 실천 • 공학에 대한 도전적 자세 • 의사소통의 중요성 인식 • 협력하는 태도와 긍정적 자세

4) 성취기준

(1) 공학의 기초

[12기가04-01] 공학이 발달해 온 역사와 공학의 세계를 탐구하는 과정에서 공학의 가치를 인식하고, 미래 사회를 예측한다.
[12기가04-02] 공학의 개념을 정의하고 공학의 설계 과정을 이해하며, 공학의 혁신 사례를 조사하여 공학의 가치를 인식한다.
[12기가04-03] 기술, 수학, 과학, 예술 등과 융합하여 공학이 발전된 사례를 분석하여 공학의 융합적 특성과 중요성을 이해한다.
[12기가04-04] 공학적 문제해결 사례를 통해 창의성, 팀워크, 의사소통 역량과 같은 공학적 소양의 중요성과 필요성을 인식한다.
[12기가04-05] 다양한 공학 분야를 탐색하여 공학자의 역할을 이해하고, 자신의 흥미, 적성, 능력에 맞는 공학 분야의 진로를 탐색한다.

(2) 미래를 여는 공학 혁신

[12기가05-01] 공학적 문제를 해결하기 위한 아이디어 시각화 과정에서 제도의 기본 규칙에 대한 이해를 바탕으로 컴퓨터를 이용한 디지털 기반의 설계를 적용하며, 아이디어 시각화를 통한 의사소통의 중요성을 인식한다.
[12기가05-02] 디지털 기반 설계 및 제조 과정을 이용해 공학적 문제를 해결할 수 있는 제품을 제작하고 산출물을 평가하는 과정에서 공학에 대한 도전적 태도를 기른다.
[12기가05-03] 로봇의 구성 및 활용 사례를 바탕으로, 자동화를 위한 제어 장치의 활용 방법을 탐구하고 로봇을 제작하여 인공 세계와 공학 제품에 대한 호기심을 갖는다.
[12기가05-04] 친환경 에너지의 종류와 원리, 활용 사례를 탐구하며, 에너지 전환과 관련된 공학적 문제를 해결하는 과정에서 창의적 자신감과 태도를 갖는다.
[12기가05-05] 첨단 수송수단 및 항공우주 분야에 사용되는 공학적 지식을 분석하고, 발달 현황 및 미래의 방안을 토의하고 발표하며, 첨단 수송수단 및 항공우주와 관련된 공학 문제를 창의적으로 해결한다.

(3) 지속가능한 융합 공학

[12기가06-01] 빅데이터, 사물인터넷, 인공지능 등 최신 기술을 통해 정보통신 공학을 이해하고, 정보통신 공학의 활용 사례를 탐구하여 정보통신 기술을 윤리적으로 활용하는 태도를 갖는다.
[12기가06-02] 초연결사회와 정보통신 관련 공학 문제를 공학적 문제해결 과정을 통해 해결하고, 산출물 평가를 통해 공학적 의사소통의 중요성을 인식한다.
[12기가06-03] 스마트 도시 건설에 필요한 핵심 기술과 동향을 파악하며, 관련한 건설공학 문제를 창의적으로 해결하고 그 과정과 산출물을 평가한다.
[12기가06-04] 생명공학이 인류의 식량자원 확보, 온실가스 배출감소, 생명 연장, 의공학의 발전에 기여할 수 있는 방안을 탐구하고, 생명공학과 관련된 문제를 창의적으로 해결하는 과정에서 공학의 가치를 인식한다.
[12기가06-05] 다양한 지식과 융합된 공학의 세계를 탐구하고 융합 공학 문제를 해결하며, 그 과정에서 공학에 대한 긍정적 태도와 공학 윤리 실천의 중요성을 인식한다.

5) 교수 · 학습

(1) 교수 · 학습의 방향

(가) 학생들이 모든 영역의 내용을 고르게 학습할 수 있도록 영역별로 균형 있게 계획하여 지도한다. 단, 학습자의 요구 및 학교와 지역사회의 여건 등을 고려하여 학습 내용 및 활동의 순서와 과제의 종류 등을 달리하여 지도할 수 있다.

(나) 교과 내용의 특성상 실험 · 실습, 현장 조사 및 견학 등의 체험 활동을 위하여 창의적 체험활동 등과 연계하여 지도할 수 있다. 또한 다양한 체험 활동을 중심으로 수업을 계획할 경우, 교수 · 학습의 효율성을 위해 수업 시간을 연속적으로 편성 · 지도할 수 있다.

(다) 학생들의 발달 단계, 학습 수준, 관심, 흥미 등의 학습자 요구를 고려하여 다양한 교수 · 학습을 계획하고, '지식 · 이해', '과정 · 기능', '가치 · 태도'를 통합적으로 적용하여 교과 역량을 기를 수 있도록 지도한다.

(라) 학습자의 탐구, 체험, 실험 실습, 문제해결 등을 위하여 학교 내 가정실과 기술실을 확보하고, 지역사회 교육 자원을 연계하여 교과 학습의 효과를 높이도록 한다.

(마) 생태전환교육, 민주시민교육, 디지털 · AI 소양 교육 등 범교과 주제에 따른 지식과 사례를 중심으로 융복합적 문제해결에 이르도록 하며, 이에 필요한 기초적인 언어 소양, 수리 소양, 디지털 정보 및 도구를 활용하는 소양을 함께 기를 수 있도록 한다.

(바) 고등학교 '기술 · 가정'은 학생들의 다양한 진로 탐색에 따른 선택 과목과의 연계성 및

교사 전문성과 교수·학습의 효율성을 고려하여 '가정' 분야는 가정 전공 교사가, '기술' 분야는 기술 전공 교사가 각각 지도하도록 한다.

(2) 교수·학습 방법

(가) 실생활과 관련된 조사, 탐구, 체험, 문제해결, 공유나 나눔 활동을 중시하고, 학습자의 삶과 밀접한 지역사회 연계 교육을 활용한다. 특히 지역의 인적 자원을 활용하거나 지역 내 관련 기관 및 시설(박물관, 과학관, 산업체, 연구소 등)을 견학이나 탐방하여 지도한다.

(나) 실물이나 모형, 사진 및 동영상 자료, 멀티미디어 자료, 가상현실(VR), 증강현실(AR), 빅데이터 자료 등과 같은 여러 가지 유형의 아날로그 및 디지털 자료를 교수·학습 자료로 활용하여 교수·학습의 실재감을 높일 수 있도록 한다.

(다) 가정 분야 관련 교수·학습은 개인과 가족이 당면하는 삶의 문제들을 주도적으로 해결할 수 있는 교육 내용 간 통합적 접근, 지역과 사회 체계의 지속가능성을 위해 다양한 학문과 융합할 수 있는 초학문적 접근을 추구한다. 또한 가정 및 생활과 관련된 내용과 활동에 따라 상황과 맥락을 깊이 있게 이해하고, 다양한 관점의 대안적 방법과 행동을 성찰할 수 있는 실천적 문제 해결과정과 함께 창의적 사고를 기반으로 한 협력적 의사소통과정을 통하여 가치·태도를 기를 수 있도록 지도한다. 이를 위해서 주제 중심 프로젝트 학습, 창의적 문제 해결 학습, 실천적 문제 중심 학습, 체인지 메이커 학습, 지역사회 기반 봉사 학습 등 다양한 방법을 활용하고, 실생활 맥락에 대한 이해를 높이기 위한 지역사회 연계 체험학습이 이루어질 수 있도록 한다.

(라) 기술 분야 관련 교수·학습은 기술 및 공학과 관련된 문제 상황을 협력하여 해결하도록 한다. 또한 핵심 아이디어를 개념적으로 이해하고 탐구하며, 직접적인 체험을 통해 기술적 지식을 실천하도록 한다. 이를 위해서 기술 관련 내용과 활동에 따라 학습자 주도의 문제해결 학습, 프로젝트 학습, 문제 중심 학습, 실험·실습, 토의·토론 학습, 협동 학습, 디자인 씽킹, 역할 놀이, 사례 연구 등 다양한 방법을 적절히 활용하며, 학습자의 삶과 연계된 학습을 위해 활동이나 실제 사례에 초점을 두도록 한다.

(마) 실험·실습 활동은 학습자 주도의 문제해결에 초점을 두고 아래 사항을 유의하도록 한다. 특히 교과의 교육 내용을 분석하여 연간 또는 학기별 실험·실습 계획을 세워 실험·실습 활동에 필요한 재료, 설비, 기구 및 자재 등을 사전에 준비하고 점검하며, 학습자의 안전을 가장 중요하게 고려한다.

① 안전한 실험 · 실습 활동을 위하여 도구, 기계, 설비 등을 사전에 점검 및 수리하고, 사용 방법을 정확하게 익히도록 한다. 또한 안전 안전사고 예방을 위해 사전에 교육을 실시하고, 안전 관련 보호 장비를 착용하도록 한다.
② 간단한 응급 처치 요령을 알려주고 안전사고 발생 시 응급 처치 요령에 따라 즉각적으로 치료받을 수 있도록 한다.
③ 실험 · 실습 재료나 도구를 지정된 장소에 보관하고, 안전 · 위생 등을 고려하여 취급한다.
④ 조리기구, 열원과 연료를 다룰 때의 주의할 점과 소화기 사용법 등을 지도하여 안전사고가 발생하지 않도록 주의한다.
⑤ 조리 실험 · 실습에서는 식품을 선택, 손질, 보관할 때 위생과 안전을 고려하여 식품 오염에 유의하도록 지도한다.
⑥ 실험 · 실습 후에 남은 재료, 부산물, 폐기물 등을 재활용 및 분리배출 등에 관한 지침에 따라 처리하여 환경오염을 예방하도록 한다.
⑦ 유해 물질이나 분진, 가스가 발생하는 활동에는 환기 및 공기순환장치의 설치를 의무화하고 관련 장비의 활용에 따른 주의사항을 준수하도록 한다.
⑧ 안전한 실험 · 실습 활동을 위한 최소한의 실습 공간을 확보하고, 학습자의 발달을 고려하여 인체공학적 측면에서 실습환경을 조성한다.

6) 평가

(1) 평가의 방향

(가) 기술 · 가정과의 평가는 연간 혹은 학기 기준으로 사전에 계획하여 '교육과정-교수 · 학습-평가-기록'의 모든 절차가 정합성을 갖도록 실시되어야 한다. 평가의 목적이나 내용을 고려하고, 학습자의 지식 · 이해, 과정 · 기능, 가치 · 태도의 다양한 측면을 종합적으로 파악하는 것이 중요하므로 평가 방법을 다양화하여 실시한다.

(나) 평가는 학습자 성취결과에 대한 판단의 근거 자료 수집은 물론이고, 학습의 수행 과정의 평가를 지향한다. 또한 평가 결과는 학생의 변화와 성장을 위한 자료로 활용하는 동시에 교사의 수업 개선에 도움이 되도록 한다.

(다) 단편적인 지식이나 사실보다는 개념, 사고 과정 및 기능, 가치 및 태도 등에 대한 평가 자료를 다양하게 수집하여 학습자의 교과 역량을 종합적으로 평가한다.

(라) 학습자의 개별 특성을 고려하여 성취기준을 달성할 수 있도록 하되, 최소 성취수준에 도달하지 못하는 학생들을 예방하기 위해 평가에서 교사의 적극적인 피드백을 제공하며 학습자 스스로 성장할 수 있도록 한다.

(2) 평가 방법

(가) 기술 · 가정과의 평가는 단순히 지식 · 이해의 평가뿐 아니라 과정 · 기능의 수행, 가치 · 태도의 내면화를 확인하고 이를 평가에 반영한다. 평가는 평가 목표와 평가 내용에 따라 다양한 방법을 적절히 활용한다. 이 과정에서 학습자에게 과제 수행의 성취를 돕고, 신뢰도 높고 타당한 평가를 위하여 채점 기준(루브릭)을 개발하여 공개하고 채점에 활용한다.

(나) 평가 문항은 단순한 사실이나 지식의 측정 뿐 아니라 학습자의 적용력, 분석력, 종합력, 평가력 등의 고등사고 능력까지 측정할 수 있도록 양질의 평가 문항을 개발하여 활용한다.

(다) 평가 상황에서 학습자의 디지털 격차로 인한 영향이 발생하지 않도록 계획을 세워 실시한다.

(라) 평가에서 학습자들의 참여의식을 높이며, 평가 결과에 대한 학습자 자신의 책임을 강화하고, 협력적 학습공동체 구성원으로서 소통을 강화하기 위해 평가의 주체를 교사 외에 학습자 본인과 동료 학생 등으로 다양하게 실시한다.

(마) 자기주도성을 바탕으로 한 학습자 중심의 수업을 성공시키기 위해서는 다양한 평가 장면에서 주어지는 교사의 적절한 피드백이 학습의 목표 달성과 학습 촉진을 위한 관건이 되므로 구체적인 정보를 담은 다양한 방법의 피드백을 계획하여 실시하되, 학생 상호간의 피드백도 적극 활용한다.

(바) 학습 부진, 학습속도, 일시적 사고 등의 다양한 학습자 상황에서 발생하는 학습 격차를 반영하기 위해 성취기준에 근거한 '평가기준'의 '채점 기준'에서 평가의 형평성을 고려하는 조치를 포함하도록 한다.

(사) 학습 과정의 평가를 통해 자신의 학습에 대해 관찰하고 개선하도록 하고 적정한 피드백을 통해 스스로 개선하고 성장할 수 있는 기회를 제공한다. 단, '기술 · 가정' 과목에서 최소 성취수준을 도달하지 못한 경우 보충 학습의 기회를 제공한다.

다. 로봇과 공학세계

1) 성격과 목표

'로봇과 공학세계'는 고등학교 1~3학년에 해당하는 진로선택 과목으로서 초등학교 '실과' 및 중학교 '기술·가정' 교과, 고등학교 '기술·가정, 창의 공학 설계, 지식 재산 일반' 교과 간의 연계와 함께 다양한 기술 분야의 지식과 기술적 문제해결 과정, 설계와 제작 활동 등의 교과 내 연계를 함께 고려한 과목이다. 특히 '로봇과 공학세계'는 과학, 수학, 정보 등 다양한 과목의 기초 지식을 활용하여 기술에 대한 내용과 수준을 심화·확장하고 여러 가지 기술과 공학이 융합된 대표적 사례인 로봇을 이해하고 설계 및 제작하며 로봇 관련 문제를 해결하고 동시에 로봇 관련 공학의 세계에 대한 다양한 진로를 탐색하는 기회를 제공하는 과목이다.

'로봇과 공학세계'의 내용은 '로봇의 이해, 공학세계의 탐색과 로봇의 활용, 로봇공학 프로젝트'의 세 영역으로 구성된다. 각 내용 영역은 영역별 지식·이해, 과정·기능, 가치·태도의 내용 체계를 서로 연계하여 종합적으로 이해하며, 로봇과 관련된 다양한 공학 세계를 탐색하는 기회를 제공하는 데 중점을 두었다.

이 과목에서 학습자는 로봇의 구성 요소, 동력전달장치와 원리, 제어를 위한 알고리즘 작성 방법 등에 대하여 학습하고, 생활 속의 로봇 활용에 대하여 살펴보면서 로봇의 공학적 특성을 파악할 수 있다. 또한 제조, 건설, 생명, 에너지, 수송, 정보통신, 인공지능 기술 등 다양한 공학 분야에 활용되는 로봇을 탐구하여 다양한 공학 세계의 특성을 이해하고 관련 공학 분야의 진로를 탐색할 수 있다. 아울러 창의적인 로봇을 설계·제작·체험하는 로봇공학 프로젝트를 통하여 지식과 기술을 융합하고 활용할 수 있으며 관련 공학 분야에 대한 문제 해결 능력을 기를 수 있도록 하였다. 특히 공학이 소비자의 다양한 요구에 대응하기 위해 학문의 융복합 기술로 활용 및 발전한다는 특성과 기계 및 전자, 재료 등의 하드웨어 기술과 더불어 정보통신 및 인공지능 기술의 발달과 함께 성장하는 특성 등을 종합적으로 고려하여 로봇과 공학에 관한 아날로그 기술과 디지털 기술을 함께 활용할 수 있는 능력을 기를 수 있도록 하였다. 뿐만 아니라 산업, 의료, 국방, 교육 및 금융을 포함한 다양한 서비스 분야에서 로봇을 개발·활용할 때 인간의 삶과 연관한 윤리적 문제를 다루어 인간이 로봇의 개발과 활용 주체로서 담당해야할 역할에 대해 탐구하도록 하였다. 이러한 활동을 통하여 학습자들은 창의성, 문제해결력, 협력적 태도 및 의사소통 능력, 디지털 리터러시 및 융·복합적 사고력 등을 기를 수 있다.

'로봇과 공학세계'는 로봇의 공학적 이해와 가치를 인식하고, 다양한 공학 분야의 탐색을 통해 공학을 이해하고 진로를 탐색하며, 공학 분야에서 로봇의 탐색과 문제해결 활동, 로봇

공학 프로젝트 체험을 통하여 융합 공학인 로봇을 체계적으로 학습하여 공학에 대한 흥미, 가치, 진로 탐색의 기회를 갖도록 하는데 목표를 둔다.

1. 로봇의 공학적 개념, 로봇 하드웨어 및 소프트웨어, 그리고 로봇의 바람직한 활용을 탐구하여 로봇의 기본 구조와 기능 및 가치를 이해한다.
2. 제조, 건설, 생명, 에너지·수송, 정보통신 및 인공지능 기술 등 다양한 공학 분야의 개념과 특징을 이해하고 탐색하며, 공학 분야에서 로봇의 활용 사례를 조사·탐구하여 예비 공학자로서의 소양을 기르고 적성과 흥미에 맞는 진로를 탐색한다.
3. 로봇에 대한 공학적 문제를 이해하고, 로봇을 구성하는 하드웨어 장치와 로봇을 제어하는 소프트웨어를 활용하는 능력을 종합하여 로봇을 설계하고 제작하고 평가한다.

2) 내용 체계

(1) 로봇의 이해

핵심 아이디어	• 로봇은 하드웨어와 소프트웨어로 구성되어 작동하며 다양한 공학의 융·복합적 특성을 가진다. • 인간은 로봇 개발과 활용의 주체로서 다양한 분야에 로봇을 이용하고 있으며, 바람직한 윤리의식을 바탕으로 로봇을 연구·개발·활용해야 한다.
범주	내용 요소
지식·이해	• 로봇의 개념과 특성 • 로봇의 하드웨어와 소프트웨어 • 생활 속의 로봇 종류와 활용 • 로봇 윤리
과정·기능	• 융합공학으로서의 로봇 원리 탐구하기 • 로봇 구성 및 하드웨어 제작하기 • 로봇 소프트웨어 탐구하기 • 로봇 소프트웨어로 하드웨어 제어하기 • 생활 속의 로봇 활용 분야 탐구하기 • 로봇 윤리 탐구하기
가치·태도	• 로봇에 대한 가치와 인식 • 로봇 및 공학에 대한 흥미와 도전 • 로봇의 개발과 활용에 대한 긍정적 사고 • 로봇 개발, 활용에 대한 바람직한 윤리 의식

(2) 공학 세계의 탐색과 로봇의 활용

핵심 아이디어	• 다양한 공학 분야에서 공학적 지식과 기술이 융합되어 해당 분야에 필요한 로봇이 설계 · 제작 · 활용된다. • 다양한 공학 분야에서 로봇의 제작 · 활용 사례를 조사 · 탐구하여 자신의 적성과 흥미에 맞는 진로를 발견하고 해당 분야의 진로 능력을 갖출 수 있도록 한다.
범주	내용 요소
지식 · 이해	• 제조 분야 공학 세계의 이해 • 건설 분야 공학 세계의 이해 • 생명 · 환경 분야 공학 세계의 이해 • 에너지 · 수송 분야 공학 세계의 이해 • 정보통신 및 인공지능 기술 분야 공학 세계의 이해 • 기타 공학 분야의 로봇 활용 • 로봇의 활용 분야에 따른 진로 이해
과정 · 기능	• 로봇의 공학적 활용 분야 탐구하기 • 공학적 문제 해결하기 • 공학세계 탐색을 통한 미래 기술 예측하기 • 로봇의 공학적 활용 분야 진로 탐색하기
가치 · 태도	• 로봇의 공학적 활용에 대한 흥미와 관심 • 로봇의 공학적 활용에 대한 가치 인식 • 로봇의 공학적 윤리 함양 • 공학과 관련된 직업에 대한 흥미와 관심

(3) 로봇공학 프로젝트

핵심 아이디어	• 로봇을 설계 · 제작하기 위해서는 하드웨어 장치와 이를 제어하기 위한 소프트웨어 및 인공지능 기술을 활용하는 능력이 요구된다. • 로봇공학에 대한 문제해결 프로젝트는 로봇에 대한 지식 · 이해, 과정 · 기능, 가치 · 태도의 내용 요소를 종합하며 융합적인 사고를 하도록 한다.
범주	내용 요소
지식 · 이해	• 로봇공학 문제 이해 • 로봇을 구성하는 하드웨어 • 로봇을 제어하는 소프트웨어 및 인공지능 기술 이해 • 로봇공학 문제해결

과정 · 기능	• 사용자 공감하기 • 문제 확인 및 정의하기 • 정보 수집, 아이디어 구상 및 탐색하기 • 대안 선정 및 아이디어 시각화하기 • 로봇 구상 및 설계하기 • 로봇 알고리즘 구상 및 프로그래밍하기 • 로봇 제작과 제어하기 • 프로젝트 과정 및 결과 평가, 피드백 하기
가치 · 태도	• 로봇 제작에 대한 조작적 흥미 • 로봇공학에 대한 흥미와 관심 • 로봇에 대한 창의적 자신감 • 인간과 로봇 간의 소통과 협력 • 로봇공학에 대한 긍정적 사고와 협업, 존중 태도

라. 창의공학 설계

1) 성격과 목표

'창의 공학 설계'는 고등학교 1~3학년에 해당하는 융합 선택 과목으로서 초등학교 '실과' 및 중학교 '기술 · 가정'의 내용과 활동을 심화 · 확장한 과목이며, 고등학교 '기술 · 가정', '로봇과 공학세계', '지식 재산 일반' 과목과 '발명', '기술적 문제해결', '공학의 기초 영역'에 대한 내용 및 활동을 수평적으로 연계 · 확장한 과목이다.

'창의 공학 설계' 과목은 공학의 문제해결 과정을 체험하고, 공학에 대한 이해, 융합 공학 문제를 탐구하여 공학의 기초 능력인 공학적 문제해결과 창의 설계를 학습하여 공학 분야의 창의성과 문제해결능력 및 태도를 기르는 데 목적을 둔다.

'창의 공학 설계'는 '창의 공학 설계의 이해'와 '창의 공학 설계 프로젝트'의 두 영역으로 구성되며, 영역별 지식 · 이해, 과정 · 기능, 가치 · 태도의 범주가 상호 연계하고 통합적으로 학습하여 공학의 이해, 인류 문명과 공학, 지속가능한 미래 공학, 창의 공학 설계와 문제해결 과정 등에 대한 탐구 기회를 갖도록 하며, 창의 공학 설계의 핵심역량인 공학 기초 지식, 공학적 설계, 창의성, 팀워크와 의사소통능력을 기르도록 한다.

이 과목을 통해 학습자는 우리의 삶 속에서 다양한 창의 공학 설계 문제를 찾고 아이디어 구상과 시각화, 디지털 기반 공학 설계, 시제품 제작 및 재료, 안전한 도구 사용, 시제품 평가 등의 과정에서 융합 지식의 활용을 탐구하여 공학자에게 필요한 창의성과 문제해결 능력을 기를 수 있다. 또한 최근의 공학적 활동이 아날로그 방식과 디지털 방식을 혼용하여 효율적으로 활용한다는 점, 다양한 전문가들의 협력과 소통을 통한 문제해결이 이루어진다는 점을 고려하여 다양한 문제해결 방법과 도구를 활용할 수 있는 창의적 문제해결 능력과 협력적 의사소통능력을 기를 수 있도록 하였다. 이 과목에서 '창의 공학 설계 프로젝트'는 사회, 학교, 산업현장 등에서 활용할 수 있는 아이디어 제품을 실제로 설계하고 제작해 보는 활동으로, 기술적 문제해결 절차를 적용하여 수요자의 요구를 깊이 있게 공감하고 혁신적으로 설계 및 해결하는 문제해결 방법론을 활용하여 공학적 혁신의 경험과 흥미, 성취감을 키울 수 있다.

'창의 공학 설계'는 창의 공학 설계의 이해와 창의적인 아이디어 구상, 제작과 평가의 프로젝트 경험을 통해 공학 기초 소양과 공학적 문제해결 능력을 기르는데 목표를 둔다.

1. 인류 문명 발달과정에서 공학의 역할과 가치를 찾고, 공학에서 필요한 지식과 창의적 설계를 위한 창의성, 팀워크, 의사소통 등을 이해한다.
2. 사용자 공감, 문제 확인, 아이디어 탐색과 시각화, 최적의 아이디어 선정과 평가, 구체적 설계, 시제품, 검사와 개선, 평가의 창의 공학 설계 과정을 탐구하고, 협력을 통하여 공학적 문제를 해결한다.
3. 창의 공학 설계의 학습 경험을 통해 창의성과 자신감, 협업과 의사소통, 공감과 실패에 대한 긍정적 태도 등 예비 공학자에게 요구되는 기초적 소양과 능력을 기른다.

2) 내용 체계

(1) 창의 공학 설계의 이해

핵심 아이디어	• 창의 공학 설계는 새로운 공학 제품을 만들기 위한 과정이며 이 과정을 통한 결과물은 높은 공학적 가치를 지닌다. • 창의 공학 설계 과정은 사용자 공감을 기반으로 한 창의적 문제해결 과정으로 사용자 공감, 문제 확인, 대안 탐색, 최적의 대안 선정, 구체적 계획과 설계, 모형 또는 시제품 제작, 평가 및 개선의 과정을 거친다. • 창의 공학 설계는 공학의 실현 과정으로 그 과정에서 공감 방법, 확산적, 수렴적 사고 기법, 공학 설계, 재료 선정, 안전한 도구 사용, 평가 기법 등이 적절히 활용된다.
범주	내용 요소
지식 · 이해	• 공학의 의미와 특성 • 인류 문명과 공학 • 지속가능한 미래 공학 • 공학과 창의성 • 공학과 팀워크 • 창의 공학 설계와 문제 해결 과정

과정 · 기능	• 공학의 역사 탐구와 미래 전망하기 • 창의 공학 설계와 문제해결 과정 탐구하기 • 아이디어 시각화 방법 탐구하기 • 팀워크와 의사소통 역량 탐구하기 • 제품 개발 방법 탐구하기 • 공학적 산출물 비교, 분석하기
가치 · 태도	• 공학과 공학 산출물에 대한 가치 인식 • 창의적인 해결 방안의 가치 인식 • 창의 공학 설계를 위한 윤리적인 태도 • 창의 공학 설계에 대한 흥미와 관심 • 실패에 대한 긍정적 태도 • 협업 및 의사소통 태도

(2) 창의 공학 설계 프로젝트

핵심 아이디어	• 창의 공학 설계 프로젝트는 창의 공학 설계 과정을 직접 경험하여 공학자에게 필요한 창의적인 문제해결 역량을 길러준다. • 창의 공학 설계 프로젝트는 다양한 경험을 통해 공학 제품에 대한 이해의 폭을 넓히고, 공학 분야의 다양한 진로를 탐색하는 기회를 제공한다. • 창의 공학 설계 프로젝트는 문제해결과정에서 창의성, 팀워크, 의사소통역량을 발휘할 기회를 제공한다.
범주	내용 요소
지식 · 이해	• 사용자 공감 • 창의적 사고 기법 • 아이디어 시각화 방법 • 재료와 도구 • 최적의 대안 선정 및 평가 기법 • 제도의 기본 규칙 • 디지털 기반 공학 설계 도구 • 시제품 제작 방법 • 시제품 평가 방법
과정 · 기능	• 팀 구성 참여 및 협업하기 • 창의 공학 설계 사례 탐구하기 • 사용자의 요구 분석하기 • 공학적 문제 정의하기 • 확산적 사고 및 수렴적 사고 기법의 적용하기 • 해결 방안 탐색 및 선정하기

과정 · 기능	• 문제 해결을 위한 융합적 사고 하기 • 아이디어 시각화 방법 탐구하기 • 디지털 기반 설계하기 • 시제품 제작을 위한 재료 분석과 비교하기 • 재료 및 도구의 선택과 활용하기 • 시제품 제작 과정을 기록하고 공유하기 • 시제품 제작과 평가의 적용하기
가치 · 태도	• 협업과 소통하는 태도 • 문제 해결을 위한 긍정적 태도 • 창의 공학 설계에 대한 자신감 • 공학자에게 필요한 역량에 대한 성찰 • 공학 분야에 대한 진로 탐색 • 공학자로서의 소양 함양 • 실패에 대한 긍정적 태도

마. 지식 재산 일반

1) 성격과 목표

'지식 재산 일반'은 고등학교 1~3학년에 해당하는 융합 선택 과목으로서 초등학교 '실과' 및 중학교 '기술 · 가정'과 고등학교 '기술 · 가정, 창의 공학 설계'의 발명 영역, 기술적 문제 해결, 창의적 공학 설계 영역을 내용과 수준에서 심화 · 확장한 과목으로 지식재산권에 대한 기초적 지식 이해와 체험의 학습 기회를 제공하고 창의적이고 융합적인 사고를 바탕으로 지식재산권을 창출하고, 보호 및 활용하는 능력을 갖도록 한다.

'지식 재산 일반'은 발명과 지식재산에 관한 실제적이고 흥미로운 사례를 탐구하고 문제를 해결하며, 지식재산 프로젝트 활동을 통하여 지식재산 관련 분야의 진로를 탐색하도록 설정된 과목으로서 지식재산 소양 함양과 지식재산에 관한 문제해결능력을 기르는 데 목적이 있다.

'지식 재산 일반'은 '지식재산의 이해, 지식재산권의 보호와 활용, 지식재산권 창출 프로젝트'의 세 영역으로 구성되며 각 영역별 지식 · 이해, 과정 · 기능, 가치 · 태도의 범주를 서로 연계하여 통합적으로 학습하여, 지식재산권 창출 · 보호 · 활용에 필요한 능력을 기르는 데 중점을 두고자 한다. 이 과목에서 학습자는 발명과 지식재산권에 대한 역사와 사례 탐구를 통하여 기술 · 사회 · 경제 · 문화적 발전의 원동력이 되는 지식재산권의 가치와 중요성을 이해할 수 있으며, 발명 문제해결 과정을 통하여 새로운 지식재산권을 창출할 수 있다. 또한 지식재산권을 보호하기 위한 제도적 절차와 방안을 탐구하고, 지식재산권을 활용한 사업화 사

례를 분석하여 지식재산권에 대한 활용 능력을 기를 수 있다. 특히 오늘날 지식재산 기반 사회에서는 모든 분야에서 과학, 기술, 공학, 예술, 수학, 경제, 윤리 등이 융합하여 발전한다는 점, 지식재산권과 부가가치의 창출과 사업화가 연계될 수 있다는 점을 고려하여 창의적 사고와 융합적 문제해결 방법을 활용한 교수·학습 과정을 통해 지식재산권의 가치를 인식하고 문제해결 능력을 기를 수 있도록 하였다.

'지식 재산 일반'은 발명과 지식재산권에 대한 기초적인 지식을 바탕으로 지식재산권을 창출, 보호 및 활용할 수 있는 능력을 기르며, 새로운 분야를 개척하고 도전하는 태도와 새로운 가치를 만들어 낼 수 있는 창의적이고 융합적인 사고력과 비판적 사고력을 함양하여 지식재산권의 중요성과 가치를 인식할 수 있도록 하는데 목표를 둔다.

1. 발명과 지식재산의 개념과 역사를 이해하고, 기술 혁신과 사회 변화에 미친 영향과 가치를 인식한다.
2. 지식재산권 창출을 위한 방법을 이해하고, 발명 문제해결을 통하여 지식재산을 창출하고 권리화하는 능력을 기른다.
3. 지식재산권 보호의 필요성과 제도적 방안을 이해하고 실천하는 태도를 기른다.
4. 지식재산권의 경제적 가치를 이해하고 창업 및 거래 등의 사업화 분야에 지식재산권을 활용할 수 있음을 이해한다.
5. 발명과 지식재산에 대한 흥미와 관심을 바탕으로 새로운 분야에 도전하고 발굴하며, 지식재산 분야에 대하여 창의·융합적으로 사고하며 비판적으로 분석하는 태도를 기른다.

2) 내용 체계

(1) 지식재산의 이해

핵심 아이디어	• 인류는 발명을 통하여 문명 창조에 공헌하고 사회, 경제, 문화 등의 다양한 분야에서 혁신과 변화를 이끌어 왔다. • 무형자산으로서 인간의 창의적 발명 행위의 가치를 보호하고 장려한다. • 지식재산권은 법으로 정해진 등록 및 성립요건이 충족되어야 지식재산의 가치를 인정받을 수 있다.
범주	내용 요소
지식·이해	• 인류 문명과 발명의 역사 • 지식재산권의 개념과 종류 • 신지식재산권의 종류와 특징 • 산업재산권(특허권, 상표권, 디자인권)의 등록 요건 • 저작물의 분류와 성립요건

과정 · 기능	• 역사적 발명품 조사하기 • 지식재산권의 사회, 경제, 문화적 가치 분석하기 • 발명과 지식재산권의 관계 파악하기 • 지식재산권 사례 분석하기 • 지식재산권의 비교하기
가치 · 태도	• 지식재산의 가치와 필요성 • 발명과 지식재산권에 대한 흥미와 관심 • 지식재산권 분야 진로 탐색과 자아실현

(2) 지식재산권의 보호와 활용

핵심 아이디어	• 국가, 기업, 개인의 지식재산권을 보호하기 위해서 지식재산권 침해 예방 및 분쟁 조정에 대한 제도를 이해하고 실천하는 노력이 필요하다. • 급변하는 사회에 새로운 가치를 창출하는 지식재산권은 보호되어야 하고, 창업이나 기술 거래 등으로 지식재산권을 활용하려는 노력이 필요하다.
범주	내용 요소
지식 · 이해	• 지식재산권 보호의 개념과 필요성 • 지식재산권의 침해와 대응 • 지식재산권 보호제도 • 기술 사업화와 지식재산권 가치 평가 • 기술 창업과 기업가 정신 • 직무 발명 제도
과정 · 기능	• 지식재산권 침해와 분쟁 사례 조사 및 분석하기 • 지식재산권 보호 제도 탐구하기 • 기술 사업화 사례 분석하기 • 지식재산권 가치 평가와 창업 사례 탐구하기
가치 · 태도	• 지식재산권에 대한 관심 • 지식재산권 침해 문제에 대한 관심 • 지식재산권 보호의 중요성 인식 • 기술 창업을 위한 혁신성과 도전 • 지식재산 보호와 활용의 윤리적 실천 • 지속가능한 발명 문화와 태도

(3) 지식재산권 창출 프로젝트

핵심 아이디어	• 지식재산권은 체계적이고 창의적 발명 사고를 통해 창출되고, 법이 정한 절차에 따라 출원 및 등록되었을 때 그 권리를 인정받고, 지식재산 정보로 활용되고 보호받을 수 있다. • 지식재산권을 창출하기 위해서는 새로운 문제를 해결하려는 도전적인 자세와 협력적 자세를 바탕으로 창의적 사고, 특허 정보와 시장에 대한 분석, 시제품을 개발하고 평가할 수 있는 능력이 요구된다.
범주	내용 요소
지식 · 이해	• 발명 문제해결 과정 • 특허 정보 검색 • 특허 명세서 • 특허 도면 • 특허 출원
과정 · 기능	• 사용자 공감하기 • 발명 문제 정의하기 • 문제해결 방안 탐색 및 범주화하기 • 특허 정보 조사하기 • 선행 기술 비교하기 • 발명 아이디어 선정하기 • 발명 아이디어 시각화하기 • 특허 명세서 작성하기 • 프로젝트 평가하기
가치 · 태도	• 사용자의 요구를 경청하는 태도 • 새로운 문제를 찾고 해결방안을 제시하는 도전정신 • 새로운 분야에 도전하고 발굴하는 창업가 및 기업가정신 • 지식재산 창출을 위한 창의적 발명 태도 • 발명 문제 해결방안을 비판적으로 사고하고 융합하는 태도

6. 기술교과 교육과정 변천의 종합적 비교

기술교과 교육과정 목표 및 내용의 종합비교는 제2차 교육과정 후기부터 정식으로 교과로 등장한 기술교과 교육을 중심으로 살펴보기로 한다.

가. 중학교 기술교과 교육의 목표와 내용의 비교

1969년(제2차 교육과정 부분 개정)에 고시되어 1970년부터 시행된 중학교 기술교과 교육과정은 2015년 개정까지 아홉 번의 교육 목표를 설정하였다. 설정된 각 교육과정기의 주요 개념의 변천을 살펴보면 [표 2-9]와 같다.

특히 '자기 적성의 이해 계발', '현대 기술사회의 이해/기술발전과 산업발전과의 관계', '기계, 기구, 재료 등의 합리적 취급, 사물의 합리적 처리' 등이 다섯 차례의 개정에서 강조되었다. 또한 제4차에서는 과목의 명칭이 '기술'에서 '생활기술'로 변경되면서 생활과 기술을 강조하게 되었다. 그리고 제5차에서는 '생활기술' 과목을 다시 '기술'로 환원하고 기술학에 기초한 자주적 교과로서의 위상을 세우기 위하여 '기술적 교양인', '기술적 경험 및 실천력 배양' 등을 강조하게 되었다.

그러나 제7차 교육과정에서는 '기술 · 가정과'로 통합되면서 기술과 가정을 포함한 목표 진술로 기술의 용어보다는 일, 직업, 가정 등의 용어로 진술되면서 '일의 창의적 계획 및 실천', '직업 및 일에 대한 건전한 태도', '생활에 필요한 기초적 기술 습득' 등을 강조하게 되었다. 또한 2007년 개정 교육과정기에서는 기술에 대한 개념과 특성 이해, 창의적 문제해결력에 바탕을 둔 미래 사회 적응하는 능력과 태도에 중점을 두고 있다. 2011년에는 기술적 소양, 문제해결이 기존의 진로, 가치관 등과 더불어 강조되고, 2015년에서는 기술적 시스템 능력, 기술 활용 능력을 개념화 하여 제시하고 있다. 2022 개정에서 목표에서는 발명 문제해결, 혁신적인 기술 실천 융합적 사고 등이 목표에서 진술되었다.

한편, 기술교과 교육내용 중에서 여섯 차례의 개정 동안 계속 포함된 내용은 '설계제도/제도의 기초', '목재의 이용', '전기 · 전자' 영역이다. 그리고 한차례씩 있는 내용은 생산과 소비(제3차)', '제작 실습(제1차)', '상업과 경영', '공업기술'(제6차), '플라스틱의 이용(제4차)', '미래의 기술(제7차)' 등이다.

한편, 기술교과 교육내용의 변천은 초기 6번째까지 '설계제도/제도의 기초', '목재의 이용', '전기 · 전자' 영역이다. 그리고 한차례씩 있는 내용은 생산과 소비(제3차)', '제작 실습(제1차)', '상업과 경영', '공업기술'(제6차), '플라스틱의 이용(제4차)', '미래의 기술(제7차)' 등이다.

[표 2-9] 중학교 기술과 목표의 주요개념 변화

교육과정(연도) 목표상의 주요 개념	제2차 (69)	제3차 (73)	제4차 (81)	제5차 (87)	제6차 (92)	제7차 (97)	2007	2011	2015	2022
• 직업의 의의와 종류 이해	•				•					
• 자기 적성의 이해 · 계발	•		•	•	•	•	•	•		
• 사회발전을 위해 봉사	•									
• 생활과 기술과의 관계 이해		•	•							
• 현대 기술의 이해, 기술발전과 산업발전과의 관계	•	•	•	•	•					
• 생활에 필요한 기초적 기술 습득	•	•				•	•			
• 산업사회, 기술사회 적응 능력	•			•	•		•	•	•	•
• 기계, 기구, 재료 등의 합리적 취급, 사물의 합리적 처리	•	•	•	•	•					
• 기계, 기구, 재료 등의 창조능력, 기술향상을 위한 노력	•	•								
• 스스로 만드는 즐거움	•	•								
• 협동, 근면, 안전, 책임	•		•							•
• 기술적 교양인				•				•	•	•
• 기술적 경험 또는 실천력 배양				•	•	•	•	•	•	•
• 일의 창의적 계획 및 실천					•	•	•			•
• 실천적 태도					•		•			•
• 직업 및 일에 대한 건전한 태도						•	•	•		•
• 창의적 문제해결력						•	•	•	•	•
• 가치와 판단력							•	•		•
• 기술 활용 능력									•	•
• 기술 시스템 설계능력									•	•
• 발명 문제해결력										•
• 혁신적인 기술 실천										•
• 융합적 사고										•

이는 제6차에서 기술 · 산업, 제7차에서 '기술 · 가정'이라는 통합의 소용돌이에서 기술교과의 자주적 위상을 찾기는 어려웠던 것으로 판단된다. 그러나 개정 7차에서는 기술의 탐구 영역으로 보편화된 제조기술, 건설기술, 정보통신기술, 생명기술이 중학교에서(고등학교에서는 수송기술) 다루어지고 있고 내용 체계로는 기술학을 보다 강화하였다고 볼 수 있다. 특히 2007 개정에서는 기술과 발명, 전통기술의 이해가 새롭게 교육내용으로 다루어지게 되었다.

그 동안 기술학에 학문적 논의와 내용의 연구가 있음에도 결국 교육내용에 있어서는 기본적인 틀의 변화를 보이지 못하고 있다. 이는 제6차에서 기술 · 산업, 제7차에서 '기술 · 가정'이라는 통합의 소용돌이에서 기술교과의 자주적 위상을 찾기는 어려웠던 것으로 판단된다. 그러나 개정 7차에서는 기술의 탐구 영역으로 보편화된 제조기술, 건설기술, 정보통신기술, 생명기술이 중학교에서(고등학교에서는 수송기술) 다루어지고 있고 내용 체계로는 기술학을 보다 강화하였다고 볼 수 있다. 특히 2007 개정에서는 기술과 발명, 전통기술의 이해가 새롭게 교육내용으로 다루어지게 되었다.

2011년 기술 교육과정에서는 다소 혁신적인 변화가 보이는데, 기술학적 학문을 기반으로 교육과정이 편성되고 문제해결 활동이 내용 요소로 제시되는 변화를 가져왔다. 2015년 개정에서는 지속가능, 적정기술, 표준 등의 시대적 내용이 새롭게 등장하였다.

2022개정 교육과정에서 내용은 로봇과 제어, 인공 지능 기술, 기술의 융합 등이 세롭게 강조되었고, 기존의 로봇의 깇오가 되는 전기회로, 기계 운동 등이 강조되었고, 설계의 기초가 되는 제도를 다시 강조한 것이 특징이다.

[표 2-10] 중학교 기술과 주요교육의 변천

교육과정(연도) 교육내용	제2차 (69)	제3차 (73)	제4차 (81)	제5차 (87)	제6차 (92)	제7차 (97)	2007	2011	2015	2022
• 산업과 직업/기술과 산업	●	●		●	●	●	●	●	●	●
• 생활과 기술/인간과 기술/기술과 발달			●		●	●	●	●		•
• 생산과 소비			●							
• 설계 제도/제도의 기초	●	●	●	●	●	●	●			•
• 목공/목재의 이용	●	●	●	●	●	●	●			•
• 금속가공/금속재료의 이용	●	●	●	●	●	●	●			•
• 기계/기계의 이용	●	●	●	●	●	●	●	●		•
• 전기 · 전자/전기의 이용/ 가정용 기기의 이용과 안전	●	●	●	●	●	●	●	●		•
• 제작실습/제조기술	●					●	●	●	●	●
• 재배/생명기술		●	●	●	●	●	●	●	●	●
• 해양과 수산기술			●		●					
• 컴퓨터/정보통신				●	●	●	●	●	●	●
• 상업과 경영					●					
• 공업기술					●					
• 직업과 진로					●	●	●		●	●
• 플라스틱의 이용				●		●	●			•
• 미래의 기술과 사회						●	●	●	●	●
• 자원의 환경과 관리				●		●	●			•
• 발명							●	●	●	●
• 전통기술							●			
• 건설기술							●	●	●	●
• 표준									●	●
• 지속가능발전/적정기술									●	●
로봇과 제어										•
인공지능 기술										•
기술의 융합										•

나. 고등학교 기술과 목표와 내용 비교

제2차 교육과정 부분 개정부터 시행된 고등학교 기술교과 교육과정은 중학교와 마찬가지로 2007년 개정까지 일곱 번의 교육 목표를 설정하였다. 설정된 각 교육과정기의 주요 개념의 변천을 살펴보면 [표 2－11]과 같다.

[표 4－11] 고등학교 기술과 목표의 주요개념 변화

교육과정(연도) / 목표상의 주요 개념	제2차 (69)	제3차 (73)	제4차 (81)	제5차 (87)	제6차 (92)	제7차 (97)	2007	2011	2015	2022
• 설계제도에 대한 지식과 기술	●	●								●
• 자동차의 구조와 정비	●									
• 제작에 관한 실습	●									
• 산업과 현대생활에 활용 능력	●	●	●							
• 산업과 생활과의 관계	●									
• 생산 능력	●									
• 국가 산업 및 기술발전에의 기여	●		●	●	●					
• 산업/정보 사회 적응		●		●	●			●	●	●
• 직업의 특성 이해, 진로선택 능력			●	●	●	●	●			●
• 자신의 이해				●	●					
• 생활 기계 활용 능력		●								
• 기초적 기술 습득		●	●			●	●			
• 기술의 본질 및 특성 이해				●	●		●	●	●	●
• 기술적 교양				●	●	●	●	●	●	●
• 일의 창의적 계획과 경험						●	●	●	●	●
• 일과 직업에 대한 건전한 태도				●		●	●			●
• 창의적 문제해결력						●	●	●	●	●
• 가치와 판단력							●	●		●
• 기술 혁신과 발명								●	●	●
• 기술 사회 영향 평가								●		●
• 융합 기술 문제해결								●		●
• 첨단 기술 이해 체험								●	●	●
• 기술시스템 설계 능력									●	●
• 기술 활용능력									●	●
공학의 기초										●
팀워크, 의사소통										●
공학 소양										●
공학 문제해결										●

교육과정 개정의 교육목표에서 가장 강조되어 온 주요개념은 '국가 산업 및 기술발전에 기여', '직업 및 진로선택 이해 및 능력' 등이다. 그리고 제5차에서부터 '기술의 본질 및 특성 이해', '기술적 교양' 등의 강조로 기술학에 근원을 둔 자주적 독립교과로서의 위상을 높이려고 노력하였다. 그러나 제7차에서는 국민공통기본교육 10학년제 도입으로 고등학교 1학년에 부과되는 '기술 · 가정' 교과는 중학교의 연장선에서 이루어졌으므로 교육목표는 중학교와 같다. 즉 일의 창의적 계획과 경험, 일과 직업에 대한 건전한 태도', '기초적 기술 습득', '직업의 특성 이해, 진로선택 능력' 등을 강조하게 되었다. 2007 개정에서도 중학교와 교육목표를 통합적으로 제시하고 있는데 기술의 개념과 특성, 창의적 문제해결력에 기초를 둔 미래사회에 적응하는 능력과 태도 배양을 강조하고 있다.

2011년에서는 기술 혁신과 발명, 첨단 기술 이해, 기술 사회 영향 평가, 융합 기술 문제해결 등이 새롭게 강조되고, 2015년에서는 기술 시스템 설계 능력, 기술 활용 능력이 강조되었다. 그리고 2022개정에서는 공학 중심의 교육과정이 개편되면서 공학기초, 공학 소양, 팀워와 의사소통, 공학 문제해결 등이 강조되었다.

한편, 고등학교 기술교과 교육 내용에서 지금까지 강조되어온 내용은 '설계제도', '컴퓨터', '건설기술', '제조기술', '산업과 기술', '직업과 진로' 등의 내용이다. 특히 제4차에서부터는 '에너지와 동력/수송기술', '제조기술', '건설기술' '컴퓨터' 등을 다루면서 기술학적 내용에 기초를 둔 접근을 강조하고 있다. 그러나 제7차에서는 중학교와 연계된 교육과정 운영으로 '에너지와 수송기술', '건설기술'만을 다루었고, 2007 개정에서는 건설기술이 중학교 3학년으로 이동시키고 직업과 진로설계가 고등학교로 이동하여 수송기술과 함께 제시되고 있다. 2007 개정 교육과정에서의 고등학교는 선택과목으로 있는 '공학기술' 과목에서 보다 깊이 있고 체계적인 내용을 다루고 있다.

2011년에서는 기술혁신과 설계(발명, 창의공학설계), 미래 기술과 사회(첨단 기술 세계, 사회, 융합적 체험활동) 등이 제시되었다. 그리고 2015년에서는 첨단 기술, 산업 재해, 자동차 안전, 기술개발과 표준, 지속가능한 발전 등의 내용이 제시되었다.

2022개정에서는 공학의 기초, 공학과 융합, 디지털 기반 설계 제조, 로봇과 자동화, 우주항공, 초연결사회와 정보통신기술, 스마트도시와 건설공학, 생명공학과 의공학, 첨단 융합공학 등이 새롭게 강조되었다.

[표 2-12] 고등학교 기술과 주요내용 변천과정

교육과정(연도) / 교육내용	제2차 (69)	제3차 (73)	제4차 (81)	제5차 (87)	제6차 (92)	제7차 (97)	2007	2011	2015	2022
• 설계제도	●	●	●	●	●			●	●	●
• 자동차	●	●								
• 제작실습	●									
• 산업의 발달과 구조		●								
• 자동제어		●								●
• 전자계산기/컴퓨터/정보통신		●	●	●	●			●	●	●
• 경영관리		●	●							
• 산업과 기술			●	●	●					
• 에너지와 동력/수송기술			●			●	●	●	●	●
• 제조기술			●	●	●			●	●	●
• 건설기술			●	●	●	●		●	●	●
• 농업기술 /생명기술			●					●	●	●
• 해양개발과 수산기술			●							
• 직업과 진로			●	●	●		●		●	●
• 창의공학 설계								●	●	●
• 발명								●	●	●
• 기술과 사회								●		●
• 첨단기술								●	●	●
• 산업 안전									●	●
• 지속가능발전 기술									●	●
• 표준								●	●	
• 공학의 기초										●
• 공학과 융합										●
• 디지털 기반 설계 제조,										●
• 로봇과 자동화										●
• 우주항공										●
• 초연결사회와 정보통신기술										●
•스마트도시와 건설공학										●
• 생명공학과 의공학										●
• 첨단 융합공학										●

다. 한국 기술교과 교육과정의 변천 종합 비교

이와 같은 맥락에서 우리나라 기술과 교육과정을 전반적으로 비교하면 [표 2−13]과 같이 종합하여 나타낼 수 있다.

[표 2−13] 교육과정 변천에 따른 기술과 교육의 특징 종합비교

구분		제2차 교육과정	제3차 교육과정	제4차 교육과정	제5차 교육과정	제6차 교육과정	제7차 교육과정	2007 교육과정	2011 교육과정	2015 교육과정	2022 교육과정
교과편제		기술과목 신설(남자용, 여자용)	남학생 중심의 기술 과목	과목명 변경 • 중 : 생활기술 • 고 : 산업기술	과목명 변경 • 중 : 기술, 기술·가정 • 고 : 기술	과목명 변경 • 중 : 기술·산업 • 고 : 기술 (선택)	과목명 변경 기술·가정	과목명 유지기술·가정	과목명 변경 기술·가정	과목명 유지 기술·가정	과목명 유지 기술·가정 핵심 아이디어, 지식이해, 과정 기능, 가치태도고 내용체계화 고, 공학중심 로봇과 공학세계 창의공학설계 지식재산일반
교육목표		산업사회의 소양 교육적 접근	산업과 실생활의 절충적 접근	• 중 : 생활기술교육 접근 • 고 : 산업기술교육 접근	생활과 기술적 교양 교육 접근	• 중 : 기술과 산업의 통합적 접근 • 고 : 기술적 소양 접근	통합(병합)적 접근	기술영역의 목표 제시 − 문제해결 강조, 미래사회 적응력	기술적 소양, 문제해결능력, 미래 기술과 사회 평가, 융합문제해결 능력 강조	기술적 문제해결 능력, 기술적 시스템 설계 능력, 기술 활용 능력 강조	기술영역의 목표 제시 − 문제해결 강조, 미래사회 적응력, 고- 공학기초, 융합 공학, 공학 문제해결
교육내용	강조	모학문 체계의 미정립	산업의 영역을 골고루 강조	• 중 : 생활기술 내용 • 고 : 산업기술내용	• 중 : 컴퓨터 교육 신설 • 고 : 학문영역을 강조	• 중 : 과도기적 내용 (기술과 산업) • 고 : 기술학에 근거한 내용	기술, 가정의 내용 영역의 동시 강조	기술학적 내용 체계 강화	기술학적 체계, 문제해결 체험 강조, 기술과 사회, 발명 강조	핵심개념 제시, 지속가능발전, 안전, 표준의 강조	기술학적 내용 체계 강화 고-공학 강조 공학 선택 과목3개
교육내용	선정 및 조직	공업, 산업 내용 중심 접근	교양 산업교육내용 중심 접근	생활기술과 산업기술이 공존	실천학습활동 접근	• 중 : 통합적 접근 • 고 : 기술학적 접근	중·고교를 하나의 위계로 구성	중·고교를 하나의 위계로 구성	중학교와 고등학교 독립하여 내용을 심화 발전시킴 고- 공학중심		

<table>
<tr><td rowspan="7">이수</td><td rowspan="2">학년</td><td>중</td><td>전학년</td><td>전학년</td><td colspan="2">축소(1, 2학년만 이수)</td><td>확대
(전학년)</td><td rowspan="2">축소
(중 · 고
공통 이수)</td><td rowspan="2">7차와
동일</td><td colspan="3">2개 학년 이수토록 2권으로 제시</td></tr>
<tr><td>고</td><td>공통이수</td><td>공통이수</td><td colspan="2">기술, 가정 중 선택이수</td><td>9개
과목 중
선택이수</td><td>선택(공통)</td><td>선택(공통)</td><td>일반선택-
기술 · 가
정
진로선택
로봇과 공
학세계
융합선택
창의공학
설계
지식재산
일반</td></tr>
<tr><td rowspan="3">시간</td><td rowspan="2">중</td><td rowspan="2">• 1학년 : 4
~5시간
• 2,3학년 :
3시간</td><td rowspan="2">전학년
3시간</td><td colspan="2" rowspan="2">• 1학년 : 3시간
• 2학년 : 4~6시간</td><td rowspan="2">• 1학년 :
1시간
• 2, 3 학
년 : 2시
간</td><td rowspan="2">• 1학년 :
2시간
• 2, 3 학
년 : 3시
간</td><td rowspan="2">• 1학년 : 2
시간
• 2, 3 학
년 : 3시
간. 단,
기술은
1/1/2로
배당</td><td>과학/기술 ·
가정
646</td><td>과학/기술 ·
가정/정보
680</td><td></td></tr>
<tr><td colspan="3">대체로 시간 배당은 2007년과 총
시수 비슷</td></tr>
<tr><td>고</td><td>4단위</td><td>8~10단위</td><td>• 일반고
8~10
단위
• 기타
계열 :
4~8단위</td><td>• 일반고 8
단위
• 기타 계
열 : 4단
위</td><td>과정별 필
수과목 8
단위</td><td>고1 :
3시간</td><td>고1 : 3시
간</td><td colspan="2">기술 · 가정
제2외국어
한문/교양 군 16
(1단위 17시간)
기술가정은 일반선택</td><td>선택
과목화</td></tr>
<tr><td rowspan="2">방법</td><td>중</td><td>남녀 공통
이수(남녀
교과 내용
은 상이)</td><td>남자만
이수</td><td>남자만
이수</td><td>기술, 가정,
기술 · 가
정 중 택1</td><td>남 · 녀 공
통 이수</td><td rowspan="2">• 남녀 공
통 이수
• 내용 구
분 없음</td><td rowspan="2">• 남녀 공
통 이수
• 내용 구
분 없음</td><td rowspan="2">• 남녀 공
통 이수
• 내용 구
분 없음</td><td rowspan="2">• 남녀 공
통 이수
• 내용 구
분 없음</td><td rowspan="2">• 남녀 공
통 이수
• 내용 구
분 없음</td></tr>
<tr><td>고</td><td>남녀 공통
이수(남녀
교과 내용
은 상이)</td><td>남자만
이수</td><td colspan="2">기술, 가정 중 택1</td><td>기술, 가정,
농업, 공업,
상업, 수산
업, 가사, 정
보산업, 진
로·직업 중
선택</td></tr>
</table>

특히 중학교의 경우 2011년 개정 및 2015년 개정에서는 집중이수제로 과학, 기술 · 가정(정보) 군으로 총합 배당되었으나 대체로 2007년의 시수가 기술·가정에 적용되었다. 그리고 집중이수제[5])를 위하여 2개 학년에 배당되고 교과서도 2권으로 발행되었다.

2022개정에서는 중학교는 큰 변화가 없지만, 고등학교에서 공학중심으로 일반선택-기술 · 가정, 진로선택-로봇과 공학세계, 융합선택-창의공학설계, 지식재산일반 등으로 공학 관련교과가 늘어났다.

---

5) 교육부에서 고시된 총론에서 중학교 편제에서 학교는 학교의 특성, 학생 · 교사 · 학부모의 요구 및 필요에 따라 자율적으로 교과(군)별 20% 범위 내에서 시수를 증감하여 편성·운영할 수 있다. 단, 체육, 예술(음악/미술) 교과는 기준 수업 시수를 감축하여 편성·운영할 수 없다. 학교는 학습 부담을 적정화하고 의미 있는 학습 활동이 이루어질 수 있도록 학기당 이수 교과목 수를 8개 이내로 편성한다. 단, 체육, 예술(음악/미술) 교과는 이수 교과목 수 제한에서 제외하여 편성할 수 있다(교육부, 2011).

3장

기술교과 교육과정의 국제적 동향

이 장에서는 미국, 영국, 프랑스, 독일, 호주, 뉴질랜드, 일본, 대만, 중국, 홍콩, 싱가포르 등의 기술교과 교육과정의 편제, 특징, 동향을 살펴보고, 각 교육과정을 비교하고자 한다.

기술교과 교육과정의 세계적 동향을 살펴보는 일은 기술교과 교육학의 보편적 원리를 이해하고 기술교육 성격, 목표, 내용, 방법에 대한 시사점을 얻을 수 있을 것이다.

◎ 해시 태그Key words

#미국 기술교육 과정 #영국 기술교육 과정 #프랑스 기술교육 과정
#독일 기술교육 과정 #호주 기술교육 과정 #뉴질랜드 기술교육 과정
#일본 기술교육 과정 #대만 기술교육 과정 #중국 기술교육 과정
#홍콩 기술교육 과정 #싱가포르 기술교육 과정

1. 미국의 기술교과 교육

가. 미국 교육과정 편제와 동향

미국의 교육제도는 우리나라의 교육제도와 비슷하다. 초등학교 과정은 5~6년, 중학과정은 2~3년, 고등과정은 3~4년으로 이루어지고 있다. 이 중에서 중·고교과정(secondary education)에서 우리나라의 중학교 1학년은 미국의 7학년에, 고등학교 3학년은 12학년에 해당한다. 어느 학년을 교육시키는가에 따라 각각 Middle School(6~8학년), Intermediate School(7~8학년), Junior High School(7~9학년), Senior High School(10~12학년), Four Year High School(9~12학년)로 구분된다(이춘식·최유현·유태명, 2001).

미국 교육은 전통적으로 지방분권식 교육제도였으나, 최근 지구촌화(globalization)의 영향과 국가경쟁력을 높이기 위하여 지방분권식 교육제도의 재검토 문제가 제기되었다. 1983년 교육의 위기(A Nation at Risk)를 선언하고, 1991년 부시행정부의 개혁 노력(America 2000-An Education Strategy)과 클린턴 정부에 의하여 '국가 교육과정 표준(National Standards)'을 개발하고 있다.[1] 클린턴 행정부는 1993년 10월과 1994년 2월에 통과된 'Goal 2000-Educate America Act'라는 법률을 의회에서 통과시키고, 이 법안의 교육과정 부분은 '국가 표준(National Standards)'을 제정할 것을 제안하고 있다(이용숙 외, 1994 : 233-247).

이 법안이 통과되기에 앞서 1989년 4월에 발표된 '미국수학교사협의회(NCTM ; National Council of Teachers of Mathemetics)'에서는 학교 수학을 위한 교육과정 및 평가 표준 규준집(Curriculum and Evaluation Standards for School Mathematics)을 발표되었다. 그리고 1995년 12월에는 'National Academy of Science'가 과학교육 표준(National Science Education Standards)이 발표되었다. 그리고 '국제기술교육학회(ITEA ; International Technology Education Association)'가 K-12 기술교과 교육을 위한 표준 교육과정 프로젝트(A Project to Develop National Standards for K-12 Technology Education)를 세 차례(1996, 2000, 2003)에 걸쳐 단계적 교육과정을 개발하였다. 이러한 추세는 90년대를 '표준의 시대(decade of standards)'임을 단적으로 보여 주고 있다.

미국의 기술교과 교육은 100여 년 이상의 역사를 가지고 있지만 일반 보통교육으로 자리잡기 시작한 것은 1920년부터 산업에 대한 이해와 적응을 위한 산업공예(Industrial Arts) 교육부터 시작되었다. 그리고 1960년대부터는 산업의 이해와 산업에서 쓰이는 기술에 대한 이해를 함께 강조하는 산업기술(Industrial Technology) 교육 등으로 성격과 개념이 변천되어 왔다. 최근에는 기술 자체의 본질적 특성 이해로 고도화된 기술문명사회에서 적응할 수 있는 기술적 교양을 강조하는 기술교육(Technology Education)이 자리잡고 있다.

미국 기술교사교육협의회(CTTE, Council on Technology Teacher Education)에서 해마다 발간하고 있는 『*Yearbook*』의 35번째(1986년)의 주제가 '기술교육의 적용(Implementing Technology Education)'이었는데, 지금까지의 산업공예(Industrial Arts) 교육이 기술교육(Technology Education)으로 바뀌어야 하는 필요성[2](Lauda & McCrory, 1986 : 28-29)을 논의한 바 있다.

---

1) 다른 한편에서는 범용 주의를 극복하고 교사에게 도리어 많은 권한과 자율성을 부여해야 한다는 '재구조화(restructuring)'의 논의도 맞물려 있다.

2) 그 필요성은 첫째, 지금까지의 프로그램이 기술 발전으로 인한 사회 · 문화적 영향을 고려하지 않은 물질적이고 프로젝트 지향적인 점이다. 즉 기술적(technical) 관심보다 기술학적(technological) 관심이 증대되고 있다는 점이다. 둘째, 대부분의 산업공예(Industrial Arts) 프로그램에서는 모든 기술적 수단(technical means)을 포함하고 있지 않았다. 즉 대부분의 프로그램이 목재가공, 금속가공, 제도 등의 학습에 한정되어 있고 특히 수송(transportation) 등을 다루는 내용이나 수업전략이 결여되어 있다. 셋째, 전통적인 프로그램은 변화하는 기술을 따라가지 못한다는 점이다. 많은 교사들은 첨단 기술을 배우는 실습실에 우선 순위를 둘 수 없다.

이러한 맥락에서 『*Yearbook*』을 발간하는 기술교사교육협의회가 1987년부터는 'American Council on Idustrial Arts Teacher Education(ACIATE)'에서 'Council on Technology Teacher Education'으로 협회 명칭을 바꾼 것도 미국의 기술교과 교육의 큰 변화이다.

그러나 최근에는 기술 · 공학교육(Technology and Engineering Education)으로 변화되고 있는 추세이다. 미국 기술교과에서 기술학 혹은 기술(technology)의 본질적 탐구의 방향으로 선회한 배경은 기술의 급속한 발달로 인한 사회적 변화를 맞는 인간이 적응력을 갖고 대처함은 물론이고, 기술교과 자체의 학문적 위상을 바로 세우는 노력이다.

이러한 변화와 맞물려 기술학을 강화시키는 사회적 · 철학적 배경으로 기술적 교양(technological literacy)을 강조하고 있는 사실은 최근 미국 기술교과 교육의 가장 큰 변화로 판단된다. 아울러 최근의 연구에서 교육방법의 측면에서 새롭게 대두되어 재구조화가 이루어지는 수업전략으로서의 문제해결 접근이 기술학, 기술적 교양의 논의와 더불어 활발한 연구와 적용이 이루어지고 있다(ITEA, 1996 ; ITEA, 2000 ; ITEA, 2003 ; 최유현, 1994 : 92-93 ; 최유현, 2004).

나. 미국 기술교육 최근 동향

미국 기술교육의 현황보고서는 과거 네 차례에 걸쳐 수행되었다(Newberry, 2001; Meade & Dugger, 2004; Dugger, 2007; Moye, Dugger, & Starkweather, 2012). 이번 보고서는 다섯 번째 보고서로서 미국에서의 기술/공학 교육의 현황과 동향을 파악하는 계속 과제이다.

이 연구는 2014년부터 2015년 7월까지 각 주의 기술 담당 장학관에게 이메일을 통하여 조사된 연구이다. 50개 중에서 39개주(78%)가 응답하였고, 조사 도구는 14개의 질문으로 구성되어있다.

이 중에서 중요한 질문과 그 내용을 제시하면 다음과 같다.

질문 2 : 당신의 주에서는 기술/공학 교육의 주 단위의 교육과정 기준이 있는가? (기술교육, 공학교육, 기술/공학교육, STEM, 기타 등)

응답한 39개 주 중에서 37개 주가 이 질문에 응답하였고, 41%가 주 교육과정 기준이 있다고 응답하였다. 그러나 기타 프로그램까지 합하면 25개주 60% 정도로 응답하였다. 이 결과는 2007년 87%, 2004년 76%, 2001년 60%와 비교하면 현상 유지 이하로 판단된다.

질문 3 : 주 교육과정 기준이 있다면 필수/선택 여부는?

39개 주 중에서 7개주가 필수로 부과하고 있다고 응답하였고, 32개주(82.1%)가 아니라고 하였다. 이것도 2004년 12개주, 2001 14개주와 비교하면 낮은 수준이다.

질문 4 : 위 질문에서 필수를 부과한다면 학교 수준은?
4개주가 초등학교 수준에서 필수로, 6개주가 중고등학교에서 필수로 부과하고 있다고 응답하였다.

질문 5 : 20013년-2014년의 당신의 주의 기술/공학 교사의 수는?
초등학교 교사는 23개주에서 332명이, 중학교에서는 응답한 31개주 중에서 4개의 주는 정확히 모르고 나머지 주에서 5,551명의 교사가 있다고 응답하였다. 그리고 고등학교 수준에서는 응답한 34개의 주 중에서 정확한 파악이 어려운 4개의 주를 제외하고 30개 주에서 9,683명의 교사가 있다고 응답하였다. 파악이 가능한 성비는 남교사 81.4%, 여교사 18.6%로 나타났다(질문 7). 종합적으로 34개의 주에서 약 15,510명의 초중고등학교 교사가 있는 것으로 조사되었다. 이는 이전 연구에서 2009년 28,310명, 2007년 25,258명, 2004년 35,909, 2001년 38,357명과 비교하면 점점 감소하고 있는 추세이다.

질문 8-10 : 국가교육과정 기술 표준(Standards for Technological Literacy: Content for the Study of Technology (STL)), 학습평가, 프로그램 전문가 표준(AETL), 차세대 과학교육 표준(NGSS)의 활용 여부는?
8개주에서 STL을 적용하고 있고, 15개주가 주 표준에 반영하였고, 20개주가 교육과정 가이드로, 14개주는 STL을 활용한 전문가 워크샵을, 6개주는 활용하지 않는다고 보고하였다.
특히 Next Generation Science Standards (NGSS) (NGSS Lead States, 2013)의 활용은 14개주에서 워크샵을 12개 주에서 교육과정 가이드로 5개주에서는 활용하지 않는다고 하였다.

질문 12 : 중등학교 수준에서 교과목 명칭에서 사용하고 있는 단어는?
35개주에서 응답한 결과, 키워드 조사로 공학 56번, 기술은 49번으로 두드러지게 나타났다.

Engineering 56 Technology 49 Design 28 Project Lead the WayTM 13 (PLTW)TM Engineering by DesignTM (EbDTM) 9	STEM 7 Construction 5 Communications/ Audiovisual 5 Robotics 5 Manufacturing 12 Drafting/CADD 4 Electronics 4

질문 13: 당신의 주에서 기술/공학 교육과정 주 표준이 있는가?
38개의 응답한 주에서 16개(42%)가 주 교육과정 표준이 있다고 응답하였다.

2017년 1월에 Todd Kelly교수가 한국기술교육학회 초청으로 온 기조강연에서 미국 교육개혁의 흐름을 다음과 같이 제시하였다.

구 러시아의 스푸티니크 인공위성 발사의 충격으로 미국의 과학, 기술 교육의 흐름을 파악할 수 있다. 특히 기술교육은 1996년에 Technology for All Americans를 발표하고 이후, 2000년대 초반에 국가 표준을 마련하였다. 최근에는 과학교육에서 2013년 다음 세대를 위한 과학교육 표준을 개정 발표하였음을 알 수 있다.

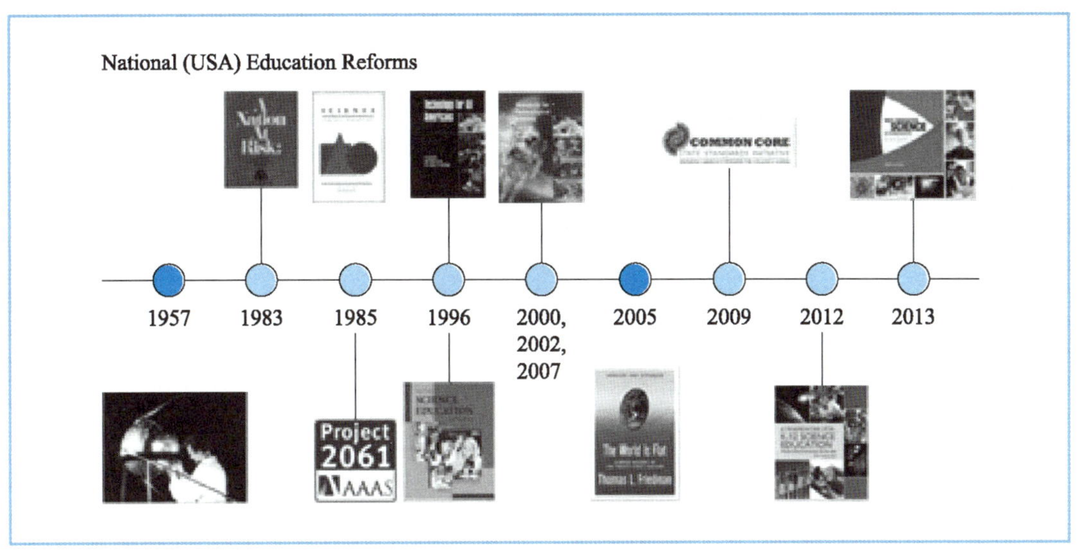

<그림 3-1> 미국 교육의 흐름

그리고 기술교육은 퍼듀 대학교에서 만든 자료이기는 하지만 기술교육이 최근에는 공학/기술교육으로 변모하고 있음을 확인할 수 있다.

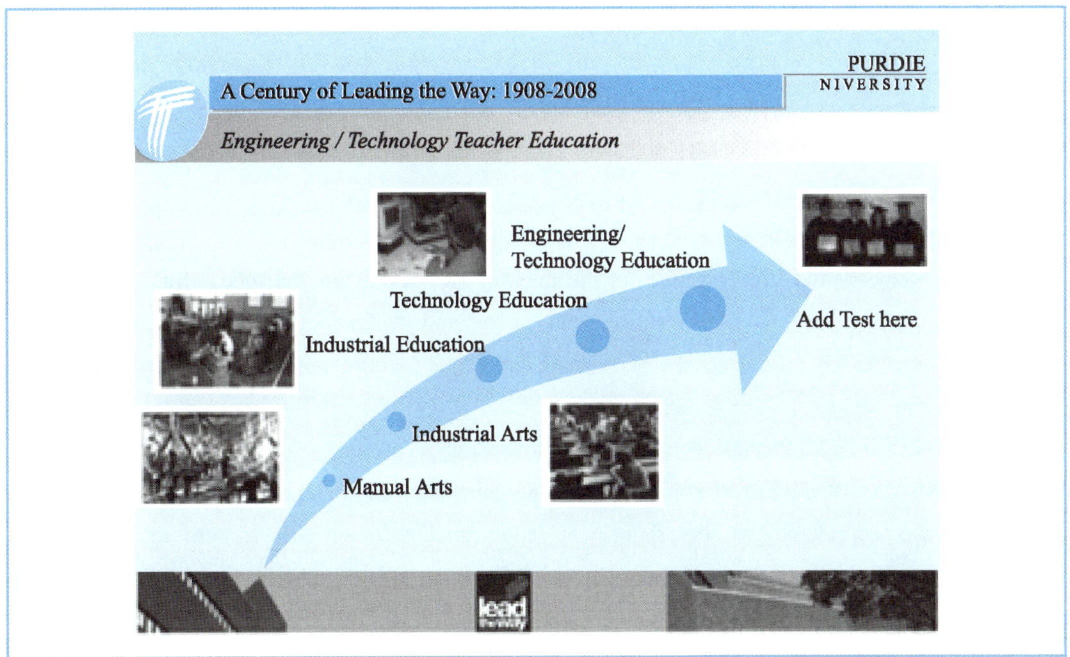

<그림 3-2> 미국 기술교육의 흐름

다. 미국 기술교과 국가 교육과정의 표준(National Standard, TfAA)

'모든 미국인을 위한 기술교과 교육(TfAA : Technology for All Americans)'을 슬로건으로 NSF(National Science Foundation)와 NASA의 재정 지원하에 '국제기술교육협의회(ITEA ; International Technology Education Association)'는 'K-12 기술교과 교육을 위한 표준 교육과정 프로젝트(A Project to Develop National Standards for K-12 Technology Education)'를 수행하였다.

이 프로젝트는 초·중등학교를 위한 기술교과 교육(technology education)의 국가 표준 교육과정 개발에 목적을 두고 기본적으로 모든 학생들의 **기술적 교양**(technological literacy)에 주안점을 두고 있다. 또한 이 프로젝트는 기술학, 기술교과 교육, 교육과정 개발, 과학, 수학, 공학 전문가들의 국가적 합의(consensus)를 이루는 데 목적을 두었으며, 제1단계는 기술교과 교육의 정당성(rationale)과 구조(structure)를 정립하였고, 제2단계에서는 기술교과 교육의 국가 표준 교육과정 내용을 개발하였다. 그리고 제3단계는 기술교과 교육의 학습평가, 교육전문가, 교육 프로그램에 대한 표준을 제시하였다.

제1단계에서 완성된 '**기술교과를 위한 정당성과 구조**(A Rationale and Structure for the Study of Technology)'의 핵심적인 내용을 제시하면 다음과 같다(TTA News Letter, 1996 : 12).

- 기술의 정의(The Definition of Technology)

  Technology is human innovation in action. This involves the generation of knowledge and processes to develop systems that solve problems and extend human capabilities. ; 인간 잠재력을 확대하고 문제를 해결하는 시스템을 개발하는 지식과 과정을 포함하는 실천적인 인간의 문명창조이다.

- 기술의 중요성과 잠재력(The Power and the Promise of Technology)

  The power and the promise of technology is based on the need for *technological literacy* the ability to use, manage, and understand technology. Technological literacy is considered to be critical to the success of individuals, entire societies, and to the Earth's ecological balance ; 기술적 교양의 강조

- 기술학의 구조(A Structure for the Study of Technology)

  The structure developed for the study of technology focuses on universals of technology that are considered to be significant and timeless, even in an era dominated by uncertainties and accelerated change ; 기술학의 구조는 기술의 보편적 원리에 기초

  The processes include the human activities of designing and developing technological systems ; determining and controlling the behavior of technological systems ; utilizing technological systems ; and assessing the impacts and consequences of technological systems.

Knowledge, processes, and contextual systems, then, have been identified in this document as the universals of technology, and are considered the foundation of the structure for the study of technology ; 기술의 보편적 원리는 기술적 지식, 과정, 전체 시스템으로 확인된다.

• 기술의 교수방법(Teaching Technology)

By incorporating the universals of technology throughout the curriculum and in technology courses, schools can provide experiences that instill insight and *problem-solving capabilities*. The study of technology during the elementary school years, middle school years, high school years, and beyond should become a national priority ; 문제해결 능력의 강조

To help achieve technological literacy at a national level, standards for technology education should be developed based on the universals and structure described in this document ; 국가 수준에서 기술적 교양을 성취하기 위한 교육과정 표준은 이러한 기술의 원리와 구조에 기초하여 개발되어야 한다.

미국의 TfAA의 1차 보고서에서 기술교과 교육의 정당성과 구조 보고서에서의 핵심적인 모델을 제시하였다. ITEA(1996)에서는 기술을 인간의 능력을 확장하기 위한 시스템의 개발로 보고 기술의 내용구조를 <그림 3-3>과 같이 **과정**(process), **지식**(knowledge), **맥락**(contexts)으로 설정하여 제시하였다. 이 중에서 **맥락 상황은 정보 시스템**(information systems), **물리적 시스템**(physical systems), **생물학적 시스템**(biological systems)으로 상정하였다.

그리고 2000년 4월에 기술적 교양인(All Students can become technologically literate)을 목표로 한 **기술적 교양표준**(STL : Standard for Technological Literacy, **내용표준**)을 발표하였다. 이 표준안의 단계는 K-2, 3-5, 6-8, 9-12로 제시하고 있다. 내용표준은 크게 지식(knowledge), 과정(processes), 맥락(contexts)으로 [표 3-1]의 영역을 중심으로 제시하였다(최유현, 2000).

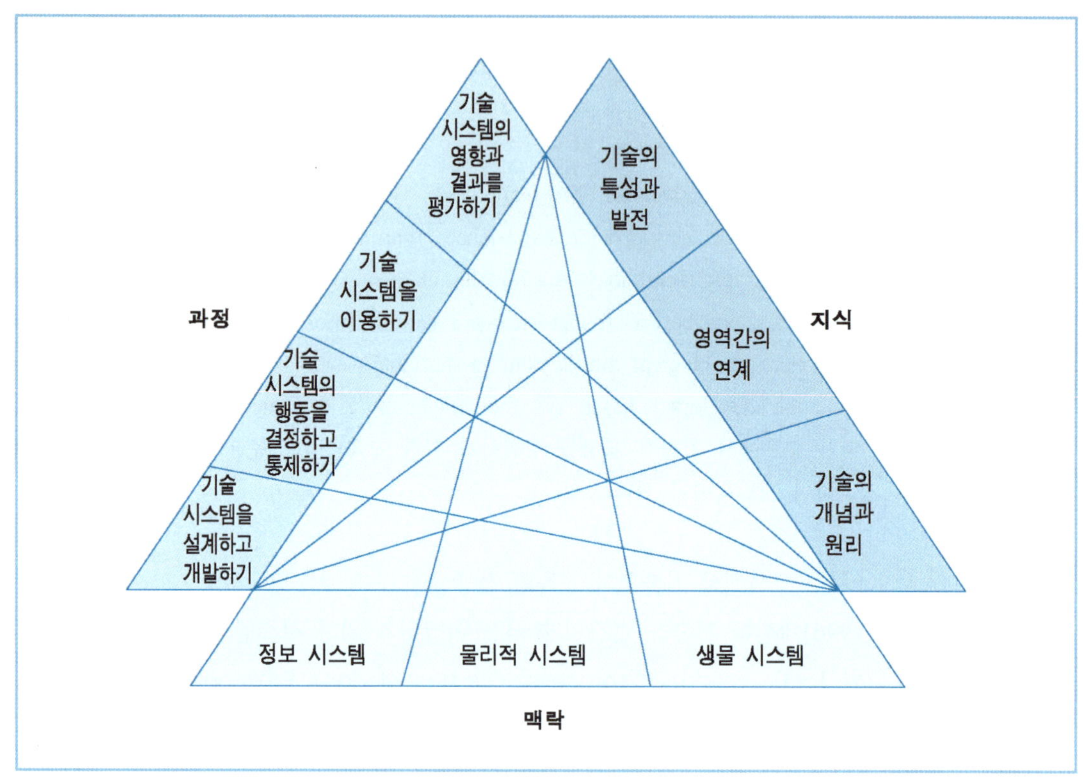

<그림 3-3> ITEA가 설정한 기술의 보편적 체제

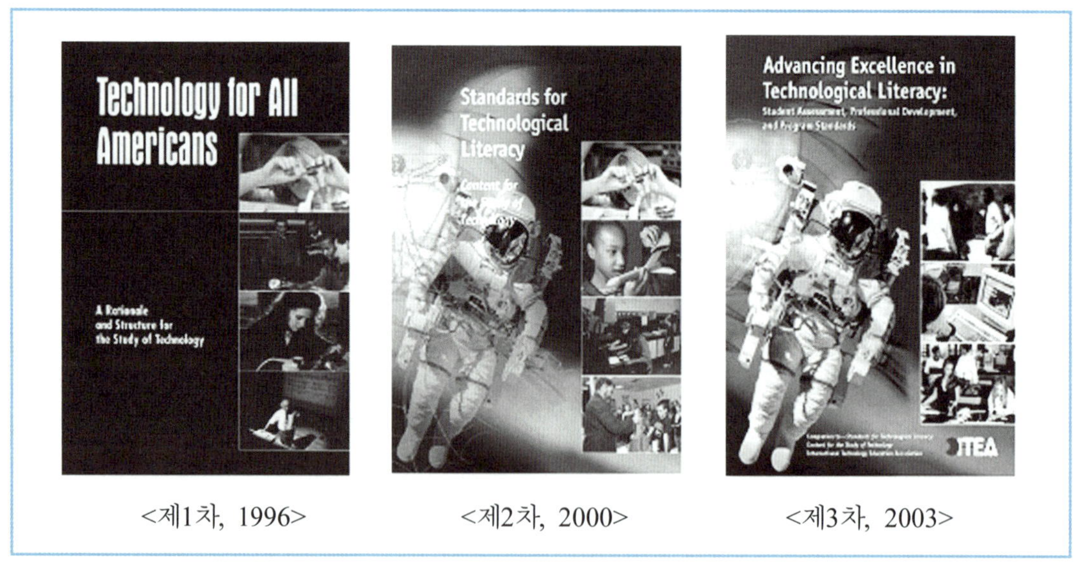

<그림 3-4> TfAA 보고서 표지

[표 3-1] 2000년 4월에 발표된 국가 기술 교육과정 내용표준(STL)의 개요

교육과정 구조	내용표준	내 용	영역
지식(knowledge) - 기술의 특성과 발달 - 관련(linkage) - 기술적 개념과 원리	- 기술의 특성	표준 1 : 기술의 특성과 범위 표준 2 : 기술의 핵심 개념 표준 3 : 기술간의 관계와 다른 영역과의 관계	인지적 영역
	- 기술과 사회	표준 4 : 기술의 문화적 · 사회적 · 정치적 효과 표준 5 : 기술적 · 환경적 영향 표준 6 : 기술의 활용과 개발에서의 사회의 역할 표준 7 : 기술의 역사적 관점	
과정(processes) - 기술적 과정과 시스템의 설계와 개발 - 기술적 시스템 행위 결정과 통제 - 기술적 시스템의 활용 - 기술적 시스템 결과와 영향의 평가	- 설계	표준 8 : 설계의 기여 표준 9 : 공학설계 표준 10 : 고장문제 해결, 연구, 개발, 발명, 혁신, 실험, 문제해결의 역할	
	- 기술세계에서 요구되는 능력	표준 11 : 설계과정(design process)의 적용 표준 12 : 기술적 제품과 시스템의 사용과 유지 표준 13 : 기술적 제품과 시스템의 영향 평가	심동적 영역
맥락(contexts) - 생물학적 · 화학적 시스템 - 정보 시스템 - 물리적 시스템	- 기술의 세계 (designed world)	표준 14 : 의료기술 표준 15 : 농업과 생물관련 기술 표준 16 : 에너지 및 동력 기술 표준 17 : 정보통신 기술 표준 18 : 수송기술 표준 19 : 제조기술 표준 20 : 건설기술	

한편, 미국의 ITEA(International Technology Education Association)에서는 TfAA(Technology for All Americans) 프로젝트를 수행해 왔는데, 1996년(1차), 2000년(2차)에 이어 2003년에 기술적 교양의 평가(assessment), 전문가, 프로그램의 국가적 표준(National Standard)을 제시하였다.

■ **TfAA(Technology for All Americans) Project 3단계**

기술적 교양의 평가, 전문가, 프로그램 표준(*AETL – Advancing Excellence in Technological Literacy : Student Assessment, Professional Development, and Program Standards*)

- AETL은 제2단계의 기술적 교양 표준(STL)의 K-12의 기술활동을 교실에서의 적용을 위한 수단을 제공한다.
- AETL은 제2단계의 기술적 교양표준(STL)에 기반을 두었다.

• AETL은 다음 세 가지 영역의 표준이지만 서로 관련되어 있다.
- 학습자 평가(Student Assessment)
- 전문가 개발(Professional Development)
- 프로그램(Program)

• 학습자 평가(Student Assessment) : 학습자의 학습활동을 강화하기 위하여 학습자들에 대한 피드백을 주고 수업개선을 위한 정보를 활용하고, 학습자들의 이해와 능력에 대한 증거를 수집하는 체제적 · 다원적 단계의 과정이다(The systematic, multi-step process of collecting evidence on student learning, understanding, and abilities and using that information to inform instruction and provide feedback to the learner, thereby enhancing student learning).

TfAA에서 제시한 학습자 평가(student assessment)표준의 기본내용을 살펴보면 다음과 같다(ITEA, 2003).

• 표준 A-1 : 학습자 학습의 평가는 기술적 교양을 위한 내용표준(STL)과 밀접하게 관련되어야 한다.
• Standard A-1 : Assessment of student learning will be consistent with *Standards for Technological Literacy : Content for the Study of Technology(STL)*.

• 표준 A-2 : 학습자 학습의 평가는 의도하는 목적에 명확하게 맞추어져야 한다.
• Standard A-2 : Assessment of student learning will be explicitly matched to the intended purpose.

• 표준 A-3 : 학습자 학습의 평가는 연구에서 추출된 평가원리로부터 반영되어야 하고 체제적이어야 한다.
• Standard A-3 : Assessment of student learning will be systematic and derived from research-based assessment principles.

• 표준 A-4 : 학습자 학습의 평가는 기술의 특성과 관련된 실천적 맥락을 반영하여야 한다.
• Standard A-4 : Assessment of student learning will reflect practical contexts consistent with the nature of technology.

• 표준 A-5 : 학습자 학습의 평가는 책무성, 전문성 개발, 프로그램 강화를 위하여 평가자료가 통합되어야 한다.
• Standard A-5 : Assessment of student learning will incorporate data collection for accountability, professional development, and program enhancement.

따라서 TfAA의 학습자 평가의 다섯 가지 표준의 기본내용은 "기술적 교양을 위한 내용표

준(STL : 2차 보고서)과 밀접하게 관련되어야 하고, 의도하는 목적에 명확하게 맞추어져야 하고, 연구에서 추출된 평가원리로부터 반영되어야 하고 체제적이어야 하며, 기술의 특성과 관련된 실천적 맥락을 반영하여야 하고, 책무성, 전문성 개발, 프로그램 강화를 위하여 평가 자료가 통합되어야 한다."로 설정하고 있음을 알 수 있다.

결국 이러한 기본원리들은 평가의 기본원리이지만 특별히 기술교과 교육에서의 특징은 '실천적 맥락'의 고려가 다른 교과보다 강조하여 제시하고 있다. 이는 기술교과 교육이 수행 중심 평가의 철학을 반영해야 한다는 또 하나의 증거이다. 또한 평가의 원리는 연구의 결과로부터 추출된 결과를 반영해야 한다는 신중한 접근도 이 원리에서 나타난다. 공학교육의 국제적 대두는 STEM(Science, Technology, Engineering, Mathematics) 교육의 필요성과 중요성의 강조와 맥락을 같이. 국제기술교육학회(International Technology Educaing Association)가 근래에 국제기술공학교육자학회(INTERNATIONAL TECHNOLOGY AND **ENGINEERING** EDUCATORS ASSOCIATION, https://www.iteea.org/stel.aspx)

2020년에 이 학회는 유치원 및 초중고등학교 기술 및 공학 교양의 표준(STEL, Standards for Technological and Engineering Literacy) 보고서를 출간하였다. 이 보고서는 한국어판(2021, 마루비, 최유현 외 역)으로도 번역 출판되었다.

<그림 3-5> ITEEA 홈페이지에서의 STEL

<그림 3-6> STEL 한국어판

이 보고서에서 제시된 교육표준의 핵심 모형은 전체적으로 8개의 핵심 표준, 8개의 핵심 역량, 8개의 내용영역의 표준을 제시하고 있다. 최유현 번역책임자는 STEL의 배경, 내용, 시사점이란 글에서 그 배경과 내용을 다음과 같이 제시한바 있다.

배경

우리나라 초중고등학교 학교에서 가르치는 기술을 학생들에게 기술적 교양과 기술적 능력을 길러주기 위하여 1970년부터 어언 50 여년 동안 가르쳐왔다. 초기의 기능적, 직업적 성향을 강조하였으나 최근에는 기술적, 공학적 사고 과정을 강조한 문제해결력 및 기술과 사회, 인간, 환경의 지속가능의 기술 사회적 영향을 동시에 강조하고 있다.

우리나라는 물론이고, 외국의 여러 나라들도 이러한 필요성에 비추어 기술 과목을 교양교육으로 부과하고있는 실정이다. 이러한 기술은 크게 설계 기술 및 정보 기술을 강조하는 영국, 뉴질랜드, 호주 등의 국가에서 과정 지향적 기술을 강조하고 있고, 미국, 일본, 한국 등의 내용 지향적 기술을 강조하는 국가로 대별되기도 하였다. 그러나 최근에는 과정과 내용을 모두 강조하는 추세로 발전되어 왔다.

미국의 기술교육은 산업공예 (Industrial Arts), 기술 교육 (Technology Education), 기

술-공학 교육(Technology Engineering Education)으로 변모하고 있다. 기술교육 시대에 교육의 표준은 2000년에 ITEA(International Technology Education Association)에서 미국의 기술적 교양 교육 표준(Standard for Technological Literacy)을 발표하였다. 미국에서는 국가교육과정이 없는 대신에 교육과정 표준을 만들어서 각주에서 이를 참조로 주 교육과정의 표준을 만들기도하며, 각급 학교에서 이러한 가인드 라인을 가지고 자율적으로 기술과목을 가르쳐오 있다.

근래에 들어 미국 교육의 패러다임 중 하나는 STEM(Science, Technology, Engineering, Mathematics)이다. 연방차원에서 미국에서의 과학, 기술, 공학, 수학 교육의 중요성을 초중고등는 물론 대학, 대학원교육까지 투자를 확대하였다. 기술교육의 중심 학회인 ITEA도 공학을 포함할 수 밖에 없었고, 마침내 학회명칭을 ITEEA (INTERNATIONAL TECHNOLOGY AND ENGINEERING EDUCATORS ASSOCIATION)으로 바꾸었다. ITEEA에서는 마침내 STL이 발표된 20년만인 2020년에 기술-공학 소양 표준(STEL, Standards for Technological and Engineering Literacy)을 발간하였다.

주요 내용

STEL 은 8개의 핵심 표준, 8개의 실천, 8개의 맥락을 발표하였다. 20개의 표준을 8개의 핵심 표준으로 줄이고, 역량을 강조하는 8개의 실천을 새롭게 제시하였으며, 맥락은 최근의 자동화, 인공지능, 로봇의 영역을 설정하였다.

STEL이 이전의 표준과 차이점은 다음과 같다.

첫째, STEL은 가장 중요한 핵심 표준으로 8개의 기술의 보편적 특성을 기초로 제시한 점이다. 그림에서와 같이 기술의 본질과 특성부터 기술적 제품과 시스템의 적용, 운영, 평가의 8가지로 제시하고 있다. 이는 모든 공학과 기술의 분야에서 공통으로 특성화하는 표준을 의미한다. 두 번째는 그림에서 두 번째 원에 해당하는 기술적 실천 역량이다. 시스템 사고, 창의성, 만들기와 실천하기, 비판적 사고, 긍정적 사고, 협력, 의사소통, 윤리적 관심 등의 실천 역량이다, 이 8가지로 역량을 표준으로 제시한 점은 역량의 새로운 강조를 보이고 있다. 셋째는 기술의 내용 영역으로 제시되는 점은 이전의 표준과 유사하지만 로봇과 자동화, 물류, 의료기술이 강조되고, 아울러 전통적인 건설 기술, 제조 기술의 용어를 사용하지 않은 점도 변화된 특징이다.

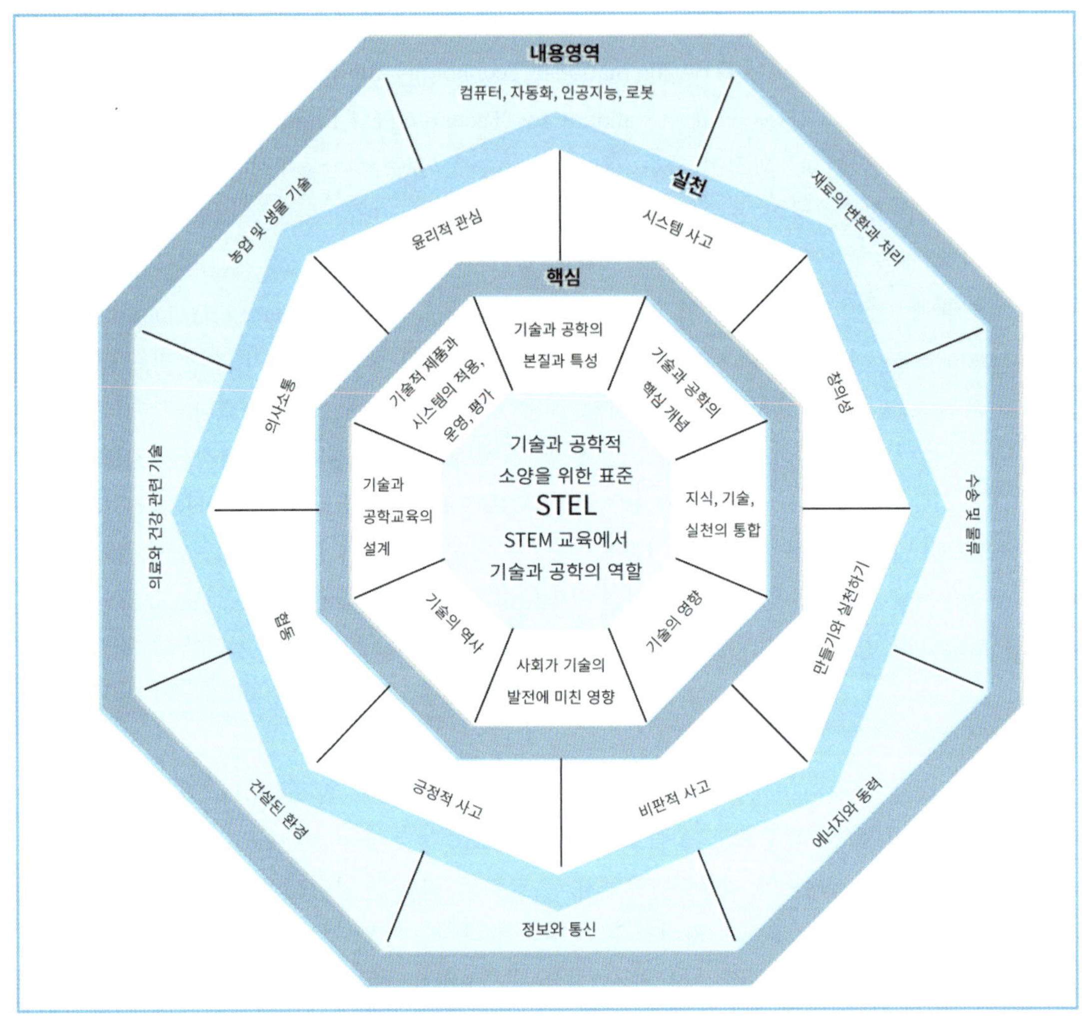

<그림 3-7> STEL 기본 모형

STEL은 기술교육 표준에서 기술과 공학교육의 표준으로 제목이 변화되었다. 이는 기술교육에서 공학교육과의 통합적 시도로 보여 진다. 여러 이유와 배경이 존재하지만, 우리나라도 기술교육에서 공학교육을 포괄하는 접근을 적극 시도해 볼만하다.

둘째, 기술 공학교육의 표준을 다차원화 하였다는데 의의가 있다. 우리나라는 아직도 내용 중심의 교육과정에 익숙한 우리나라에 큰 시사점을 준다. 즉 내용도 기술의 공통적인 본질과 특성을 기초로도 내용을 구성할 수 있다는 시사점과 교과의 실천 역량과 과정 등에 시사점을 준다.

라. 미국 차세대 과학교육 표준(*Next generation science standards*)[3)]

이 교육과정 표준은 **과학 표준**이 개발되고 지난 15년 동안 주목할 만한 변화가 있어왔다. 특히 미국에서는 K-12 수준에서 과학, 기술, 공학, 수학(STEM) 교육의 중요성과 필요성이 증대하고 있는 시점에서 개발한다고 하였다. 특히 과학과 공학은 공학 설계를 중심으로 학문상 매우 밀접한 관련을 가지고 있어 공학을 접목한 과학 교육 표준을 개발하였다고 판단된다.

이 표준은 기본적으로 세 가지 차원으로 개발하였다.

Dimension 1: Practices

Dimension 2: Crosscutting Concepts

Dimension 3: Disciplinary Core Ideas

특히 차원 3의 학문적 영역은 물리 과학, 생명과학, 지구 우주 과학, 공학/기술: the physical sciences; the life sciences; the earth and space sciences; and engineering, technology, and applications of science)으로 제시하였다.

동시에 차원 2는 전통적인 학문의 벽을 허물어 다양한 학문 분야와 연결하는 전략을 제시한다. 통합적인 개념의 개발 전략(Crosscutting Concepts from the Framework)은 다음 7가지를 제시하였다.

1. Patterns
2. Cause and Effect
3. Scale, Proportion, and Quantity
4. Systems and System Models
5. Energy and Matter in Systems
6. Structure and Function
7. Stability and Change of Systems

3) http://www.nextgenscience.org/overview-dci

HS-ETS1 Engineering Design

HS-ETS1 Engineering Design

Students who demonstrate understanding can:

HS-ETS1-1. **Analyze a major global challenge to specify qualitative and quantitative criteria and constraints for solutions that account for societal needs and wants.**

HS-ETS1-2. **Design a solution to a complex real-world problem by breaking it down into smaller, more manageable problems that can be solved through engineering.**

HS-ETS1-3. **Evaluate a solution to a complex real-world problem based on prioritized criteria and trade-offs that account for a range of constraints, including cost, safety, reliability, and aesthetics, as well as possible social, cultural, and environmental impacts.**

HS-ETS1-4. **Use a computer simulation to model the impact of proposed solutions to a complex real-world problem with numerous criteria and constraints on interactions within and between systems relevant to the problem.**

The performance expectations above were developed using the following elements from the NRC document *A Framework for K-12 Science Education*:

Science and Engineering Practices

Asking Questions and Defining Problems
Asking questions and defining problems in 9–12 builds on K–8 experiences and progresses to formulating, refining, and evaluating empirically testable questions and design problems using models and simulations.

- Analyze complex real-world problems by specifying criteria and constraints for successful solutions. (HS-ETS1-1)

Using Mathematics and Computational Thinking
Mathematical and computational thinking in 9-12 builds on K-8 experiences and progresses to using algebraic thinking and analysis, a range of linear and nonlinear functions including trigonometric functions, exponentials and logarithms, and computational tools for statistical analysis to analyze, represent, and model data. Simple computational simulations are created and used based on mathematical models of basic assumptions.

- Use mathematical models and/or computer simulations to predict the effects of a design solution on systems and/or the interactions between systems. (HS-ETS1-4)

Constructing Explanations and Designing Solutions
Constructing explanations and designing solutions in 9–12 builds on K–8 experiences and progresses to explanations and designs that are supported by multiple and independent student-generated sources of evidence consistent with scientific ideas, principles and theories.

- Design a solution to a complex real-world problem, based on scientific knowledge, student-generated sources of evidence, prioritized criteria, and tradeoff considerations. (HS-ETS1-2)
- Evaluate a solution to a complex real-world problem, based on scientific knowledge, student-generated sources of evidence, prioritized criteria, and tradeoff considerations. (HS-ETS1-3)

Disciplinary Core Ideas

ETS1.A: Defining and Delimiting Engineering Problems

- Criteria and constraints also include satisfying any requirements set by society, such as taking issues of risk mitigation into account, and they should be quantified to the extent possible and stated in such a way that one can tell if a given design meets them. (HS-ETS1-1)
- Humanity faces major global challenges today, such as the need for supplies of clean water and food or for energy sources that minimize pollution, which can be addressed through engineering. These global challenges also may have manifestations in local communities. (HS-ETS1-1)

ETS1.B: Developing Possible Solutions

- When evaluating solutions, it is important to take into account a range of constraints, including cost, safety, reliability, and aesthetics, and to consider social, cultural, and environmental impacts. (HS-ETS1-3)
- Both physical models and computers can be used in various ways to aid in the engineering design process. Computers are useful for a variety of purposes, such as running simulations to test different ways of solving a problem or to see which one is most efficient or economical; and in making a persuasive presentation to a client about how a given design will meet his or her needs. (HS-ETS1-4)

ETS1.C: Optimizing the Design Solution

- Criteria may need to be broken down into simpler ones that can be approached systematically, and decisions about the priority of certain criteria over others (trade-offs) may be needed. (HS-ETS1-2)

Crosscutting Concepts

Systems and System Models

- Models (e.g., physical, mathematical, computer models) can be used to simulate systems and interactions— including energy, matter, and information flows— within and between systems at different scales. (HS-ETS1-4)

Connections to Engineering, Technology, and Applications of Science

Influence of Science, Engineering, and Technology on Society and the Natural World

- New technologies can have deep impacts on society and the environment, including some that were not anticipated. Analysis of costs and benefits is a critical aspect of decisions about technology. (HS-ETS1-1) (HS-ETS1-3)

Connections to HS-ETS1.A: Defining and Delimiting Engineering Problems include:
Physical Science: HS-PS2-3, HS-PS3-3
Connections to HS-ETS1.B: Designing Solutions to Engineering Problems include:
Earth and Space Science: HS-ESS3-2, HS-ESS3-4, **Life Science:** HS-LS2-7, HS-LS4-6
Connections to HS-ETS1.C: Optimizing the Design Solution include:
Physical Science: HS-PS1-6, HS-PS2-3

Articulation of DCIs across grade-bands: **MS.ETS1.A** (HS-ETS1-1),(HS-ETS1-2),(HS-ETS1-3),(HS-ETS1-4); **MS.ETS1.B** (HS-ETS1-2),(HS-ETS1-3),(HS-ETS1-4); **MS.ETS1.C** (HS-ETS1-2),(HS-ETS1-4)

Common Core State Standards Connections:

ELA/Literacy –

RST.11-12.7	Integrate and evaluate multiple sources of information presented in diverse formats and media (e.g., quantitative data, video, multimedia) in order to address a question or solve a problem. (HS-ETS1-1),*(HS-ETS1-3)*
RST.11-12.8	Evaluate the hypotheses, data, analysis, and conclusions in a science or technical text, verifying the data when possible and corroborating or challenging conclusions with other sources of information. *(HS-ETS1-1)*,(HS-ETS1-3)
RST.11-12.9	Synthesize information from a range of sources (e.g., texts, experiments, simulations) into a coherent understanding of a process, phenomenon, or concept, resolving conflicting information when possible. (HS-ETS1-1),*(HS-ETS1-3)*

Mathematics –

MP.2	Reason abstractly and quantitatively. (HS-ETS1-1),*(HS-ETS1-3)*,*(HS-ETS1-4)*
MP.4	Model with mathematics. (HS-ETS1-1),(HS-ETS1-2),(HS-ETS1-3),(HS-ETS1-4)

<그림 3-8> 미국 NGSS(2013)의 공학 설계의 표준 제시 사례

그리고 과학과 공학 실천에서는 8단계의 공학 설계 과정을 제시하였다.

1. Asking questions and defining problems
2. Developing and using models
3. Planning and carrying out investigations
4. Analyzing and interpreting data

5. Using mathematics and computational thinking
6. Constructing explanations and designing solutions
7. Engaging in argument from evidence
8. Obtaining, evaluating, and communicating information

마. 미국 각 주의 기술교과 교육과정 동향

미국에서는 국가 단위의 교육과정을 두지 않기 때문에 ITEA 주도하에 국가적 표준 교육과정을 만들고 각 주에서 이를 참조를 하기는 하지만 국가 표준을 그대로 반영하지는 않는다. 대부분의 주에서 그 주의 실정대로 기술 교육과정 표준, 기술 교육과정 구조, 학습 표준, 교육과정 가이드, 교육과정 플랜 등의 이름으로 교육과정 표준을 가지고 있다. 최근에는 과학 및 기술, 기술 및 공학의 접근도 통합적인 교육과정 표준을 마련하는 추세이다.

커넥티컷 주에서는 2014년 12월에 기술교육 교육과정 표준을 발표[4]하였다. 기술교육은 혁신을 다루는 교육이라고 전제하고, 이 교과는 사회가 직면한 문제를 인간이 어떻게 문제를 해결하는지, 사고하는지를 다루는 것이라고 하였다. 교과의 목적은 문제를 해결하는 것이고 실제 세계에서 기회를 창출하는 것이라고 하였다.

기술교육은 STEM에서 Technology와 Engineering을 포함하는 개념으로 접근하였다. 특히 STEM의 핵심을 설계(design)이듯이 기술교육에서도 중요한 내용 요소가 된다고 한다.

이 주에서는 6-8학년, 9-12학년의 표준을 제시하고 있다. 각 수준에서는 다음과 같은 표준으로 구성되어 있다.

내용 표준(Pathway Content Standard)—Are a general statement indicating the broad area of knowledge covered in each pathway.

수행 요소(Performance Elements)—Represent the major topical areas within each pathway. Generally, each pathway has 2 to 13 Performance Elements.

수행 지표(Performance Indicators)—Are more precise statements that serve as an indication of the knowledge/ability the student should possess.

평가(Measurements) –Are sample measurable activities that students might carry out to indicate attainment of each Performance Indicator.

위 구성에서 알 수 있듯이 내용 표준과 동시에 수행의 요소, 지표, 평가를 자세히 제시하고 있다.

특히 6-8학년은

4) http://www.sde.ct.gov/sde/cwp/view.asp?a=2678&q=320724

▸ 기술의 본질

1. 기술의 본질, 특성, 범위를 인식한다.

2. 기술의 핵심 개념을 표현하고 이해한다.

3. 서로 다른 기술간, 그리고 다른 학문과의 관련성 정의하고 설명한다.

▸ 기술의 영향

1. 기술적 산출물과 시스템의 영향을 평가하는 능력을 개발한다.

2. 기술의 문화적, 사회적, 경제적, 정치적 영향력을 인식하고 설명한다.

3. 환경에 대한 기술의 영향을 설명한다.

▸ 설계와 개발(공학)

설계된 기술 세계의 영향력있는 기술기업을 탐색한다.

공학 설계를 탐색한다.

정보통신, 건설, 제조, 수송과 관련기술 등 4가지 인간의 생산적인 기술 영역을 탐색한다. 그리고 9-12학년은 기술의 전통적인 제조, 건설, 수송, 통신을 중심으로 한 11개 영역의 전문적이고 구체적인 내용 표준을 제시하고 있다.

▸ 건축 기술 ▸ 자동화 기술 ▸ 빌딩 건설 ▸ CADD 컴퓨터 제도 및 설계
▸ 통신 ▸ 디지털 비디오 제작 ▸ 공학 기술 ▸ 제조 ▸ 그래픽 디자인 기술
▸ 수송 기술 ▸ 목공 기술

한편, 2013년 위스콘신 주에서는 기술 및 공학 교육 과정 표준은 10개의 영역을 기본으로 하고 있다[5].

▸ 공통(broad based : 시스템, 재료, 메카니즘 등)
▸ 건축과 건설 ▸ 생명 기술
▸ 정보 통신 기술 ▸ 전자
▸ 공학 ▸ 환경 기술
▸ 제조 ▸ 에너지와 동력
▸ 수송

구체적으로 각 영역에서의 교육과정 표준은 <그림 6−6>과 같이 유치원-5학년, 6-8학년, 9-12학년별로 심화시켜 수행 지표(performance indicators)를 제시하고 있다.

---

5) https://dpi.wi.gov/sites/default/files/imce/cte/pdf/te_standards.pdf

Wisconsin Standards for Technology and Engineering (TE) Content Area: ENG/Engineering			
Standard: ENG1: Students will analyze and demonstrate the attributes of design.			
	Performance Indicators (By Grade Band)		
Learning Priority	PK-5	6-8	9-12
ENG1.a: Analyze engineering design theory.	**ENG1.a.1.e:** Design is a creative process.	**ENG1.a.5.m:** Design is a creative planning process that leads to useful products and systems.	**ENG1.a.9.h:** Examine how the design needs to continually be evaluated and the ideas of the design must be redefined and improved.
	ENG1.a.2.e: Everyone can design solutions to a problem.	**ENG1.a.6.m:** There is no perfect design.	**ENG1.a.10.h:** Interpret design problems are seldom presented in a clearly defined form.
	ENG1.a.3.e: Discuss the design process is a purposeful method of planning practical solutions to problems.	**ENG1.a.7.m:** Explain how the design process has many criteria which ultimately lead to a solution.	**ENG1.a.11.h:** Argue design processes vary slightly. However, key elements of any design process include: defining a problem, identifying criteria, generating solutions, creating a model or prototype, testing and evaluating, refining the design and communicating processes and results.
	ENG1.a.4.e: Requirements for a design include such factors as the desired elements and features of a product or system or the limits that are placed on the design.	**ENG1.a.8.m:** Requirements for a design are made up of criteria and constraints.	**ENG1.a.12.h:** Requirements of a design, such as criteria, constraints and efficiency, sometimes compete with each other.

<그림 3-9> 위스콘신 기술 공학 교육과정 표준 수행 지표 : 공학 영역

이러한 기술 공학 교육과정 표준은 주 공통핵심 표준(Common Core State Standards)와 교육과정을 연계시키고 있다.

펜실바니아 주 교육부(Pennsylvania Department of Education, 2002)는 'Academic Standards for Science and Technology'를 8개 영역(1. 통합주제(Unifying Themes), 2. 탐구와 설계(Inquiry and Design), 3. 생물학, 4. 화학과 물리학, 5. 지구과학, 6. 기술교육, 7. 기술적 장치, 8. 과학, 기술과 인간의 노력)으로 제시하였다. 특히 기술과 관련된 표준은 표준 1, 2, 6, 7, 8과 관련되어 있다. 이는 New York 주에서 발표한 학습표준인 수학-과학-기술(MST)의 통합적 표준안과 유사한 접근을 보이고 있다. 특히 이 표준에서 제시하고 있는 기술은 인간의 환경을 개선하기 위한 하나의 시도로 기술을 활용한다고 전제하면서, 이러한 기술의 개선은 생존적 욕구(survival needs-의, 식, 주)와 인간의 열망(human aspirations-지식, 예술, 통제)와 밀접한 관련을 맺고 있다고 제시하고 있다. 특히 기술에서의 내용, 과정, 기능의 지식은 '학습 과정'(문제해결책의 설계와 개발 방법, 적절한 재료, 도구, 처리 과정을 선별하고 활용하는 표준, 문제해결책을 시험, 평가할 수 있는 실험 및 설계 명세서, 문제해결책의 실행과 영향을 판단하기 위한 준거, 실행을 개선하기 위하여 시스템 수정에 따른 영향을 평가하기)을 포함하고 있다고 제시하였다. 이 주에서의 기술교육의 표준 영역은 생명기술 시스템, 정보 시스템, 물리적 시스템의 3개 대영역을 두고 있다. 하위 영역에서 나타난 특징은 각 영역에서 '공학/설계 시스템'과 '연구와 개발'을 공통으로 제시하고 있으며, 생명기술 시스템에서 환경, 인간공학까지 그 영역을 넓혀서 제시하고 있다. 또한 정보 시스템에서는 'CAD', '제도와 설계'를 다루고 있으며, 물리적 시스템에서는 '자동화와 로봇', 'CAM', '전자회로와 통제 시스템', '기업 조직 및 운영' 등을 다루고 있다는 점에서 독특한 접근을 보이고 있다. 또한 이러한 각 영역에 따른 학업 표준은 4학년, 7학년, 10학년, 12학년으로 네 단계의 수준으로 구분하여 각 학년말에 성취해야 하는 표준을 각각 제시하고 있다.

펜실바니아 주(2002)에서는 과학 및 기술 교육과정 표준(academic standards)을 다음과 같은 영역으로 마련하였다[6].

- 공통 주제(unifying themes)
  시스템, 모델, 패턴, 스케일, 변화
- 탐구와 설계
  과학적 지식의 본질, 절차적 지식, 과학적 방법, 기술에서의 문제해결
- 생명과학
- 물리, 화학
- 지구과학
- 기술교육
  생명 기술, 정보 기술, 물리적 기술(건설, 제조, 수송)
- 기술적 장치
  도구, 장비, 컴퓨터 조작, 컴퓨터 통신 시스템
- 과학, 기술과 인간 혁신 노력
  한계, 인간의 요구 충족, 결과와 영향

펜실바니아 과학과 기술 표준은 과학과 기술을 통합적으로 표준을 마련하고 있는 점이 독특하다. 처음 제시되는 공통 주제(시스템 등), 탐구와 설계의 과학 기술 방법론, 마지막의 과학, 기술의 인간 혁신 노력(기술의 양향)을 통합적으로 제시하고 있다.

특히 기술교육은 생명기술, 정보기술, 물리적 기술기술로 영역을 제시하고 있으며, 이와는 별도로 기술적 장치(도구, 컴퓨터 통신 등)를 별도로 제시하고 있다.

인디애나 주에서도 2016년에 업데이트된 자료로 공학 기술 교육 과정 표준을 제시하고 있다.[7]

---

6) http://www.education.pa.gov/Teachers%20-%20Administrators/Curriculum/Pages/Technology-Education.aspx#tab-1

7) http://www.doe.in.gov/standards/cte-engineering-and-technology

- 중학교 공학 기술
  고급 제조 I
  고급 제조 2
  우주공학 (비 PLTW)
  우주공학 (PLTW)
  컴퓨터 통합제조(비 PLTW)
  컴퓨터 통합제조(PLTW)
  토목 건축공학
  토목 건축 공학(PLTW)
  설계와 생산에서 컴퓨터
  설계 기초
  디지털 전자
  디지털 전자(PLTW)
  공학 설계와 개발
  공학 설계와 개발(PLTW)
  환경과 지속가능성
  통신의 기초
  건설의 기초
  설계 과정의 기초
  공학 설계의 기초
  공학 설계의 기초(PLTW)
  수송의 기초
  제조의 기초
  고급 제조 논리 기초
  공학의 원리
  공학의 원리(PLTW)
  로봇 설계와 혁신

여기서 PLTW(Project Lead The Way)는 변용적인 교육으로 몇 개의 교과의 혁신적인 프로젝트를 제시하고 있는데, 그 중에서 공학 교과도 제시하고 있다. PLTW 공학은 학생들로 하여금 내일의 문제해결자가 되도록 하는데 주안점을 두고 있으며, 다음과 같은 영역을 제시하고 있다[8]. 인디애나주에서는 다음과 같은 PLTW를 표준에서 적극 활용하고 있음을 알 수 있다.

8) https://www.pltw.org/our-programs/pltw-engineering

Introduction to Engineering Design
Principles of Engineering
Aerospace Engineering
Civil Engineering and Architecture
Computer Integrated Manufacturing
Computer Science Principles
Digital Electronics
Environmental Sustainability
Engineering Design and Development

이 중에서 '중학교 공학 기술'에 대한 표준의 영역에서는 공학과 기술과 관련된 개발, 생산, 이용, 평가에 대한 원리를 소개하는 체험중심(hands on), 문제중심학습(problem based learning)의 학습 기회를 제공한다고 제시하고 있다. 아울러 학생들은 개인 및 팀 워크 기술을 지역사회와 일에 참여시킨다. 4가지 영역은 (1) 일반 공학 기술 개념, (2) 공학 설계와 개발, (3) 기술의 생산과 이용, (4) 기술관련 직업 등이다. 4개 영역에 12개의 표준을 제시하고 있다. 활동은 (1) 공학 설계 적용, (2) 기술적 제품이이나 결과를 생산하기 위한 과정, (3) 적절하게 도구나 장치의 이용, (4) 사회와 환경적 영향의 평가 등에 초점을 둔다.

아울러 인디애니 주에서는 농업, 상업, 가정, 공학 기술교육 중에서 적어도 2개 영역을 내년 이수토록 하고 있다. 특히 공학 기술은 영역 (1), (2), (4)는 반드시 이수하고 (3)은 시간이 허용될 때 하도록 권하고 있다.

노스캐롤라이나 주에서는 Course Blueprint라는 이름으로 중고등학교에 선택과목으로 운영되는 기술과 교육을 위한 교육과정 프레임을 작성하고 있다. 이 프레임은 능력 중심의 단원 주제들에 대하여 지역 기관 활용, 코스 가중치, 지식수준의 분류, 통합교과 기능 영역, 핵심 영역 여부 등을 함께 제시하고 있는 점이 특징적이다. 실제로 노스캐롤라이나의 Daniels Middle School의 학교 교육과정 편제를 보면, 기술과 교육이 교육과정의 한 축을 차지하고 있음을 알 수 있다. 아래 교육과정 과정 구조 그림 안에 있는 Homo faber(공작적 인간)를 표방하고 있는 것에서 이를 확인할 수 있다. 특히 다양한 기술교과군에서 Keyboarding/Computer Literacy, Exploring Business &Marketing, Exploring Technology Systems, Exploring Technology Systems Modular, Exploring Life Skills I 등의 여러 과목을 두고 있어 학생들의 다양한 선택이 가능하도록 되어있다(Public Schools of North Carolina, 2006).

뉴욕 주에서는 1996년 핵심 교과들의 학습 표준(learning standard)을 개발하였다. 수학-과학-기술(MST)의 핵심 교과로 7개의 표준(Standard 1 : 분석, 탐구, 공학설계, Standard 2 : 정보시스템, Standard 3 : 수학, Standard 4 : 과학, Standard 5 : 기술교육, Standard 6 : 통합 공통

주제(Interconnectedness-Common Themes), Standard 7 : 간학문적 문제해결(Interdisciplinary Problem Solving)을 제시하였다. 이 주의 학습 표준은 수학, 과학, 기술의 통합적 접근으로 핵심교과화 했다는 점과, 수학(Standard 3), 과학(Standard 4), 기술(Standard 5)의 분리된 표준을 제시하면서, 공통적 표준인 Standard 1, 6, 7의 제시했다는 점에서 의의가 크며, 특히 Standard 7의 문제해결(Problem Solving)을 별도로 제시했다는 점에서 아주 독특한 표준이다. 문제해결의 하위 영역은 연결(Connections), 전략(Strategies), 간학문적 문제해결을 위한 기능과 전략(Skills and Strategies for Interdisciplinary Problem Solving)으로 제시하고 있다. 결국 Standard 1, 2, 5, 6, 7이 기술적 지식, 사고, 방법을 담고 있다는 점에서 의의가 크다고 판단된다. 각 학습 표준은 Elementary(초급), Intermediate(중급), Commencement(고급)로 구분하여 제시되고 있으며, 수준별로 제시되는 각 학습 표준에서는 전체 목표, 하위 목표, 학습자의 성취 증거, 샘플 문제와 활동을 박스로 제시하고 있다(New York State Education Department, 1996).

애리조나 주에서는 2000년 9월 25일 주 교육부에 'Technology Education Standard'가 채택되었다. 이 주에서는 기술은 문제를 해결하고, 정보를 활용하고, 생산성을 높이고, 개인적 성장을 강화시키는 도구와 전략을 포괄하고 있다고 전제하면서, 특히 이 표준은 1997년의 주 표준을 현재 개발된 TfAAP를 포함한 다양한 국가적 표준을 참고로 수정된 표준을 개발하였다고 한다. 이 주에서 마련한 기술 교육 표준에서 기술의 정의와 6개의 대영역으로 제시하고 있다. 특히 위의 각 표준은 예비단계(Readiness, 유치원), 기초단계(Foundation, 1-3), 핵심단계(Essentials, 4-8), 능숙단계(Proficiency, 9-12), 특별단계(Distinction, Honors)의 5단계별로 구체적인 표준 성취 수준을 제시하고 있다. 이 주의 특징적인 것은 컴퓨터를 중심으로 한 기술적, 사회적 문제와 활용을 다루고 있으며, 특히 생산도구로서의 기술, 통신 도구로서의 기술, 연구도구로서의 기술을 개념화하고 있다(Arizona Department of Education, 2000). 이 주에서 Career and Technical Education 차원에서 네 가지 수준별로 그림과 같이 부과되는 진로/기술 교육의 기본 구조를 가지고 있으며, 여기서 수준 1에서의 'Technological Foundations'는 직업 탐색적 진로교육을 그 내용으로 하고 있으며, 수준 2의 'Industrial Technology Education'에서는 14개 하위 영역 교육과정 프레임을 제시하고 있다. 이 주의 산업기술 과목에서는 특별히 기술적 주요 영역(건설, 제조, 교통, 전기/전자, 에너지) 이외에 안전, 직업과 진로 등을 강조하고 있는 점이 특징이며, 특히 정보기술은 별도의 과목으로 운영하고 있는 점이 다른 주와 다른 접근이다. 결국 Arizona 주에서는 공통 영역으로 도구적 기술을 표준으로 제시하고 교양 기술은 별도의 과목으로 진로 기술 교육 차원에서 산업기술과 정보기술을 제시하고 있다(Arizona Department of Education, 2003).

미국의 기술과 교육과정 표준인 STL이 개발된 후 개발된 Ohio(2004)의 'Technology

Academic Content Standards'는 큰 시사점을 준다. 국가 교육과정 표준을 어떻게 주 수준에서 적용하는지의 모델이 될만하다. 실제로 주 교육과정 표준과 국가 교육과정의 표준과의 연계를 제시하고 있다. 이 주의 특징은 기술적 교양 뿐만아니라 컴퓨터 교양과 정보 교양을 분리하여 강조하고 있다는 점이다. 그리고 STL과 같이 설계 과정을 강조하고, 기술의 세계는 STL 모델에서 제안한 내용과 맥락을 같이 하고 있다는 것이다(Post, 2004).

미국의 **오하이오(Ohio) 주**는 전통적으로 많은 기술교과 교육과정 모델을 개발하여 왔다. 특히 최근에는 주 차원에서 외국어, 미술, 기술 교과에 대한 **교과내용 표준**(Academic Content Standards)을 개발하였다.

특히 38명의 자문위원은 기술교육 기준의 범위와 관련하여 **컴퓨터 및 멀티미디어 교양**(computer and multimedia literacy), **정보 교양**(information literacy), **기술적 교양**(technological literacy)의 세 가지 교양을 요구하였다(Post, 2004 : 25-29).

Ohio(2004) 모델의 특징은 기술적 교양뿐만 아니라 컴퓨터 교양과 정보교양을 분리하여 강조하고 있다는 점이다. 그리고 TfAA 모델과 같이 설계과정을 강조하고, 기술의 세계는 TfAA 모델에서 제안한 내용과 맥락을 같이 하고 있다.

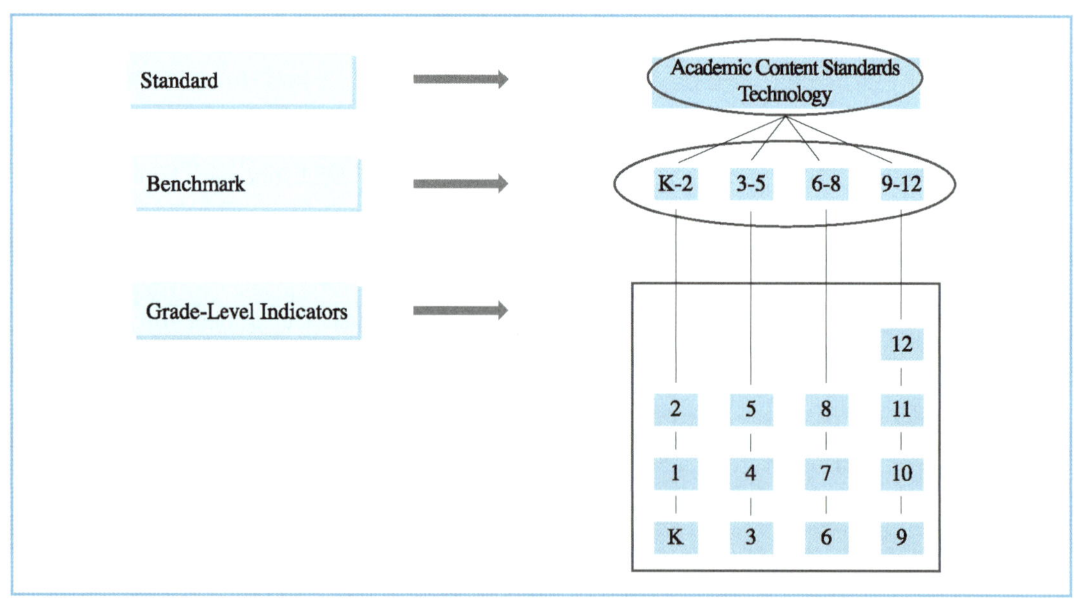

<그림 3-10> Ohio 주(2004)의 기술 교육과정 구조

[표 3-2] Ohio 주(2004)의 기술 교육과정 표준(Technology Academic Content Standards)

기준	주요 내용	학습자 목표	관련 교양	STL 표준과의 관계
표준 1 : 기술의 특성	• 특성 • 시스템 • 과정 • 장치 • 다른 분야와 관계	학습자는 기술의 개념, 범위, 특성, 다른 기술과 분야와의 관계를 이해한다.	컴퓨터 교양 정보교양 기술적 교양	표준 1, 2, 3
표준 2 : 기술과 사회의 상호작용	• 시민정신 • 환경 • 역사 • 지적 재산 • 수용가능한 활용	학습자는 사회, 환경, 기술의 상화작용을 인식하고, 역사와 기술을 이해한다. 이는 기술의 윤리와 가치관 정립의 기초개념을 이해한다.	컴퓨터 교양 정보교양 기술적 교양	표준 4, 5, 6, 7
표준 3 : 생산 기술의 활용	• 기본개념과 작동 • 문제해결 도구 • 생산도구 • 필요에 맞는 적절한 도구선택 • 교과간 연계	학습자는 기술과 생산도구를 활용하여 기술을 체험한다.	컴퓨터 교양	표준 8, 9, 10
표준 4 : 기술과 통신의 활용	• 미디어 유형 • 설계요소 • 멀티미디어 활용 • 출판 • 미디어 평가 • 전자통신	학습자는 다양한 매체를 통한 통신 기술을 체험하며 학습을 강화시킨다.	컴퓨터 교양	표준 8-20
표준 5 : 기술과 정보교양	• 정보이해 • 1차/2차 자료 • 인터넷 개념 • 검색 • 웹사이트 평가 • 연구모형	학습자는 인터넷, 기술도구, 자원을 활용하여 정보교양 전략을 참여하게 하고, 문제에 대한 해결과 확장된 지식을 차는 데 필요한 정보관리를 적용한다.	정보교양	표준 8-20
표준 6 : 설계(design)	• 기술적 문제해결 • 기술적 의사소통 • 혁신과 발명 • 설계과정 • 연구와 개발 • 해결책의 평가 • 기술이전	학습자는 설계, 공학, 평가 특성에 기초하여 수많은 문제해결 전략을 경험한다.	기술적 교양	표준 8-13

표준 7 : 기술의 세계(designed world)	• 에너지와 동력 • 수송기술 • 제조기술 • 건설기술 • 정보와 통신기술 • 의료기술 • 농업 및 관련 생명기술	학습자는 물리적 기술, 정보기술, 생명 관련 기술의 세계가 어떻게 설계에 의하여 수행되는지 알고, 각 기술의 세계에서의 과정, 제품, 기준, 서비스, 역사, 미래, 영향, 쟁점, 직업 탐색 등을 체험하고 이해한다.	기술적 교양	표준 11-20

이상에서와 같이 미국의 주별 기술 교육과정 표준 동향은 대체로 다음과 같은 시사점을 얻을 수 있다.

첫째, 미국의 주별 표준은 미국 국가교육과정 표준과 밀접한 관련을 맺으면서 각 주의 독특한 한 표준을 제시하고 있다.

둘째, 미국 교육을 STEM 교육 강조 등으로 과학과 병합한 기술 표준이나. 공학과 통합한 기술 표준을 제시하고 있는 점이다.

셋째, 미국의 교육은 국가 교육과정이 없기 때문에 기술교육도 주마다 다양한 강조점을 가지고 주의 교육과정을 제시하고 있고, 이러한 표준도 특별한 구속력을 갖고 있는 것은 아니라는 것이다. 다만 미래에 문제해결자로서 설계 능력과 문제해결력, 팀리더십을 갖춘 미국인을 위하여 여전히 공학 기술교육이 과학, 수학 교육과 더불어 중요한 교육적 쟁점이 되고 있는 점은 분명하다.

바. 초등 기술교과 교육 프로그램

미국 교육과정은 아직도 주마다 독특한 교육과정을 운영하고 있으며, 초등학교에서는 대체로 다른 교과와 통합하여 가르쳐지고 있다고 볼 수 있으며, 교육과정의 수준이 아닌 교육 프로그램은 많은 주에서 개발 · 적용되고 있는 실정이다.

미국 기술교사교육협의회(The Council on Technology Teacher Education)에서 해마다 기술교과 교육의 핵심적인 주제를 보고서(『*Yearbook*』)로 발간하고 있는데, 최근 기술교과교육의 중요한 영역인 통신(communication, 1990), 수송(transportation, 1992), 제조(manufacturing, 1993), 건설(construction, 1994), 초등 기술교과 교육(elementary school technology education, 1997)을 발간하여 초등 기술교과 교육을 다루고 있다(Pagliari & Foster, 1995 : 3).

NASA에서 지원하여 Virginia 공과대학 기술교과 교육 연구팀에서 개발한 ‘MISSION 21’은 초등학교 1학년부터 6학년까지 문제해결 접근을 통한 기존 교과에 기술교과를 통합하여 지

도하는 교사를 돕기 위하여 설계된 프로그램이다. [표 3−3]은 문제해결 전략에 의한 기술교육 프로그램 설계안이다.

[표 3−3] 미국의 문제해결 전략에 의한 'MISSION 21' 초등 기술교육 프로그램 설계안

학년(grades)	1~2	3~4	5~6
주제(themes)	수 송	기 계	통 신
	탐 색	발 견	우주개발
	설 계	지역사회	발 명
	우 주	관련짓기	에너지와 물질

자료 : Brusic et. al., *An Overview of MISSION 21*(ERIC Document Reproduction Service, No. ED 334 407), 1990 : 6.

이 프로그램은 학생들에게 문제해결 능력과 창조적인 사고를 개발시키도록 설계되었으며, 발달단계에 따라 다음과 같은 문제해결 모형을 제시하였다.

그리고 학생들이 그들의 문제해결 전략과 연구 활동에 관한 문서와 정보를 기록하기 위하여 **폴리오**(folio ; 잡지, 신문 양식 또는 전시)의 활용을 제안하였다. 이 폴리오는 학생들의 문제해결 전 과정의 선형적인 진척도를 보이고, 학생들의 노력과 사고과정, 학생의 학습 정도를 교사가 파악하는 데 도움을 주고, 학생들에게 더 나은 문제해결과 자료로 활용될 수 있다(Brusic et. als, 1990 : 7−8).

<그림 3−11> 'MISSION 21' 초등 기술교육 프로그램의 문제해결 모형

[표 3-4] 미국 각 주의 초등 기술교과 교육과정 모형의 목표와 내용

주	교과명칭	교육목표	교육내용	비 고
1. Pennsylvania (1984)	Industrial Arts/ Technology	학습강화 : 1. 기술교육 2. 안전 3. 생애인식	산업재료 동력기술 화상통신	K-6
2. Maine(1990)	Technology	기술의 인식 1. 기초적인 기술적 개념을 이해한다. 2. 공작적(hands-on) 기술활동과 관련되어 있는 수학, 과학 등의 다른 교과에서의 개념을 이해한다. 3. 구체적·조작적 성취활동을 통하여 자신감과 긍정적인 태도를 배양한다. 4. 기술적 문제해결을 위한 도구, 재료, 절차에 있어서 안전한 작업 습관과 기초기능을 익힌다. 5. 창의적인 사고, 비평적 사고, 문제해결력을 도입한 활동을 통하여 기술적 인식력을 높인다.	통신, 교통, 생산, 에너지 1. 기초적 기술 개념 2. 조작적 활동을 통한 문제해결 활동 3. 다른 교과에 통합될 수 있는 내용 4. 긍정적인 작업 습관	K-5
3. Minnesota (1991)	Industrial Technology	기술의 인식	1. 생산 2. 교통	- 통합교과적 접근
4. Ohio(1989)	Technology	기술의 인식 1. 기술의 표현 2. 기술적 참여	기술적 적응 시스템 작동 환경 기술의 발전	- 통합적 접근
5. Utah(1988)	Technology	기술의 인식	1. 산업과 기술 인식과 일의 세계 등을 개발하는 내용 2. 기술적 기초 개념과 활동	- 정식 교과에 통합하여 다룸.

1. Industrial Arts Association of **Pennsylvania**, Pennsylvania Industrial Arts / Technology Education Program Guide K-12(ERIC Document Reproduction Service No. ED 266992).
2. **Minnesota** State Dept. of Education. (1991). *Model Learner Outcomes for Tecnology Education/Industrial Technology*(ERIC Document Reproduction Service No. ED 334 363).
3. The Technology Education Association of **Maine**. (1990). Technology Education in Maine Curriculum Guide, (ERIC Document Reproduction Service No. ED 326 667).
4. **Ohio** Industrial Technology Education Association. (1989). A Model for Technology Education in Ohio, A product of The Model Industrial Technology Systems Project, Columbus, Ohio, The Ohio State Univ.
5. Balisteri, J. & Hammer, D. E. (1988). Technology Education in **Utah**, *The Technology Teacher*(May/June, 1988).

그리고 각 주마다 초·중·고등학교의 학문적 계열성 측면에서 기술교과 교육과정 모형을 개발하여 지침으로 제시하고 있는데, 초등 기술교과 교육과 관련된 내용을 정리하면 [표 3-4]와 같다.

이 표에서 알 수 있는 바와 같이 미국 초등 기술교과 교육은 그 목표를 **기술의 인식(awareness)**으로 삼고, 기초적인 기술의 개념과 활동을 수학, 과학, 사회 등의 교과에서 통합적으로 가르쳐지고 있는 실정이다. 이는 근래에 학문의 바탕 위에서 생활과 관련된 교육과정을 마련하는 추세에서 논의되는 수학-기술, 과학-기술, 과학-기술-사회(STS) 통합 운동과 그 맥락을 같이하고 있다.

2. 영국의 기술교과 교육

가. 영국 교육과정 편제와 동향

영국의 교육목표는 개인의 능력을 최대한 발휘하고 전체로서 개인의 능력을 사회의 이익이 되도록 만드는 데 역점을 두고 있다. 공립 초등학교에서는 5세에서 11세까지의 교육이 이루어지는데, 스코틀랜드나 잉글랜드의 일부지역에서는 12세까지도 이루어진다. 초등학교들은 보통 유아(infants)와 초급(junior)단계로 나누어지며 몇몇 지역에서는 지방교육청이 3단계 구조로 학교들을 운영한다. 이는 초급, 중급, 고급 학교들로 8, 9세와 12, 13세에 다음 단계로 넘어가게 된다. 대부분의 초등학교들이 남녀공학이다. 사립 초등학교는 보통 예비(preparatory)학교로 부르고, 학생들은 사립 중등학교의 입학시험을 준비하게 된다. 보통 7~13세까지의 학생들을 가르친다. 중등교육에서는 기존의 형태 외에 새로운 형태의 중등교육이 실시되고 있는데, 그 한 예가 Grant Maintained School로, 이는 지방정부의 지도를 받지는 않지만 중앙정부로부터 재정을 받는 공립학교로 이들 학교는 등록금을 받지 않는다(이춘식·최유현·유태명, 2001).

영국의 교육개혁은 기본적으로 현재의 영국 교육의 질이 낮다는 문제인식 아래 다양한 측면에서 그 질을 향상시키고자 하는 것이다. 1988년에 제정된 교육개혁법(Education Reform Act)의 가장 주요한 변화는 **국가 교육과정(National Curriculum)의 도입**이다. 알려진 대로 영국은 오랫 동안 교육과정의 결정권이 형식적으로는 지방 교육청(Local Education Authority), 실제는 교장이나 교사에 의해 결정되어 중앙정부는 아무런 권한이 없었다. 당시 국가 교육과정의 주요 골자는 의무 교육기간 중(5~16세) 가르쳐야 할 교과목과 연령수준에 따라 각 과목에서 다루어질 주요 내용을 국가 차원에서 정한다는 것과, 한편으로 일정한 연령 단계에 이르러서 학생의 성취도를 평가한다는 것이다(이용숙 외, 1994 : 300−310).

영국 국가교육과정은 2016년 개정안이 마련되었다. 이 개정안은 **설계·기술**(design and technology)이 KS1과 2, KS 3에 필수로 되어있고, KS4에서도 설계 기술교과 내에서 심화된 과목을 1개 이상 듣도록 하였다. 즉 영국에서의 설계 기술과목은 초중고등학교에 걸쳐서 필수로 부과되고 있음을 알 수 있다.

특히 과거의 **정보통신기술**(information and communication technology)에서 **컴퓨팅**으로 변경되었다[9].

[표 3−5]에서 보면 KS1부터 KS4까지 필수로 부과되는 교과는 국어, 수학, 과학, 설계·기술, 컴퓨팅, 체육 6개 교과이다. 이 중에서 기술교과에 해당하는 교과가 2개 교과가 있다는 사실은 영국 국가 교육과정에서 기술교육에 대한 기대가 높음을 확인할 수 있다.

[표 3−5] 영국 국가교육과정의 편제(2000년의 편제)

Key stage 1 and 2	Key stage 3	Key stage 4
English Maths Science Design and technology History Gography Art and design Music Physical education (PE), Including swimming Computing Ancient and modern foreign Languages (at key stage 2)	English Maths Science History Geography Modern foreign Languages Design and technology Art and design Music Physical education Citizenship Computing	Core subjects are: English Maths Science Foundation subjects are: Computing Physical education Citizenship 적어도 각 교과영역에서 1개 교과 선택 Arts Design and technology Humanities Modern foreign languages
Schools must provide religious Education (RE) Schools often also teach: Personal, social and health Education (PSHE) Citizenship Modern foreign languages (at key stage 1)	Schools must provide religious education (RE) and sex education.	Schools must provide religious education (RE) and sex education During key stage 4 most pupils work towards national qualifications - usually GCSEs.

9) https://www.gov.uk/national-curriculum/other-compulsory-subjects

한편 학년 블록으로 불리우는 Key Stages는 연령에 따라 다음 표와 같이 나누어지며, 다음 단계를 가기 위해서는 교사는 학습자의 수행을 평가해야 한다.

[표 3-6] 연령별 KS 단계와 진급 사정

연령	학년	Key stage	사정
3 to 4		Early years	
4 to 5	Reception	Early years	교사의 사정(Teacher assessments) (학년 시작시 선택적으로)
5 to 6	Year 1	KS1	발음 사정(Phonics screening check)
6 to 7	Year 2	KS1	국가 시험과 교사 사정(in English, Maths and Science)
7 to 8	Year 3	KS2	
8 to 9	Year 4	KS2	
9 to 10	Year 5	KS2	
10 to 11	Year 6	KS2	국가 시험과 교사 사정(in English, Maths and Science)
11 to 12	Year 7	KS3	
12 to 13	Year 8	KS3	
13 to 14	Year 9	KS3	
14 to 15	Year 10	KS4	일부 학생은 GCSEs을 응시
15 to 16	Year 11	KS4	대부분의 학생들을 GCSEs 또는 다른 국가 자격시험을 응시

나. 영국 국가 교육과정에서의 핵심 기술

1) 국가 교육과정 전체를 통한 학습(Learning across the National Curriculum)

국가 교육과정 전체를 통한 정신적 도덕적, 사회적 문화적 발달을 촉진(Promoting spiritual, moral, social and cultural development across the National Curriculum)한다.

모든 국가 교육과정의 과목들은 학생들의 정신적, 도덕적, 사회적 문화적 발달을 촉진시킬 기회를 제공한다. 주요 1단계와 주요 2단계에서는, 학생들의 이러한 영역발달을 촉진할 명시된 기회들이 종교교육, 개인 · 사회 · 보건교육에 대한 비법령 국가 기본 골자와, 시민교육을 통해 제공된다. 학교생활, 집단예배, 그 외 교육과정활동 등을 통해 학교와의 윤리적이고 효과적인 관계가 이루어진다.

- 학생들의 정신적 발달은 자신에 대한 분별력, 자신만이 가진 잠재력, 자신의 장점과 단점에 관한 이해력, 자신이 성취하고자 하는 의지력 등의 향상을 말한다. 자신과 세상에 대한 호기심이 증가함에 따라, 자신에게 삶의 근본적인 문제에 관한 답을 하려고 애쓴다. 학생들은 자신의 내적인 삶, 비물질적 행복을 키우는데 필요한 지식, 기술, 이해, 자질, 태도를 키워나간다.
- 학생들의 도덕적 발달은 옳고 그름의 차이에 대한 이해, 도덕적 갈등에 대한 이해, 타인에 대한 관심, 옳은 일을 행하는 의지를 습득하는 것을 말한다. 자기 행동의 결과에 대해 반성할 능력과 의지가 있으며, 자신과 타인을 어떻게 용서하는지를 배운다. 학생들은 책임감 있는 도덕적 판단을 내리고, 그것에 준해서 행동하기 위해 필요한 지식과 기술, 이해, 자질, 태도 등을 키워나간다.
- 학생들의 사회적 발달은 가족과 사회(지역사회, 국가, 세계)의 구성원으로서의 책임과 권리에 대한 이해, 공공의 선을 위해 타인과 관련을 맺고 협동할 능력 등을 습득하는 것과 관련이 있다. 학생들은 점점 더 소속감과 참여 의지를 보여준다. 자신이 속한 단체에서 민주적인 일 처리 과정에 적극적으로 기여하기 위해 필요한 지식, 기술, 이해, 자질, 태도를 키워나간다.
- 학생들의 문화적 발달은 문화적 전통에 대한 이해와 다양한 심미적 경험들을 감상하고 반응할 수 있는 능력을 습득하는 것을 말한다. 자신의 문화에 대한 존중과 타문화에 대한 존중, 어떤 것을 해 나가는 다른 방식에 대한 흥미, 차이에 대한 호기심 등을 습득한다. 학생들은 문화를 이해하고, 감상하며, 그 문화에 기여하는데 필요한 지식, 기술, 이해, 자질, 태도를 키워나간다.

2) 개인 · 사회 · 보건교육과 시민교육의 촉구(Promoting personal, social and health education and citizenship)

학교가 일관성과 응집성을 확립하도록 하기 위한, 그리고 개인 · 사회 · 보건교육과 시민교육에서 교육과정의 지속성과 학생의 학습 증진을 촉구하기 위한 지침이 이 책자에 있다.

3) 교육과정 전체를 통한 기술 개발(Promoting skills across the National Curriculum)

모든 주요 단계에서, 교육과정 전체에 걸쳐 학생들은 과제에 대한 넓은 범위의 기술을 배우고, 실습하고, 조합하고, 발전시키며 다듬는다. 이 중 몇몇 기술들은 특정과목의 것(미술과 디자인 과목에서의 그림그리기)이고, 몇몇은 여러 과목에 해당되는 공통된 것(과학, 역사, 지리에 있어 질문하는 기술)이다.

몇몇 기술들은 대화의 기술, 자신의 학습과 수행을 향상시키는 기술, 창의적으로 생각해내는 기술과 같이 보편적인 것이다. 이런 기술들은 또한 국가 교육과정의 과목들에 포함되어 있으며, 효과적인 학습에 필수적이다.

주요 단계들 전체를 통해 이러한 기술들을 가르치고 배울 기회는 계획 시에 확인할 수 있다. 학생들은 무엇을, 어떻게 배우는지를, 이 기술들이 다른 과목이나 다른 문제 또는 실제 생활의 문제에도 어떻게 적용될 수 있는지를 생각하도록 권장 받는다.

4) 핵심 기술(Key skills)

다음의 6개의 기술은 학습자가 교육, 일, 삶에서 그들의 학습과 수행을 향상시키도록 도움을 주므로 핵심 기술로 표현된다.

- 의사소통(Communication)

'의사소통' 핵심기술은 기술은 말하기, 듣기, 읽기, 쓰기 기술을 포함한다. 말하기와 듣기 기술은 다양한 청취자가 집단에게 효과적으로 말하는 능력, 다른 사람의 말에 적절하게 듣고 이해하고 반응하는 능력, 집단토론에 효과적으로 참여하는 능력 등을 말한다. 읽기와 쓰기 기술은 일련의 문학이나 비문학 문서를 유창하게 읽어내는 능력, 읽은 내용에 대해 비판적으로 사고하는 능력, 자신의 글이나 타인의 글에 대해 비판적으로 분석하는 능력, 적정 범위의 청중이나 목적에 맞게 유창하게 쓰는 능력을 포함한다. 의사소통 기술을 개발할 기회들은 영어 과목과, 특히 전체 교육 과정을 통한 학생들의 언어 사용을 통해 주어진다.

- 숫자 적용(Application of number)

'숫자 적용' 핵심기술은 적정 범위의 이성적 계산에 대한 발달과 다양한 문맥이나 상황에서 그것들을 활용하는 능력을 말한다. 이 기술은 자료를 처리하고, 점점 더 복잡한 문제를 해결하며, 논리를 설명하기 위해 숫자나 계산과 관련된 수학적 언어의 사용과 이해를 발전시켜 나가는 것을 포함한다. 학생들은 계산 기술과 숫자에 대한 이해를 국가 교육과정의 다른 과목과 실제 삶의 상황에 적용하는 능력을 갖추어야 한다. 이 핵심기술을 개발하기 위한 기회들은 수학 과목에서 확실하게 제공된다.

- 정보기술(Information technology)

'정보기술' 핵심기술은 목적에 맞게 정보를 찾고, 분석하고, 평가하고, 진술하기 위해서 적정 범위의 정보원과 정보통신기술 장비들을 사용할 수 있는 능력을 말한다. 이 기술은, 정보에 접근하거나 문제를 해결하는데 있어 이익을 최대화하기 위해, 또는 만족할만한 일의 성취를 위해 비판적이고 풍부한 정보를 바탕으로 언제 어떻게 정보통신기술을 사용할 것인가를 결정하는 능력을 말한다. 정보통신기술의 정보원을 사용하는 능력은, 정보를 처리하고 창의적인 생각을 하는 능력과 정보통신기술을 가지고 처리한 일에 대해 점검하고, 수정하고, 평가하는 능력뿐만 아니라, 의문을 품고 결정을 내리는 능력을 모두 포함한다. 이 기술을 개발할 수 있는 기회는 명백하게는 정보통신기술이라는 과목을 통해서, 그리고 전 교육과정을 통한 정보통신기술 사용을 통해 제공된다.

- 협동(Working with others)

'협동' 핵심기술은 소규모 집단이나 학급전체의 토론활동에 기여하는 능력, 도전하기 위해 타인과 함께 수행하는 능력을 말한다. 다른 학생들과 함께 과업을 수행한다면, 사회적 기술을 계발하고, 다른 사람의 요구에 대한 인식과 이해를 키워나갈 수 있다. 모든 과목은 학생들이 협력할 기회, 공식 혹은 비공식적 상황에서 타인과 효과적으로 일을 처리하는 기회, 다른 사람의 경험을 평가하고 다른 관점에서 생각해 보는 기회, 다른 사람들이 생각하고 말하고 행동하는 것으로부터 득을 얻는 기회를 제공한다.

- 자신의 학습과 수행 향상시키기(Improving own learning and performance)

'자신의 학습과 수행 향상시키기' 핵심기술은 학생들이 자신의 이로가 그들이 배운 것을 생각해보고 비판적으로 평가하는 것과, 학습과 수행을 향상시키는 방법이 무엇인지를 알아내는 능력을 말한다. 학습 목표를 알 수 있어야 하며, 학습 과정들을 반성할 수 있어야 하고, 학습에서의 발달 정도를 평가할 수 있어야 하며, 학습하는데 어려움이나 장애물이 무엇인지를 알아야 하고, 학습을 향상시키는 방법을 계획할 수 있어야 한다. 모든 과목은 학생들이 자신이 한 것을 검토하고, 향상시킬 방법에 대해 토론할 기회를 제공한다.

- 문제해결(Problem solving)

'문제해결' 핵심기술은 학생들이 학습이나 삶에서 직면한 문제를 해결하도록 도와줄 기술과 전략을 개발하는 능력을 말한다. 문제해결은 문제를 이해하고 정의하는 기술, 문제해결을 위한 방법을 계획하는 기술, 문제에 매달리는 데 있어 전척 정도를 검토하는 기술, 문제에 대한 해결책을 검토하는 기술을 포함한다. 모든 과목은 문제의 도전에 응할 기회, 특정한 결과를 얻기 위해 필요한 과정들을 계획하고 평가하고 수정하고 검토할 기회를 제공한다.

5) 사고 기술(Thinking skills)

사고 기술을 사용함으로써 학생들은 '무엇을 아는가'뿐만 아니라 '어떻게 아는가'에 초점을 맞출 수 있다. 어떻게 배울 것인지를 배우는 것, 다음의 사고 기술들은 핵심기술을 보완하며, 국가 교육과정에 모두 포함되어 있다.

- 정보처리 기술(Information-processing skills)

이 기술은 학생이 적절한 정보의 위치를 알고 수집할 수 있는 능력, 이 정보들을 구분 짓고, 분류하고, 차례로 배열하며, 비교하고 대조할 수 있는 능력, 또한 전체와 부분과의 관계를 분석할 수 있는 능력을 준다.

- 추론 기술(Reasoning skills)

이 기술은 학생이 선택하거나 행동한 이유를 제시하고, 추론을 이끌어 내어 연역에 의한 논리를 만들 수 있게 하며, 자신이 생각하는 것을 설명하기 위해 정확하게 언어를 사용하게 하는 능력을 주고, 이유와 근거를 가진 판단과 결정을 하게 한다.

- 질문 기술(Enquiry skills)

이 기술은 학생이 적절한 질문하게 하고, 문제를 정의하고 제기하게 하며, 무엇을 할지, 어떻게 조사할지를 계획하게 하고, 성과를 예측하거나 결과를 예상하게 하며, 결론을 평가하고 생각을 향상시키도록 한다.

- 창의적 사고 기술(Creative thinking skills)

이 기술은 학생이 생각하고 그 생각을 확장시킬 능력을 주며, 가설을 제시할 능력, 상상력을 적용할 능력을 주고 다른 대안의 혁신적인 성과를 추구하게 한다.

- 평가 기술(Evaluation skills)

이 기술은 학생이 정보를 평가할 능력을 주고, 자신이 읽고, 듣고, 한 것의 가치를 판단하게 하며, 자신이나 타인의 일이나 생각에 대한 가치 판단의 표준을 발전시켜가도록 하며, 자신의 판단에 대한 자신감을 갖게 한다.

다. 영국의 설계 기술 교과의 목적과 내용

영국에서는 기술의 변화에 충족하는가(Meeting technological challenges?)라는 연구를 수행하였다. 특히 2007년부터 2010년까지의 초등학교 중등학교의 설계 기술교과의 실태를 보고한 연구로서, 다음은 중요한 연구 결과를 제시한다[10].

> 우리가 방문한 대부분의 초등학교 및 중등학교 학생들은 설계와 제작활동을 즐기고 있었으며, 아이디어를 공유하고 기술적 기능을 획득하는데 대단히 만족하고 있음을 확인하였다. 그들은 교과의 실천학습 전략과 실천 문제해결 활동에 고무적으로 동기화되어 있었다.
>
> 설계 기술의 성취도는 초등학생의 3/5, 중등학교의 1/20이 높은 성취도를 보였다. 이런 학교 교수활동은 도전적이고 과제가 학생들에게 흥미롭고 관심이 높았고, 최신의 ICT 기술과 다른 기술을 활용함으로써 혜택을 보고 있었다.
>
> GCSE 국가 시험서는 교사들의 전문성 부족으로 전자기술 및 시스템, 제어 등에 응시가 낮았다. KS 4 에서 재료나 섬유활동이 강화되기도 하였다.
>
> 훌륭한 수업은 학생들에게 혁신적이고 창조적으로 접근 했으며, 효과적으로 아이디어와 제작 활동을 통한 기술적 이해활동에 기초하고 있었다. 특히 중등학교에서는 비판적으로 평가하고 질문하는 활동을 장려하고 있었다.
>
> 초등학교의 좋은 교육과정은 연령을 초월하여 제공되었고, 중등학교에서는 교사들간 다른 지역사회, 산업체와의 효과적인 협력 활동이 두드러졌다.

2013년 11월에 개정된 설계 기술 교과이 내용은 KS1, KS2, KS3, 요리와 영양의 4개의 교육과정을 제시하고 있다[11].

> ■ 교과의 목적(Purpose of study)
>
> 설계 기술교과는 영감있고, 엄격하고, 실천적인 과목이다. 창의성과 상상력을 이용하여 학생들은 자신과 다른 사람들의 요구, 필요, 가치를 고려하여 다양함 맥락내에서 실제적인 관련된 문제를 해결하기 위하여 설계하고 제작한다. 그들은 교과의 광범위한 지식을 획득하고 수학, 과학, 공학, 컴퓨팅, 예술 등의 교과와 활용한다. 학생들은 위험 관리 방법을 배우고 박식하고 혁신적이고 기업가정신과 능력 있는 시민으로 성장하도록 학습한다. 과거, 현재의 설계 기술 평가활동을 통하여 그들은 매일의 삶과 폭넓은 세계의 영향력을 비평적으로 이해하는 능력을 개발한다. 높은 질적 수준의 설계 기술 교육은 창의성, 문화, 국가의 부와와 웰빙에 핵심적인 기여를 한다.

10) https://www.gov.uk/government/publications/meeting-technological-challenges-school-design-and-technology-provision

11) https://www.gov.uk/government/publications/national-curriculum-in-england-design-and-technology-programmes-of-study

■ 목표(aims)

설계 기술 교육과정은 학생들에게 다음과 같은 성취를 돕는다.

발전하고 있는 기술 세계에서 성공적으로 참여하고 자신감을 가지고 매일의 삶을 수행하는데 필요한 창의적, 기술적, 실천적 전문성을 개발한다.

사용자의 다양한 요구를 위한 원형이나 제품을 설계하고 제작하기 위한 이한 지식, 이해, 사고 기술을 배양하고 활용한다.

학생들의 아이디어, 제품, 다른 일들을 비평, 평가, 시험한다.

요리 방법을 배우고 영양의 원리를 이해하고 적용한다.

■ 성취 목표(attainment targets)

각 KS 단계의 마지막에 학생들은 구체화된 교과 프로그램의 지식, 기능, 과정을 알고, 적용하고, 이해하기를 요구받는다.

● 교과 내용

· KS 1

창의적이 실천적 활동을 통하여 학생들은 설계와 제작활동에서 요구되는 반복적인 과정 활동을 하는데 요구되는 지식, 이해, 사고 기능을 가르쳐야 한다. 그들은 관련된 다양한 맥락[예, 집, 학교정원, 놀이터, 지역사회, 산업체와 공범위한 환경 등]에서 수행하도록 한다.

설계와 제작활동 시 학생들에게 가르쳐야할 내용

설계 : 설계 준거에 기초하여 학생들 또는 다른 사용자를 위한 설계 목적, 기능, 외간
제도, 템플릿, 적절한 정보와 통신 기술을 통하여 아이디어를 창출, 개발, 모델링, 소통하기

제작 : 실천적인 과제를 수행하기 위한 다양한 도구와 장비의 선정과 사용
재료의 특성을 고려하여 건설 재료, 섬유 구성, 재료 구성에 따른 재료의 선정과 사용

평가 : 제품의 제작 과정에 대한 탐색과 평가하기
설계 준거에 따른 아이디어와 제품의 평가하기

기술적 지식 : 어떻게 하면 보다 안정되고 튼튼한 구조물이 될 수 있는지를 탐색하여 구조물 세우기
제품을 만드는데 필요한 메커니즘(예, 지렛대, 빗면, 바퀴 축)을 탐색하고 활용하기

· KS 2

창의적이 실천적 활동을 통하여 학생들은 설계와 제작활동에서 요구되는 반복적인 과정 활동을 하는데 요구되는 지식, 이해, 사고 기능을 가르쳐야 한다. 그들은 관련된 다양한 맥락[예, 집, 학교, 레저, 기업체, 산업체와 공범위한 환경 등]에서 수행하도록 한다.

설계와 제작활동 시 학생들에게 가르쳐야할 내용

설계 : 구체적인 개인이나 단체의 요구에 기초하여 혁신적이고, 기능이 우수하며, 외관이 훌륭한 제품의 설계를 확인하기 위한 설계 준거를 개발하고 연구 개발을 활용하기
토의, 설명달린 스케치, 다양한 그림, 원형, 패턴, 컴퓨터 보조 설계 등을 활용하여 학생들의 아이

디어를 창출, 개발, 모델링, 소통하기

제작 : 실천적인 과제를 수행하기 위한 다양한 도구와 장비를 정확하게 선정하고 사용하기 [예, 자르기, 다듬기, 조립하기, 마무리하기, 연마하기]

재료의 기능적 특성과 심미적 질감을 고려하여 건설 재료, 섬유 구성, 재료 구성에 따른 재료의 선정과 사용하기

평가 : 제품의 제작 과정에 대한 조사와 분석하기

자신의 설계 준거에 따른 아이디어와 제품의 평가하고 다른 사람의 작ㅇ럽 개선 요구 관점을 검토하기

기술적 지식 : 어떻게 하면 보다 안정되고 튼튼한 복합 구조물이 될 수 있는지를 이해하고 적용하기

제품을 만드는데 필요한 메커니즘(예, 기어, 풀리, 캠, 지렛대, 링크장치 등)을 이해하고 활용하기

제품을 만드는데 필요한 전자 시스템(예, 스위치, 전구, 부저, 모터 등의 직렬 회로 등)을 이해하고 활용하기

제품을 만드는데 필요한 컴퓨터 프로그램을 적용하고 조정하고 제어하기

• KS 3

창의적이 실천적 활동을 통하여 학생들은 설계와 제작활동에서 요구되는 반복적인 과정 활동을 하는데 요구되는 지식, 이해, 사고 기능을 가르쳐야 한다. 그들은 집과 지역의 다양한 맥락[예, 집, 건강, 레저 및 문화] 그리고 산업체[예, 공학, 제조, 건설, 식품, 에너지, 농업, 원예, 패션 등]에서 수행하도록 한다.

설계와 제작활동 시 학생들에게 가르쳐야할 내용

설계 : 사용자의 요구를 확인하고 서로 다른 문화적 욕구를 고려하여 연구 및 조사하기

학습자 자신의 설계 문제를 확인하고 해결하며, 그들에게 주어진 문제를 보다 잘 해결할 수 있는지 이해하기

다양한 상황의 요구를 수용하는 혁신적이고, 기능이 우수하며, 외관이 훌륭한 제품의 설계를 확인하기 위한 설계 준거를 개발하고 연구 개발을 활용하기

혼란스러운 논쟁을 피하고 창조적인 아이디어를 창출하기 위한 다양한 사고 접근을 활용하기[예, 자연모사, 사용자 중심 설계 등]

설명달린 스케치, 상세도, 3-D, 수학적 모델링, 디지털 프리젠테이션 등을 활용하여 설계 아이디어를 개발하고 소통하기

제작 : 컴퓨터 보조 제조를 포함하여 전문가 도구, 기법, 과정, 장비, 기계를 정확하게 선정하고 사용하기

보다 특성이 복잡한 재료의 구성, 성분, 특성을 감안하여 재료의 선정과 사용하기

평가 : 과거와 현재의 작업에 대한 전문적인 분석과 광범위한 이해를 발전시키기

새롭게 적용된 기술을 조사하기

사용자 요구 또는 다른 관심을 가진 단체의 요구에 비추어 아이디어나 제품을 시험, 평가, 개선시키기

개인 및 사회, 환경의 영향 및 설계자, 공학자, 기술자의 책무를 고려하여8 설계 및 기술의 발전을 이해하기

기술적 지식 : 원활한 문제해결 해결을 위한 구조물 요소의 수행과 재료의 특성을 이해하고 활용하기

제품을 작동시키는 힘과 운동의 보다 복잡한 역학적인 시스템을 진보시키는 방법을 이해하기

제품에 활용되는 동력과 관련된 전기 전자 시스템을 진보시키는 방법을 이해하기 [예, 열, 빛, 소리, 운동과 관련된 입출력 회로]

입력에 반응하는 제품에 내재된 지능에 관련된 전자공학을 이해하고 컴퓨터를 활용하기

요리 및 영양 : 생략

3. 프랑스의 기술교과 교육[12)]

가. 프랑스 교육제도의 개관

프랑스의 교육제도는 <그림 3-7>과 같이 초등학교는 기본학습과정과 심화학습과정으로 구성되어 있고, 중학교는 관찰적응과정, 심화과정, 진로지도과정으로 되어 있다. 고등학교의 경우에는 결정과정과 최종과정을 거쳐 대학과 직업현장으로 진로가 구분된다.

프랑스의 학교교육 제도는 초등학교 5년, 중학교 4년, 고등학교 3년의 3단계로 구성되며, 의무교육 연한은 6세부터 16세까지의 10년간이다. 이 기간은 초등학교 5년(6~11세), 중학교 4년(11~15세), 고등학교(15~18세)의 첫 1년을 포함한다. 따라서 프랑스 학생들은 중학교를 졸업한 후에 고등학교에서 최소한 1년은 더 교육을 받아야 의무교육 연한을 마치게 된다.

12) 프랑스의 기술교과 교육은 이춘식 · 최유현 · 유태명(2001)의 연구를 재정리한 것이다.

<table>
<tr><td></td><td rowspan="7">중등
교육</td><td rowspan="3">만15~
18세</td><td rowspan="3">일반
고등
학교</td><td rowspan="3">기술
고등
학교</td><td rowspan="3">직업
고등
학교</td><td rowspan="3">도제
양성
센터</td><td>최종학년</td><td rowspan="2">최종과정</td></tr>
<tr><td rowspan="11">의무교육
(만6~16세)</td><td>2학년</td></tr>
<tr><td>1학년</td><td>결정과정</td></tr>
<tr><td rowspan="4">만11~
15세</td><td colspan="4" rowspan="4">중학교</td><td>4학년</td><td>진로지도과정</td></tr>
<tr><td>3학년</td><td rowspan="2">심화과정</td></tr>
<tr><td>2학년</td></tr>
<tr><td>1학년</td><td>관찰적응과정</td></tr>
<tr><td rowspan="5">초등
교육</td><td rowspan="5">만6~
11세</td><td colspan="4" rowspan="5">초등학교</td><td>중급과정2(CM2)</td><td rowspan="3">심화학습과정</td></tr>
<tr><td>중급과정1(CM1)</td></tr>
<tr><td>초급과정2(CE2)</td></tr>
<tr><td>초급과정1(CE1)</td><td rowspan="2">기본학습과정</td></tr>
<tr><td>준비과정(CP)</td></tr>
</table>

<그림 3-7> 프랑스의 교육제도

프랑스 학교교육 제도의 특징은 초 · 중 · 고의 학교급이 '학년'과 '과정'(cycle)의 두 유형으로 구분되어 운영된다는 점이다. 즉 초등학교는 5개 학년으로 구분되는 동시에 **기본학습 과정과 심화학습 과정**의 두 과정으로 구분된다. 중학교는 4개 학년으로 구분되는 동시에 다시 **관찰적응 과정, 심화과정, 진로지도 과정**의 세 과정으로 구분되어 운영된다. 고등학교 또한 3개 학년으로 구분되면서 다시 **결정과정과 최종과정**의 두 과정으로 구분된다. 요컨대, 프랑스의 초 · 중 · 고는 전체 12학년으로 구분되는 동시에 다시 총 7단계의 과정으로 구분되며, 이 7단계의 과정에 따라 교육과정이 구분되어 운영되고 있는 것이다.

프랑스 국가교육과정 문서에 제시된 중학교 필수교과 및 시간배당을 살펴보면 [표 3-12]과 같다.

[표 3－12] 프랑스의 중학교 필수교과 및 시간배당

중학교			필수교과	시간배당(연간 36주)	
관찰적응 과정			국어	6	
			수학	4	
			외국어	4	
			역사와 지리(30분은 시민교육으로 대체 가능)	3	
			생명과학 및 지구과학	1.5	
			기술	1.5	
			예술교육	2	
			체육	4	
심화과정			국어	4～5.5	
			수학	3.5～4.5	
			제1외국어	3～4	
			역사, 지리, 시민교육	3～4	
			생명과학, 지구과학	1.5～2	
			물리, 화학	1.5～2	
			기술	1～2	
			예술교육(조형예술/음악교육)	2～3	
			체육교육	3	
진로지도 과정	필수교과			선택 : 외국어	선택 : 기술
			국어	4.5	4.5
			수학	4	4
			제1외국어	3	3
			역사, 지리, 시민교육	3.5	3
			생명과학 및 지구과학	1.5	1.5
			물리, 화학	2	1.5
			기술	2	
			예술교육(조형예술/음악교육)	2	2
			체육	3	3
	선택 교육	의무	제2외국어 또는 지역언어	3	
			기술		5
		선택	라틴어	3	
			그리스어	3	
			지역언어	3	
			제2외국어 또는 지역언어		3

*관찰적응 과정의 예술교육에서 1시간은 조형예술, 1시간은 음악교육 실시

프랑스의 중학교에서는 기술을 필수로 부과하고 있으며 우리나라보다 더 많은 시간을 할당하여 이수하도록 하고 있다. 고등학교의 경우에는 1학년인 결정과정에서 기술교과가 필수로 부과되고 있다.

[표 3-13] 프랑스의 고등학교 1학년 필수교과 및 시간배당

고등학교	필수교과	시간배당(연간 36주)
결정과정	국어	4
	수학	3.5
	물리, 화학	3.5
	지구과학, 생명과학	2
	기술	3
	외국어	2.5
	역사, 지리	3
	체육	2

*주 : 프랑스의 일반계 고등학교에는 다시 일반계열과 기술계열의 두 계열이 존재하는데, 여기에서는 주로 대학진학을 목표로 하는 일반계열의 교육과정에 대해서만 제시한 것이다.

프랑스에서는 2013년에 새로운 교육과정에서 핵심 능력을 공통으로 제시하고 있다.

완벽한 프랑스어 command of the French language;
유창한 현대 외국어 proficiency in a modern foreign language;
수학, 과학, 문화 기술의 핵심 요소 the key elements of mathematics, scientific culture and technology;
정보통신 기술의 숙달 mastery of ordinary information and communication skills;
인간적 문화 humanist culture;
사회 및 시민 기술 social and civic skills;
자율과 진취성 autonomy and initiative.

나. 프랑스의 기술교과 교육과정

보통 교과로서 부과되는 기술과목은 중학교 1학년부터 4학년까지 제공된다. 중학교 졸업 후 진로가 어느 쪽이든 모든 학생들이 학습하며, 개인이 직업과 관련된 적성을 찾는 데 도움을 준다. 과거에는 청소년들이 기술과 관련된 소규모 회사를 자주 접할 수 있었지만, 오늘날에는 제품의 생산과 유통과정 및 작업방식이 변화하여 우리가 일상적으로 사용하는 제품의 제조단계를 이해하기가 더 어려워졌다. 또한 이와 대응되는 작업을 구별하는 것도 어려워졌다.

1) 기술교과 교육의 목표

기술교과 교육은 제품과 인간의 필요와의 관계, 설계, 생산, 보급의 여러 단계에서 고려되는 해결방법이 기술, 경제, 사회에 미치는 영향을 이해하도록 하는 데 목적이 있다. 따라서 우리 사회의 문화에 대한 기술의 영향을 명백하게 알게 한다. 또한 물건을 만드는 것을 목적으로 아이디어를 발휘하는 당사자로서 학생을 구체적인 상황에 접하도록 하고 있다. 이는 이론적 지식을 풍부하게 하는 구체적인 능력에 가치를 부여하게 하기 때문이다.

중학교의 기술교과 교육은 학생에게 다음과 같은 것을 할 수 있도록 하는 목표를 가지고 있다.

- 초등학교에서 받은 교육과 연계하여 기술의 체계와 물건 만들기, 기술적 제품을 익숙하게 사용할 수 있다.
- 정확하고 정밀한 기술용어의 사용에 익숙해질 수 있다.
- 일반적으로 제기된 문제의 해결방법이 다양하고, 독특한 해결방안으로서 가장 좋은 해결방법을 선택하는 것이 다양한 기준을 고려한 결과임을 알 수 있다.
- 실생활에서의 문제를 해결하기 위해 여러 과목에서의 익힌 지식을 활용할 수 있다.
- 기술의 원리와 안전수칙을 지키면서 제어수단과 장비를 합리적으로 사용할 수 있다.
- 기술과 생산방식이 발달한 결과로 동일한 기술문제 해결에 걸리는 시간에서의 변화를 인식할 수 있다.
- 제품의 계획과 구상, 수행활동 등의 실제적 경험을 관련지을 수 있다.
- 시민으로서 거부반응이나 환경에 현혹되지 않고 기술세계에 참여하기 위해 필요한 비판적인 태도를 갖는다.

2) 기술교과 교육내용 구성의 방향

기술교과 교육은 계획에 따라 공동의 실현에 기여하는 현대기술의 접근을 중시한다. 이를 위하여 기술구조의 틀 안에서 학생들의 활동에 의미를 부여하는 방식으로 수행하는 것이 중요하다. 중학교의 새로운 진로지도는 계획을 여러 수준으로 점차 늘리게 하며, 이때 수준의 일관성은 4년에 걸친 기술과목의 전체적인 교육적 계획에 따라 이루어져야 한다.

새 교과과정에 따라 중학교 1학년에서는 초등학교의 '과학과 기술' 과정에서 기술세계의 발견이라는 연장에서 교육이 이루어진다. 이 심화학습과정을 거치면서 학생들은 생산과 에너지 사용의 몇 가지 형태, 기본적인 전기조립, 단순한 기계장치 등을 배운다. 간단한 물건을 만들고, 컴퓨터를 이용하여 정보과학의 중요성도 일상생활 속에서 인식하게 된다.

중학교 1학년에서의 기술과목의 목표는 개량된 교실, 더욱 다양화된 장비와 전문 교사의 책임하에 학생들의 실제적인 경험을 제공하고, 그들의 지식을 첫 기본단계에서 구조화시키고

몇 가지 능력을 보강하는 데 있다. 이렇게 하기 위해서 학생들은 기술적인 물건을 만드는 몇 가지 단계, 즉 만들기 위해 의사소통(communication)을 목적으로 정보를 처리하고 구성하기 위해 정보통신기술을 사용한다.

중학교 상위 학년에서의 활동은 기술적인 물체와 복잡한 수준에서 야심적인 수행을 할 수 있도록 전개된다.

정보통신 도구의 다양한 응용을 보여 주기 위하여 중학교 1학년에서는 문서작성을 위한 소프트웨어를 사용하여 표와 차트 만들기 등을 하고 점차 CAD를 이용한 도면 그리기와 제조로 점차 확장된다. 마찬가지로 자동장치를 제어하기 위한 정보 찾기, 컴퓨터로 분석하고 처리하는 것은 중학교 2학년부터 도입된다. 이런 기술적 응용은 과학교육에서 배운 실험 측정을 바탕으로 하여 이를 활용하게 한다.

3) 중학교 1학년 기술교과 교육과정

(1) 학생의 활동과 능력

학생들에게 제시된 활동, 그 활동을 습득하게 할 능력과 지식은 중학교의 거의 모든 시설을 사용하도록 두 부분으로 재편성된다.

제1부는 상위 학급에서 수행할 계획에 따라 수행준비 과정이다. 자료를 편집하는 영역과 전자회로를 구성하는 영역에서 다양한 두 가지 실천을 통하여 학생이 제조과정과 익숙해지도록 해준다. 이러한 기술적인 물건의 생산과정은 시중에 나와 있는 제품을 소비자가 마음대로 사용하는 방식을 관찰하고 구체적으로 분석하면서 보완된다. 중학교 1학년부터 기술적인 제품은 기술적 해결방법의 결과일 뿐만 아니라 경제에도 영향을 미친다는 사실을 학생이 자각하게 해준다. 제1부에 할당된 수업시간은 연간 시수의 4/5에 해당되고, 이 중 3/5은 생산과정에 할당된다.

제2부는 학생을 정보통신 기술과 친숙하게 만드는 것이 목표이다. 따라서 의사소통을 목적으로 하는 문서형태로 제시된 정보처리에 할당된다. 연간 활동의 배분은 학생들이 마음대로 사용할 수 있는 시설의 유무에 따라 유동적이다.

㉮ 계획에 따른 수행준비

이 부분은 자료의 편집과 전자 실습이라는 두 가지의 제조활동과 물체를 상품화하는 방법을 포함하고 있다.

① 자료의 편집

이는 간단한 물건의 생산에 중점을 두고 학생에게 자료를 편집하는 기술을 발견하게 한다. 학생들은 그들이 사용할 수 있는 가장 넓은 폭의 시설과 기계를 사용해 보는 기회가 될 것이다. 학생은 유용한 모든 서류, 제조(생산)의 조립과 모형을 마음대로 이용할 수 있다.

학생은 사용된 자료를 확인하고, 경우에 따라서는 정당화하기 위해 물체의 기능과 사용 조건, 구성하고 있는 여러 부분의 특징 등을 분명히 하기 위해 물체를 연구한다. 제조활동의 절차를 숙고하게 되고 마름질하기, 자르기, 구멍뚫기, 구부리기와 열성형 등과 같은 활동을 실현 가능하게 하는 기술적 수단을 알게 한다. 나사 결합과 접합을 가능하게 하는 다양한 도구와 제어장치도 사용한다.

• 물체의 연구 영역에서 학생들에게 기대되는 능력은 다음과 같다.
- 투상도를 이용하여 물체를 표현한 다양한 부품도 그리기
- 가공능력, 부식에 대한 저항성, 환경에 대한 영향을 지적하면서 사용된 재료를 큰 계열로 식별하고 명명하기

• 제조의 영역에서 학생들에게 기대되는 능력은 다음과 같다.
- 도구를 확인하고 합리적으로 사용하기
- 수행활동과 사용된 기술적 수단을 관련 짓기
- 미리 제어된 기계에 부품을 설치하고 적당한 자리에 놓기
- 기계의 사용장치와 안전장치를 확인하고 사용하기
- 실행해야 될 활동과 제어를 하면서 절차를 따르기
- 밀리미터로 표기된 거리와 규격을 측정하고 제어하기

② 전자회로 꾸미기

초등학교에서 전기조립의 경험을 이미 한 학생들에게는 전자를 이해할 수 있도록 배선의 실험을 경험하게 할 필요가 있다. 건전지로 공급되고 인쇄된 기판을 이용하여 상용화된 전자 부품을 조립하여 만든 기술적인 제품의 실현이라는 틀 안에서 학생들의 활동은 구성된다. 만들어진 제품의 용도는 수행 후에 명확히 확인되고 유용해야 한다.

이 단원을 진행할 때, 제품의 구상을 제외한 제조와 제어의 단계만을 학생은 경험한다. 학생은 도구상자와 인쇄된 회로기판 도면, 부품의 배치도를 마음대로 이용할 수 있으며, 필요한 부품, 회로 도면과 도구상자가 제공된다.

• 제조의 영역에서 학생들에게서 기대되는 능력은 다음과 같다.
- 안전수칙을 지키면서 작업장을 정비하기
- 주어진 지시에 따라 사진판으로 인쇄된 회로 실현하기
- 연장을 이용하여 회로에 구멍을 뚫기
- 부품을 꽂고 납땜하기

• 제어의 영역에서 학생들에게 기대되는 능력은 다음과 같다.
- 전도성 회로도의 연속성과 인접한 회로도 사이에 누전이 없음을 제어하기

– 제어기를 바르게 사용하면서 회로의 검사 항목에서 전압 수치의 일치를 확인하기
– 정상적인 사용 조건에서 제품의 사용기능을 유용하게 하기

③ 제품의 상품화

어떤 제품이든 소비자가 마음대로 사용할 수 있을 때에야 비로소 가치가 있다는 사실을 학생이 깨닫게 하는 것이 목적이다. 제품이 있음을 알리고, 그것을 포장하고, 보급하고, 판매하기 위한 기술의 사용과 특수활동의 수행을 전제로 한다. 학생들에게 제시된 활동은 시중에 나와 있는 제품을 관찰하는 것에 중점을 둔다. 이때 활동은 정보찾기(현장관찰, 설문조사, 자료검토), 실제 자료의 비교분석, 상황분석, 만들기 등으로 이루어진다.

• 관찰, 분석과 실천의 소재는 특히 다음과 같다.
– 문서화된 소개(상품목록, 목록, 연감, 기술적 문서, 광고용 문서, 상업적 문서)
– 학생들이 쉽게 접할 수 있는 제품
– 학생들 주위에 있는 상업적 시설
• 학생들에게서 기대되는 능력은 다음과 같다.
– 특정한 제품에 대한 실제 상황에서 유통방식(상점판매, 방문판매, 통신판매), 거래유형(시장, 중·대형 매장, 소매점, 전문매장), 판매방식(상담판매, 셀프 서비스) 알아내기
– 특정한 제품에 대해서 포장의 역할과 사용된 포장유형을 알아보기
– 특정한 제품에 대해서 다양한 상품목록, 연감, 기술적 문서, 정보를 제공하는 라벨, 제품자료, 직접적인 광고 또는 매체를 통한 광고에 속하는 광고용 자료 등을 찾고 해독하기

㉯ 문서의 정보처리

이 부분의 목적은 학생으로 하여금 프랑스어와 그 관용어법을 준수하면서 의사소통(communication)이라는 절대적인 명령에 따라서 개인용 컴퓨터와 문서처리 소프트웨어의 기초적 사용기능을 합리적으로 사용하게 하는 데 있다.

학생들에게 제시되는 활동은 컴퓨터로 문서를 처리하는 개별적인 활동이다. 이 활동은 컴퓨터의 실무 경험을 발견하고 파일의 개념에 처음으로 접근하는 데 기여한다. 예컨대 미리 입력된 문서를 중심으로 하는 활동으로, 전문 탁상출판 소프트웨어를 제외한 문서처리 소프트웨어의 사용으로 국한된다.

[표 3-14] 문서의 정보처리에서의 활동과 기대능력

활동	능력
- 작업장(하드웨어와 소프트웨어) 담당하기 - 이미 입력된 문서의 인쇄 - 이미 입력된 문서를 지시에 따라 편집하기 - 이미 입력된 문서를 지시에 따라 수정하기 - 파일을 읽게 하기 - 문서입력하기	- 개인용 컴퓨터 작동시키기, 메뉴 읽기, 소프트웨어 작동시키기, 명령어 선택하기, 소프트웨어 종료하기 - 모니터 앞에서 올바른 자세 취하기 - 문서인쇄하기 - 문서저장하기 굵은 활자, 이탤릭체, 대문자를 사용하고, 조판, 문단모양, 정렬 등으로 문서편집하기 - 문자 · 단어 · 문장을 삭제 · 삽입 · 대체하면서 문서 수정하기 - 파일 만들기

(2) 평 가

학생들에 대한 평가는 다음의 세 가지 요소를 포함한다.

첫째, 제시된 집단 활동에서 학생의 참여도를 평가한다.

둘째, 기대되는 각각의 능력에 대하여 학생의 진척을 평가한다. 활동이 진행되는 동안 개별적인 도움과 관찰로 교사는 학생 개개인을 진척시키도록 노력한다.

셋째, 공부를 계속하기 위해서는 기대되는 각각의 능력에 대해서 최소한으로 습득된 지식을 평가한다.

4) 중학교 2학년과 3학년의 교육과정

중학교 1학년 과정과 연계하여, 중학교의 중심과정(2~3학년)은 두 부분으로 구성된다.

- 연간 수업시수의 2/3가 할애되는 계획에 의거한 실습
- 컴퓨터(정보의 기술)의 다양한 활용과 익숙해지기

중학교 2학년과 3학년에서는 활동이 충분하게 전개되고 보강된다. 각각의 활동은 시간 안에서 제한되는데, 이는 학생들의 흥미를 유지시키기 위해서이다. 이 활동들은 학급에서의 활동과 기획에서의 실무 경험을 연관 짓도록 확인된 사회적 실무 경험을 기준으로 구성된다. 학생들로 하여금 일반 문화와 진로 계획의 요소로서 산업계와 경제계의 다양한 활동을 발견하게 하는 데 기여한다. 상호 보완적인 선택과정으로 이 과정은 한편으로는 중복을 피하면서 해당하는 능력을 습득하게 하고, 다른 한편으로는 제품이나 업무의 구상과 실현의 다양한 시

기를 표현하는 기초를 제공하는 것을 목적으로 한다. 이리하여 각 단계에서 세 과정이 제시되는데 두 개만 선택하면 된다.

- 중학교 2학년
  - 제품의 조립과 포장
  - 제품제작의 원형으로부터 연속적인 생산
  - 제품 원형의 연구와 실현
- 중학교 3학년
  - 제품의 시험과 개선
  - 제품종류의 확대
  - 업무의 생산

중학교 2학년에서는 정보기술 도구의 사용, 즉 도표 형태의 자료를 편집하는 패키지 프로그램, 그래픽 소프트웨어의 사용과 정보의 처리 등을 사용한다. 중학교 3학년에서는 컴퓨터를 이용한 설계와 제조 및 자료의 조회와 정보의 전달에 할당된다.

5) 중학교 4학년을 위한 진로지도

중학교 4학년에서 학생들은 미리 배운 지식을 사용하여 기술적 계획을 총괄적으로 책임질 수 있을 것이다. 동시에 이 학년의 교과과정은 계획의 기능을 알고, 경제적으로 구애받지 않고 기술적인 문제해결 방안을 내기 위한 순서대로의 진행을 강조한다.

[표 3－15] 중학교 4학년 학생의 자료, 활동, 능력

영역	자료	활동	능력
제품의 조립과 포장	- 목록 - 설계도와 배치도 - 재고품 파일과 재고의 입금과 출금 서류 - 손님의 기대, 배급방식에 관계되는 자료 - 포장에 관련되는 규격 재료	- 재고품의 상태를 관리하기 - 조립종류를 분석, 제품의 조립종류 구상하기 - 조립을 실현하고 검사하기 - 상품화된 포장에 대한 비교 연구 - 해결책을 선택하고 제품의 포장을 실현하기 - 사용 설명서를 구상하기	- 입금과 출금 서류(화물인도 확인전표, 출금전표)의 활용으로 다량의 재고 상태를 열람하고 정리하기 - 종류를 따라서 조립하기 - 제품의 적합성 검사하기 - 제품의 성질과 배급방식에 따라 포장을 선택할 때 규정에 맞게 하기
원형으로부터 연속적 생산	- 여러 개의 부품으로 구성된 기술적 물건의 원형 - 기대되는 생산과 관계되는 제조의 종류	- 제조의 종류 읽기 - 시간과 공간 안에서 고려된 조직과 사용된 생산방식을 알아내기	- 작업들 간의 선행조건 알아보기 - 종류 안에서 생산의 진척 상태 위치시키기

	- 제조과정의 체계적 관리 일정 - 조작방법과 부서전표 - 가격표, 납품서, 생산에 관계되는 단순한 산정자료	- 작업장 담당하기, 위험지대와 안전부품 고려하기 - 단계계약을 검사하기 - 생산과 검사작업 - 생산의 조직 안에서 개선 추구하기 - 생산(작업의 재료)의 직접적인 경비의 계산에 필요한 정보 찾기 - 생산의 직접 경비를 계산하기	- 안전수칙을 지키면서 기계를 사용하기 - 허용 공차에 비추어 측정하기 - 생산의 직접 경비의 요소를 알아내고 경비를 계산하기 - 일관 생산의 특징을 규정하기
원형의 연구와 실천	- 현존하는 물체 - 경우에 따라서는 선택 사양으로 기술적 기능의 요점 일람표가 있는 계약 조건 명세서에서 나온 서류와 준수해야 될 목록 - 물품보급(연감, 상품목록, 비교대조표, 매입주문서) 용도로 마련된 서류	- 현존하는 해결책 관찰하기 - 해결책 찾기, 자료와 장치(부품) 선택하기 - 스케치와 도면으로 기술적 선택을 해석하기 - 납품업자를 찾고 선정하기(판매조건 비교) - 주문 체결하기 - 채택된 해결책의 유효성을 인정하기 위한 모형이나 초안잡기 - 시험하기, 다양한 해결책 비교하기 - 원형 실천하기 - 유효한 해결책에 근거를 둔 기술적 서류의 제시	- 해결방안의 특징과 기술한 제한점을 관련 짓기 - 스케치와 도표를 이용하여 자기 생각 표현하기 - 서류를 통하여 기술적 해결책 전달하기 - 납품업자들의 제의 비교하기
제품의 시험과 개선	- 제품의 견본 - 작동과 제품의 생산에 관한 기술적 서류 - 제품의 사용과 사용자의 만족에 관한 정보	- 결점을 분석하고 그 원인(기능장애, 외관 등)을 찾아내기 - 제품의 개선 또는 생산의 해결책 찾기 - 비용산정하기 - 제품의 부합 확인하기 - 질(외적 또는 내적 의사소통에 관계되는 서류 갖추기	- 불만족 이유를 조사하고 분류하기, 그 원인 찾아내기 - 고장을 진단하는 방식 따라하기 - 전기 측정도구를 합리적으로 사용하기 - 간단한 수리하기 - 제조와 환경의 규범을 지키면서 제품의 가능성 있는 변형 제안하기
제품의 종류의 확대	- 참고 제품과 그 기술적 명세 - 시장에 대한 참고자료(경쟁, 소비, 보급)	- 대상 고객을 규명하고 기대(기대된 만족도, 표현된 불만족)를 확인하기 - 다양한 구상 찾기 - 기술적이고 경제적인 구속을	- 서비스 활동을 주위에서 확인하기 - 서비스를 하는 데 필요한 전체 작업 조사하기 - 연계된 행동을 시간과 공간

		존중하면서 기능과 기술적 해결책을 찾고 선택하기 - 원형 만들기 - 선택을 위하여 원형을 시범으로 보이고 구두로 소개하기	안에서 예정보다 앞서 하기 - 만기일과 예산을 지키기 - 일련의 정보 관리하기 - 서류를 생각해서 작성하고 분류하기

6) 과정 후의 평가

- 도구 사용 능력 : 사용되는 전체 도구 능력 중에서 측량 및 제어도구(자, 연동장치가 달린 주형, 전기제어기)의 사용, 제조장비(드릴, 열성형기, 용접용 인두)의 사용과 표현도구(도표와 작업계획)의 사용의 숙달을 목표로 하는 능력
- 개념적 능력 : 용어보다 개념은 생각이나 사고구조로써 문제를 제기하고, 관찰이나 이해를 하게 하고, 분석에 영향을 미치고, 시간과 공간을 조직하거나 행동의 선택을 유도한다.

학생들은 기술교과에서 다루어지는 모든 개념 중에서 실현의 종류, 공차, 계약조건 명세서, 작업장, 사용기능, 시장, 경비와 제품의 수명주기 등을 이해하여야 한다.

4. 독일의 기술교과 교육[13)]

가. 독일 교육제도의 개관

연방정부로 이루어진 독일은 주마다 다른 교육제도를 가지고 있어 독일 학교교육 제도를 하나의 틀로 이해하기는 쉽지 않다. 독일의 교육제도는 유아교육에 해당하는 유치원(Kindergarten)과 취학 전 예비학교(Vorklassen / Vorschulklassen), 초등교육에 해당하는 기초학교(Grundschule), 전기 중등교육에 해당하는 기초직업학교(Hauptschule), 실업학교(Realschule), 인문학교(Gymnasium), 종합학교(Gesamtschule), 후기 중등교육에 해당하는 김나지움 상급반과 직업계 학교, 예비학교(Studienkolleg),[14)] 그리고 고등교육기관에 해당하는 전문대학과 대

13) 독일 기술교과 교육은 이춘식 · 최유현 · 유태명(2001)의 연구를 재정리한 것이다.

14) 대학 예비과정으로서 단기간(최소한 2학기)에 고등학교 과정을 이수한 후 독일에서 인정하는 대학입학시험에 응시하여 대학입학자격을 부여받을 수 있는 학교이다.

[표 3-16] 독일의 교육제도

<table>
<tr><th>학년</th><th colspan="2">대학(Hochschule)</th><th rowspan="2">전문대학</th><th rowspan="2">취업</th></tr>
<tr><td>13</td><td rowspan="7">종합학교
(Gesamtschule)</td><td rowspan="7">김나지움
(Gymnasium)</td></tr>
<tr><td>12</td><td rowspan="2">다양한 직업학교
(Fachobersschule)</td><td rowspan="3">직업학교
(Berufschule)</td></tr>
<tr><td>11</td></tr>
<tr><td>10</td><td rowspan="4">레알슐레
(Realschule)</td></tr>
<tr><td>9</td><td rowspan="3">주요 학교
(Hauptschule)</td></tr>
<tr><td>8</td></tr>
<tr><td>7</td></tr>
<tr><td>6</td><td colspan="4" rowspan="2">준비과정(Orientierungsstufe)</td></tr>
<tr><td>5</td></tr>
<tr><td>4</td><td colspan="4" rowspan="4">초등학교(Grundschule)</td></tr>
<tr><td>3</td></tr>
<tr><td>2</td></tr>
<tr><td>1</td></tr>
<tr><td></td><td colspan="4">유치원(Kindergarten)</td></tr>
</table>

학교로 이루어져 있다. 여기서 유아교육, 초등교육, 전기 중등교육은 각 주 정부에서 책임을 지며, 후기 중등교육은 주 정부와 연방정부에서 나누어 책임을 지고 있다.

독일에서의 의무교육은 만 6세에 시작해서 대개는 12년간 지속되는데, 그 중 6세에서 15~16세까지의 9년(Berlin, Brandenbrug, Bremen, Nordrhein Westfalen주는 10년)은 전일제이고, 15~16세부터 18~19세까지 나머지 3년은 최소한 시간제 학교에라도 다녀야 한다. 의무교육 기간의 마지막 3년간 인문계에 진학하지 않거나 또는 직업훈련의 **이원체제**(dual system)에 진학하지 않는 학생들에게는 주 정부에서 전일제 직업학교와 같은 유형의 의무교육을 받도록 강요하고 있다.

나. 기술교과 교육과정

독일의 기술교과 교육은 인문학교(Gymnasium)에서는 가르치지 않고 레알슐레, 하우프트슐레, 종합학교 등에서 직업의 기초교양과정으로 이루어지고 있다. 따라서 우리나라의 기술교과 교육보다는 보다 심화된 기술교육을 행하고 있는 셈이다. 여기에서는 라인란트-팔츠 주, 헤쎈 주, 베를린 주에 시행하고 있는 **노작학습**(Arbeitslehre)에 대하여 살펴보고자 한다.

1) 라인란트-팔츠 주의 기술교과 교육

라인란드 팔츠 주의 기초직업학교(Hauptschule)에서는 1992년부터 독일 연방차원에서 **노작교과**(이하에서 Arbeitslehre를 편의상 '노작교과'로 번역함)학습을 실시하여 왔고, 각 학교의 상황에 따라 내용과 방법을 수정하여 시행하고 있다. 이 교과를 시행하는 과정에서 나타난 문제점을 발견하고 이를 수정하기 위하여 많은 토론을 하여 학교 상황에 맞는 교과로 적용하고 있다.

노작교과는 기초직업학교(하우프트슐레)에서 7~9 / 10학년에서 시행되고 있으며 학습내용은 중학교와 고등학교가 다르게 편성되어 있다. 중학교에서는 '기술-가정-경제'를 주요 내용으로 하고, 고등학교에서는 '기술, 가정, 경제'를 통합적으로 다루고 있다.

(1) 노작교과의 목표

기초직업학교의 중요한 역할 중의 하나는 청소년들이 직업을 갖게 될 때 직업을 잘 선정하도록 안내해 주고, 특정 직업과 경제세계에서 일할 수 있도록 도와주는 데 있다. 따라서 노작교과는 학생들에게 적절한 일반 교양교육의 내용으로서 경제-환경-기술-사회 등과 관련하여 기초교육에 기여한다. 이 교과에서는 방법적인 지식을 배움으로써 생활과 직업생활에 필요한 기초적인 능력을 갖게 해준다.

학생들은 경제 · 사회에서의 삶에서 다른 역할과 기능을 갖고 있으며, 노동과 경제세계의 빠른 변화에 직면하여 사회에 참여하여야 하는 다양한 강요에 놓여 있다. 노작교과는 학생들에게 유용한 지식과 자주 변하는 환경에 청소년들이 잘 적응할 수 있도록 도움을 주는 데 있다.

또한 이 과목을 통해 청소년에게 현재와 미래의 경제와 사회에 맞는 비판적 사고와 책임감을 갖도록 해준다. 그래서 특별히 중요한 것은 자기주도적 학습, 정보와 통신을 다루고 사회의 핵심문제를 비판적으로 생각할 수 있도록 해주는 것이 주요 관심사이다. 미래에 자신의 진로를 결정하기 위해서는 자신이 살고 있는 주의 문제나 상황을 고려하여야 한다. 청소년들이 지속적으로 생활하기 위해서는 '환경-경제-사회적 안전'과의 순환 관계를 인식하여야 한다. 또한 학생들은 이 수업을 통해 객관적이고 방법적으로 사회에 적응할 수 있는 능력과 행동을 할 수 있도록 해주며, 또한 기술적 문화에 대해서도 배운다. 따라서 학생들은 생활과 행동과의 관련을 이해하기 위해 경제, 기술, 직업, 사회, 윤리, 환경, 정치 등의 내용을 알고 있어야 한다.

- 노동과 일의 세계에서 지속적으로 변하는 내용을 배우고 그 상황에 따라 비판적으로 설명한다.
- 학생들은 노동과 일의 세계에서 개인과 집단의 관심에 대해 알게 되고 모순적인 서로의 견해를 토론하여 문제를 해결한다.

- 학생들이 미래에 지속적으로 발전하기 위해서는 이와 같은 일과 집단에서의 문제에 계속 관심을 가져야 한다.
- 학생들은 개별 또는 공동 프로젝트를 수행하여 문제를 해결하는 능력을 얻게 된다.
- 학생들은 가족, 직업, 사회 및 국가에 대한 권리와 의무를 갖도록 해준다.

(2) 교수 · 학습 계획시의 기본원칙

수업과 프로젝트를 계획하고 실행할 때 다음과 같은 기본원칙을 고려해야 한다.

- 교양교육 차원에서 시행되는 과목이다.
- 수업은 주로 실천적이고 문제해결의 과정으로 이루어진다.
- 기본적인 원리가 전이될 수 있는 능력을 얻도록 해준다.
- 학습내용은 가사, 기술, 경제 등으로 구성되어 있다.
- 경제, 직업, 새로운 정보기술, 소비와 환경교육과 관련된 내용은 통합적으로 다룬다.
- 가능하면 학교 이외의 장소에서도 학습할 수 있도록 하고 학교에서만이 아니라 사회에서도 필요한 능력을 갖도록 한다.
- 이 교과를 통하여 단순히 취업하는 데 목적을 두는 것이 아니라 자신의 직업을 계획하고 탐색하여 준비하는 데 목적이 있다.

(3) 교육과정의 구성

중학교 1학년의 경우 학년말에 다음 학년의 학습내용을 선택할 수 있다. 학기 중에는 모든 학생들이 모든 학습내용과 정보통신기술 과정을 이수하고, 중학교 2, 3학년의 학습내용에 대한 정보도 제공받는다. 이를 학부모에게도 알려 준 후에 자녀가 학습내용을 선택할 것인지 결정한다. 이때 유념해야 할 것은 해당 학습내용과 수업은 해당 전공교사가 가르치도록 되어 있다.

수업에 있어서는 학생들이 활동 중심적이고 구체적 주제를 가지고 실제적인 문제를 통해 배우며, 공동 프로젝트를 수행하고 수행과정을 기록하며 그 결과를 보여 주는 방법으로 학습한다. 가능하면 학습장소를 달리하여 탐구하고 실습하되, 해당 전문가를 이용할 수 있는 기회를 가지도록 하고 있다.

중학교에서 고등학교 1학년까지의 노작교과 교육과정의 구성은 [표 3-17]과 같다.

[표 3-17] 라인란트-팔츠 주의 노작교과 교육과정 구성

학급	학습내용 1	학습내용 2	학습내용 3
중 1 ~ 3시간/주	기술(T)	가정(H)	경제(W)
	정보통신기술의 기초		
중 2 ~ 3 ; 3시간/주	기술영역 경제 직업	가정영역 경제 직업	경제영역 직업
	정보통신기술의 기초		
고 1 ~ 2시간	현장실습 1	현장실습 2	현장실습 3
	직업	기술/가정	경제
	정보통신기술과 이들 영역을 통합		

※ 주 : 수업은 1년에 약 25주로 이루어진다.

(4) 구체적인 학습내용 구성

노작교과에서는 학생에게 조별 학습과 실습을 하되, 많은 프로젝트를 수행하게 함으로써 일상생활에서의 문제를 기술, 경제, 직업, 사회와 관련지어 해결할 수 있는 기회를 주며 그 구체적인 내용은 [표 3-18]과 같다.

10학년에서의 노작교과 수업은 2시간이며 모든 학습범위를 함께 묶어서 수업을 한다. 그리고 한 교사 지도하에서 수업이 이루어진다. 이러한 방법으로 학생들에게 하나하나의 범위를 집중적으로 가르칠 수 있고 학생들의 기초지식을 넓혀 준다.

[표 3-18] 노작교과의 구체적인 학습내용

7학년 학년/영역	8학년 학년/코스	9학년 학년/코스
7/기술(T) 노동학과 기술의 입문	8/1 직업선택의 계획	9/1 직업 준비
7/가정(H) 가정에서의 일	8/2 일하기 - 현장실습	9/2 가정, 기업, 국가차원에서의 생활과 경영
7/경제(W) 경영관리의 입문	8/3 기업에서 일하기 - 팀을 이루어서 물건 만들기	9/3 데이터의 가공과 새로운 통신매체
7/정보 컴퓨터(ITG) 컴퓨터 다루기	8/4 실습장에서 일하기 - 오토바이-자동차 정비	9/4 에너지와 환경 에너지의 기술적인 사용

[표 3-19] 고등학교 노작교과의 내용

내 용		
직업	기술/가사 경제	정보통신기술(ITG)
10/1코스 노동시장	10/2코스 생활방식	10/3코스 경제학
"정보-숙고-행동" • 프로젝트의 예 : 직업선택과 미래 식업, 직입에 대한 정보수집, 단기 현장실습	"소비자에서 사용자까지" • 프로젝트의 예 : 많은 것을 소유하는 것보다 잘 살자, 미래를 생각; 먹고-마시고-사는 것, 미래적인 가정, 소비자에서 사용자까지	"세계적으로 생각하고-지역적으로 행동한다"
10/4코스 : 정보기술 "알고 - 평가하고 - 사용한다"		

2) 헤쎈(Hessen) 주의 기술교과 교육

오늘날 학교에서 학생들에게 가르쳐야 하는 교양교육 중에서 가장 중요한 요소는 노동세계를 파악하고, 기술과 경제를 근본적으로 이해하고 이와 관련된 정치, 사회, 환경의 발달과정을 이해하는 것이다. "노작"이란 이러한 의미에서 개개인과 사회와의 관계를 해석할 수 있는 중요한 요소이며, 개인이나 집단의 생존안전을 위하여 개인이 자신을 실현하는 데 있다. 노작수업을 통해서 학생들은 다음과 같은 지식과 이해를 하는 것이 중요하다.

- 일의 유형에 따라 기술, 경제, 사회, 역사적인 관점에서 구별할 수 있는 능력
- 노동의 다양한 형태들의 사회적인 쓰임새 및 사회적인 인정
- 노동세계와 특별히 여자들에게 생기는 갈등과 부담에 있어서 여자와 남자들의 차이
- 노동구조의 기본형태(노동분당, 그룹으로 형성된 일, 회사구조)
- 가격과 값, 경제시장의 기본원리
- 노동시장, 직업교육과 필요한 자격
- 실업의 원인과 결과
- 노동과 건강의 상호관계
- 노동장소와 노동의 과정을 인간적으로 형성하기 위한 모형과 대책
- 도구, 그리고 각 노동형태에 따른 발전과 차이점
- 기초적이고 기술적인 구성원리
- 노동과 기술적인 변화
- 기술, 사회질서, 생태, 경제 사이의 기본적 관계와 긴장상태

[표 3-20] 노작교과의 교육내용

학년	학년별 주제	수업 수	필수 주제
10 (학교에서 직업으로 / 학교에서 학교로 바꾸는 과정)	노동과 경제	1시간 / 2시간	(11) 경제시스템 속에 기업 (10) 지역경제범위의 구조와 발달
9 (현장실습기간과 같은 시기)	노동과 직업	1시간 / 1시간(사회학)	(9) 자격, 성과, 급료 (8) 직업선택과 직업계획 (7) 현장실습기간
8 (정보통신기술의 기초과정)	노동과 기술	2시간	(6) 일자리와 컴퓨터 (5) 인간적인 일 (4) 도구와 기계
7 (과목 입문과정)	노동과 생활환경	2시간	(3) 구매와 판매 (2) 노동의 형태 (1) 일하는 사람들

노작교과는 필수과목으로서 다른 과목과 조건이 똑같으며, 성적을 평가할 때에도 그렇다. 성적평가의 기본적인 것은 보고서, 숙제, 공책작성, 수업참여 그리고 실습결과 보고서이다. 여기에는 "성적의 책임은 학생들이 지어야 한다."는 방식이다. 노작교과는 특별한 수업방식을 선호하고 수업형태를 강조하기 위해 학생들의 특별한 능력인 협동능력을 평가할 때 고려해야 한다.

- 객관적인 능력 : 생산물, 다큐, 모형을 만들 수 있는 능력(특징, 과정, 연관성에 대한 지식)
- 방법 능력 : 문제와 과제를 스스로 작업하고 그 결과를 평가할 수 있는 능력
- 개인과 사회적인 능력 : 직업, 가정, 사회의 발전과 주어진 일을 평가하고 그 속에서 자신의 인생계획을 세울 수 있는 능력, 또한 사회의 관심사와 연관성을 이해하고 다른 사람들과 객관적으로 토론할 수 있는 능력

3) 베를린(Berlin) 주의 기술교과 교육

노작수업은 현재와 미래 삶의 준비를 위한 기본적이고 실제적 · 이론적인 능력을 갖게 해준다. 학생들은 재료, 도구, 기계와 장치의 사용경험을 배운다. 학생들은 작업진행을 계획하고, 일을 조직화하고 정보를 획득, 평가하고 전달하고, 판단을 결정하고, 평가하고, 결론을 내리는 중요한 기능을 배운다. 자기와 함께 책임, 의사소통능력, 협동성과 수행능력과 같은 사회적 전문지식 배운다. 노작은 과목에 하나의 주제이며 또는 하나의 본질적으로 교수학적

인-조직적인 종류이다. 이 교과에서는 학생에게 일의 세계를 이해하고 준비시키는 것이 목적이다. 학생들은 기술-기계를 이용한 능력, 일반적인 능력을 획득하는 것을 배우고, 전일근무와 부분근무의 차이점을 경험하고, 개인 적성과 경향을 알아낸다. 실제 일은 반사에 의한 의미있는 출발점이다. 노작수업은 학교에서 또는 작업장에서 프로젝트 수행을 통해 배우게 된다.

[표 3-21] 종합학교에서의 교육내용

	선택 범위					필수 범위	
10학년	시학습 사무실	사회화와 공동생활	건설과 삶	프로그램에 의해 제어된 능력	가사에 경제살림	직업지도	
9학년	상업 - 관리적 범위직업		영업 - 기술적 범위 직업		사회적 범위직업	직업지도	현장실습
8학년	신호와 자료처리		통합된 나무, 금속과 플라스틱 가공		식량처리	기술적 통신 형태	정보기술 기초학설
7학년	의류처리		통합된 나무, 금속과 플라스틱 가공		식량처리		

5. 호주의 기술교과 교육[15]

가. 호주의 교육제도 개관[16]

호주의 학제는 초등학교(Primary school) 7년-8년 동안 이루어지고, 유치원부터 시작하여 6학년 또는 7학년까지 진행된다.

15) http://www.australiancurriculum.edu.au/technologies/introduction

16) http://www.acara.edu.au/curriculum

중학교(Secondary school) 3-4년이며, 7학년에서 10학년, 또는 8학년에서 10학년까지 운영된다.

그리고 고등학교(Senior secondary school)는 2년 동안 11학년 -12학년으로 운영된다.

나. 호주의 기술교과 교육

호주는 엄격히 말하면 국가 교육과정이 아니라 주나 지역에서 교육과정을 운영한다. 다만 2015년에 국가 수준에서 기술교과 교육을 교육과정을 개발하여 발표하였다. 기술교과는 크게 **설계와 기술** 및 **디지털 기술**의 두 과목으로 구성되어있고, 모든 학생들은 8학년까지 두 개의 교과를 필수로 이수하도록 하고 있다.

다음 그림에서와 같이 호주의 교과목은 다음과 같이 제시되고 있는데, 기술은 기초학년부터 10학년까지 부과되고 있다[17].

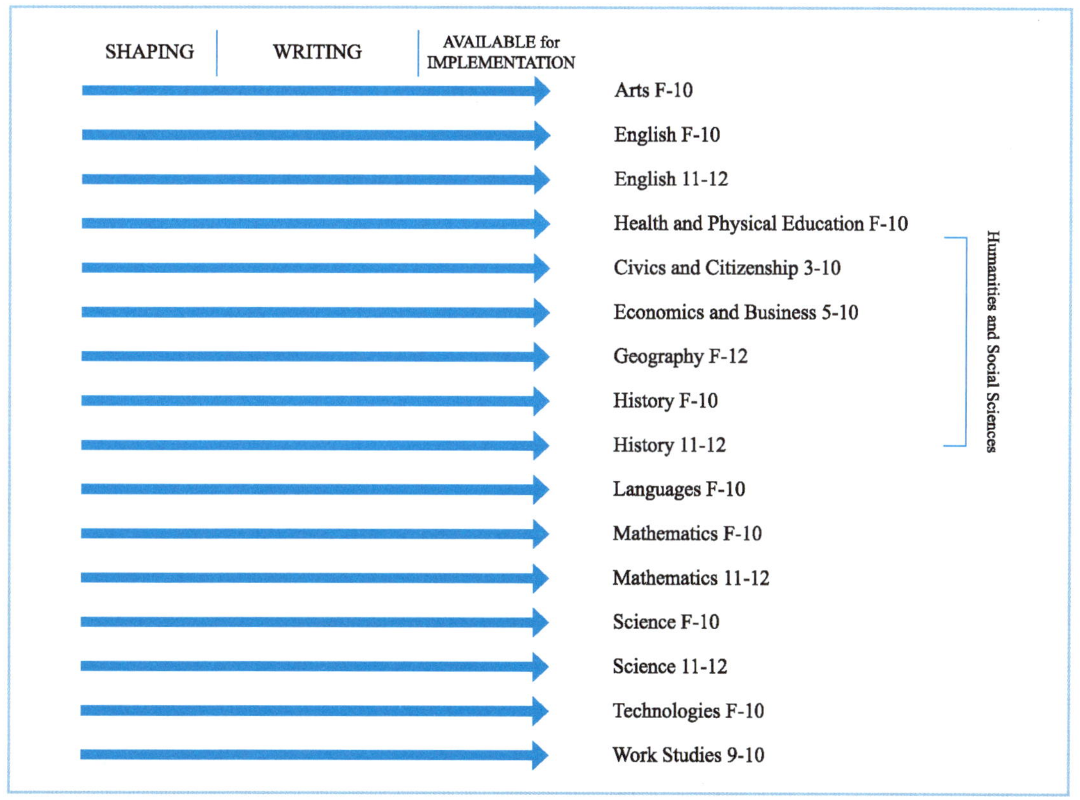

<그림 3-8> 호주의 교육과정의 교과목

17) http://www.acara.edu.au/curriculum/learning-areas-subjects

그러나 9학년과 10학년은 학교장의 선택에 따라 호주 교육과정에 기반한 설계 기술 및 디지털 기술을 포함하여 운영할 수 있도록 하였다.

설계 기술은 학생들이 실제적인 자신의 요구와 기회를 위한 설계된 문제해결을 창출하고 생산하기 위한 디자인 사고를 활용한다.

디지털 기술은 학생들이 디지털 문제해결을 위한 정의, 설계, 적용을 위한 정보 시스템과 계산적 사고를 활용한다.

교과 목표

기술교과는 개인적으로 그리고 협력적으로 활동하기 위한 지식, 이해, 기술을 개발하기 위하여 다음과 같이 목표를 설정하고 있다.

문제해결을 위한 조사, 설계, 계획, 관리, 창출, 평가한다.

어떻게 기술이 발달해 왔는지의 이해와 전통적, 현대적인 출현 기술을 활용함에 있어서 창의적이고, 혁신적이며, 진취적인 테도를 갖는다.

지속가능한 미래를 위한 경제, 사회, 환경에서 기술의 역할, 영향과 활용에 대하여 이해하고 윤리적 의사결정을 한다.

설계나 문제해결 활동에서 자신감과 책무성을 가지고 적절한 기술을 조작(재료, 데이터, 시스템, 구성요소, 도구, 장비 등) 하는데 참여시킨다.

각 문제를 확인하고 해결하는 과정에서 필요와 기회, 비평, 분석, 평가한다.

핵심 아이디어를 다음과 같이 제시하고 있다.

- 대단히 중요한 아이디어 : 바람직한 미래 창출
- 프로젝트 관리
- 기술적 사고 : 시스템 사고, 디자인 사고, 계산적 사고
- 정보통신 기술
- 안전
- 동물 윤리

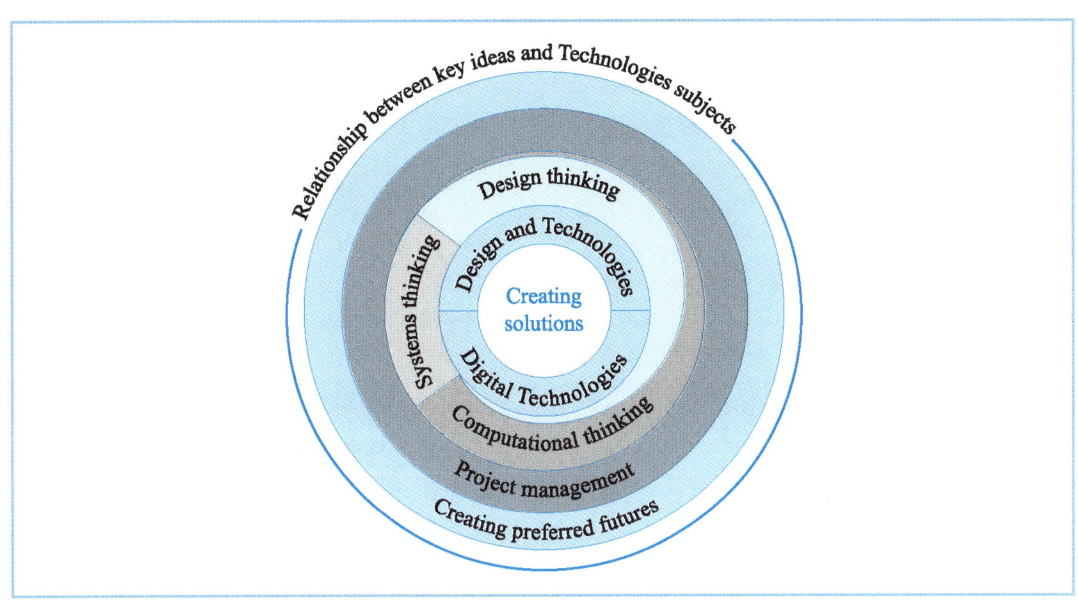

<그림 3-9> 핵심 아이디어와 기술교과간의 관계

각 기술과목의 교육과정은 학년 수준에 따라 다음과 같이 구분된다.

기초학년- 2학년
3학년- 4학년
5학년- 6학년
7학년- 8학년
9학년- 10학년

각 과목의 지식, 이해, 기술는 두 가지 범주로 제시된다.

지식과 이해(Knowledge and understanding)
과정과 생산 기술(Processes and production skills)

이 두 가지 범주에 따라 설계 기술 및 디지털 기술 과목의 교육과정 내용 구조는 다음과 같다.

[표 3-22] 설계 기술 및 디지털 기술 과목의 교육과정 내용 구조

설계 기술	디지털 기술
지식과 이해 Knowledge and understanding	지식과 이해 Knowledge and understanding
기술과 사회 - 인간의 삶에서 기술의 활용, 개발, 영향 기술적 맥락과 환경 - 기술적 맥락에서의 기술과 설계	디지털 시스템 Digital systems - 디지털 시스템의 구성요소 : 하드웨어, 소트트웨어, 네트웍, 디지털 활용 데이터의 가공 - 어떻게 데이터를 코드로 표현하고 구조화 할 것인가?
과정과 생산 기술 Processes and production skills	과정과 생산 기술 Processes and production skills
설계기반 문제 해결 과정 1. 조사와 정의 investigating and defining 2. 대안 탐색과 설계 generating and designing 3. 생산과 적용 producing and implementing 4. 평가 evaluating 5.협력과 관리 collaborating and managing	자료 수집, 관리, 분석 설계 기반 문제해결 1. 조사와 정의 investigating and defining 2. 대안 탐색과 설계 generating and designing 3. 생산과 적용 producing and implementing 4. 평가 evaluating 5.협력과 관리 collaborating and managing

교사들은 지식과 이해의 내용 구조와 관련된 구체적인 내용을 선정할 수 있고, 학생들은 내용 구조에서 제시된 과정과 생산 기술을 활용할 수 있어야 한다.

공통 내용 구조는 교사들이 두 과목간의 통합된 접근을 하는데 가장 핵심적인 내용을 가르치는데 촉진하는 역할을 한다.

설계 기술 과목의 '지식과 이해'의 내용 계열성을 크게 5단계로 심화시켜서 제시하고 있다.

- 기술과 사회
- 기술적 맥락
- 공학 원리와 시스템
- 식품과 섬유 생산
- 특수 식품
- 특수 재료와 기술

설계 기술 과목의 '과정과 생산 내용' 계열성을 크게 5단계로 심화시켜서 제시하고 있다.

- 조사와 정의
- 아이디어 창출과 설계
- 생산과 적용

• 평가
• 협력과 관리

또한 각 단계별로 성취 기준을 마련하여 제시하고 있다.

• 기초학년-2학년 성취 기준
• 3학년-4학년 성취 기준
• 5학년-6학년 성취 기준
• 7학년-8학년 성취 기준
• 9학년-10학년 성취 기준

6. 뉴질랜드 교육과정[18)]

가. 뉴질랜드 교육과정 개관

뉴질랜드는 2007년에 새로운 교육과정을 마련하고 2010년에 완전히 적용된다. 그림을 보면 학습영역으로 제시된 10학년까지의 교과는 영어, 예술, 건강과 체육, 외국어, 수학과 통계학, 과학, 사회, 기술의 8개 교과이다.

나. 뉴질랜드 기술교과 교육과정

뉴질랜드의 기술 교육과정은 1990년부터 초기 연구가 시작되어 2007년에 새로 수정된 교육과정을 제시하고 있다. 특히 2010년까지 10년 동안 모든 학생들이 의무적으로 기술을 배우도록 하고 뉴질랜드 교육과정(2007)에서 제안하고 있다.

---

18) 뉴질랜드 교육과정 사이트는 http : //nzcurriculum.tki.org.nz/Curriculum-documents/The-New-Zealand-Curriculum
뉴질랜드 기술 교육과정 사이트는
http://www.minedu.govt.nz/NZEducation/EducationPolicies/Schools/CurriculumAndNCEA/NationalCurriculum/Technology.aspx

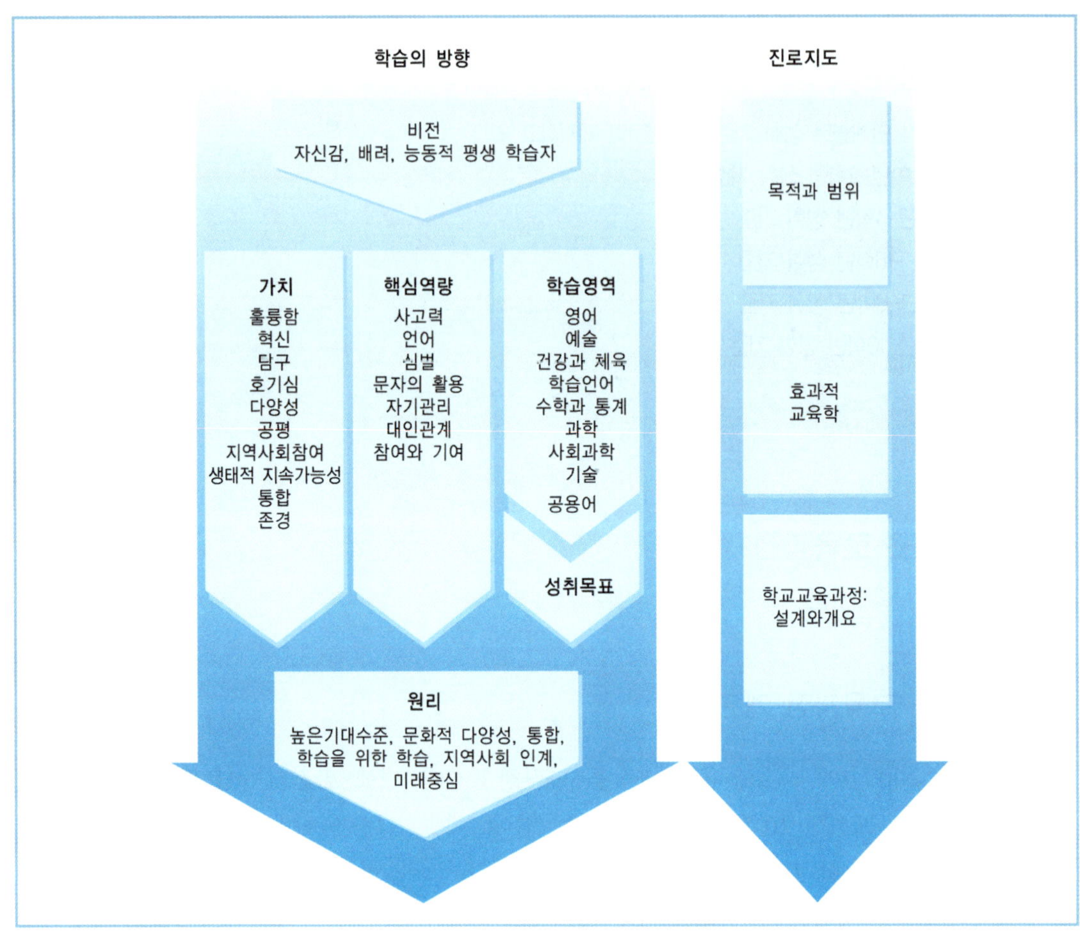

<그림 3－10> 뉴질랜드 교육과정

1) 기술교육의 목적

뉴질랜드 기술교육은 학생들에게 다양한 기술적 교양을 개발시켜주는데 목표를 두고 있다. 이 기술적 교양은 시민으로서 사회에 올바른 참여와 적응을 준비시키고 그들의 기술과 관련된 직업을 탐색하는 기회를 준다. 학생들은 모델, 제품, 시스템을 개발하는 실천적 기술을 익히고 다양한 맥락에서 기술의 역사적, 현대 사례의 탐색 또는 체험과 인간 활동의 무대로서의 기술에 대하여 배운다.

기술은 에너지, 정보, 재료의 변환과 연관이 높다. 기술적 영역은 구조, 제어, 식품, 정보와 통신, 기술, 생명기술 등이다.

기술 학습 활동은 사회에서의 실제적 문제의 요구와 기회들을 확인하고 해결하는 다양한 수단에 신뢰를 주고 있다.

기술교육은 기술적 지식은 물론이고 다양한 정보를 수집하는 활동도 강조를 둔다. 즉 확

산적 사고인 다양한 문제 해결 방안의 개발도 포함된다.

따라서 기술교육의 목표는 기술적 지식과 이해, 기술적 능력, 기술과 사회의 관계의 인식과 이해의 개발을 통하여 기술적 교양(technological literacy)을 배양하는데 있다.

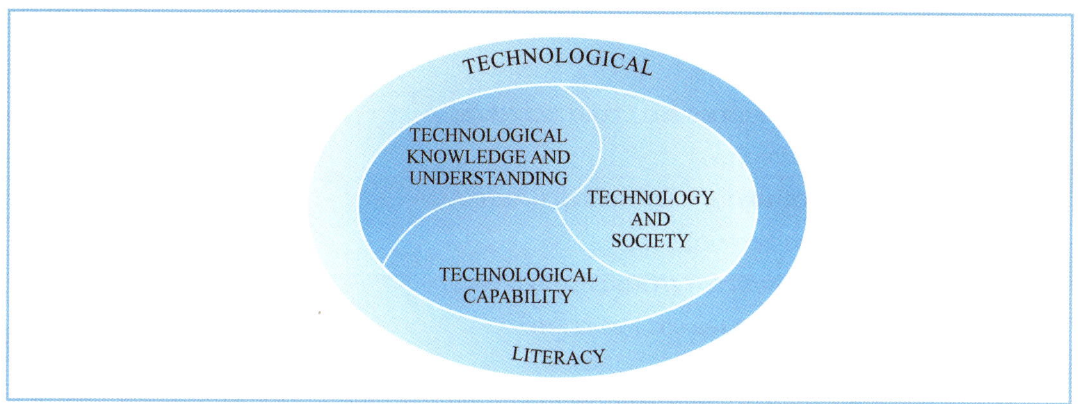

<그림 3-11> 뉴질랜드 기술교육의 목표

2) 기술교육과정 기본 구조와 내용

뉴질랜드 기술교육과정은 크게 기술적 영역(technological areas)과 맥락(contexts), 핵심 기능의 개발로 살펴볼 수 있다.

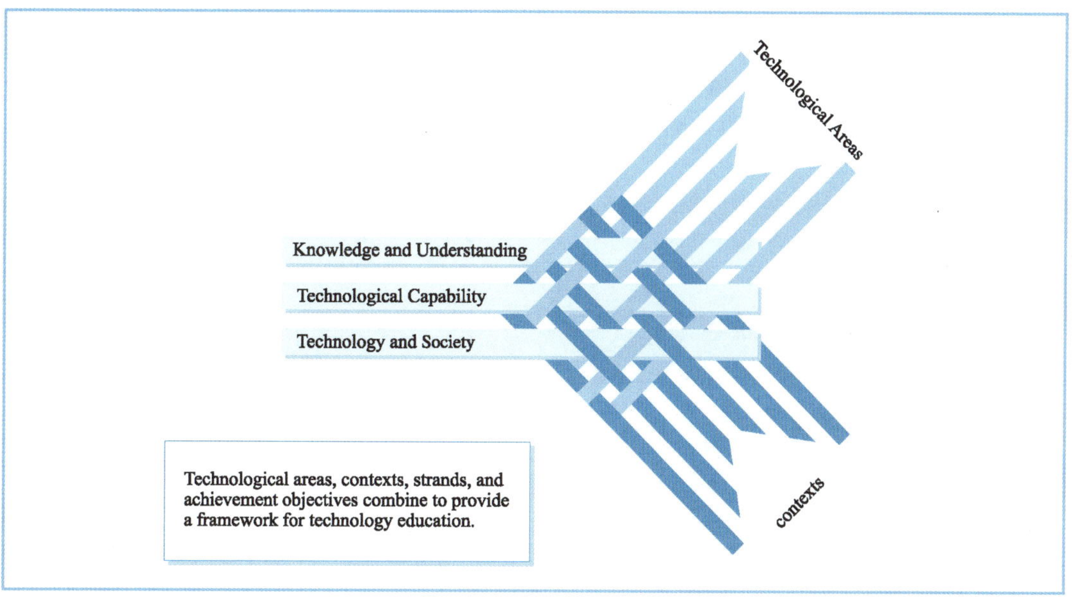

<그림 3-12> 뉴질랜드 기술교육과정 구조

맥락(Contexts)

기술적 활동은 개인생활, 가정, 학교, 취미오락, 지역사회, 환경, 에너지, 경영, 산업체 등의 다양한 맥락들이 함께 관련되어 수행된다.

기술적 활동(Technological Areas)

- 생명기술(Biotechnology)
- 전자 및 제어기술(Electronics and Control technology)
- 식품기술(Food technology)
- 정보통신기술(Information and Communication technology)
- 재료기술(Materials technology)
- 생산 및 과정기술(Production and Process technology)
- 구조 및 메커니즘(Structures and Mechanisms)

핵심 기능의 개발

- 기술을 통한 본질적 기능의 개발(DEVELOPMENT OF THE ESSENTIAL SKILLS THROUGH TECHNOLOGY)
- 의사소통 기능(Communication skills)
- 수리 기능(Numeracy skills)
- 정보기능(Information skills)
- 문제해결기능(Problem-solving skills)
- 자기관리 및 계발기능(Self-management and competitive skills)
- 사회 및 협력 기능(Social and co-operative skills)
- 신체적 기능(Physical skills)
- 일과 학습기능(Work and study skills)

7. 일본의 기술교과 교육

가. 일본 교육과정의 개관

2008년 3월 28일 일본에서도 새로운 교육과정이 발표되었으며, 2009년부터 이행을 시작하여 초등학교는 2011년도, 중학교는 2012년부터 전면적으로 실시되고 있다. 된다. 이 교육

과정의 개정만이 아닌 교육기본법, 학교교육법 개정을 근거로 하는 교육개혁의 일환으로 여겨지고 있다. 일본은 2016 년도에 학습지도요령의 심의가 진행되고, 2021년도에 전면실시를 계획 중에 있다.

일본은 한국의 교육제도와 같은 미국식 교육제도로 되어 있다. 초등학교 6년, 중학교 3년, 고등학교 3년, 대학교 4년이다. 이 가운데 의무교육은 중학교까지 9년이다. 일본에서 수사(修士)라고 불리는 석사과정은 2년이며, 박사과정은 3년이다. 그리고 일본에서 고등교육의 하나로 중요한 역할을 하고 있는 단기대학이 있는데 기간은 2년 또는 3년 과정으로 이루어져 있다. 또 중급 이상의 기술자 양성을 목적으로 설립된 고등 전문학교의 수학기간은 5년이다. 이외 정규학교는 아니지만 직업과 실생활에 필요한 능력배양과 교양을 양성시킬 목적으로 설립된 전문학교와 기타 기술, 취미, 기예, 강습 등의 교육을 전문적으로 지도하는 각종 학교들이 있다.

학교는 설립목적에 따라 국립학교, 공립학교, 사립학교로 나누어지고 한국과 같은 2학기제를 실시하고 있으며 4월과 10월에 신학기가 시작된다.

학력저하 및 PISA쇼크라는 배경하에서 새로운 학습지도요령 개정은 여유있는 교육을 지양하였다. '인간력 향상을 위한 교육내용의 개선 충실'을 위하여 사회 형성자로서의 자질 육성, 풍부한 인간성과 감성의 육성, 건강한 신체의 육성, 국어력의 육성, 이수(理數)교육의 개선 충실, 외국어 교육의 개선 충실 등이 중점 사항으로 제시되었다(文部科學省, 2008a; 文部科學省, 2008b).

나. 기술 · 가정과의 목표 및 내용

2016년 8월의 『차기학습지도요령 기술 · 가정과 심의결과』를 보면, 차기학습지도요령의 개정의 방향성에 대해 말씀드리면 「육성해야할 자질 · 능력」(育成すべき資質 · 能力)을 이루는 ① 「지식 · 기능」 ② 「사고력 · 판단력 · 표현력」 등 ③ 「배움을 추구하는 힘」(學びに向かう力), 인간성(人間性) 등을 골격으로 설정하여, 교육목표와 학습과정을 구조화하고 있다. 이러한 방향성을 가지고 현재 학습지도요령이 개정되고 있지만, 아직 소안(素案) 단계이기 때문에 기술분야의 교육과정에 대해서는 아직 구체적인 내용이 추후 고시될 것이다.

다음에서 제시하는 일본 기술과 교육과정은 현재의 시행중인 교육과정이다.

1) 교육 목표

기술 · 가정과의 교육목표는 변화가 없었으나, 기술 분야의 교육목표에서는 몇 가지 사항이 수정 · 추가되었다. 아래 [표 3-23]은 개정 전후의 기술 분야 교육목표를 비교하여 제시한 것이다.

[표 3-23] 개정 전후의 기술 분야 교육목표

	개정 전	개정 후
기술 · 가정과	생활에 필요한 기초적 · 기본적인 지식 및 기술의 습득을 통하여, 생활과 기술과의 관련에 대한 이해를 깊게하고, 나아가 생활을 궁리해 창조하는 능력과 실천적인 태도를 기른다.	
기술분야	실천적 · 체험적인 학습 활동을 통하여, ものづくり와 에너지 이용 및 컴퓨터 활용 등에 관한 기초적인 지식과 기술을 습득함과 동시에, 기술의 역할에 관한 이해를 넓히고, 그것을 적절하게 활용하는 능력을 기른다.	물건 등의 실천적 · 체험적인 학습 활동을 통하여, 재료와 가공, 에너지 변환, 생물 육성 및 정보에 관한 기초적 · 기본적인 지식 및 기술을 습득함과 동시에, 기술과 사회, 환경과의 관련에 대한 이해를 깊게 하고, 기술을 적절히 평가해 활용하는 능력과 태도를 기른다.

기존에는 물건을 하나의 교육 영역으로 제시하였으나, 개정 후에는 기술 분야 교육의 전반에 걸친 교육 방법적 측면으로 제시하였다. 1998년 물건기반기술진흥법[19]이 공포됨에 따라, 각 교과에서는 물건을 통한 교육으로 ①물건을 만드는 마음과 향상되어 가는 기쁨, ②실제로 만들어 보고, 할 수 있다는 마음, ③물건이 일본에서 다하고 있는 사회적 중요성을 인식(문부과학성, 2008e)하게 하고자 하였다. 기술 분야 교육에서는 이번 개정을 통하여, 기술 교육을 실시함에 있어서 물건을 행하여 학습하도록 함으로써, 보다 실천적이고 실용적인 교육을 강조하였다고 할 수 있다.

교육 내용으로서 기존에 물건과 에너지의 2개 영역으로 제시하던 것을 개정 후에 '재료와 가공, 에너지 변환, 생물 육성 및 정보에 관한 기술'의 4개 영역으로 제시하여 구체화 · 체계화 하였다. 그리고 교육 목표로서 '기술과 사회, 그리고 환경에 관한 이해를 깊게 하는 것', '기술을 적절히 평가해 활용하는 능력과 태도'가 추가되었다. 이것은 기존의 교육 목표가 기술이 사회에서 다하는 역할을 중점으로 제시한 것에 비하여, 개정 과정을 통해 변화하는 사회에 대응하고자 환경 및 기술적 소양 등의 측면이 강조된 것으로 해석할 수 있다(이소희, 2008).

19) 일본에서는 1998년(평성 10년) 3월 19일, ものづくり기반기술진흥기본법이 발표되었다. ものづくり기반기술진흥기본법 제 16조(학습의 진흥 등)의 내용은 다음과 같다. '정부는, 청소년을 시작으로 넓게는 국민이 모든 기회를 통해 ものづくり기반기술에 대한 관심과 이해가 깊어짐과 동시에, ものづくり기반기술에 관한 능력을 존중하는 사회적 기운이 양성되도록, 초등•중학교 등에서 기술에 관한 교육의 충실을 시작으로 하는 학교교육 및 사회교육에서 ものづくり기반기술에 관한 학습의 진흥, ものづくり기반기술의 중요성에 대한 계발 및 ものづくり기반기술에 관한 지식의 보급에 필요한 시책을 강구하는 것으로 한다.'

2) 교육 내용

아래 [표 3-24]는 개정 전후의 기술 분야 교육내용을 비교하여 제시한 것이다.

[표 3-24] 개정 전후의 기술 분야 교육내용

개정 전	개정 후
A. 기술과 물건 ① 생활과 산업에서 기술의 역할 ② 제작품의 설계 ③ 제작에 사용하는 공구와 기기의 사용법과 가공기술 ④ 제작에 사용하는 기기의 구조와 보수 ⑤ 에너지의 변환을 이용한 제작품의 설계 · 제작 ⑥ 작물의 재배	A. 재료와 가공에 관한 기술 ① 생활과 산업에서 이용되는 기술 ② 재료와 가공법 ③ 재료와 가공에 관한 기술을 이용한 제작품의 설계 · 제작 B. 에너지 변환에 관한 기술 ① 에너지 변환기기의 구조와 보수 점검 ② 에너지 변환에 관한 기술을 이용한 제작품의 설계 · 제작 C. 생물육성에 관한 기술 ① 생물의 생육환경과 육성기술 ② 생물육성에 관한 기술을 이용한 재배와 사육
B. 정보와 컴퓨터 ① 생활과 산업에서 정보수단의 역할 ② 컴퓨터의 기본적 구성과 기능 및 조작 ③ 컴퓨터의 이용 ④ 정보통신 네트워크 ⑤ 컴퓨터를 이용한 멀티미디어의 활용 ⑥ 프로그램과 계측 · 제어	D. 정보에 관한 기술 ① 정보통신네트워크와 정보윤리(moral) ② 디지털 작품의 설계 · 제작 ③ 프로그램에 의한 계측 · 제어

교육 내용의 구성에 관하여는 두 가지의 큰 변화를 지적할 수 있다.

첫 번째는 앞서 제시된 바와 같이 교육 내용의 영역 체계, 즉 대단원이 '재료와 가공, 에너지 변환, 생물 육성 및 정보에 관한 기술'의 4개로 제시된 점이다.

두 번째는 교육 내용의 제시 방법, 즉 필수항목과 선택항목의 삭제이다. 개정전에는 기술 분야 내용 중에서 에너지의 변환을 이용한 제작품의 설계 · 제작, 컴퓨터를 이용한 멀티미디어의 활용, 프로그램과 계측 · 제어, 작물의 재배 중에서 학생의 흥미, 관심 등에 따라 1 또는 2항목을 선택하여 이수하도록 되어 있었다.

그러나 개정 과정에서 필수와 선택 이수를 없애고, 전체 4개 영역을 모든 학생에게 필수로 이수하도록 하였다. 이로써 각 학교에 따라 교육 내용이 일부 상이하거나, 학교 및 교사 등에 의해 교육 내용의 일부가 배제되었던 것이, 국민으로서 공통적으로 필요로 하는 내용을 교육하는 보통교과로서, 학습 내용의 공통성을 확보할 수 있는 법적 근거가 마련되었다는 의미를 갖는다.

특히 2008년에 개정 결과 여전히 개선해야 할 기본 과제로 일본의 기술 교육계에서는 초등학교와 고등학교에 기술교육 교과의 설치, 중학교에서 기술 · 가정과라는 복잡한 교과 구조의 개선 등이 요구되어 왔으며(田中喜美, 2008), 몇 차례에 걸친 심의회에서는 기술 분야를 이수하는데 있어서의 시수 부족 문제가 거론되었다. 이러한 과제들은 학습지도요령의 전체적 틀의 재구성을 요구하는 문제이기 때문에, 상위 기관에 의견을 보다 지속적이며 장기적으로, 그리고 효율적으로 관철해 줄 수 있는 입지가 필요하다. 이러한 측면에서 볼 때, 국가기관에 있어서 기술교육과 관련된 행정적 입지 축소는 거시적으로는 기술 교육, 미시적으로는 기술 교과의 입지 축소로 연계될 우려가 있다.

일본 교육개혁의 가장 큰 동기 중의 하나는 PISA에서 확인된 학력저하 현상으로, 교육개혁은 이를 바로잡아 교육을 재생시키려는 노력의 일환이라고 할 수 있다. 이를 위해 21세기의 특징을 지식기반사회, 국제화 사회로 판단하고, 지식과 기능, 태도 및 소양을 포함한 핵심 능력(key competency)을 기르기 위하여 교육 내용의 충실화에 중점을 두었다.

기술 분야의 개정에서도 이러한 흐름에 따라, 기술학에 기초한 체제와 국제적 모델을 수용한 내용 체계로의 구성을 시도하였다. 그리고 기술 분야의 내용 제시 방법에 있어서, 모든 영역을 학생들에게 공통적으로 이수하도록 함으로써 충실성을 기하였다고 할 수 있다. 또한 현재 사회적으로도 중요시 되고 있는 환경이나 기술적 소양 등의 키워드를 제시함으로써, 변화하는 사회에 적극적으로 대응하고자 한 점도 긍정적으로 해석된다(이소희, 2008).

다. 일본 기술 · 가정 학습지도요령의 개정 동향(2016)[20)]

1) 현행학습지도요령의 성과와 과제에 근거한 기술 · 가정과의 목표

현행 학습지도요령의 성과와 과제

기술 · 가정과 기술분야에서는 사회, 환경 및 경제와 같은 복수의 측면으로부터 기술을 평가하고, 구체적인 활용방법을 생각해 내는 힘이나 목표나 조건에 따라 설계를 하거나 효율적인 정보처리의 수순을 구상하는 힘의 육성에 관한 과제가 있다는 지적이 있다. 또한, 사회구

20) 이 자료는 최근에 일본에서 진행되는 교육과정(학습지도 요령) 개정 작업의 심의회 자료 제시한 것이다.

조의 변화 등에 주체적으로 대응하고, 보다 좋은 생활이나 지속 가능한 사회를 구축하기 위해 기술분야에서는 기술의 발달을 주체적으로 지지하고, 기술혁신을 이룰 수 있도록 기술을 평가, 선택, 관리 · 적용, 개량, 응용하는 것이 요구된다.

과제에 근거한 기술 · 가정과의 목표

기술 · 가정과 기술분야에서는 실천적, 체험적인 활동을 통해 생활이나 사회에서 이용되고 있는 기술에 관한 기초적인 이해를 추구하고, 그와 관련된 기능을 몸에 익힘과 동시에 생활이나 사회 속에서 기술과 관련된 문제를 발견하고 과제를 설정하여 그것을 해결하는 능력이나 보다 좋은 생활이나 지속 가능한 사회의 구성을 향해 적절하고 성실하게 기술을 구상하고 창조하려는 태도 등을 육성하는 것을 목표로 한다.

기술 · 가정과를 보는 시각

기술 · 가정과 기술분야에서는 기술의 발달과 이용에서 이용되고 있는 "생활이나 사회에 있어서, 사회로부터의 요구, 안전성, 환경부하나 경제성 등의 관점으로부터 기술이 해결해야 할 문제에 기반하여 그 해결을 향해 기술의 적절화에 관한 생각할 것"이라고 하는 기술만이 할 수 있는 관점이나 사고를 기술을 보는 시각으로 정리하였다.

라. 구체적인 개선사항

1) 교육과정의 구조화

(1) 자질 · 능력을 육성하는 학습과정

기술 · 가정과 기술분야에서 길러지는 자질 · 능력은 단지 무엇을 만든다고 하는 활동이 아니라 기술에 관한 사고를 하면서 생활이나 사회에서의 기술에 관한 문제를 발견하고 과제를 설정하고, 해결방안이 적절한 것이 되도록 설계 · 계획하고, 제작 · 육성을 하고, 그 해결결과나 해결과정을 평가 · 개선하는 활동 속에서 효과적으로 육성할 수 있다고 생각된다. 여기서 학습과정을 **1) 기존 기술의 이해와 과제 설정, 2) 기술에 관한 과학적인 이해에 기반한 설계 · 계획, 3) 문제해결을 향한 제작 · 육성, 4) 성과의 평가와 다음 문제 해결**의 관점으로 정리하였다.

(2) 지도내용의 구조

기술 · 가정과 기술분야의 지도내용에서는 "1) 자질 · 능력을 육성하는 학습과정"에 제시한 학습과정과의 연계를 추구하기 위해 다음의 내용으로 구성함으로써 학습과정과 내용을 구조화하는 것이 적절하다.

- 기술 구조나 역할, 진전 등을 과학적으로 이해함으로써 기술에 관한 견해, 사고를 자각하고, 과제 해결에 필요한 지식과 기능을 습득하는 내용('생활이나 사회를 이루고 있는 기술')
- 습득한 지식과 기능을 활용하여 생활이나 사회에서의 기술에 관한 문제를 해결함으로써 지식의 구조화나 기능의 습득을 추구하며, 동시에 기술에 의해 문제를 해결할 수 있는 능력이나 기술을 구상하여 창조하려고 하는 태도를 육성하는 내용('기술에 의한 문제해결')
- 스스로 문제해결의 결과와 과정을 뒤돌아봄으로써 습득한 기술에 관한 사고에 기초하여 생활이나 사회를 넓게 보는 내용('사회의 발전과 기술')

(3) 교육내용의 개선 · 충실

과목구성 재편성

고등학교 '가정과'에 관한 내용만 있음(현행 가정기초(2단위), 가정종합(4단위), 생활디자인(4단위)의 3과목을 가정기초(가칭), 가정종합(가칭)의 2과목으로 하는 것이 적절하다고 본다는 내용

교육내용의 재편성

(기술 · 가정과 기술분야)

기술 · 가정과 기술분야에 관해서는 생활이나 사회에서의 다양한 기술이 복합적으로 이용되고 있는 현황에 기반하여 **재료, 가공, 생물육성, 에너지 변환, 정보** 등의 전문분야에 관한 중요한 개념 등에 기초한 교육내용으로 한다. 또한, 급속한 발달을 하고 있는 정보 기술에 관해서는 초등학교 프로그래밍 교육의 성과를 살리고, 발전시킨다는 관점으로부터 종전부터 있었던 계측 · 제어에 추가하여 동적 콘텐츠에 관한 **프로그래밍이나 네트워크**나 데이터를 활용하여 처리하는 프로그래밍도 제재로서 취급하는 것을 생각할 수 있다. 또한, **정보안전** 등에 관해서도 충실할 필요가 있다.

그리고 기술 발달을 추구하고, 기술개혁을 이루기 위해 필요한 자질 · 능력을 육성하는 관점으로부터 **지적재산을 창조 · 보호 · 활용**하려고 하는 태도나 사용자 · 생산자의 안전을 배려하여 설계 · 제작하려는 등의 윤리관의 육성을 중시한다. 또한, 기술의 고도화나 산업구조의 변화 등의 사회 변화에 기반하여 일본에 근간인 물건 만들기(ものづくり)의 문화나 전통적인 기술의 계승, 기술혁신 및 이를 추구하는 직업 · 산업에 관한 관심, 경제적 주체로서 요구되는 일하는 의의에 대한 이해, 타인과 하여 협동하려는 태도, 안전한 생활이나 사회 만들기에 공헌하려는 것 등을 중시한다.

(4) 학습 · 지도의 개선이나 교육환경의 충실

주체적 · 대화(對話)적이며, 깊이 있는 배움의 실현

- 가정과, 기술 · 가정과에 있어서 '주체적 배움'이란 과제의 해결을 향한 의식을 가지고, 주체적, 협동적으로 과제를 발견하거나 해결하는데 임하며, 학습 과정을 뒤돌아보며, 다음 학습에 주체적으로 임하려는 태도를 키우는 것을 배우는 것이다. 이를 위해 학습한 내용을 실제 생활에서 살리는 장면을 설정하여 자신의 생활이 가정이나 지역사회와 깊이 관여되어 있다는 것을 인식하거나 자신이 사회에 참가하여 공헌할 수 있는 존재라는 것을 깨닫는 활동에 참여하는 것 등을 생각해 볼 수 있다.
- '대화적 배움'이란 타인과의 대화를 통해 생각을 명확하게 하거나 타인과 의견을 공유하여 서로의 생각을 깊게 하거나, 타인과 협동하는 등 스스로의 생각을 넓히고 깊게 하는 배움이다. 또한, 기술 · 가정과 기술분야에서는 예를 들어 직접 타인과의 대화를 수반하지 않더라도 기제품의 분해 등의 활동을 통해 그 기술 개발자가 설계에 불어넣은 의도를 읽어내는 것 등도 스스로의 생각을 넓히는 배움이다.
- '깊이 있는 배움'이란 학생이 생활 속에서 문제를 발견하여 과제를 설정하고, 그 해결을 위한 해결책의 검토, 계획, 실천, 평가, 개선이라고 하는 일련의 학습활동 속에서 생활이나 기술에 관한 생각을 하면서 사고 · 비판 · 표현하고, 자질 · 능력을 획득하는 배움이다. 이러한 배움을 통해 생활이나 기술에 관한 실천적 지식이 개념적 지식으로서 질적으로 향상되거나 기능의 숙달이 추구될 수 있다. 또한, 이러한 배움 속에서 '대화적 배움'이나 '주체적 학습'을 충실하게 함으로써 가정과, 기술 · 가정과가 지향하는 사고력 · 비판력 · 표현력도 풍부해지며, 생활이나 기술에 관한 과제를 해결하는 능력이나 생활이나 기술을 구상하여 창조하려고하는 태도도 기를 수 있다고 볼 수 있다.

(5) 교재나 교육환경 충실

- 기술 · 가정과 기술분야에서는 예를 들어 '정보기술'에서 프로그래밍에 관한 내용의 충실을 위해 필요한 기능을 가진 프로그래밍의 개발 환경을 정비하거나 '기술에 관한 과학적인 이해에 기반한 설계 · 계획'의 단계에서 모형을 시작(試作)하기 위한 3D CAD나 3D 프린터 등을 필요에 따라 정비하는 등 내용이나 학습과정에 따른 교재의 정비에 관해 검토하는 것이 요구된다.
- 모든 학교에서 가정과, 기술 · 가정과의 지도를 충실하게 하기 위해서는 유치원이나 보육소 등, 고령자 시설, 소비생활센터, 공업시험장이나 농업시험장, 민간기업, 공공기관, 박물관 · 과학관, 관련 분야의 전문고교(특성화고등학교) 등과의 연계를 검토할 필요가 있다. 또한, 지도 대상인 생활이나 기술이 계속 변화하는 가정과, 기술 · 가정과의 특성에

기반하여 교원이 새로운 정보를 입수하고, 교재연구나 지도력 향상을 추구할 수 있는 연수가 충실할 필요가 있다.

[표 3－25] 기술·가정과(기술분야)에서 육성해야 할 자질·능력 정리(안)

<table>
<tr><th></th><th>지식·기능</th><th>사고력·비판력·표현력 등</th><th>배움을 향한 능력, 인간성 등</th></tr>
<tr><td>중학교</td><td>○ 생활이나 사회에서 이용되고 있는 재료, 가공, 생물육성, 에너지 변환, 정보 등의 기술에 관한 기초적인 이해와 기능 및 기술과 생활이나 사회와의 관련성 이해
• 기술에 이용되고 있는 과학적인 원리·법칙 이해
• 기술을 안전·적절하게 관리·운용할 수 있는 기능
• 기술의 개념 이해
• 기술의 역할과 생활이나 사회, 환경에 주는 영향에 관한 이해</td><td>○ 생활이나 사회 속에서 기술에 관한 문제를 발견하고 과제를 설정하여, 해결책을 구상하고, 제작도 등에 표현하고, 시작(試作) 등을 통해 구체화하고, 실천을 평가·개선하는 등 과제를 해결하는 능력
• 사회 속에서 기술에 관한 문제를 발견하고 해결해야 할 과제를 설정하는 능력
• 과제의 해결책을 조건에 기반하여 구상(설계·계획)하는 능력
• 과제의 해결책을 제작도, 흐름도, 작업계획표 등으로 표현하는 능력
• 시행·시작 등을 통해 해결책을 구체화하는 능력
• 과제의 해결결과 및 해결과정을 평가하고 개선·수정하는 능력</td><td>○ 보다 좋은 생활이나 지속가능한 사회의 구축을 향해 적절하고 충실하게 기술을 구상하고 창조하려고 하는 실천적 태도
• 기술과 관여하고, 주체적으로 기술을 이해하고, 기술을 습득하려는 태도
• 자기만의 새로운 사고에 따라 해결책을 구상하려는 태도
• 스스로 문제해결과 그 과정을 뒤돌아보고, 개선·수정하려는 태도
• 지적 재산을 창조·보호·활용하려는 태도, 기술에 관한 윤리관, 타인과의 협동하려는 태도</td></tr>
</table>

[표 3－26] 기술·가정과(기술분야)에서의 교육 이미지(안)

[고등학교]

(정보의 공통필수이수과목)

○ 정보나 정보기술을 문제의 발견과 해결에 활용하기 위한 과학적 사고방법을 기른다.

① 정보와 정보기술 및 이것들을 활용하여 문제를 발견·해결하기 위한 방법과 정보사회에 관한 이해와 정보기술을 적절하게 활용하기 위한 기능을 기른다.

② 문제의 발견·해결을 위한 정보기술을 적절하고 효과적으로 활용하는 능력을 기른다.

③ 정보를 적절하게 활용하고, 정보사회에 주체적으로 참여하고, 그 발전에 기여하려는 태도를 기른다.

(직업에 관한 각 교과·과목)

○ 각 직업분야에 관한 지식과 기술을 습득하고, 각 직업의 사회적 의의나 역할을 이해시킨다.

○ 각 직업분야에 관한 과제(요구되는 직업능력의 고도화, 지속가능한 사회의 구축, 글러벌화 · 소자고령화 등에 대한 대응)를 발견하고, 직업인으로서의 윤리관을 가지고, 합리적이며 창조적으로 해결하려는 능력을 기른다.

○ 직업인으로서 필요한 풍부한 인간성을 기르고, 보다 나은 사회 구축을 지향하여, 스스로 배우고, 산업의 진흥이나 사회공헌에 주체적이며 협동적으로 임하는 태도를 기른다.

[중학교 기술 · 가정과]

◎ 생활이나 기술에 관한 견해, 사고를 하여, 생활이나 기술에 관한 실천적 · 체험적인 학습활동을 통해 보다 나은 생활의 실천이나 사회의 구축을 위해 생활을 구상하고 창조하는 자질 · 능력을 다음과 같이 육성한다.

① 생활과 기술에 관한 기초적인 이해를 추구하고, 그것들에 관한 기능을 습득한다.

② 생활이나 사회 속에서 문제를 발견하고 과제를 설정하고, 해결책을 구상하고, 실천을 평가 · 개선하고, 표현하는 등 과제를 해결하는 능력을 기른다.

③ 보다 나은 생활의 실현이나 지속가능한 사회의 구축을 향해 생활을 구상하고 창조하려고하는 실천적인 태도를 기른다.

[중학교 기술 분야]

◎ 기술에 관한 견해 · 사고를 하여 물건 만들기 등의 기술에 관한 실천적 · 체험적인 학습활동을 통해 기술에 따른 보다 나은 생활이나 지속가능한 사회를 구축하는 자질 · 능력을 다음과 같이 육성한다.

① 생활이나 사회에서 이용되고 있는 재료, 가공, 생물육성, 에너지 변환, 정보 등의 기술에 관한 기초적인 이해를 추구하고, 이것들에 관한 기능을 익히고, 기술과 생활이나 사회, 환경과의 관련에 대해 이해를 깊게 한다.

② 생활이나 사회 속에서 기술에 관한 문제를 발견하고 과제를 설정하고, 해결책을 구상하고, 제작도 등으로 표현하고, 시작품 등을 통해 구체화하고, 실천을 평가 · 개선하는 등 과제를 해결하는 능력을 키운다.

③ 보다 나은 생활이나 지속가능한 사회의 구축을 위해 적절하고 성실하게 기술을 구상하여 창조하려고 하는 실천적인 태도를 기른다.

● 생활이나 사회에서의 문제를 발견하고 과제를 설정하고, 해결방안이 적절한 것이 되도록 설계 · 계획하고, 제작 · 육성을 하고, 해결결과 · 해결과정을 평가 · 개선하는 학습활동을 충실하게 한다.

◇ 프로그래밍에 관한 내용을 충실하게 하고, 동시에 기술의 고도화와 이에 수반되는 글러벌화나 산업구조의 전환 등의 사회 변화와, 지적재산을 창조 · 보호 · 활용하려고 하는 태도, 사용자 · 생산자의 안전을 고려하여 설계 · 제작하는 등의 윤리관, 물건 만들기나 일본의 전통적 기술, 기술혁신 및 이것을 추구하는 직업 · 산업으로의 관심, 생산 등의 경제적 주체 등으로 요구되는 일하는 의식의 이해나 타인과 협동하여 일을 추진하려고 하는 태도, 안전한 생활이나 사회 만들기에 대한 공헌 등에 관한 학습을 중시한다.

[소학교] (※현행학습지도요령 등에 기초하여 작성)

- ○ 일상생활에서 컴퓨터가 사용되는 것이나 문제해결에 필요한 수순이 있다는 것을 깨닫고, 기초적인 프로그래밍적 사고를 몸에 익혀, 컴퓨터의 기능을 자신의 생활에서 살리려고 한다. (총칙)
- ○ 손이나 몸 전체의 감각 등을 활용하여, 경험을 살리면서 나타내고 싶은 것에 맞게 재료나 도구를 사용하여, 표현방법을 구상한다. (공작)
- ○ 주변에 있는 물건을 써서 놀이나 놀이에 사용되는 것을 구상하여 만들고, 그 재미를 깨닫는다. (생활)
- ○ 물건 만들기의 활동을 통해, 자연의 사물 · 대상의 성질이나 움직임, 법칙성에 관해 실감을 동반한 이해를 추구한다. (이과)
- ○ 도덕 내용과의 관련성에 기반하여 정보윤리에 관한 지도 (도덕)　등

[유아교육] (※유아기가 끝날 때까지 육성되길 바라는 자세 중 특히 관계가 있는 것을 기술)

- ○ 주변의 대상에 적극적으로 관여하고, 사물의 성질이나 구조 등을 감지하거나 깨닫는 과정에서 예상하거나 구상하거나 등 다양한 관여를 즐기려 하고, 친구들의 다양한 사고를 접하는 가운데 스스로 판단하려고 하는 사고 등을 하여, 새로운 사고를 만드는 즐거움을 느끼면서 자신의 사고를 보다 나은 것으로 하려고 한다.
- ○ 놀이나 생활에 필요한 정보를 가지고, 정보를 전달하거나, 활용하거나, 정보에 기반하여 판단하려고 하는 등 정보를 취사선택하여 정보가 도움이 되는 활동을 하고, 공공시설을 소중하게 이용하는 등 사회와의 관계 의식 등이 생기도록 한다.

기존 기술의 이해와 과제 설정		기술에 관한 과학적 이해에 기반한 설계 · 계획		과제해결을 위한 제작 · 육성		성과의 평가와 다음 문제해결의 관점
기존의 기술을 이해하고 생활이나 사회 속에서 기술에 관한 문제를 발견하고, 그와 관련된 조사 등에 기반하여 현상을 개선하거나 새로운 것을 만들어내기 위해 해결할 과제를 설정한다.	➡ 과정평가와수정 ⬅	과제 해결책을 위한 조건에 기반하여 구상하고(설계 · 계획), 시행 · 시작(試作) 등을 통해 해결책을 구체화한다.	➡ 과정평가와수정 ⬅	해결활동(제작 · 육성)을 한다.	➡ 과정평가와수정 ⬅	해결결과 및 해결과정을 평가하고, 개선 · 수정한다. • 개선점을 검토한다. • 새로운 기술적인 문제를 발견한다.
문제 발견과 과제 설정		과제 해결책의 구체화		해결활동의 실천		해결활동의 돌아보기

<그림 3-13> 일본 기술 분야의 학습 과정 이미지

지식 · 기능	• 기술에 이용되고 있는 과학적인 원리 · 법칙의 이해 • 기술의 개념과 이해 ○ 기술의 역할과 생활이나 사회, 환경에 주는 영향에 관한 이해 ○ 기술의 안전 · 적절하게 관리 · 운용할 수 있는 기능
사고력 · 판단력 · 표현력	○ 생활이나 사회 속에서 기술에 관한 문제를 발견하고, 해결할 과제를 설정하는 능력 ○ 과제의 해결책을 위한 조건에 기반하여 구상(설계 · 계획)하는 능력 ○ 시행 · 시작 등을 통해 해결책을 구체화하는 능력 ○ 과제의 해결결과 및 해결과정을 평가하고, 개선 · 수정하는 능력 ○ 과제의 해결책을 제작도, 흐름도, 작업계획표 등으로 나타내는 능력
태도	○ 자발적으로 기술과 관련하여 주체적으로 기술을 이해하고, 기능을 습득하려는 태도 ○ 자신만의 새로운 사고에 따라 해결책을 구상하려는 태도 ○ 스스로 문제해결 및 그 과정을 뒤돌아보고 개선 · 수정하려는 태도 ○ 지적재산을 창조 · 활용하려는 태도 · 기술에 관한 윤리관 · 타인과의 협동을 추진하려는 태도

<그림 3－14> 지향하는 자질, 능력과 학습 평가 장면의 예

8. 대만의 자연과 생활과기(生活科技) 교육과정[21)]

대만의 교육과정은 취학 전, 초등학교, 중학교, 고등학교, 고등교육 과정으로 분류할 수 있다. 취학 전 교육은 유치원과정으로 5~6세 유아를 대상으로 한다. 초등학교 6년, 중학교 3년은 국민교육과정으로 대만 국민교육법에 따라 6세~15세까지 모든 국민이 반드시 교육을 받아야 하는 의무교육과정이다. 고등학교 과정은 일반 고등학교 과정(고급중학)과 직업고등학교(고급직업학교) 과정으로 나누어진다. 고등교육 과정은 4년제인 종합대학 및 대학 과정이 있고, 2~4년제인 기술전문학교 과정(기술학원), 2년제인 전문대 과정이 있다. 그러나 초등학교 교사자격자를 배출하는 사범대학(사범전과학교)의 경우 고등학교 3년+대학 2년으로 5년제이다.

21) 류군(2010)의 연구를 인용하여 재구성함.

각 학습영역의 학습 시수는 학교 교육과정 발전위원회가 매 학년 개학하기 전에 아래에 열거한 규정의 백분율 범위에 의거해 분배하고 있다. 어문학습영역은 영역 학습 시수의 20~30%를 차지한다. 건강과 체육, 사회, 예술과 인문, 자연과 과학기술, 수학, 종합 활동 등 6개 학습영역은 영역 학습 시수의 10%~15%를 차지한다. 학교는 반드시 앞에서 열거한 비율에 따라 각 학습영역의 전 학년 혹은 전 학기 시수를 계산하고 아울러 실제 교육 수요에 부합하도록 각 주의 학습 시수를 안배해야 한다. 학교는 반드시 각 영역 교육과정 강요의 내용과 진도에 부합하도록 알맞은 시수를 배정하여 정보 및 가정 실습을 진행해야 한다.

내만의 초등학교와 중등학교는 국민교육이기 때문에 국민이 마땅히 갖추어야 할 기본능력을 기르는 것이 목적이다. 그래서 국민교육 단계의 교육과정은 개인발전, 사회문화 및 자연환경 등 3가지 방면에서 어문, 건강과 체육, 사회, 예술과 인문, 수학, 자연과 과학기술 및 종합 활동 등 7대 학습영역으로 나뉜다. 각 학습영역의 학습단계는 학습영역의 지식구조 및 학습심리의 연속적인 발전 원칙을 참고하여 구분하고 매 단계마다 단계별 능력지표를 제시하고 있다.

대만의 일반 고등학교에서는 국민교육 단계와 지속성이라는 목표 이외에, 보통교육의 소양을 제고하고 심신의 건강을 증진시키며, 기술과 덕을 동시에 기르고, 德, 智, 體, 群, 美를 중시하는 현대 시민을 양성하는 것을 목적으로 하고 있다. 대만의 일반 고등학교 과정에서 개설되는 필수과목으로는 ① 종합 활동, ② 어문 영역의 국어와 영어, ③ 수학, ④ 사회 영역의 역사, 지리, 공민과 사회, ⑤ 자연 영역의 기초물리, 기초화학, 기초생물, 기초지구과학, ⑥ 예술 영역의 음악, 미술, 예술생활, ⑦ 생활 영역의 가정, 생활 과학기술, 정보과학기술개론, ⑧ 건강과 체육의 건강과 간호, 체육 등이 있다. 선수과목으로는 어문, 수학, 사회, 자연과학, 제2외국어문, 예술과 인문, 생활, 과학기술 및 정보, 건강과 여가, 전민국방교육, 생명교육, 생애계획, 기타 등이 있다[22].

대만의 중학교 기술교과는 '생활과기(生活科技)'라고 부른다. 대만 중학교는 1997년부터 정식으로 과학기술을 위주로 하는 생활과기과정을 시작하였다. 생활과기과정 실시 기간에는, '과학과 생활', '건설과 제조', '정보통신', '에너지와 운송' 4대 영역에서 과정 표준을 마련하였다. 더 발전된 개인 소양과 경쟁 능력을 위하여 2000년 대만에서는 '국민교육9년 공통과정 실행강령', 그 중에서도 과학기술교육 '자연과 생활과기(生活科技)'의 과정 중에 제시하였다.

대만 교육부는 2008년 제6단계 과정을 개정하였는데, 대만 중학교의 '자연과 생활과기'는 다음과 같다.

22) http://cefia.aks.ac.kr:84/index.php?title=%EA%B5%90%EC%9C%A1%EC%A0%9C%EB%8F%84:%EB%8C%80%EB%A7%8C

가. 대만 자연과 생활과기(生活科技)의 성격

대만의 자연과 생활과기의 성격은 다음과 같이 밝히고 있다.

a. 대만의 국민교육단계는 어문, 건강과 체육, 사회, 예술과 인문, 수학, 자연과 생활과기와 종합 활동 등 7대 학습 방면을 가지고 있다. 자연과 생활과기는 그 중 하나이다.

b. 자연과 생활과기 학습 방면은 4가지 학습단계로 구성되어 있다. 첫 번째는 초등학교 1학년에서 2학년, 두 번째는 초등학교 3학년에서 4학년, 세 번째는 초등학교 5학년에서 6학년까지이고, 중학교 1학년에서 3학년까지 구성되어 있다. 따라서 대만 중학생의 자연과 생활기술 방면의 학습은 4단계의 학습 단계로 구성되어 있다.

c. 대만국민교육의 각각의 방면에서 학년별, 수업시간에 따라 다르고, 중학교 1학년과 2학년은 매주 28시간의 수업이 있고, 중학교 3학년은 매주 30시간의 수업이 있다. 자연과 생활기술 방면은 매주 수업시간 중 10-15%를 차지하고 있다.

d. 자연과 생활기술의 학습과정은 학생의 탐색과 실천 방식으로 실행되고 있고, 손과 머리를 함께 사용하는 것과 활동을 유도하는 것을 강조하고, 생명을 존중하고 자연을 아끼는 마음을 갖게 하고, 학생이 기본적인 과학기술 능력을 얻게 한다.

나. 대만 자연과 생활과기의 과정 목표

a. 과학을 탐색하는 것에 흥미와 열정을 갖게 하고, 스스로 학습하는 습관을 가지게 한다.

b. 과학을 공부하고 기술을 탐색하고 연구하는 방법과 관련된 기초 지식을 학습하고, 학습지식과 경험을 현재와 미래 생활에 응용할 수 있게 한다.

c. 환경을 보호하고, 자원을 아끼고, 생명을 존중하는 태도를 가지고, 자기가 살고 있는 지역의 생태환경과 기술을 아끼는 마음을 갖게 한다.

d. 사람과 소통하고, 팀과 협동하고 조화롭게 소통하는 능력을 기른다.

e. 독립적으로 사고하고, 문제를 결정하는 능력을 가지고, 잠재능력을 기른다.

f. 사람과 기술의 상호 관계를 관찰하고 탐색한다.

다. 대만 자연과 생활과기의 내용

1) 자연과 생활과기의 계단식 능력 지표

자연과 생활기술의 학습범위는 국민의 과학과 기술 기본 능력을 키우고, 교과 속성과 내용의 순서에 따라 8가지 능력 지표로 나누었고, 교재 편집, 교육실시 및 학습평가 등의 활동에 대해 근거를 제공한다. 8가지 능력지표는 다음과 같다.

[표 3-27] 대만 중학교 자연과 생활기술 8가지 능력지표 내용

8가지 능력지표	해설	제4계단식 구체적 지표내용
1. 과정기능	과학을 탐색 과정 중에 머리와 손을 동시에 사용하는 능력을 증진 시킨다.	관찰
		비교와 문석
		조직과 관련
		종합, 분석과 추출
		전달
2. 과학과 기술 인지	과학 개념 및 기술 배양과 훈련	지식 단계
		사물지식, 동물과 생리
		환경
		물질
		상호작용의 지식
		변동과 평등
		기초 과학지식
3. 과학과 기술 본질	과학을 검증할 수 있고, 기술을 시행할 수 있다.	과학과 기술의 본질
4. 과학의 발전	과학이 어떻게 발현했는가를 알아보고 기술의 발전과정을 이해한다.	기술의 본질
		기술의 변화과정
		기술과 사회
5. 과학 태도	실사구시, 과학정신과 태도를 배양하고 과학의 영향력을 알아본다.	실사구시
6. 사고기능	사물에 대해 추론하고 비판한다. 문제 해결의 종합적인 과학사고 능력, 정보 통합 능력	종합사고
		추론사고
		비판사고
		창조사고
		문제해결
7. 과학응용	과학 지식과 탐구 방법을 이용하고 문제 해결의 능력을 배양한다.	과학 응용
8. 설계와 제작	개인과 단체의 창조력을 활용하고 제품을 제작한다.	설계와 제조

2) 자연과 생활기술의 교재내용

대만 중학교 자연과 생활기술 방면의 제4 학습단계 능력에 근거해 볼 때, 과정 교재 내용은 다음과 같다.

[표 3-28] 대만 중학교 자연과 생활기술의 교재내용

과정	주제	
1. 자연계의 조직과 특성	11 지구의 환경 12. 물질의구성과 특성 13. 지구의 생물 14. 생물의 구조	
2. 자연계의 작용	21. 변화와 평형 22. 상호작용	
3. 진화와 연속	31. 생명의 연속 32. 지구의 역사	
4. 생활과 환경	41. 창조와 문명	411. 과학발전과 문명 412. 창조, 설계와 제작
	42. 생활과기	421. 재료 422. 전자기계 응용 423. 거주 424. 수송 425. 식품과 생물과학
	43. 환경보호	431. 자연재해와 예방 432. 환경오염과 예방
5. 지속적인 발전	51. 보육	511. 생물과 환경 512. 인류와 자연관계 513. 자원 보호와 이용 514. 에너지개발과 이용
	52. 과학과 인문	521. 과학발전 522. 과학윤리 523. 자연구경

이상 교재의 내용의 각 주제와 소주제는 교재의 목록을 나타내는 것은 아니다. 학교에서 교과서를 선택할 때에는 교사가 학교와 학생의 특징을 살펴보고 내용을 선택해야 한다.

라. 대만 자연과 생활과기 과정의 방법

a. 교육방법은 주제를 주로 학생 활동으로부터 출발하여, 학생들이 과학 탐구하는 것을 지도하고, 문제 해결 과정에 따라 교육방법을 설계한다.

b. 교사는 질문을 통해 학생들의 사고와 활동 방향을 지도한다.

c. 교육방법은 탐구능력, 협동능력, 과학적 사고, 조작 기능으로 이러한 능력을 기르기 위한 목표를 추구한

다. 그래서 교육형식이 다양하고, 교육목표는 실제상황에 따라 목표를 정하며, 정의, 팀 실험, 특별 주제 탐구, 견학, 동물 양육의 실천 등 형식을 선택하여 실행한다.

d. 교사들은 학생들의 학습 능력에 의해서 학습내용을 조정하고, 학생들 차이에 따라서 적당히 지도한다.

e. 팀 협동 학습을 실행한다.

f. 문제를 해결하는 방식을 중시하며, 문제를 푸는 순서에 따라서 실행한다.

g. 과학태도와 실사구시를 배양한다.

h. 실험할 때 안전 의식을 강화한다.

마. 대만 자연과 생활과기 과정의 평가

대만 자연과 생활 과학의 평가 주로 목적은 학생들이 학습 현황을 알아보는 것이다. 과정평가로 기술과정 개정, 학생학습을 촉진시킨 것을 지도한다. 그 구체적인 내용은 다음과 같다.

a. 평가 영역 : 평가는 반드시 인지적, 기능적, 정의적 측면의 3가지 요소를 포함해야 하며, 과정 목표와 8가지 능력 지표를 근거로 평가한다.

b. 평가 형태 : 평가 방식은 다양하다. 관찰, 문의, 보고서, 작품전시, 필기시험, 제조활동, 설계 및 학습과정 파일등 여러 가지 평가 형태가 있다.

c. 평가 주체 : 교사는 학생에게 평가하고, 학생 스스로 하는 평가와 상호 평가도 있다.

d. 평가 시간단계 : 학기, 학년별로 수시 평가와 종합 평가를 실시한다.

9. 중국의 노동과 기술교과 교육[23)]

중국 학자들의 노동에 대한 인식은 <辭海>에 의하여 "勞動"은 노동력의 투입과 사용, 활동, 즉 신체단련, 노고, 감사의 뜻이다. <마르크스 全集>에 의하여 "生産 勞動"은 자본이나 잉여가치를 증식하는 활동으로 본다.

중국의 학자들은 기술란 인식은 수공 기예(manual art), 실용적인 공예(industrial art), 물리적 수단(physical means), 계통적인 행동지식(technology)으로 보고 있다. 따라서 기술의 본질은 인간들이 어느 목적이나 효능을 달성하기 위하여 설계, 채택하는 행동방식이며, 실용

---

23) 류군(2010)의 연구를 인용하여 재구성함.

체계 중 인간의 의식, 지식, 경험, 재능, 지혜 및 자원 등의 융합으로 보고 있다[24].

1958년 大躍進시대부터 階級性, 群衆 性, 集體主義, 변증법적 唯物主義 등 관점이 무한히 강화되고 있는데, 중국 학교교육 중에서 "노동의 개념은 共產 主義 입장에서부터 교육과정에 도입한 것이다". 노동을 좋아하지 않거나 소극적으로 하는 학생은 사상 진부, 정치성 모호 등 이유로 공산주의자가 못된다고 본다. 따라서, 노동교육은 기술교육보다 사상개조와 정치교육에 가까워서 "노동은 사상정치교과이다".

<辭海>에 의하면 "勞動敎 育"은 도덕교육과목이다. 학생에게 노동과 노동인민을 사랑하고, 노동성과를 소중히 여기고, 정확한 노동태도의 수립 등을 교육한다. 이를 통하여 이기심, 낭비, 타성 등의 불량사상을 제거한다.

<中國百科大辭典>에 의하면 "勞動技術敎 育"은 노동교육과 기술교육으로 구성되어 있다. 노동교육은 도덕교육을 위주로 하고, 기술교육은 학생들의 양호한 노동관점, 기능, 관습 등을 양성하고 향후 일반교육과 직업교육에 기초가 된다.

노동과 기술교육이란 적극적 노동체험을 획득하고 양호한 기술소양을 이루어지는 것을 목표로 하며, "操作性學習"을 특징으로 된 학습영역이다. 그리고 인간과 인간, 인간과 물건 간의 상호작용을 통하여 "操作性學習"을 진행하고, 학습과정 중에서 "手腦結合"을 강조한다. 이를 통하여 필요한 통용기술 및 직업분화를 이해하고, 양호한 노동관습을 양성하며, 기본적인 기술의식 및 기술 실천능력을 양성한다[25].

요약하면, 중국의 노동과 기술교육은 다음과 같은 변천을 거쳤다.

BC400s, 墨子와 "兼愛, 非攻"
1700s, 宋應星과 〈天工開物〉
1920s-30s, 中國工農運動
1950s, "教 勞結合"(蘇聯의 "종합기술교육" 모방)
1958-1980s, "勞動教 育"
1981-2003, "勞動技術教 育"
2001년, 교육과정 개정 중의 "勞動과 技術教 育"
2004년, "4성 기술 실험"(山東, 廣東, 海南, 寧夏)

1999년 중국 교육부는 21세기 기초교육과정 개혁을 정식으로 시작했다. 2000년부터 9년간의 의무교육 기간을 포함한 기술교육 과정과 관련된 문서를 만들기 시작했다. 2001년부터는 중국 중학교 노동과 기술교육은 학생들이 종합 체험 활동 과목의 필요한 부분을 필수적

24) 중국 국가중장기 과학기술발전규획강요(2000-2020)

25) <중국 국가중장기 과학기술발전규획강요(2000-2020)> 중 <종합실천활동 지도강요>

으로 공부하도록 하였다. 노동과 기술교육의 독립된 과정형태는 국가의 과정 구성 중에서 나타나지 않았다. 그러나 조정과 종합의 방식이 과정 구성 중에 나타났다(윤자룡, 2017).

가. 노동과 기술교육의 성격

9년 의무교육 단계는 학생들에게 技術的 意識, 手腦協同能力, 技術的 實踐能力 등을 양성하는 상당히 중요한 시기로서 중국 의무교육 단계에는 독립 개설된 기술교육이 없고 "노동과 기술교육"은 "종합실천활동" 영역 중 포함되어 있다. "종합실천활동"의 특징, 각 학교의 지역 특성 차이, 경제적 차이 및 교사진의 차이 등에 따라, 실질적인 기술과정의 습득을 보장 못하고 있는 실정이다.

중국 중학교의 노동과 기술교육은 국가 정책, 지방지도, 학교를 배치하는 점, 수업 중에 통일된 과정이 존재하지 않는 점 등의 이유로 인하여 각각의 지역에 따라 교육적 상황의 차이가 매우 크다. 예시로서, 어떤 지역은 아래와 같은 구성의 방식을 채택하고 있다. 1-2주 동안 혹은 1학기 동안, 또한 어떤 지역(예. 강소성, 江蘇省)은 일반적으로 매주 한 시간을 운영하고 있다. 노동과 기술교육의 이념은 다음과 같다.

a. 활동을 하는 중에 기술 연구와 학습을 시작한다. 학생에게 사람과 물질의 작용을 강조 하고, 사람과 사람 사이에서 서로 실천하는 학습을 강조하고, 손과 머리를 결합하는 학습이 중요하다는 것을 강조한다. 동시에 기술 훈련 중 학생의 창조 의식과 실현 능력을 배양하고 기술 능력을 파악하고, 태도를 양성하고, 발전을 유지해야 한다.
b. 프로젝트로 조직 노동과 기술교육활동을 구성하고, 활동은 노동과 기술교육의 주요방식을 구성하며, 프로젝트는 노동과 기술교육의 활동의 중요 매개체이다. 학생의 생리와 심리 특징에 근거하여, 전반적인 기술교육 프로젝트로 단위 설계와 조직 학생의 노동과 기술 교육활동을 한다.
c. 학생의 입장에서 현실 세계에 입각해 볼 때, 교육내용에 있어서 생활 추세가 중시되고 있다. 학습 과정에서 학생의 생활과 관련해서 안내하는 것이 중요하다. 학습한 지식과 넓은 지식을 생활에 응용할 수 있어야 한다. 활동방식과 활동과정의 설계와 조직은 농촌과 도시에서 다른 특징을 나타낸다.
d. 노동과 기술교육은 지식의 종합 및 운용, 또한 새로운 지식과 능력에 관한 종합 학습이 이루어져야 한다. 각각 학과 지식의 연결과 종합 및 운용을 중시하고, 새로운 기술 이론을 깊게 연구하며, 새로운 기술능력을 획득할 수 있다.

나. 노동과 기술교육의 과정 목표

중국 중학교의 노동과 기술교육은 학생이 노동체험의 기회를 얻게 하고, 양호한 기술 소양의 학습을 기본 목표로 형성 하고, 조작성의 학습을 특별한 교육의 기본으로 한다. 노동과

기술 교육 과정 학습을 통해서 학생이 기본적으로 통용되는 기술과 직업 분석을 이해하고, 양호한 노동습관을 양성하고, 초보기술의식과 기술 실현 능력을 형성하게 한다. 그 과정 목표는 아래와 같다.

a. 노동 세계에 대해 이해하고, 확실한 노동 관념과 열정적인 노동의 개념을 형성한다.
b. 다양한 생활 중에 기술을 학습하고, 적극적인 생활태도를 형성한다.
c. 스스로 기술체험을 하게하고, 현대생산의 필수적인 기술 기초지식과 기본기능을 파악한다.
d. 기술학습에 흥미를 가지게 하고 초급의 기술 활동에 종사하여 기술학습의 기본 태도와 능력을 형성한다.
e. 지역의 직업에 관하여 직업 지식을 늘리고, 초급의 직업 선택 의향과 초보로서의 창업 지식을 배양한다.

다. 노동과 기술교육의 내용

중국 중학교 노동과 기술교육의 내용은 기초적 내용과 확정적 내용을 위주로 한다. 기초적 내용은 중학교 노동과 기술교육의 목표의 주요한 매체를 완성하는 것이다. 현재 중학교 노동과 기술교육 내용상의 조직성과 방향성을 실현해야 한다는 것은 필수적인 내용이다. 확장성의 내용은 넓고 심도 있게 반드시 발전해야 한다. 동시에 체험 조건 또한 상대적으로 중요하게 요구된다. 이러한 내용은 일부분의 지역의 학교와 학생이 기본목표를 실현하는데 보다 높은 요구사항과 선택의 내용을 제공한다. 노동과 기술교육의 전체적인 내용은 다음의 다섯 가지 정책을 기초로 선택하고 결정된다.

a. 현실에 근거한다.
b. 학생의 입장에서 생각한다.
c. 교육을 편리하게 한다.
d. 종합성을 실현한다.
e. 학생에게 제공되는 실험 재료는 안전하고 경제적이어야 한다.

중학교 노동과 교육내용의 선택은 아래의 항목을 기본으로 한다. 아래의 항목 중에 기술 기초, 가정과 직업 지도 등의 방법을 포함한다.

[표 3-29] 중국 중학교 노동과 기술교육 학습 내용

영역	내용	비고
1. 기술 기초	전통공예 : 인장, 조각, 도예, 옷감 짜기, 자수	1개 내용 선수
	기초기술 : 목공, 용접, 전공, 간단한 기계 수리, 농기구 사용과 수리, 재봉, 촬영, 농작물 재배기술, 화훼재배, 나무 심기, 양식기술, 농업부산물 수장과 가공, 농작물의 우량종 번식	2개 내용 선수
	정보통신기술 : 통계 시스템, 문자 추리, 인터넷 기초화응용	
2. 가정	영양과 요리, 가전제품의 사용과 보존, 재산관리와 쇼핑	1개 내용 선수
3. 직업 지도	졸업교육, 사회조사와 기술기초학습의 내용을 결합하고 구체적 학습내용을 확정한다. 동시에 과외활동, 커뮤니티 활동을 결합하고 스스로 할 수 있는 공익노동을 배정한다.	

※ 각지에서, 각각의 학교 실제상황에 근거하고 위에서 설명한 내용 중에 선택된 항목과, 동시에 지방특색의 노동과 기술 교육 학습의 내용을 보충한다. 학생의 학년이 다른 것에 근거하여 교육 내용을 선택해야 한다.

라. 노동과 기술교육의 실시

중국 중학교 노동과 기술교육의 실시는 아래의 4가지 항목을 준수해야 한다.

a. 교육의 대상의 정체성이다. 노동과 기술교육은 중학생 개개인이 꼭 이수해야하는 교육이다. 동시에 정상의 노동과 기술교육을 받는 것 또한 중학생 모두의 기본 권리와 같다.

b. 실시 과정의 종합성이다. 노동과 기술교육은 각각 실시 방법의 교감과 결합에 주의해야 한다. 노동과 기술의 학습은 학교외 활동, 교사 지도, 학교외 실천, 가정교육 등 상호간에 교감하고 결합해야 한다. 그리하여 교육의 목표를 실현해야 한다. 동시에 노동과 기술교육 내의 기술, 가정, 직업 지도의 방면 내용을 융합하는 것에 주의해야 한다.

c. 활동 조직의 과학성이다. 중학생의 생리, 심리상의 특징과 변화를 충분히 고려해야 한다. 동시에 기술교육의 기본 규정을 준수하고, 과학적인 설계와 학생의 노동과 기술학습 활동을 조직한다.

d. 교육 결과의 실효성이다. 실시 과정 중, 지역적 특성에 유의하고, 본교의 실제상황과 내용을 선택하는 것, 방식을 정하는 것, 계획을 정하는 것, 조직과 실시의 과정을 주의해야 한다. 각각의 지역 자원의 장점을 발견할 수 있고, 지역과 학교 노동과 기술교육의 전통과 특색을 형성한다.

종합체험 활동 중의 한 부분으로 되어 있다. 중국의 중학생 노동과 기술 교육의 실시는 활동을 중요 형식으로 한다.

노동과 기술교육의 활동 설계는 중학생의 생리와 심리 특징에서 출발해야 한다. 학생의

창조적이고 새로운 정신과 실천능력을 중점을 두어 배양하게 한다. 지역 특징에 근거하여 활동의 목표를 정한다. 기본지식과 기본지능과 기본 태도의 교육목표의 실현의 기본을 보증한다. 자가 학습을 할 때에는 스스로 탐색할 수 있는 기회를 가지게 한다. 동시에 적극적인 노동과 기술태도와 확실한 노동의 기술 가치관을 형성하여 모든 활동 중에 융합하게 한다.

활동 설계를 할 때에는 확실한 교수 지도와 학생학습 관계에 주의를 기울여야 한다. 또한 학생의 기초이론학습과 실제 조작의 관계에 주의해야 한다. 조작과정 중의 규범의식과 창조의식의 관계를 주의해야 한다. 동시에 중학생의 성별차이에 주의하고 활동 시에는 안전성과 규칙성을 고려해야 한다.

활동 설계 시에는 목표와 내용과 조건 등 구성요소가 다른 것에 근거하고, 부분과 단계의 성별, 선택이 다른 활동 종류를 고려해야 한다. 노동과 기술교육의 활동 종류는 다음과 같은 것이 있다: 수공 조작, 모형조립, 작품평가, 상품소개, 정보수집, 실사, 참관방문, 토론과 변론, 견학과 모방, 기술설계, 기술실험, 기술상상, 기술 작품 감상 등.

노동과 기술교육의 활동장소는 반드시 학습필요와 현재 조건의 선택에 근거해야 한다. 보통교실에서 수업이 가능해야 하고 또한 기술과 전용교실에서도 가능해야 한다. 교내의 활동장소와 다른 노동 장소에서 가능해야 하고, 교외의 실험실습 장소에서도 가능해야 한다. 또한 야외에서도 가능해야 한다.

노동과 기술교육의 활동내용은 집중 과정 혹은 분산 수업 시에 활용 가능해야 한다. 한 시간 수업에는 그 시간에 맞는 활동을 제시하고, 또한 몇 시간이나 그 이상의 수업에도 역시 하나의 활동을 분배할 수 있도록 해야 한다.

교사는 학습지도 과정 중에, 중학생의 기술학습의 특징에 근거하여 아래에 제시된 몇 가지 항목에 주의해야 한다.

a. 전체 학생을 대상으로 학생의 개성과 자주성과 창조성을 중시해야 한다.
b. 교사의 시범과 수업은 학생 스스로 하는 활동과의 관계를 정확하게 정립해야 한다.
c. 기술 활동 중에 학생이 각자 활동하는 것과 협동하는 것을 가르쳐야 한다.
d. 실시과정 중에는 개별지도와 전체적인 지도가 상호 결합되어 실시되어야 한다.
e. 지도과정의 과학성과 창조성을 주의해야 한다.
f. 다양한 교육기술과 방법을 사용해야 한다.
g. 중학생의 성별차이를 관리하고 노동 강도에 근거해야 한다. 또한 학생에게 엄격히 노동 규칙과 안전규정을 준수하도록 요구해야 한다.
h. 노동과 기술교육자원의 이용과 개발에 주의하고, 이용 시에는 현재 교육자원의 사용과 동시에 개발된 새로운 자원에도 주의해야 한다.

마. 노동과 기술교육의 평가

중국 중학생 노동과 기술교육 평가의 특징은 다음과 같다.

a. 발전성. 학생의 학습 지도 평가에는 학생이 발전하도록 해야 한다.
b. 전체성. 학생 노동기술의 수양에 대해서는 각각의 방면에 있어서 전면적인 평가를 해야 한다.
c. 과정성. 결과평가와 동시에 결과 형성의 과정성 평가를 중시하는 것을 주의해야 한다.
d. 다양한 주체. 평가주체는 학생 본인과 교사 등 다양한 주체를 포함해야 한다.

평가방식을 다양하게 활용하고, 작품전시, 감상문 쓰기, 심사, 주체 활동, 상호교류, 자기평가, 작품평가, 일상 관찰 등의 형식을 사용해야 한다.

평가는 평소에 하는 평가, 학기평가와 학년평가가 있다. 심사의 방식은 지필평가와 체험학습이 상호 결합되어 실시되어야 한다. 평가 등급은 일반적으로 우수, 합격, 불합격 세 종류가 있다.

학생노동과 기술학습의 합격증서 방식을 실행한다(농촌에서는 '녹색증서'와 결합되어 나타난다). 학생의 노동태도와 노동관을 기초로 하여, 기술의 설계와 실천에 중점을 두고, 노동과 기술의 '졸업 작품'(작품을 위주로 하는 것과 설계 아이디어 모두를 고려해야 함)을 근거로 하여, 노동과 기술학습의 '합격증서'를 확정한다.

학생에게 노동과 기술교육을 실시했다는 파일을 제작해야 한다. 평소의 노동과 기술학습 평가재료와 성과는 정리하고 수집해야 하며, '파일집'을 만들어야 한다.

바. 중국의 고등학교 통용기술[26)]

일반계 고등학교 교육과정의 8대 영역(언어와 문학, 수학, 인문과 사회, 과학, 기술, 예술, 체육, 종합실천활동) 중의 하나로 편제되고, 기술은 '통용기술'과 '정보기술' 과목으로 편제되어 있다.

통용기술 : 디자인기술(제도기술, 모형제작), 재료기술, 가공기술, 전통공예, 기계기술, 전자기술, 제어기술, 건축기술, 농업기술, 조리기술, 의류제작기술 등 포함(종합 설치 이념 표현)

- 필수내용은
  통용기술 : "기술과 설계1", "기술과 설계2"
  정보기술 : "정보기술기초"
- "고등학교 졸업시험" 중 기술교과 고찰 내용 도입
- 浙江省 2017년부터 대학교입학시험 중 기술과목 도입

26) 이 부분은 2017년 윤자룡이 한국기술교육학회에서 발표한 자료를 재구성한 것임

중국에서는 기술교과의 가치구성 발굴을 하고 있다. 기술교과의 특징을 디자인 학습과 操作性 학습으로 규정하고 기술교과의 목표는 학생들의 기술소양을 향상시키며, 전반적 발전과 특성화 발전을 공동 추진하는데 두고 있다.

그리고 기술교과의 핵심이념은 다음과 같다.

- 시대의 요구에 부합하고 일상생활에 관련된 기본 지식과 기능을 터득할 뿐만 아니라,
- 기술적 思想과 方法에 대한 習得와 活用
- 기술의 人文精神에 대한 感悟와 理解
- 기술학습 중의 探求, 實驗및 創意性
- 기술은 情宜, 態度, 價值 觀 및 協同能力 등의 共同發展

기술교과의 교육적 가치를 다음과 같이 설정한다.

- 학생들의 技術素養 向上 : 핵심가치
- 학생들의 創造力 發展
- 학생들의 特性化(個性化) 發展 推進
- 학생들의 學習樣式 改善
- 학생들의 人格發展 熏陶
- 학생들의 手腦協同能力 強 化
- 학생들의 生活能力, 職業能力, 社會適應力 提高

통용기술 교육내용의 구성은 다음과 같이 제시되어 있다.

- 기술과 설계1
- 기술과 설계2
- 전자제어기술
- 건축과 설계
- 자동차 운전과 정비
- 간이 로봇 만들기
- 현대농업기술
- 가정과 생활기술
- 복장과 설계

기술교과 교육과정 개설 방식은 다음과 같다.

- 병행식 개설(통용기술과 정보기술과정 동시 개설)과 혼합식 개설(통용기술과 정보기술과정 각 모듈간 자유 연결)으로 하고 있으며, 기술교과의 특성 및 교사진, 현장, 설비, 평가 등 다양한 교수학습 모델로서 제시한다.
- 自力更生式
- 多校協力式
- 基地依存式
- 普專融合式

윤자룡(2017)은 중국 기술교육 전망은 건강한 기술교과 문화 구축을 목표로 하고 인문, 학술계 수천 년의 "기술 무시" 전통과 "대입제일"의 공리주의 성향을 변화시켜야한다고 주장한다. 그가 제시하는 기술교과의 그릇된 문화를 다음과 같이 제시하고, 기술교과 지속발전 메커니즘 건설해야한다고 주장하였다.

- 모호한 기술교과 문화
- 범속한 기술교과 문화
- 경험론 기술교과 문화
- 공리적 기술교과 문화
- 편협한 기술교과 문화

10. 홍콩의 기술교과 교육

가. 홍콩 교육의 개관27)

홍콩의 학제는 초등학교 6년, 중학교 3년, 고등학교 3년, 대학교 4년이다. 의무 교육은 초등학교 1~6학년, 중학교 1~3학년까지이다. 학기는 보통 9월에 시작하여 이듬해 7월까지이며 학기를 나누는 기준은 학교마다 다르지만 보통 2~3학기로 나누어 진행한다. 해당 년 12월 31일에 만 6세가 되는 아동은 다음 해 9월에 초등학교 1학년에 입학하게 된다. 홍콩의 유치원과 초,

27) http://cefia.aks.ac.kr:84/index.php?title=%EA%B5%90%EC%9C%A1%EC%A0%9C%EB%8F%84:%ED%99%8D%EC%BD%A9

중등학교는 크게 공립과 사립으로 구분하고 운영 주체에 따라 현지 학교(Local School), 국제학교(International School), ESF(English School Foundation)계열의 학교로 세분할 수 있다. 그 밖에 직업 학교, 특수 학교 등이 있다. 외국계학교는 영국계인 ESF계열의 학교를 제외하면 정

[표 3-30] 홍콩 초 · 중학교 편제표

<table>
<tr><th rowspan="2" colspan="2">학습 영역</th><th colspan="3">수업 시수</th></tr>
<tr><th>초1~초3
(제 1 학습 단계)</th><th>초4~초6
(제 2 학습 단계)</th><th>중1~중3
(제 3 학습 단계)</th></tr>
<tr><td colspan="2">중국어문 교육</td><td>594-713 시간
(25-30%)</td><td>594-713 시간
(25-30%)</td><td>468-578 시간
(17-21%)</td></tr>
<tr><td colspan="2">영어 교육</td><td>404-499 시간
(17-21%)</td><td>404-499 시간
(17-21%)</td><td>468-578 시간
(17-21%)</td></tr>
<tr><td colspan="2">수학 교육</td><td>285-356 시간
(12-15%)</td><td>285-356 시간
(12-15%)</td><td>331-413 시간
(12-15%)</td></tr>
<tr><td>과학 교육</td><td rowspan="3">초등학교
통식
교과</td><td rowspan="3">285-356 시간
(12-15%)</td><td rowspan="3">285-356 시간
(12-15%)</td><td>276-413 시간
(10-15%)</td></tr>
<tr><td>인문 교육</td><td>413-551 시간
(15-20%)</td></tr>
<tr><td>과학 기술 교육</td><td>220-276 시간
(8-15%)</td></tr>
<tr><td colspan="2">예술 교육</td><td>238-356 시간
(10-15%)</td><td>238-356 시간
(10-15%)</td><td>220-276 시간
(8-10%)</td></tr>
<tr><td colspan="2">체육</td><td>119-190 시간
(5-8%)</td><td>119-190 시간
(5-8%)</td><td>138-220 시간
(5-8%)</td></tr>
<tr><td colspan="2">3년 내
수업시수
하한</td><td>1925 시간
(81%)</td><td>1925 시간
(81%)</td><td>2534 시간
(92%)</td></tr>
<tr><td colspan="2">조절 가능한
시간</td><td colspan="2">19% (3년 내 총 451 시간)</td><td>8% (3년 내 총 220 시간)</td></tr>
<tr><td colspan="2">3년 총 수업
시수</td><td>2376 시간
(792 시간 × 3)
(100%)</td><td>2376 시간
(792 시간 × 3)
(100%)</td><td>2754 시간
(918 시간 × 3)
(100%)</td></tr>
</table>

<주석>

* 아래의 시간 분배는 과학 기술 교육과정을 중시하는 학교에 적용한다.

① 과학 기술 교육의 수업 시수는 약 8-10% 차지한다(200-276 시간). 교육과정 설계는 과학 및 과학 기술 교육 학습 경험과 연계하여야 한다.

② 개인, 사회, 인문 교육의 수업 시수는 약 10-15% 차지한다(276-413 시간). 그러나 중국 역사 및 문화 등 개인, 사회, 인문 교육의 필수 학습 내용은 교육과정 내에 포함시켜야 한다.

③ 과학 기술 교육의 수업 시수는 약 25-35% 차지한다(689-964 시간). 학교는 과학 기술 교과를 중시하여 학생들의 공통 능력을 효과적으로 개발시켜야 한다. 과학 기술 교과의 일부 학습 요소는 (예를 들어, 기본 설계, 도표를 통한 의미 전달 등) 각 학습 영역(예술 교육, 과학 교육, 개인 인문 사회 교육)에 융합되어야 한다.

출처: 홍콩교육부(http://www.edb.gov.hk)- 홍콩 초중학교 교육과정 총론

부 지원없이 등록금에만 의존하기 때문에 학비가 매우 비싸다. 특정 국제학교와 제휴가 된 유치원에 보내면 초, 중등과정에서 그 계열 국제학교에 입학하기 쉽다. 따라서, 유치원, 초중등학교까지 국제학교는 국제학교끼리, 공립학교는 공립학교끼리 서열화가 되어 있다. 대학도 서열화가 되어 있고, 인문계는 법대, 자연계는 의대식으로 학과마다 선호도가 있기 때문에 대입 학원도 활성화 되어 있다.

홍콩의 중학교 편제에서 반드시 각 학습 영역의 수업 시수(3년의 총 수업 시수 혹은 총 수업 시수 백분율)에 따라 분배하며, 학생의 요구 및 학교의 상황에 맞게 탄력적으로 시간을 운용한다.

나. 홍콩의 기술교과 교육

8개의 핵심 학습 교과(초등학교부터 중학교)로 홍콩 교육과정 개발위원회의 기술 교육(technology education, KLA, key learning area curriculum guide, 초등학교-중학교) 보고서(2002년)에서는 제시되고 있다. 기술 교육의 KLA의 8개 핵심교과의 하나로 제시하고 있는 기술교육의 주요 내용은 다음과 같다[28].

기술

기술은 인간의 요구를 충족하기 위한 제품이나 시스템을 세롭게 만들기위하여 자원을 활용하는데 필요한 지식, 기능, 경험의 유목적적인 응용이다.

인류의 문화에 영향을 받거나 주는 기술은 개인, 가족, 사회에 영향을 주는 일상의 삶이다.

기술 교육

기술교육은 모든(EVERY) 학생들에게 제공되어야한다. 이 교과는 인간이 매일의 삶의 문제를 어떻게 해결하는 방법과 시간을 초월하여 제기되는 새로운 문제를 해결하기 위한 과정을 변화시키거나 가공하는 방법을 학습하는 교육이다.

KLA에서의 존재하는 기술교육

초등학교 단계에서는 기술교과의 내용을 일반 교과교육과정에 포함된다.

중학교 단계에서는 서로다른 학습자의 요구와 관심을 충족시키기 위하여 다양한 강조점을 둔 총 13개 과목(설계 기술, 정보, 가정 관련 교과 등)이 존재한다.

개발 방향

기술교육은 학습자의 미래 연구와 직업에 따른 적성, 흥미, 능력의 탐색 개발을 강조하기 위한 기술적 지식과 기술을 제공하기 위한 교육과정을 마련된다.

---

28) http://www.edb.gov.hk/attachment/en/curriculum-development/kla/technology-edu/curriculum-doc/technology%20ed%20guide%20english.pdf

기술교육의 목표

요구, 문제, 기회를 확인하는 **기술적 능력(technological capability)** : 문제 해결을 위한 의사소통, 평가, 의사결정

기술적 활동의 다학문적 본질을 이해하기 위한 **기술적 이해(technological understanding)** : 서로 다른 기술의 개념, 지식, 과정

기술의 개인, 가족, 사회, 환경에 영향을 인지하고 발달하는 기술의 문화적, 맥락적 의존을 자각하는 **기술적 자각(technological awareness)**

핵심 기술 교육과정

기술 교육과정은 다음 세 가지 범주의 학습을 통하여 기술적 지식, 일반 기술, 가치, 태도를 개발시키는데 도움을 준다.

- 기술의 지식 영역
  - 정보통신 기술
  - 재료와 구조물
  - 제조 과정의 작동
  - 전략과 관리
  - 시스템과 제어
  - 기술과 생활
- 기술의 과정
- 기술의 영향

핵심 학습영역과 선택 학습 영역

기술교육은 KLA에서 모든 학생들에게 그들의 관심과 희망에 따른 영역에서 기술적 개발과 증진을위한 기회를 확대시켜 주어야 한다.

모든 학생들에게 제공되는 핵심 학습 요소는 6가지 기술의 지식 영역을 제안한다.

6가지 기술의 지식 영역에서 학습자의 관심에 따라 보다 심화된 학습 요소를 준비시켜 그들을 돕는다.

학년 단계에서 기술교육 학습의 강조

기본 단계 1-2(유치원-6학년, 일반 교과) : 기술의 자각과 탐색

기본 단계 3(중학교 7-9학년) : 탐색, 체험, 친화

기본 단계 4(고등학교 10-11학년) 이상 : 평생 학습과 전문성을 위한 집중적인 탐구

학교 기반 교육과정 개발

- 고려사항
  - 학교 및 설립 기관의 비전과 사명
  - 학교 및 교수력의 강조점
  - 학습자의 배경과 요구
  - 학교의 자원 활용 가능성

- 학교 교육과정 계획 단계
  - 과목 기반 학습
  - 존재하는 과목과의 통합
  - 과목의 협력적 교수
  - 주제 기반 학습
  - 학습의 삶의 체험

학습과 교수

기술교육의 학습은
- 유목적적
- 본질적으로 진보적이고 상호적
- 마음(problem solving, 문제해결)과 신체(hans on, 손 체험)의 교류
- 기술교육의 서로 다른 지식의 통합
- 평생 학습을 위한 학습자의 본성에 터한 기본적 지식, 기술, 태도
- 기술교육에서의 흥미와 재능을 가진 학생들을 위한 보다 전문화되거나 심화된 탐구 기회

단기적 과제

학습자 학습력 강화 : 기술적 능력, 지식, 자각의 조화로운 발달을 위한 사고 기반 또는 내용 기반 학습과 교수를 지향

삶과 평생 학습을 통한 다양하고 광범위한 기술교육

한편 2007년 개발되고 2015년에 보완된 고등학교 수준의 설계 및 응용 기술(Design and Applied Technology, DAT)의 교육과정 및 평가 가이드에서는 DAT의 개념을 다음과 같이 제시하고 있다[29]. 즉 DAT는 설계, 기술, 예술과 비즈니스 과목에 기초하고 있다.

29) http://334.edb.hkedcity.net/doc/chi/curriculum2015/DAT_CAGuide_e_2015.pdf

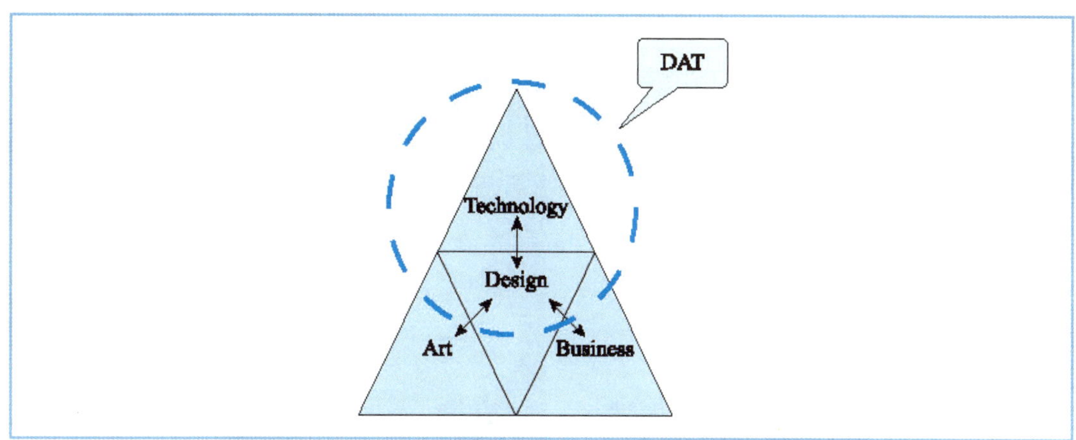

<그림 3-15> 홍콩의 고등학교 설계 및 기술 응용 교과의 관계(2015)

이 교과의 목표는 학생들에게 기술 및 설계의 기본적 지식과 기술을 준비시키고 지식기반 사회에서의 급속한 사회적, 경제적, 기술적 변화에 적응하기 위하여 필요한 혁신 및 기업가 정신을 배양한다고 하며 다음과 같이 4가지 목표를 제시하고 있다.

- 독립적인 사고자 및 혁신적 문제해결자
- 기술과 설계에 필요한 실천적 기술과 지식의 개발
- 삶의 질의 개선하기 위한 요구, 희망, 기회를 확인하고 이에 따른 설계 및 기술적 수단뿐만아니라 기업가 정신을 개발
- 분별력, 정보력, 책임 있는 제품 소비자가 되고, 기술, 심미, 기업, 문화, 윤리적 쟁점 간의 상호 영향에 대한 자각력 개발

DAT 교육과정의 구조는 필수 학습 영역과 선택 학습 영역으로 구성된다. 학생들은 필수적인 영역에게서 2개의 선택 모듈을 선택 영역에서 이수하여야 한다. 여기서 필수 영역은 기술, 설계, 사회로서 기술의 원리, 설계와 혁신, 기술 가치와 영향으로 되어 있고, 선택 영역은 자동화, 창의적 디지털 미디어, 시각화와 CAD 모델링, 설계 적용과 재료 가공, 전자의 5개 모듈의 기술 연구로 구성된다.

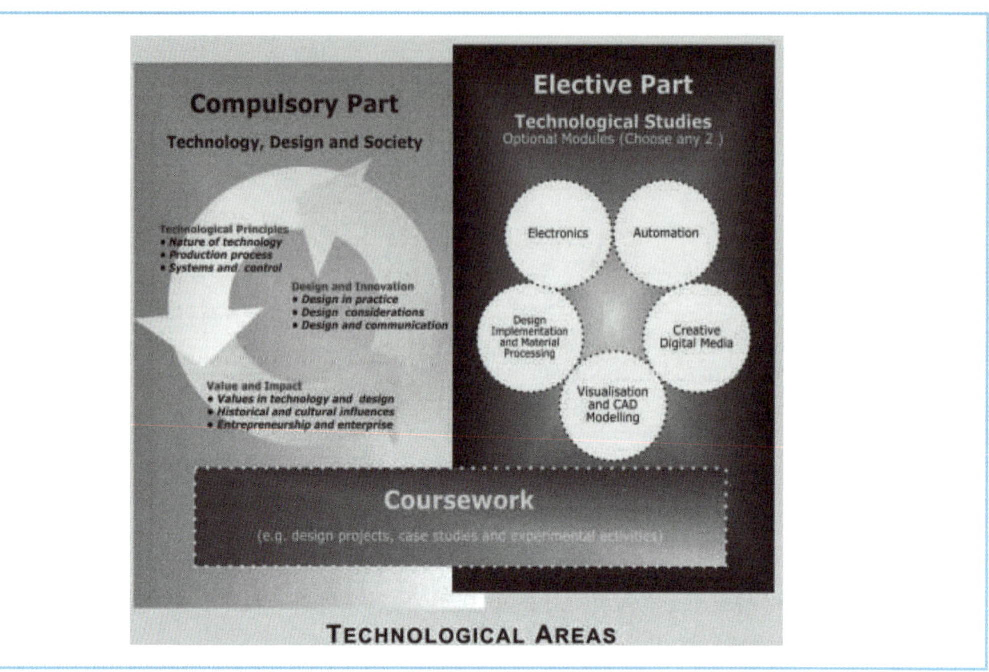

<그림 3-16> 홍콩 DAT 교과의 이수 구조

11. 싱가포르의 기술교과 교육

가. 싱가포르 교육의 개관30)

싱가포르의 미래의 생존문제를 다름 아닌 교육을 통해서 승부를 걸겠다는 정치지도자의 확고한 의지가 독립 후 30여년이 지난 현재 그 효과를 발휘하여 좋은 결실을 보게 된 것이다. 곧, 싱가포르의 "지정학적인 요건"과 "대외지향적인 근대화 전략"은 결과적으로 세계화를 성공시키는 요인으로 작용하였다고 평가할 수 있다. 이외에 영국의 식민통치의 역사는 영국식 교육체제를 도입하고 영어를 공영어로 채택하는 데 영향을 끼쳤다.

초등교육의 학제는 '소학'(우리나라의 초등학교)이라 부르며 6세에 입학한다. 이 학제는 '기초단계'(THE FOUNDATION STAGE, 소학 1년부터 4학년까지)와 '지향단계'(THE ORIENTATION

30) https://en.wikipedia.org/wiki/Education_in_Singapore

STAGE, 소학 5년부터 6학년까지)로 나누어지며 기초단계에 대한 교과과정의 특색은 교과의 80%가 영어, 모국어(중국계-중국어, 말레이시아계-말레이어, 인도계-타밀어)와 수학으로 되어 있고 지향단계에서는, ▶ EMI 1 : 영어와 모국어 구사수준이 모두 우수한 정도 ▶ EMI 2 : 영어와 모국어 구사수준이 보통인 정도 ▶ EMI 3 : 영어와 모국어 구사수준이 모두 기초적인 정도의 3그룹으로 분리된다. 초등학교 졸업시험(PSLE:Primary School Leaving Examination)의 결과 학습속도나 적성과 성적에 따라 중등학교의 진학이 결정된다.

4-5년제인 중등학교(Secondary School)은 능력에 따라 ① 특수(SPECIAL), ② 속성(EXPRESS), ③ 정상(NORMAL)으로 되어 있다. 이 교과과정의 가장 큰 차이는 4년제와 5년제로 나누어지는데 있으며 이는 사실상 우열반을 제도적으로 구분하는 것으로 4년제 과정은 특수(SPECIAL)와 속성(EXPRESS)으로 나누며, PLSE시험 결과에 상위에 랭크된 10%정도의 학생들이 특수(SPECIAL)로 분류된다. 4년제로 가지 못하고 남은 학생들은 5년제로 들어가며 이 과정은 다시 'NORMAL(ACADEMIC)'과 'NORMAL(TECHNICAL)'로 나누어진다. 4년제 과정의 학생들은 졸업 전에 GCE(THE SINGAPORE-CAMBRIDGE GENERAL CERTIFICATE OF EDUCATION) 'O'(ORDINATY)레벨 시험을 보며, 5년제 학생들은 GCE 'N'(NORMAL)레벨 시험을 보게 된다. 두 시험에 통과되지 못한 학생들은 유급되고 진학을 원하지 않으면 중학 졸업장을 받고 졸업하게 된다. GCE 'N' 레벨시험을 통과한 학생들은 5학년으로 진급하며, 1년간 GCE 'O' 레벨 시험을 준비하고 중학 2학년까지는 보통 교과과정을 배우며, 중학 3학년에 이르면 학생들은 4개의 계열로 나누어진다. 4개의 계열을 이름하여 ARTS, SCIENCE, COMMERCE, TECHNICAL이라 한다. 결과적으로 이 시기에는「졸업자격시험」성적에 따라 대학진학과 취업이 결정된다.

학제별 교과목은 다음과 같다.

- 초등과정 : 영어, 민족별 언어, 수학, 과학, 도덕, 사회, 체육, 음악, 미술 등
- 중등과정 : 영어, 민족별 언어, 수학, 음악, 체육, 도덕, 과학, 사회, 역사, 지리, 미술, 설계 기술, 가정, 경제 등
- 고등과정 : (필수) 영어, 민족별 언어, 수학, 과학, 인문학, 컴퓨터(선택) 음악, 도덕, 체육 등
- 사회과목 : 정규과정에는 포함되어 있으나 대부분 선택과목으로 운영한다.

나. 싱가포르 설계 기술 교과[31)]

싱가포르의 설계 기술(Design & Technology, D&T) 교과는 통합적이고 범위가 넓은 교육의 일부이다. 즉 싱가포르 중등 교육과정에 제시되는 의무 프로젝트 기반 교과이다. 설계 기술 교과는 설계 활동 및 지식과 과정 기술의 닻 역할을 한다.

목표(aims)
중학교 설계 기술 교과에서 학생들은
기술 세계에서의 설계에 대한 자각(awareness of design)을 개발한다.
설계 과정에서의 기술의 기능적, 심미적 평가력을 개발한다.
기초적인 디자인 사고 및 의사소통 기술을 개발한다.
제작활동을 통하여 설계를 실현하는 과정을 체험한다.
창의적으로 사고하고 참여하며, 자율적인 의사결정자가 된다.

1) 교육과정 기본 구조

설계 기술은 설계 판단(Design Appreciation), 설계하기(Designing), 제작하기(Making)의 학 3개의 학습 영역을 포함한다.

설계 평가 Design Appreciation
설계 평가는 학생들이 설계에 사회적, 문화적, 기술적 영향을 고려하여 설계하도록 제품의 인식과 제품 기능, 심미성을 판단하도록 한다.

설계 Designing
설계 과정을 통하여 학생들은 연구, 개발, 아이디어 창출과 개발, 평가와 설계 의사소통의 기본적 전략과 기능을 배우고 실천하도록 한다.

제작하기 Making
학생들은 작업 환경에서 조작 가능한 재료, 단순한 모델링 재료와 기본 기술, 적절한 기법과 과정의 수행을 통하여 제작 기술과 관련 지식을 획득한다. 제직 활동을 통하여 학생들은 현명하게 재료를 사용하고, 안전한 태도로서 효율적인 작업 과정의 습관을 기른다.

설계 평가
1. 심미성, 2. 사회와 설계, 3. 지속가능성, 4. 기초 기술

---

31) https://www.moe.gov.sg/education/syllabuses

설계하기

5. 설계 방법, 6. 요구 정의, 7. 연구, 8. 아이디어 창출과 개발, 9. 의사소통, 10. 평가

제작하기

11. 계획, 12. 재료, 13. 제작 수행과정

교육과정에서 제시된 설계 모형은 다음과 같다.

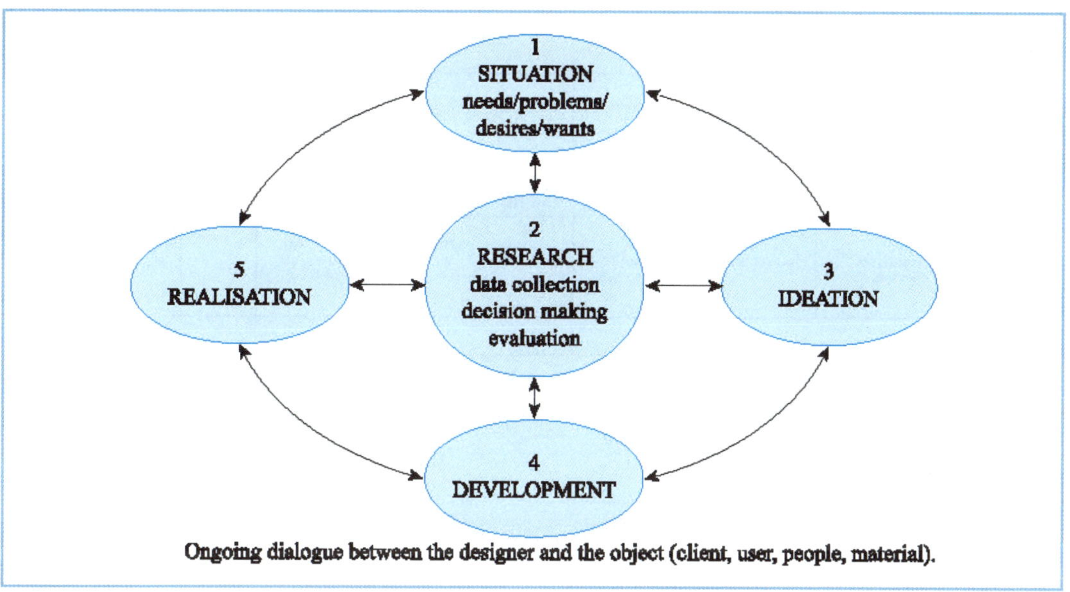

<그림 3-17> 싱가포르 교육과정에서 제시된 설계 모형

그리고 평가에 대해서도 자세한 전략이 제시되는데, [표 3-31]은 평가 루브릭의 사례이다.

[표 3-31] 설계-제작 프로젝트의 평가 루브릭 사례

Criteria	Level 1	Level 2	Level 3	Level 4	Level 5	Mark Awarded	Subtotal x Weighting	Weighted Mark
DESIGN APPRECIATION								
Knowledge Application	1 - 8 Recognises characteristics of familiar products	9 - 16 Generates ideas based on own experience of working with materials	17 - 24 Uses information gathered from research and knowledge of familiar products	25 - 32 Uses relevant information gathered, showing understanding of form and function of familiar products when developing ideas	33 - 40 Makes connections with other subject areas, considering cultural and environmental issues when developing ideas	20	20/40 x 30%	15
DESIGNING								
Idea Generation and Development	1 - 5 Generates ideas by drawing on own experience of familiar products	6 - 10 Generates own ideas with some evidence of refinement	11 - 15 Generates and develops ideas, recognising the basic needs of the design	16 - 20 Generates and develops ideas with considerations on some requirements key to the needs identified	21 - 25 Generates imaginative ideas; develops ideas in detail with considerations on user needs, function and appearance	18	30/45 x 40%	27
Communication	1 - 4 Describes ideas using pictures and words	5 - 8 Describes information in some detail with sketches and notes	9 - 12 Communicates clearly with annotated sketches and/or models	13 - 16 Communicates clearly with sufficient detail and appropriate use of graphics and models	17 - 20 Communicates effectively with detailed competent graphic presentation and models	12		
MAKING								
Making	1 - 10 Some competency demonstrated	11 - 20 Fairly well managed artefact	21 - 30 Fairly well managed artefact; effective solution	31 - 40 Well managed artefact; effective solution	41 - 50 Well managed and well finished artefact; desirable solution	45	45/50 x 30%	27
							Total	69

12. 종합 비교

외국의 기술교과 교육의 경우 각기 서로 다른 문화적 배경하에서 시행되고 있기 때문에 하나의 잣대로 일괄하여 비교하는 데에는 무리가 있다. 그러나 그 나라가 가지고 있는 최근의 동향을 살펴보면 대략 기술교과의 성격과 교육내용을 가름해 볼 수 있다.

미국의 경우 각 주마다 기술교과 교육이 다양하게 이루어져 왔지만, 1996년 이후로 하나의 표준교육과정을 제정하려는 시도를 해오고 있다. 이러한 프로젝트를 주도한 미국기술교육학회(ITEA ; International Technology Education Association)는 표준교육과정의 하나로 기술과 내용표준을 개발하여 전국적으로 홍보하고 있으며 교과의 성격 역시 기술적 교양을 부각시키고 있다.

영국의 경우는 교과명을 '설계 · 기술'로 설정하고 과정중심의 교육과정을 운영하고 있어서 미국과 상반된 입장을 취하고 있다. 따라서 교과의 성격도 과정 중심의 기술적 능력을 중시

하고 있으며 문제해결력을 강조하는 내용으로 편성하고 있다. 이와 유사한 나라는 호주를 들 수 있다.

대부분의 나라에서는 기술과가 일반 교양교육적인 성격을 띠고 있지만, 프랑스, 독일의 경우에는 직업탐색적 교육의 성격이 강하게 나타나고 있다. 이들 나라에서는 생산기술을 강조하고 있기 때문에 교육과정 역시 제품의 구상과 제작 측면에서의 능력을 강조하고 있다. 특히 독일의 경우에는 인문학교에서 기술교과를 가르치지 않고 기초학교나 종합학교 또는 직업학교에서만 가르치는 나라이기도 하다.

일본은 우리나라와 유사한 형태를 띠고 있으며 교육내용과 성격에 있어서도 기술교과와 가정교과의 병합된 모습을 나타내고 있다.

가. 외국의 기술교과 교육목표와 내용

기술교과의 교육목표 측면에서 기술적 교양을 강조하는 나라는 미국으로서 독보적인 영향을 끼치고 있다. 일본이나 대만, 캐나다 등에서도 기술과의 목표설정에 부분적으로 기술적 교양을 중요하게 취급하고 있는 경향이다. 이에 반해 기술적 문제해결능력과 과정의 측면을 강조한 나라는 영국으로 여기에 영향을 받은 호주, 프랑스, 대만도 이러한 범주에 속한다고 볼 수 있다. 특히 뉴질랜드는 기술적 교양을 기본 목표로 하지만 그 하위 영역으로 기술적 능력을 강조하고 있다.

[표 3-32] 주요 외국의 기술교과 내용구조 및 교과성격

국가	교과편제	내용구조	성격	비고
미국	각 주마다 과목명, 이수형태, 시간배당이 상이하나 대체적으로 선택교과로 운영되고, 과목명은 '기술'이 많음	<기술>교과인 경우: - 물리적 기술(생산기술) : 제조기술, 건설기술 - 정보통신기술 - 수송기술 - 생물기술 STEL(2020) 기술 및 공학 교양 표준 핵심 표준 8 실천역량표준 8 맥락표준 8	- 기술적 교양(technological literacy)을 중시하는 주가 늘어나고 있음 - 실생활에서의 문제해결력을 중시 - 내용과 활동 중심이며, 점차 과정중심으로 강조함 - 기술의 본질과 사회에의 영향을 이해하도록 함 - 기술에 대한 올바른 가치와 태도를 중시 - 수준별로 진로인식, 탐색, 선택 등의 과정을 소개함	- 국가수준의 내용기준(content standards)을 개발하여 대대적으로 보급하고 있음

영국	‘설계 · 기술’ 교과명으로서, 대부분 비핵심교과에 필수교과로 부여함	재료(materials) 시스템(systems), 제어(control)의 세 영역과 식품(food), 섬유(textiles) 중에서 적어도 1개 영역을 포함	– 과정중심의 설계의 기술적 능력 중시 – 핵심 개념(Key concepts) – 설계와 만들기(Designing and making) – 문화적 이해 (Cultural understanding) – 창의성(Creativity) – 비평적 평가 (Critical evaluation)	2008년 개정안 마련
프랑스	· 중 1 : 기술 교과(필수 1.5시간/주당) · 중 2, 3 : 기술교과(필수 1~2시간/주당) · 중 4 : 기술교과(선택 5시간/주당)	· 제조기술 · 전자기술 · 정보통신기술 · 제품의 홍보 및 서비스	– 생산기술 중심 – 기술적 능력을 중시함에 따라 생산과 관련된 내용이 많음 – 기술교과의 각 영역에 대하여 자원, 활동, 기대능력 등을 구체적으로 제시함	교육과정을 활동과 능력, 평가, 타교과와의 관련성으로 구분함
독일	· 인문학교에서는 노작교과가 없음 · 기초작업학교, 실업학교, 종합학교에서 노작교과를 필수로 이수 · 주마다 시간수는 다름(중 1~고 1까지 1~3시간)	– 기술영역, 가정영역, 경제영역 – 정보통신기술을 공통으로 이수 – 현장실습이 기본임	– 학교에서의 이론과 현장에서의 적용능력 중심 – 일의 세계를 종합적으로 이해하는 능력을 중요하게 여김	교양 직업교육의 특성을 가지며 인문학교 이외의 모든 학교에서 공통적으로 이수
호주	초 · 중 · 고등학교에서 선택교과로 운영하며, 주에 따라 기술, 기술과 기업, 통신과 기술 등의 과목명으로 운영	– 영역(재료, 정보, 시스템 등)과 과정으로 구성 – 과정 : 탐구하기, 디자인하기, 제품 만들기, 평가하기	– 기술적 교양과 능력을 강조 – 과정 중심의 교육과정으로 구성하여 문제해결 능력을 중시함 – 설계능력을 강조함에 따라 창조성을 강조	각 학교급별로 학생들이 성취해야 할 학업성취 수준을 8단계로 제시하고 있음
뉴질랜드	‘기술’교과로서 필수교과 국가수준 국가교육과정 표준 제정	– 7개 기술적 영역 – 핵심 기능 관련 지도	– 영국과 미국의 교육과정 혼합 : 기술적 교양과 기술적 능력 강조	단위 학교에서 교육과정 편성

			-1990년부터 개발하여 2010년에 시행	
일본	중학교 '기술·가정' 교과로 필수교과로 부과	- 재료와 가공에 관한 기술 -에너지 변환에 관한 기술 -생물육성에 관한 기술 -정보에 관한 기술	-교육 목표로서 '기술과 사회, 그리고 환경에 관한 이해를 깊게 하는 것', '기술을 적절히 평가해 활용하는 능력과 태도'가 추가 -기술이 사회에 대응하고자 환경 및 기술적 소양 등의 측면이 강조된 것으로 해석	-기술 교육을 실시함에 있어서 ものづくり를 행하여 학습하도록 함으로써, 보다 실천적이고 실용적인 교육을 강조
대만	중학교는 '자연과 생활과기'교과로서 필수교과	-창조와 문명 -생활과기 -환경보호 -보육 -과학과 인문	-4단계 학습단계로 학년별 구성 -학생의 탐색과 실천 방식으로 실행 -손과 머리를 함께 사용하는 것과 활동을 유도하는 것을 강조 -학생이 기본적인 과학기술 능력을 얻게 함	2008년 제6단계 과정 개정
중국	2000년 노동과 기술 편제 고등학교는 통용기술 도입 고등학교 8개 교과중 하나로 기술을 도입하고 통용기술과 정보기술 과목으로 분리됨	-기본 영역 3개 영역에서 다양한 선택 내용을 제시함 -고등학교 필수내용은 통용기술 : "기술과 설계1", "기술과 설계2" 정보기술 : "정보기술 기초" 통용기술 : 디자인기술(제도기술, 모형제작), 재료기술, 가공기술, 전통공예, 기계기술, 전자기술, 제어기술, 건축기술, 농업기술, 조리기술, 의류제작기술 등 포함(종합 설치 이념 표현)	노동과 기술교육은 지식의 종합 및 운용, 또한 새로운 지식과 능력에 관한 종합 학습이 이루어짐 -"고등학교 졸업시험" 중 기술교과 고찰 내용 도입 -浙江省 2017년부터 대학교입학시험 중 기술과목 도입	학교마다 매우 다양하게 적용
홍콩	8개의 핵심 학습 교과, KLA의 8개 학생	KLA에서의 존재하는 기술교육	기술교육의 학습은 -유목적적	한편 2007년 개발되고 2015년에 보

	교과의 하나로 제시	- 초등학교 단계에서는 기술교과의 내용을 일반 교과교육과정에 포함된다. - 중학교 단계에서는 서로 다른 학습자의 요구와 관심을 충족시키기 위하여 다양한 강조점을 둔 총 13개 과목(설계 기술, 정보, 가정 관련 교과 등)이 존재	- 본질적으로 진보적이고 상호적 - 마음(problem solving, 문제해결)과 신체(hans on, 손 체험)의 교류 - 기술교육의 서로 다른 지식의 통합 - 평생 학습을 위한 학습자의 본성에 터한 기본적 지식, 기술, 태도 - 기술교육에서의 흥미와 재능을 가진 학생들을 위한 보다 전문화되거나 심화된 탐구 기회	완된 고등학교 수준의 설계 및 응용 기술 (Design and Applied Technology, DAT)
싱가포르	싱가포르의 설계 기술(Design & Technology, D&T) 교과는 통합적이고 범위가 넓은 교육을 중학교에서 필수로 제공	설계 기술은 설계 판단(Design Appreciation), 설계하기(Designing), 제작하기(Making)의 학 3개의 학습 영역	설계 평가 1. 심미성, 2. 사회와 설계, 3. 지속가능성, 4. 기초 기술 설계하기 5. 설계 방법, 6. 요구 정의, 7. 연구, 8. 아이디어 창출과 개발, 9. 의사소통, 10. 평가 제작하기 11. 계획, 12. 재료, 13. 제작 수행과정	평가에 대해서도 자세한 전략이 제시

교육내용에 있어서는 미국이 단연 내용 중심으로 편성되어 있기 때문에 제조기술, 건설기술, 통신기술, 수송기술, 생물기술로 영역화되어 있고 최근에는 제조기술과 건설기술 및 수송기술을 통합하여 물리적 기술(physical technology or system)로 구분하기도 한다. 이러한 범주에 속하는 나라가 일본, 대만을 들 수 있다. 영국을 중심으로 하는 나라들에서는 내용 중심보다는 과정 중심으로 교육내용을 조직하기 때문에 내용의 범주에 있어서는 특별히 제한을 두지 않으며 아이디어를 개발하고 물건을 만들어 내는지에 관심을 두고 있다. 이러한 범주에 속하는 나라로는 영국, 호주, 프랑스, 독일 등을 들 수 있다.

따라서 기술교과의 교육목표와 내용에 있어서는 크게 내용 중심과 과정 중심으로 대별할 수 있으며 대개는 어느 한쪽을 취해 왔지만, 최근에는 뉴질랜드와 대만처럼 두 개의 범주를 동시에 취하려는 시도도 하고 있다.

[표 3-33] 외국의 기술교과 교육목표와 내용의 비교

국가	목표진술 특징	교육목표	교육내용	비고
미국	교육목적과 교육목표를 구분하여 제시하고 있으며, 주마다 상이함	기술적 교양을 함양하기 위하여; - 기술 시스템의 계획, 개발, 이용하기 - 문제중심의 설계활동 - 기술적 지식과 과정을 현실 세계에 적용하기 - 문제해결의 개별 · 팀별 활동하기	- 기술의 본질 : 기술과 인간의 능력, 문제 해결 - 시스템 : 기술적 시스템의 구성과 적용 - 인간의 발명 : 제품의 발명, 기술적 지식의 적용, 제품의 평가 - 기술의 영향 : 제품의 영향, 기술의 평가	기술적 교양을 달성하기 위한 내용기준을 중시함
영국	제품을 설계하고 만들기 위하여 설계 및 제작기능과 지식 및 이해를 통해 설계 · 기술 능력을 개발하는 방향에서 진술	- 아이디어를 개발하고, 계획하고, 의사소통하기 - 질 높은 제품을 만들기 위해 공구, 장비, 재료와 구성요소를 가지고 작업하기 - 제작과정과 제품을 평가하기 - 재료와 구성요소에 대한 지식과 이해하기 - 기술의 시스템과 제어에 대한 지식과 이해하기 - 구조물에 대한 지식을 이해하기	- 재료의 이해와 탐구 - 설계하고 만들기 - 질 높은 제품 만들기	교육목표를 영역별로 제시함
프랑스	주마다 상이하나, 학년별로 구체적으로 진술함	제품의 아이디어에서부터 제조까지 일련의 시스템을 익히도록 하기 위하여 제품의 생산방식을 이해하고, 컴퓨터를 활용하는 능력을 배양한다.	- 제품의 계획과 구상하기 - 전기 · 전자 실습하기 - 제품의 유통과정 이해하기 - 컴퓨터를 이용한 문서의 작성과 도면 그리기 - 진로지도하기	기술과의 각 영역에 대하여 자원, 활동, 기대 능력 등을 구체적으로 제시하고 있음
독일	주마다 상이하고 주로 직업안내 수준에서 진술함	- 직업세계의 안내와 일, 기술, 가정, 경제의 통합적인 이해 - 변화하는 일의 세계를 이해하고, 지속적으로 문제를 해결하는 능력을 키우고 프로젝트 수행능력을 기르게 함	- 기술영역 : 경제, 직업 - 가정영역 : 경제, 직업 - 경제영역 : 직업 - 정보통신기술 - 생활방식	일의 세계를 종합적으로 이해하는 능력을 중요하게 여김
호주	재료, 정보, 시스템	기술적인 문제해결, 도구의 사용	- 영역 : 재료, 정보, 시	학업성취 수준

	의 세 영역에서 수준의 형태로 진술	능력 함양하기 위하여; 기술의 과정과 재료, 정보, 시스템을 이해하고 활용하는 능력을 기른다.	스템, 기업 – 과정 : 탐구하기, 디자인하기, 제품 만들기, 평가하기	을 8단계로 제시
뉴질랜드	기술적 교양 강조	기술적 교양 – 기술적 지식과 이해, 기술적 능력, 기술과 사회 관계 이해	– 생명기술 – 전자 및 제어기술 – 식품기술 – 정보통신기술 – 재료기술 – 생산 및 과정기술 – 구조 및 메커니즘	1 – 10학년
일본	기술 · 가정과 기술분야에서는 실천적, 체험적인 활동, 기술에 관한 기초적인 이해, 사회 속에서 기술과 관련된 문제 해결, 기술을 구상하고 창조하려는 태도 등을 육성하는 것을 목표로 한다.	① 생활이나 사회에서 이용되고 있는 재료, 가공, 생물육성, 에너지 변환, 정보 등의 기술에 관한 기초적인 이해를 추구하고, 이것들에 관한 기능을 익히고, 기술과 생활이나 사회, 환경과의 관련에 대해 이해를 깊게 한다. ② 생활이나 사회 속에서 기술에 관한 문제를 발견하고 과제를 설정하고, 해결책을 구상하고, 제작도 등으로 표현하고, 시작품 등을 통해 구체화하고, 실천을 평가 · 개선하는 등 과제를 해결하는 능력을 키운다. ③ 보다 나은 생활이나 지속가능한 사회의 구축을 위해 적절하고 성실하게 기술을 구상하여 창조하려고 하는 실천적인 태도를 기른다.	기술 · 가정과 기술분야에 관해서는 생활이나 사회에서의 다양한 기술이 복합적으로 이용되고 있는 현황에 기반하여 재료, 가공, 생물육성, 에너지 변환, 정보 등의 전문분야에 관한 중요한 개념 등에 기초한 교육내용 프로그래밍이나 네트워크나 데이터를 활용 지적재산을 창조 · 보호 · 활용	[자질] 지식 · 기능 사고력 · 비판력 · 표현력 등 배움을 향한 능력, 인간성 등
싱가포르	싱가포르의 설계 기술(Design&Technology, D&T) 교과는 통합적이고 범위가 넓은 교육의 일부	– 중학교 설계 기술 교과에서 학생들은 기술 세계에서의 설계에 대한 자각(awareness of design)을 개발한다. – 설계 과정에서의 기술의 기능적, 심미적 평가력을 개발한다. – 기초적인 디자인 사고 및 의사소통 기술을 개발한다.	설계 기술은 설계 판단(Design Appreciation), 설계하기(Designing), 제작하기(Making)의 학 3개의 학습 영역	설계 평가 1. 심미성, 2. 사회와 설계, 3. 지속가능성, 4. 기초 기술 설계하기 5. 설계 방법, 6. 요구 정의, 7. 연구, 8. 아이디어 창출과 개발, 9. 의사소통, 10. 평가

		- 제작활동을 통하여 설계를 실현하는 과정을 체험한다. - 창의적으로 사고하고 참여하며, 자율적인 의사결정자가 된다.		제작하기 11. 계획, 12. 재료, 13. 제작 수행과정
대만	자연과 통합목표 제시 교과 성격 불분명	- 자연과 생활과기에서 생활과기 관련 목표 b. 과학을 공부하고 기술을 탐색하고 연구하는 방법과 관련된 기초 지식을 학습하고, 학습 지식과 경험을 현재와 미래 생활에 응용할 수 있게 한다. d. 사람과 소통하고, 팀과 협동하고 조화롭게 소통하는 능력을 기른다. e. 독립적으로 사고하고, 문제를 결정하는 능력을 가지고, 잠재능력을 기른다. f. 사람과 기술의 상호 관계를 관찰하고 탐색한다.	- 창조와 문명 과학발전과 문명 창조, 설계와 제작 - 생활과기 재료 전자기계 응용 거주 수송 식품과 생물과학	8가지 과정 제시 1. 과정기능 2. 과학과 기술 인지 3. 과학과 기술 본질 4. 과학의 발전 5. 과학 태도 6. 사고기능 7. 과학응용 8. 설계와 제작
중국	일반목표와 5개 하위목표 제시	중국 중학교의 노동과 기술교육은 학생이 노동체험의 기회를 얻게 하고, 양호한 기술 소양의 학습을 기본 목표로 형성 하고, 조작성의 학습을 특별한 교육의 기본으로 한다. 노동과 기술 교육과정 학습을 통해서 학생이 기본적으로 통용되는 기술과 직업 분석을 이해하고, 양호한 노동습관을 양성하고, 초보기술의식과 기술 실현 능력을 형성	- 기술 기초 - 가정 - 직업 지도 등 3영역에서 다양한 선택내용을 둠 [고등학교 통용기술] - 기술과 설계1 - 기술과 설계2 - 전자제어기술 - 건축과 설계 - 자동차 운전과 정비 - 간이 로봇 만들기 - 현대농업기술 - 가정과 생활기술 - 복장과 설계	기술학적 접근보다 노작교육, 직업진로 교육 강조하고 있으나 최근 고등학교 통용기술을 중심으로 설계 기술에 대한 접근이 강조됨
홍콩	기술 교육 기술교육은 모든(EVERY) 학생들에게 제공되어야 한다. 이 교과는	요구, 문제, 기회를 확인하는 기술적 능력(technological capability) : 문제 해결을 위한 의사소통, 평가, 의사결정 기술적 활동의 다학문적 본질을 이해	기술의 지식 영역 - 정보통신 기술 - 재료와 구조물 - 제조 과정의 작동 - 전략과 관리	학년 단계에서 기술교육 학습의 강조 기본 단계 1-2

	인간이 매일의 삶의 문제를 어떻게 해결하는 방법과 시간을 초월하여 제기되는 새로운 문제를 해결하기 위한 과정을 변화시키거나 가공하는 방법을 학습하는 교육이다.	하기 위한 기술적 이해(technological understanding) : 서로 다른 기술의 개념, 지식, 과정 기술의 개인, 가족, 사회, 환경에 영향을 인지하고 발달하는 기술의 문화wjrt, 맥락적 의존을 자각하는 기술적 자각(technological awareness)	- 시스템과 제어 - 기술과 생활 기술의 과정 기술의 영향	(유치원-6학년, 일반 교과) : 기술의 자각과 탐색 기본 단계 3(중학교 7-9학년) : 탐색, 체험, 친화 기본 단계 4(고등학교 10-11학년) 이상 : 평생 학습과 전문성을 위한 집중적인 탐구

탐구문제

1. 교육과정이 담고 있는 개념을 영역의 관점에서 토의해 보자.

2. 기술교과 교육과정 개발 구조화 모형의 주된 고려사항이 무엇인지 토의해 보자.

3. 기술교과 교육학의 내용구조를 이해할 수 있는 기술교과 교육과정을 조사하고 나름대로 분류기준을 설정하여 기술 교육과정 유형의 개념지도를 그려보자.

4. 우리나라 기술교과 교육과정 변천의 특징을 교육목표, 교육내용, 교육방법을 중심으로 토의해 보고, 앞으로의 기술교과 교육과정에 주는 시사점을 제시해 보자.

5. 미국의 ITEEA의 STL 및 STEL, 그리끄과 NSF의 NGSS(2013)의 차이점을 비교해 보자.

6. 세계의 기술교육 동향에서 Design and Technology의 교과명으로 운영되고 있는 국가의 기술 교육과정의 공통점과 차이점을 비교 조사해 보자.

7. 각국의 기술교과 관련 교과의 명칭을 조사하고, 성격에 따라 범주 기준을 제시하고 세계지도에 기술교과 교육의 세계적 동향 지도를 그려 보자.

주제를 확장하는 토의·토론 과제

1. 지금까지 논의되고 있는 교육과정 유형의 기본이념을 정리하고 우리나라 교육과정 변천과 관련지어 토의하여 보자.

2. 교육과정의 개발모형인 '목표모형'과 '내용모형'이 담고 있는 이론을 토의해 보자.

3. 이해 기반 교육과정의 철학과 적용방안을 토의해 보자.

4. 기술교육의 미래적 관점에서 교육과정 지향점을 토의해 보자.

5. 다음의 동물학교 이야기를 읽고 이 글에서 시사하는 바를 토의해 보자.

☞ 동물학교 이야기

옛날에 동물들이 모여서 회의를 했다. 그들은 다가오는 "새로운 미래" 의 문제들에 대처할 수 있는 어떤 기념비적인 일을 시작해야만 한다고 결론을 내렸다. 그래서, 그들은 학교를 만들기로 계획했다. 그들은 달리기, 나무 오르기, 날기, 헤엄치기 등으로 짜여진 교과과목들을 만들었다. 편리한 교육일정의 진행을 위해 모든 동물들이 예외 없이 전 과목을 공부해야만 했다.

오리는 수영과목에서 실로 눈부신 실력을 발휘했다. 사실 그 과목에 있어선 가르치는 지도교사보다 오리가 훨씬 뛰어났다. 그러나 오리는 날기과목에서는 겨우 낙제점을 면했으며, 달리기 과목은 더 형편없었다. 달리기 점수가 너무 낮았기 때문에 오리는 방과 후에도 남아 더 배워야 했으며, 달리기 연습을 위해 수영과목을 포기해야만 했다. 달리기 연습을 너무 많이 한 나머지 오리는 발의 물갈퀴가 너덜너덜해졌고, 그 결과 수영과목에서조차 겨우 평균점수밖에 얻을 수 없었다. 그러나 학교에서는 평균점수만 받아도 다음 학년으로 무난히 진급할 수 있었기 때문에 오리를 제외하고는 아무도 그 문제에 대해 심각하게 생각하지 않았다.

토끼는 달리기 과목에서 선두를 차지하며 당당하게 학교수업을 시작했다. 그러나 수영과목의 기초를 배우느라 너무 많이 물 속에 들어간 나머지 토끼는 신경쇠약증에 걸리고 말았다.

다람쥐는 나무 오르기 과목에서 따를 자가 없었다. 그러나 날기과목에서 교사가 땅바닥에서부터 시작하지 않고 나무 꼭대기에서부터 날기를 시키는 바람에 다람쥐는 좌절감만 커져 갔다. 그리고 무리한 날기연습 때문에 근육에 자주 쥐가 났으며, 그 결과 자신이 가장 잘하는 나무 오르기 과목에서조차 미를, 달리기 과목에서는 양을 받았다.

독수리는 문제아였다. 그래서 혹독한 훈련을 받아야만 했다. 나무 오르기 과목에서 독수리는 꼭대기에 올라갈 때까지 큰 날개를 퍼덕여 다른 학생들을 방해하는 바람에 자주 지적을 받았다. 독수리는 교사에게 자기 나름의 방식으로 나무 꼭대기까지 올라가게 해달라고 주장했지만, 그 주장은 끝내 받아들여지지 않았다. 그 결과 누구보다도 가장 높이 날고 탁월한 활공능력을 가진 독수리였건만 졸업할 때까지 끝끝내 문제아 취급을 받을 수밖에 없었다.

학년이 끝날 무렵, 수영도 곧잘 하고 달리기와 오르기와 날기까지 약간 할 줄 아는 뱀장어가 가장 높은 점수를 얻어, 졸업식장에서 답사를 읽는 학생으로 뽑혔다.

한편, 대초원에서 사는 야생 개들은 학교에서 땅파기와 굴파기를 교과과목에 포함시키지 않는 바람에 남들처럼 학교에 입학할 수 없었다. 그들은 학교 밖에서 일하면서도 교육과 관련된 세금을 꼬박꼬박 내야만 했다. 그들은 그들의 자식들을 오소리에게 보내 개인지도를 받게 했으며, 훗날 땅 돼지와 뒤쥐(굴을 파서 땅 속에서 사는 북미산 쥐) 등과 힘을 합쳐 성공적인 사립학교를 시작했다.

– 이 우화가 주는 교훈은 무엇일까? (조지 리비스)

9. 영국의 '국가 교육과정(National Curriculum)'과 미국의 '국가 표준(National Standard)'의 공통점과 차이점을 토의해 보자.

10. 미국의 기술 및 공학교양 표준의 구조를 알아보고, 그 시사점을 토의해보자.

11. 각 국가들의 기술교과 교육과정의 편제, 특징, 내용을 비교 · 정리해 보고 시사점을 토론해 보자.

참고문헌

강현석(2010). Backward Design을 통한 교육과정 설계: 교과의 진정한 이해를 위한 한 구상.

강현석, 이원희, 박영무, 최호성, 박창언, 경북대학교 교육과정 연구팀 역(2008b). 거꾸로 생각하는 교육과정 개발- 교사 연수를 위한 워크북. 서울: 학지사.

강현석, 이원희, 허영식, 이자현, 유제순, 최윤경 역(2008a). 거꾸로 생각하는 교육과정 개발-교과의 진정한 이해를 목적으로. 서울: 학지사.

강현석, 이지은(2013). 백워드 교육과정 설계 2.0 버전의 적용 가능성 탐색. 교육과정연구. 31(3). 153-172.

고석달(1990a), "기술". 교과서 · 교육과정연구회(편). 한국교과교육과정의 변천(고등학교). 대학교과서주식회사, 565-588.

고석달(1990b), "기술". 교과서 · 교육과정연구회(편). 한국교과교육과정의 변천(중학교). 대학교과서주식회사. 319-338.

곽병선(1985). 한국의 교육과정. 서울: 한국교육개발원.

교육과정 · 교과서 연구회(1990). 한국교과교육과정의 변천. 대한교과서주식회사.

교육과학기술부 · 부산광역시교육청(2008). 세계 각국의 교육과정 및 운영사례(Ⅴ)-뉴질랜드. 교육과정자료. 440.

교육부(1992a). 고등학교 교육과정(Ⅰ). 대학교과서주식회사.

교육부(1992b). 중학교 교육과정. 대학교과서주식회사.

교육부(1992c). 국민학교 교육과정(교육부 고시 제 1992-16호).

교육부(1994a). 중학교 기술 · 산업 교육과정해설. 대학교과서주식회사.

교육부(1994b). 국민학교 교육과정 해설(Ⅲ). 대한교과서 주식회사.

교육부(1997). 실과(기술 · 가정) 교육과정. 대한교과서주식회사.

교육과학기술부(2009). 초증등학교 교육과정 총론. 교육과학기술부 고시.

교육과학기술부(2011). 실과(기술 · 가정) 교육과정. 교육과학기술부 고시 제 2011-361호 [별책 10]

교육부(2015). 초 · 중등 교육과정 총론(교육부 고시 제2015-74호 [별책 1]. 세종: 교육부.

교육부(2015). 실과(기술 · 가정)/정보과 교육과정. 교육부 고시 제2017-74호 [별책 10]

교육부(2022). 실과(기술·가정)/정보과 교육과정. 교육부 교육부 고시 제2020-33호 [별책 10].

권경오(1996). 고등학교 생물교과서의 과학적 소양에 관한 양적 분석. 박사학위논문. 서울대학교.

김경천 외 7인(역)(2003). 창의적 공학설계. 시그마프레스.

김계순 외(2008). 기술 · 가정 교육과정해설서. 교육과학기술부.

김기석 · 조정아(2003). 북한의 교육과정 변천에 관한 연구. 교육인적자원부 위탁 통일대비교육과정 연구보고서.

김대현 · 김석우(1996). 교육과정 및 교육평가. 서울: 학지사.

김동일(1998). "H. Gardner의 다지능이론의 교육적 적용"에 대한 하나의 논의: 특수능력아동교육을 위한 마음의 틀. 교육심리연구, 12(1). 101-104.

김명희 · 김양분(1996). "중등학생의 다중지능 분석". 교육 논총, 12. 151-183.

김영민(2017). 초중등 공학교육 프로그램 모형 개발. 박사학위논문. 충남대학교.

김영식, 박대권(2012). 백워드 교육모형의 체육과 적용 가능성 탐색. 학습자중심교육학회, 12(3), 67-89.

김영희(2002). 실과교육적 관점에서의 홀리스틱 교육. 홀리스틱교육연구, 6(1). 395-404.

김재춘 외(2008). 고등학교 교육과정과 대수능 선진화 방향 및 고등학교 교육의 특성화 방안. 초 · 중등학교 교육과정 선진화 방안 연구. 연구자료 ORM 2008-27. 한국교육과정 평가원. 101-120.

김정희(2002). 홀리스틱 교육과 예술교육. 홀리스틱 교육의 원리와 방법. 박영만 외. 316-352.

김종서(1987). 우리나라 교육과정의 변환.

김종서 · 이영덕 · 황정규 · 이홍우. 교육과정과 교육평가. 서울: 교육과학사. 28-42.

김진수(2007). 기술교육의 새로운 통합교육 방법인 STEM 교육의 탐색. 한국기술교육학회지, 7(3). 1-29.

김진순(1984). 기술과 교육과정 변천에 관한 연구. 한국농업교육학회지, 16(1). 43-51.

김진순(1990). 초 · 중등학교 기술교과 교육내용의 계열화에 관한 연구. 박사학위논문. 서울대학교.

김진순(1992). 기술교과 교육과정의 국제 비교 연구. 직업교육연구, 11(1). 91-116.

김진순 · 송일민 · 이춘식 · 최유현(1994). 기술교과 교육과정 이론들에서 유도한 기술교과 교육과정 개발모형. 학술진흥재단 공모과제 연구보고서.

김진순 · 송주호 · 김동철(1983). 한국근대 기술교육사 정립을 위한 기초연구. 충남대학교 공업 교육연구소 논문집. 5[2(A)]. 59-75.

김진순 · 최유현(1997). 실과 · 기술교과교육 연구의 동향과 교과 교육학강좌의 교재개발 전략. 충남대학교 공업교육연구소 논문집, 20(1). 3-20.

김호권(1995). 초 · 중등학교 교육과정 개혁의 배경과 방향. 초 · 중등학교 교육과정의 개혁방안. 교육개혁위원회 교육과정특별위원회 공청회 자료.

류군 (2010). 동북아(韓中日台) 중학교 기술교과 교육과정 비교분석. 석사학위논문. 충남대학교 대학원.

류창열(2000). 기술교육원론. 충남대학교출판부.

명지대학교 창의공학 연구회(역)(2001). 창의적 문제해결과 공학설계. 파워북.

문교부(1982a). 고등학교 새교육과정의 개요(연수자료).

문교부(1982b). 중학교 새교육과정 개요. 한국원호복지공단.

문교부(1987). 중학교 교육과정. 대한교과서주식회사.

문교부(1988a). 고등학교 실업 · 가정과 교육과정 해설(기술, 가정, 가사).

문교부(1988b). 중학교 실업 · 가정과 교육과정 해설(기술, 가정, 기술 · 가정, 가사). 서울시 인쇄공업협동

문교부(1988c). 중학교 실업 · 가정과 교육과정 해설.

文部科学省. (2008a). 中学校学習指導要領.

文部科学省. (2008b). 生きる力.

文部科学省. (2008c). 新しい教育基本法.

文部科学省. (2008d). 教育3法改定について.

文部科学省. (2008e). 教育課程部会 家庭 `技術家庭 `情報専門部会 議事録.

文部科学省. (2016). 次期学習指導要領に向けたこれまでの審議のまとめ（素案）.技術 · 家庭.

教育課程部会 家庭 `技術家庭 `情報専門部会 議事録.

文部省(1998). 小學校 學習指導要目.

박도순 · 변영계(1987). 교육과정과 교육평가. 서울: 문음사.

박일수(2012). 백워드 설계 모형의 수학과 적용 가능성 탐색. 교육과정연구, 30(4), 109-137.
배협, 은태욱, 정동양, 김진수(2012). 중학교 발명수업에서 STEAM 통합교육 적용을 위한 롤링볼 만들기 수업자료 개발. 교원교육, 28(3), 323-341.
백남진(2013). 교사의 교육과정 해석과 교육과정 잠재력. 교육과정연구, 31(3), 201-225.
성기산(역)(1987). 교육과 지식의 가치(*Degenhardt's Education and the Value of Knowledge*). 서울: 문음사.
손지현(2016). 백워드(Backward) 교육과정 모형의 미술과 적용 가능성 탐색. 미술과 교육, 17(1), 29-51.
송일지(역)(1978). 신교육운동사. 서울: 한마당.
신세호 외 9인(1991). 교육과정 국제비교 연구. 한국교육개발원.
신효숙(2001). 북한교육의 발전과정에 대한 논의: 사회주의 교육에서 주체교육으로. 북한연구학회보, 북한연구학회, 5(1). 57-81.
연세대학교교육학과교육과정연구회(1992). 교육과정이론. 서울: 양서원.
온정덕(2011). 이해중심교육과정의 적용 사례 고찰. 교육과정연구, 29(1), 41-66.
유광찬(1994). 교육과정 및 교육평가. 서울: 교육과학사.
윤계중(1993). 국민학교 실과 교과서 및 교육과정 변천에 관한 연구. 석사학위논문. 경희대학교.
이경숙, 유태명(2015). 백워드 디자인(Backward Design)에 기초한 소비 단원의 수업 모듈 개발. 한국가정과교육학회지, 27(2), 95-119.
이경호 · 정성봉(2000). 중학교 기술 교과서의 외형체제와 내용제시 방식 분석. 한국기술교육학회지, 2(1). 113-126.
이귀윤(1996). 교육과정 연구: 과제와 전망. 서울: 교육과학사.
이무근(1990). 직업 · 기술교육에서의 교육과정. 서울: 배영사.
이무근(1993). 직업교육학원론. 서울: 교육과학사.
이무근 · 함종한(1983). 교육과정: 산학협동을 위한 접근. 서울: 상조사.
이병기(2011). 백워드 설계 모형을 적용한 [도서관과 정보생활] 교과의 교수설계에 관한 연구. 한국비블리아학회지 22(3), 5-24.
이상봉, 김지숙(2011). 중학교 '기술 · 가정'과 '기술과 발명' 단원을 위한 수행 총평 도구 개발. 한국기술교육학회지, 11(3), 77-94.
이상혁 · 김진순(1996). 중등학교 기술 · 산업교과 교육학 교재개발 연구. 교원대학교교과교육지원 연구보고서.
이성호(1984). 교육과정: 개발전략과 절차. 서울: 문음사.
이소이(2008). 일본 기술 분야 교육의 학습지도요령 개정 배경과 방향에 관한 고찰. 한국기술교육학회지, 8(2), 1-20.
이용숙 · 조영태 · 황규호(1994). 교육과정 개혁 국제비교 연구. 한국교육개발원.
이용환 · 최유현 · 이한규(2004). 기술적 소양 개념구조에 터한 초중등학교 실과(기술) 교과서 내용분석과 개선방안 연구. 교과교육공동과제보고서. 한국교원대학교교과교육공동연구소.
이용환 · 최유현 · 이한규 · 한지영 · 방재현(2004). 정교화 이론에 의한 제7차 교육과정 실과(기술) 교과서 내용 분석. 한국농업교육학회지, 36(2). 49-64.
이원호(1991). 한국기술교육사. 문음사.
이재원(1986). 중학교 기술과교육의 연혁. 대한공업교육학회지, 11(1). 3-9.
이재원 · 김진순 · 류창렬 · 노태천 · 최완식 · 최유현 · 송일민(1995). 기술교과 교육제도 및 연구의 국제적 동

향: ICTES 발표 논문을 중심으로. 충남대학교 공업교육연구소 논문집, 18(1). 1-14.

이재원 · 김진순 · 류창렬 · 노태천 · 최유현 · 이춘식(1997). 기술교과 교육의 국제적 동향과 비전(II): ICTES 발표 논문을 중심으로, 대한공업교육학회지, 22(1). 70-84.

이춘식(1996a). 의미변별법에 의한 중학생들의 기술 및 기술교과성에 대한 태도. 대한공업교육학회지, 21(2). 41-55.

이춘식(1996b). 교과서의 일반적 구성 요건에 의한 중학교 「기술 · 산업」 교과서의 내용분석. 직업교육연구, 15(1). 11-24.

이춘식 · 최유현 · 유태명(2001). 실과(기술 · 가정)교육 목표 및 내용체계 연구(I). 연구보고 RRC 2001-2. 한국교육과정평가원.

이홍우(1974). 교육과정의 고전 모형과 그 대안. 교육과정연구 및 운영.

이홍우(1977). 교육과정탐구. 서울: 박영사.

이화여자대학교 교육공학과(2001). 교육공학. 서울: 교육과학사.

임윤진, 최유현, 홍영지(2016). 이해기반 설계를 통한 중학교 기술 · 가정 교과의 '발명' 단원 설계. 한국실과교육학회지, 29(2). 77-92.

장명진(1990). "공업". 한국교과교육과정 변천(고등학교). 대한교과서 주식회사.

장석민 편역(1996). 새로운 기술교육의 기초. 한국교육개발원 직업기술교육연구본부. 미간행.

장석민 · 송일민 · 최유현 역(1985). 기술 교육과정 개발 및 운영 지침서(기타 연구 OP 85-2). 한국교육개발원.

정문성(1997). 한국문화의 특성 및 전망과 대안적 문화교육의 방향. 사회와 교육, 제25집, 257-277. 한국사회과교육연구회.

정미경(2004). 북한 실과(기술 · 가정) 교과서 및 교수 · 학습 방법의 분석. 통일교육연구. 한국교원대학교통일교육연구소, vol. 3. 163-188.

정성봉(1990a). "실업 · 가정과". 교과서 · 교육과정연구회(편). 한국교과교육과정의 변천(고등학교). 대한교과서 주식회사. 554-564.

정성봉(1990b). "실업 · 가정과". 교과서 · 교육과정연구회(편). 한국교과교육과정의 변천(중학교). 대한교과서 주식회사. 309-318.

조재식(2005). 백워드(backward) 교육과정 설계 모형의 고찰. 교육과정연구, 23(1) 63-94.

주상덕(2002). *The Change in the Teachers' Attitude of the Development in the School Curriculum*. 한국교원교육연구, 19(3), 235-252.

최병옥(1998). 학교 교육과정 편성 · 운영체제에서의 교사의 참여와 역할. 한국교원교육연구, 15(1), 285-303.

최유현(1994a). 제6차 교육과정 운영과 미래 기술교과 교육의 방향: 중학교를 중심으로 한 발전적 모형과 그 과제. 직업교육연구, 13(1). 89-100.

최유현(1994b). 미국 기술교과 교육과정의 새로운 동향. 직업교육연구, 13(1). 한국직업교육학회. 96-106.

최유현(1996). 초등 실과교육과정 개혁의 국제적 동향. 직업교육연구, 15(1). 한국직업교육학회. 73-94.

최유현(1997). 21세기를 대비한 교육과정 개혁에 따른 초등 실과교육과정 개발의 구조화 모형과 그 타당성 분석. 한국실과교육학회지, 10(2). 45-86.

최유현(1998a). 기술과교육. 한국직업교육 · 훈련100년사. 한국직업능력개발원.

최유현(2000a). 국내외 기술교과 교육과정의 변천 및 동향 분석을 통한 발전과제의 제기. 한국기술교육학회지, 1(1). 한국기술교육학회.

최유현(2001b). 실과교육학연구. 서울: 형설출판사.
최유현(2001c). 초등학교 실과교과서의 초등기술교육 내용분석과 미래지향적 내용구성 전략: 기술적 교양의 관점에서. 한국실과교육학회지, 14(1). 21-39.
최유현(2005). 기술교과교육학. 서울: 형설출판사.
최유현(2006). 한국 및 미국 기술과 교육과정의 비교와 시사. 실과교육연구, 12(4). 131-150.
최유현(2007). 기술교육의 최신 담론을 반영한 초등기술교육의 지향. 초등학교교육연구. 7(2). 공주교육대학교 초등교육연구소. 137-156.
최유현(2008). 기술교과 교육과정 개정에 따른 실천 지향과 담론. 2008 한국기술교육학회 학술발표대회 논문집. 129-155.
최유현(2010). 기술교과 학습의 탐구. 형설출판사
최유현(2010). 기술교과 교육의 탐구. 형설출판사
최유현(2016). 이해를 위한 기술 수업 설계 모형 개발. 한국기술교육학회지, 16(3). 46-65.
최유현(2017). 기술교육론 1 : 교육학적 탐구와 담론. 형설출판사.
최유현(2017). 기술교육론 2 : 학습학적 이론과 실천. 형설출판사.
최유현 외 역(2021). 기술-공학 소양 표준(ITEEA(2020)의 Standards for technological and Engineering literacy: Defining the role of technology and engineering in STEM education). 마루비.
최유현, 유태명, 문대영, 최지연, 강경균(2009). 미래 핵심역량 증진을 위한 실과(기술 · 가정)교육과정 재구조화 방안. 연구보고 RRC 2009-10-2, 한국교육과정평가원.
최유현 · 나승일 · 김종우(2003). 실세계 및 타교과와의 통합적 학습지도를 위한 실과교육 자료개발 연구 문제 중심 학습(PBL)전략을 중심으로. 한국기술교육학회지, 3(2). 132-144.
최유현 · 안강현(1992). 일본 기술교과 교육의 연구동향. 교육개발, 13(6). 한국교육개발원. 102-109.
한국교원대학교 실과교육과정개정연구위원회(1997). 제7차 실과교육과정 각론 개정 연구. 1997년도 교육부 위탁 연구과제 답신보고서.
한국교육개발원(1981). 인문계 고등학교 실업 · 가정 교육과정 개선연구(연구보고 OR 81-142). 96.
한국교육개발원(1986). 제5차 중학교 실업 · 가정 교육과정 시안 연구개발(연구 RR 86-30).
한국교육개발원(1987). 제5차 고등학교 실업 · 가정과 교육과정 시안 연구개발(연구보고 RR 87-16).
한국교육개발원(1992). 제6차 교육과정 각론 개정연구–고등학교 실업 · 가정과(연구보고 RR 92-1-2).
한국교육과정 · 교과서연구회(1994a). 학교교육과정 편성 · 운영의 실제. 서울: 동아출판사.
한국교육과정 · 교과서연구회(1994b). 제6차 교육과정에 의한 학교교육과정 편성 · 운영의 실제. 동아출판사.
한만길(1997). 통일시대 북한교육론. 서울: 교육과학사.
한종하 외 3인(1994). 남북한 교육제도 통합방안 연구. 한국교육개발원. 연구보고 CR 94-3.
함종규(1976). 한국 교육과정 변천사 연구. 숙명여자대학 출판부.
허경철(1996). 21세기에 대응하는 교육과정 개혁안. 교육진흥, 8(3). 중앙교육진흥연구소. 양교16.
홍후조 외(2008). 초 · 중등학교 교육과정 적정화 방안. 초 · 중등학교 교육과정 선진화 방안 연구. 연구자료 ORM 2008-27. 한국교육과정평가원. 45-88.
Alabama State Dept. of Education, Montgomery. (1996). Technology Education. Career Awareness & Technology Literacy. Alabama Course of Study. Bulletin 1996, No. 20(ERIC Document Reproduction Service No. ED 400 432).

Alister, J. (2002). *Learning Technological Concepts and Process*. Gwyneth Owen-Jackson(ed.). Teaching Design and Technology in Secondary Schools. London and New York : The Open University. 79-91.

Apple, M. W. (1987). *Ideology and Curriculum. Second Edition*. New York and London, Routledge.

Armstrong, T. (1994). *Multiple Intelligences in the Classroom*. ASCD. 전윤식 · 강윤심 공역(1998). 복합지능과 교육. 중앙적성출판사.

Armstrong, Thomas. (1994). *Multiple Intelligences in the Classroom*. Association for Supervision and Curriculum Development.

ASCD(2012). **Understanding by Design Framework.** Retrieved April 27, 2016 from http://www.ascd.org/ASCD/pdf/siteASCD/publications/UbD_WhitePaper0312.pdf

ASDE. (1996). Alabama Course of Study : Technology Education. Alabama State Department of Education(ERIC Document Reproduction Service No. ED 400 432).

Balisteri, J. & Hammer, D. E. (1988). Technology Education in Utah. *The Technology Teacher (May / June, 1988)*.

Barnes, J. L., Wiatt, C. & Brwen, M. A. (1990). The NASA / Elementary Technology Education Project. *The Technology Teacher(Jan., 1990)*.

Brant, Ron. (1988). "On Assessment in the Arts : A Conversation with H. Gardner." *Educational Leadership*, Vol. 45(4).

Brubacher, J. S. (1966). *A History of Problems of Education*. New York : McGraw-Hill.

Brusic, S. A. et. als. (1990). An Overview of MISSION 21(ERIC Document Reproduction Service No. ED 334.407).

Catherine, B. K.(ed.) (1992). *Make the Future Work/Approprite Technology : A Teacher Guide. Longman*, Singapore.

CCWA. (2000). Curriculum Framework Learning Statement for Technology and Enterprise. Curriculum Council of Western Australia.

Chinese Industrial Arts Education Association. (1997). *Proceeding of International Conference on Technology Education*.

Choi, Y. H., Lim Y. J., Kim, S., & Lee, K. (2021). Perceptions of Korean Technology Education Experts on the Future Technology Education Directions in Relation to Current technology education in the United States and Japan : Focusing on "STEL" in the United States and "Technology Education in the 21st Century" in Japan, Korean Journal of Industrial Educations, 46(2), 40-68, 10.35140/kiiedu.2021.46.2.40

Clark, E. T. (1988). The Search for a New Educational Paradigm : The Implications About Thinking and Learning. *In New Direction in Education : Selections from Holistic Education Review*[Miller, R.(ed.), 1991], 16-37. Brandon, Vermont, Holistic Education Press.

Clark, E. T. (1997). *Designing and Implementing an Integrated Curriculum*. Holistic Education Press.

Colorado State University. (1990). *Selected Colrado Technology Education Programs*(ERIC Document Reproduction Service No. ED 3286 710).

Daiber, R., Literland, L. & Thode, T. (1991). Implementation of School Based Technology Education

Programs. *Technological Literacy*(M. J. Dyrenfurth & M. R. Kozak, 40th yearbook, 1991, CTTE).

Daugherty, M. K. (2005). A Changing Role for Technology Teacher Education. *Journal of Industrial Teacher Education, 42*(1). Retrieved Sept. 25, 2006 from http://scolar.lib.vt.edu/JITE/v41n1.

DeLuca, V. W. (1992). Survey of Technology Education Problem-Solving Activities. *The Technology Teacher*, 51(2). 26-30.

DfEE (1999). The National Curriculum. London : HMSO.

Dugger, W. E. (1995). Technology for All Ammericans : An Interview Article. *The Technology Teacher*. February 1995, 3-6. Pagliari, M. & Foster, P. (1995). Elementary School Technology Education : Who's Writing What?, S. 3. *Journal of Industrial Teacher Education*, 32(4). 1-4.

Dugger, W. E. (2000). Standards for Technological Literacy. Content for the Study of Technology. Technology Teacher, v59 n5(ERIC Document Reproduction Service No. ED 598 578).

Elmer, R. (1998). Probing Intentions of Design and Technology Students. International Journal of Technology and Design Education, v8 n3(ERIC Document Reproduction Service No. ED 577 961).

Finch, C. R. & Crunkilton, J. R. (1989). *Curriculum Development in Vocational and Education : Planning, Content, Implementation*. Allyn and Bacon, INC.

Fleiss, J. L. (1981). *Statistical Methods for Rates and Proportion*. New York : Wiley.

Florida State Dept. of Education, Tallahassee. (1997). Technology Education. Vocational Education Program Courses Standards(ERIC Document Reproduction Service No. ED 409 436).

Fogarty, R. & Stoehr, J. (1995). *Integrating Curricula With Multiple Intelligences*. IRI/Skylight Pub.

Frazee, B. M. & Rudnitski, R. A. (1995). *Integrated Teaching Methods : Theory, Classroom Applications, and Field-Based Connections*. New York : Delmar Publishers.

FSDE. (1996). Technology Education : The New Basic on Target for Florida Students. Florida State Department of Education(ERIC Document Reproduction Service No. ED 377 3582).

Gardner, H. (1983). *Frames of Mind : The Theory of Multiple Intelligence*. New York : Basic Books. 이경희(역)(1993). 마음의 틀. 문음사.

Gardner, H. (1993). *Multiple Intelligence : The Theory in Practice*. New York : Basic. 김명희 · 이경희(역)(1998). 다중지능 이론의 이론과 실제. 양서원.

Gardner, H. (1999). *Intelligence Reframed*. 문용린 옮김(2001). 다중지능 : 인간의 새로운 이해. 김영사.

Gardner, Howard. (1983). *Frames of Mind : The Theory of Multiple Intelligences*. New York : Basic Books.

Gardner, P. L. (1996). Technology Education in Australia : National Policy and State Implementation (ERIC Document Reproduction Service No. ED 395 794).

Gibboney, R. A. & Webb, C. D. (1998). *What Every Great Teacher Know- Practical Principles for Effective Teaching*. Brandon, Vermont, Holistic Education Press.

Hamlyn, D. W. (1973). *The Logical and Psychological Aspects of Learning*.

Hammerley, M. & Harrgreaves, A. (1983). *Curriculum Practice : Sociological Case Studies*. London, The Falmer Press.

Hatch, L. (1988). Problem Solving Approach, Kemp, W. H. & Schwaller, A. E. (ed.). *Instructional*

Strategies for Technology Education, 36th Yearbook. Council on Technology Teacher Education, 87-98.

Hibbard, K. M. (eds.). (1996). *A Teacher's Guide to Performance-based Learning and Assessment*. Association for Supervision and Curriculum Development, Alexandria, Virginia.

Hirst, P. H. (1973). *The Logical and Psychological Aspects of Teaching a Subject*.

Hutchinson, J. & Karsnitz, J. (1994). *Design and Problem Solving in Technology*, New York, Delmar pub.

Industrial Arts Association of Pennsylvania, Pennsylvania Industrial Arts/Technology Education Program Guide. K-12(ERIC Document Reproduction Service No. ED 266992).

International Technology and Engineering Education Association (ITEA/ITEEA). (2000/2002/2007). Standards for technological literacy: Content for the study of technology. Reston, VA: Author.

International Technology and Engineering Education Association (ITEEA). (2020). *Standards for technological and Engineering literacy*: Defining the role of technology and engineering in STEM education. Reston, VA: Author.

International Technology Education Association (2000). *Standards for Technological Literacy: Content for the Study of Technology*. Reston, VA: Author.

International Technology Education Association (2003). *Advancing Excellence in Technological Literacy: Student Assessment, Professional Development, and Program Standards*. Reston, VA: Author.

International Technology Education Association (ITEA). (1996). *Technology for All Americans: A Rationale and Structure for the Study of Technology*. Technology for All Americans Project. Reston, VA: Author.

International Technology Education Association and Its Technology for All Americans Project (2000). *Standards for Technological Literacy : Content for the Study of Technology*. Reston, V. A. : Author.

Itakura, Y. (1995). A Proposal for a World Core Curriculum in Technology Education. *Proceedings of International Conference on Technology Education in School around Asian Countries*, JSTE, Sept. 1995, 55-58.

Jarvis, T. (1993). *Teaching Design Technology in the Primary School*. T. J. Press Ltd., Padstow, Crornwall.

Johnson, S. D. (1997). Learning Technological Concepts and Developing Intellectual Skills. *International Journal of Technology and Design Education*, 7. 161-180.

Jonassen, D. H. (1982). *The Technology of Text, Principles for Structuring, Designing, and Di Text*, Educational Technology Publications Englewood Cliffs, New Jersey 07632.

Jones, K. H. & Anderson, D. M. (1994), Textbook Analysis for Trade and Industrial Education, *Journal of Industrial Teacher Education*, 31(2). 70-93.

Jones, K. H., Evanciew, C. E. & Anderson, D. M.(1995). Readability of Textbooks for Technology Education. *The Technology Teacher*, Sep, 95. 28-32.

Kendall, J. S. (1997). Content Knowledge. A Compendium of Standards and Benchmarks for K-12 Education. Second Edition(ERIC Document Reproduction Service No. ED 414 303).

Kimbell, R., Stables. K. & Green, R. (1996). *Understanding Practice in Design and Technlogy*. Open University Press, Buckihngham.

Korean Ministry of Education (KMOE). (2021). The Journal of Korean National Curriculum Modification Plan. Retrieved from https://www.moe.go.kr/boardCnts/view.do?boardID=294&boardSeq=84176&lev=0&searchType=S&statusYN=W&page=1&s=moe&m=020402&opType=N

Lan, J. (1995). Labouring Lessons in Elementary Education in China. *Proceedings of International Conference on Technology Education in School around Asian Countries*, JSTE, Sept. 1995. 17-19.

Lauda, D. P. & McCrory, D. L. (1986). A Rationale For Technology Education. *Implementing Technology Education*. 35th Yearbook. American Council on Industrial Arts Teacher Education. 15-46.

Lawsh, C. H. (1975). A quantitative approach to content validity, *Personal Psychology*, 23(2). 213-227.

Lazear, David. (1992). *Teaching for Multiple Intelligences*. Bloomington, Ind. : Phi Delta Kappa.

Lewis, T. (1996). Comparing Technology Education in the U.S. and U.K. International Journal of Technology and Design Education, 6(3). 221-238.

Maine State Dept. of Education. (1990). Technology Education in Maine. Curriculum Guide(ERIC Document Reproduction Service No. ED 325 667).

McAlister B., Hacker M., Tiala S, (2008). Engineering Content and the Technology Education Curriculum. Erekson T. L.& Custer, R. L. (ed.). *Engineering and Technology Education*. 57th Yearbook, Council on Technology Teacher Education. 77-102.

McTighe, J. & Ferrara, S. (1996). Performance-Based Assessment in the Classroom : A Planning Framework. Blum, R. E., Arter. J. A. (eds.). *A Handbook for Student Performance Assessment in an Era of Restructuring*. Association for Supervision and Curriculum Development, Alexandria, Virginia. 1-5:1-9.

Melvin, J. & Pedras, J. B. (1991). Technology Education for Elementary School Teachers. Paper Presented at the Partnerships in Education Annual Conference(ERIC Document Reproduction Service No. ED 339365).

Minnesota State Dept. of Education. (1991). *Model Learner Outcomes for Tecnology Education/Industrial Technology*(ERIC Document Reproduction Service No. ED 334 363).

Missippi State Dept. of Education. (1989). *Standadized Curriculum for Technology Education I-III*, (ERIC Document Reproduction Service No. ED 334 402).

Missouri State Dept. of Elementary and Secondary Education. (1988). *Missouri Introduction to Industrial Technology Curriculum Guide*(ERIC Document Reproduction Service No. ED 300 599).

Moon, B. (1991). *A Guide to the National Curriculum*. Oxford University Press.

National Research Council. (1996). *National Science Education Standards*(from Inernet service).

NCC. (1992). Starting Out with the National Curriculum. New York : NCC.

New Jersey State Dept. of Education. (1990). *Technology Education in New Jersey*(ERIC Document Reproduction Service No. ED 321 117).

New York State Dept. of Education. (1991). *Tecnology Education in New York State, A New Basic for*

the 21st Century(ERIC Document Reproduction Service No. ED 329 708).

Ohio Industrial Technology Education Association. (1989). A Model for Technology Education in Ohio. A Product of The Model Industrial Technology Systems Project. Columbus, Ohio, The Ohio State Univ.

Peters, R. S. (1973). *The Philosophy of Education*. Oxford : Oxford University Press,

Peterson, R. E. (1986). Elementary School Technology Education Programs. *Implementing Technology Education*(R. E. Jones & J. R. Wright, 35th yearbook, 1986, ACIATE).

QSE. (1999). Annual Report of Queensland State Education. Queensland Government.

Qualification and Curriculum Authority(1999). Design and Technology : The National Curriculum for England. On line Available : http://www.nc.uk.net.

Qualification and Curriculum Authority(1999). The Review of the National Curriculum in England : The Consultation Materials. On line Available : http://www.qca.org.uk.

Qualification and Curriculum Authority(2009). *UK National Curriculum*. Retrieved Dec 23, 2008 from http://curriculum.qca.org.uk/index.aspx

Richardson, R. (1996). *Planning Primary Design & Technology*. John Murray.

Seemann, K. (2003). Basic Principles in Holistic Technology Education. *Journal of Technology Education, 14*(2). 28-39.

Stachwell, R. E. & Dugger, W. E. (1996). A United Vision : Technology for All Ammericans. *Journal of Technology Education, 7*(2). 1-6.

Stoddard, L. (1990). The Three Dimensions of Human Greatness : A Framework for Redesigning Education. *In New Direction in Education : Selections from Holistic Education Review*[Miller, R. (ed.), 1991], 219-232. Brandon, Vermont, Holistic Education Press.

Synyder, J. F. & Hales, J. A. (1981). *Jackson's Mill Industrial Arts Curriculum Theory*. Charleston, W. V. : West Virginia Department of Education.

Tanaka, Y. (1995). Global Environmental Crisis and Technology Education Curriculum 1 to 12. *Proceedings of International Conference on Technology Education in School around Asian Countries*, JSTE, Sept. 1995. 71-72.

TEAM. (1990). The Curriculum Guide for Technology Education in Maine. The Technology Education Association of Maine and the Department of Education and the Technology Educators of Maine (ERIC Document Reproduction Service No. ED 326 667).

The Japanese Society of Technology Education. (1995). *Proceeding of International Conference on Technology Education.*

The Technology Education Association of Maine. (1990). Technology Education in Maine Curriculum Guide(ERIC Document Reproduction Service No. ED 326 667).

Tuttle, R. & Kuskie, L. (1990). The Nebraska Plan for Industrial Technology Education. *The Technology Teacher*, April.

Virginia Tech. Technology. (1990). An Overview of MISSION 21(grades 1 through 6, Technology). (ERIC Document Reproduction Service No. ED 334407).

Walker, D. F. & Soltis, J. F. (1986). *Curriculum and Aims*. New York, Pubilsed by Teacher College Press.

Welty, K. (1992). Technological Literacy and Political Participation in Mclean County. Illinois, *Journal of Industrial Teacher Education*, 29(4). 7-22.

Whitehead, A. N. (1929). *The aims of education and other essays*.

Wiggins, G. P., & McTighe, J. (1998). **Understanding by Design**(Association for Supervision and Curriculum Development, Alexandria, VA).

Wiggins, G. P., & McTighe, J. (2005). *Understanding by design*. ASCD.

Winek, G. & Borchers, R. (1993). Technological Problem Solving Demonstrated. *The Technology Teacher, 52*(2). 23-25.

Wright, R. T. (1995). Technology Education Curriculum Development Efforts. Martin, G. E. (ed.). *Foundations of Technology Education*, 44th Yearbook. Council on Technology Teacher Education. 270-272.

제 2 부

기술교과 교육공학과 교수설계

4장 교육공학의 개념과 동향
5장 기술교과 교수설계와 매체
6장 기술교과서의 이해와 분석

주제를 여는 연구 문제 *Meeting the Problems*

제2부에서는 기수교과 교육공학의 관점에서 핵심적인 논의를 하고자 한다. 교육공학의 개념과 최신 동향, 그리고 기술 교과 교수 설계 이론, 나아가 기술 교과서의 변천과 분석 이론을 논의하고자 한다.

1. 기술교과 교육에서의 교육공학의 개념과 동향은 어떻게 정리되는가?
2. 기술교과 교육에서의 교수 설계의 핵심적 원리와 이론은 어떻게 논의되는가?
3. 기술교과 학습의 바탕이 되는 교과서의 기능, 특징, 변천, 분삭 방법은 어떻게 논의되고 있는가?

4 장

교육공학의 개념과 동향

이 장에서는 교육공학의 개념, 교육공학의 영역, 교육공학의 최근 동향을 탐색한다. 특히 최근에 등장하는 유비쿼터스, 네티즌(netizen), 유비티즌(ubitizen), e-러닝, 모바일 러닝, u-러닝, 전자책, 전자교과서의 개념들을 이해하기로 한다.

◎ 해시 태그Key words

#교육공학 개념	#교육공학 영역	#교육공학 동향	#유비쿼터스
#e-러닝	#모바일 러닝	#u-러닝	
#네티즌(netizen)	#유비티즌(ubitizen)	#전자책	#전자교과서
#인공지능 활용 교육			

1. 교육공학의 개념

가. 교육공학의 개념 탐색

역사적으로 볼 때, 하나의 학문분야로서 교육공학은 본래 1920년대 미국의 시청각 교육에서 발전한 것으로(Seattler, 1990), 라디오, 영화, TV 등과 같은 시청각 매체의 교육적 활용과 효과성에 대한 연구에서 출발하였다(고재희, 2008: 293 재인용). 그러나 최근의 기술과 공학의 발전은 교수 매체에 대한 시스템을 변화시키고 보다 적절한 용어로 교육공학의 개념을 사용하게 되었다. 특히 교육공학은 교육의 방법론적 문제를 해결하기 위하여 관련된 과학적 지식 또는 일반적으로 조직화된 지식을 체계적으로 적용하기 위한 학문 영역(박성익 외, 2007)으로 규정할 수 있다.

2004년 AECT(American for Educational Communication and Technology, 미국교육통신

공학회)에서는 **교육공학**을 다음과 같이 정의하였다.

> 교육공학이란 적절한 기술적 과정 및 자원을 창출, 활용, 관리함으로써 학습을 촉진하고 수행을 증진시키는 이론과 윤리적 실천이다.

이 정의는 과거의 개념과 유사하지만 직업윤리의 중요성이 부각되었고, 학습자를 능동적인 존재로 파악하여 학습에서 촉진자 역할이 강조되고 있다. 이를 부분별로 나누어 살펴보면 다음과 같다(백영균 외, 2006).

- 공학적(technological) : 겔브레이스(Galbraith)가 언급한 '현실문제에 과학적이며 조직적인 지식을 체계적으로 적용하는 것'을 함축적으로 표현한 말로 사고하는 방식을 일컫는다.
- 과정(processes) : 과정이란 특정 결과를 얻기 위하여 행하는 일련의 활동이다. 교육공학자는 교수설계 개발, 학습자원 개발 등에 전문화된 절차를 적용해 왔는데, 1990년대까지 그 중심은 체제적 접근(systems approach)이었다. 그 후 '교수자가 어떻게 하느냐'보다 '학습자가 어떻게 학습하는가'로 관심이 옮겨져 패러다임의 변화가 일어나게 되었다. 이러한 과정에는 자원을 창출하는 것 외에 이를 활용하고 관리하는 것이 포함된다.
- 창출(creating) : 형식적 · 비형식적 여러 다른 환경에서 학습 환경을 만들어내는 데 관련되는 연구 · 이론 · 실천을 의미한다. 접근방법에 따라서 여러 가지 활동이 포함된다. 체제적 접근을 예로 든다면, 교수문제의 분석, 해결방안의 설계와 개발, 각 단계에서 이루어진 결정에 대한 평가와 수정, 그리고 해결방안을 적용하는 것이 포함된다.
- 활용(using) : 학습 환경과 자원을 학습자와 접촉하도록 하는 것과 관련된 이론과 실천이다. 활용은 적절한 방법과 자원의 선택에서 출발하며, 현명한 선택은 기존 자료가 대상과 목적에 부합하는지에 대한 평가에 근거한다. 학습자원의 사용, 사용성 검사(usability test), 교수혁신을 학습자에게 전파하는 확산(diffusion), 새로운 자원을 교육과정에 통합시키는 통합(integration), 통합(integration)이 보다 큰 차원에서 이루어져 조직의 구조에 편입되는 제도화(institutionalization)등이 활용 영역이다.
- 관리(managing) : 초기의 관리 영역으로는 시청각센터의 운영을 권장하는 것이 있었으나, 이제는 미디어 개발이나 교수개발 과정에 관여하는 프로젝트 관리, 원격교육 프로그램과 관련된 전달시스템 관리, 인사 및 정보관리, 질 관리 등이 포함된다. 리더십도 관리의 한 영역으로 볼 수 있다.
- 학습(learning) : 학습의 의미는 과거와는 많이 달라졌다. 인지주의와 구성주의적 이론에 기인한 교수학습에 대한 시각의 변화는 커다란 변화를 가져왔다. 정보를 기억하는 것 외에도 이해하기와 적극적 활용(active use)이 포함될 수 있으며, 표면학습 대 심층학습도 거론되고 있다. 잘 설계되어 잘 전달되는 수업보다는 학습자의 주인의식과 책무성이 강조된다.
- 촉진(facilitating) : 변화된 학습의 개념에 따라 테크놀로지의 역할도 학습을 통제하는 것보다

는 학습이 잘 일어나도록 학습을 지원하는 측면이 중요하게 되어 학습자를 이끌며, 학습 기회를 제공하고, 자신의 질문에 대한 해답을 찾도록 학습자를 보조하는 것이 교육공학자의 역할이 되었다. 학습 환경도 더욱 몰입적(immersive)이고 실제적(authentic)이 되었다. 촉진의 개념에는 환경을 설계하고, 자원을 조직하며, 도구를 제공하는 것이 포함된다.

- 수행(performance) : 새로이 습득한 재능을 사용하고 적용할 수 있는 학습자의 능력을 말한다. 교육공학(Educational Technology)의 인접학문인 수행공학(performance technology)에서 언급하고 있듯이 수행(performance)을 개선하기 위해서는 교수(instruction)외에도, 도구 · 인센티브 · 조직변화 · 인지적 지원 · 직무 재설계 등 여러가지 방법을 사용할 수 있다.
- 개선(improving) : 수행의 개선에는 효과성과 효율성이 언급된다. 효과성은 질 높은 산출물이 효과적인 학습 및 실세계에 적용될 수 있는 능력의 변화 등으로 연결됨을 말한다. 효율성이란 최소한의 시간 · 노력 · 비용이 소요된다는 의미다.
- 연구(study) : 전통적 개념의 연구를 넘어서는 정보수집과 분석을 의미한다. 질적 · 양적 연구는 물론, 이론화 · 철학적 분석 · 역사적 조사 · 개발 프로젝트 · 결함 분석(fault analysis) · 시스템 분석 등 다른 형태의 학문적 탐구활동이 포함된다.
- 윤리적 실천(ethical practice) : 윤리는 단순히 '규율과 기대치'가 아니며 전문적 실천의 근간이다. 교육공학에 종사하는 전문가는 체제적 접근이나 교수 테크놀로지 등 학계의 기본 가정에도 의문을 제기해야 한다. 윤리강령은 개인 · 사회 · 직업에 대한 헌신으로 구분되어 있다. 개인에 대해서는 자료에 대한 접근권, 전문가의 건강과 안전을 지키기 위한 노력이 포함된다. 사회에 대해서는 교육문제에 대해 진실을 말하며, 의뢰자에게 공정하며 평등한 실천을 해야 한다. 전문직에 대해서는 전문적 지식과 기술을 향상시키며, 업무와 출간된 논문에 공헌한 사람에 대해 정당한 공을 인정하는 것 등이 포함된다.

교육방법 및 교육공학에 관련한 많은 책들에서 우리는 **교육공학, 교수공학, 수업공학**이라는 용어를 접하게 되고, 혹시 의미에 차이가 있는지 혼란에 빠지게 된다. 그러나 앞에서 설명한 바와 같이 1994년 미국 교육통신공학회(AECT: Association for Educational Communications and Technology)에서 교육공학과 교수공학, 수업공학이라는 용어를 동의어로 호환적으로 사용하였음을 알 수 있다.

Reiser(1987)는 **교육공학**은 교육학, 철학, 심리학, 경영학에 기반한 세 가지 관점을 다음 그림과 같이 제시하였다.

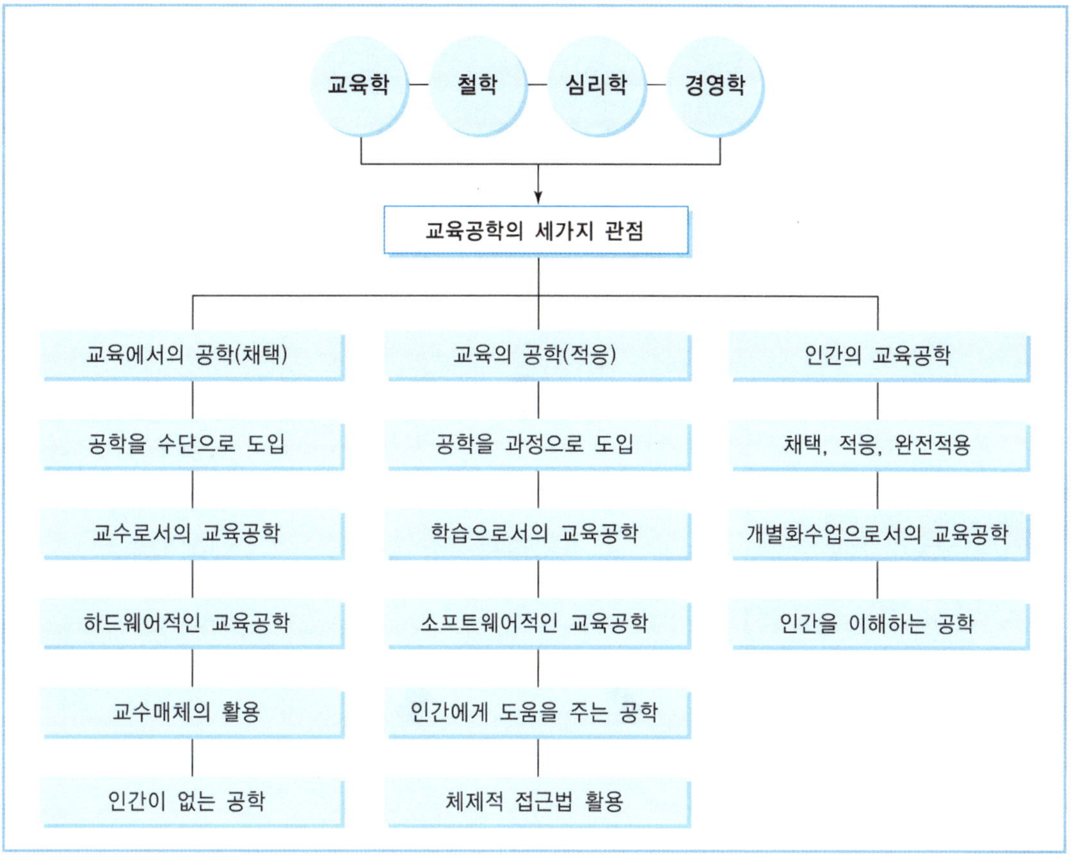

교육학 — 철학 — 심리학 — 경영학

교육공학의 세가지 관점

교육에서의 공학(채택)	교육의 공학(적응)	인간의 교육공학
공학을 수단으로 도입	공학을 과정으로 도입	채택, 적응, 완전적용
교수로서의 교육공학	학습으로서의 교육공학	개별화수업으로서의 교육공학
하드웨어적인 교육공학	소프트웨어적인 교육공학	인간을 이해하는 공학
교수매체의 활용	인간에게 도움을 주는 공학	
인간이 없는 공학	체제적 접근법 활용	

<그림 4－1> 교육공학의 세 가지 관점

즉, 교육공학은 교육에서의 공학, 교육의 공학, 인간의 교육공학으로 분류하고 교육에서의 공학은 공학을 수단으로 도입하여 궁극적으로 인간이 없는 공학을 의미한다. 그리고 교육의 공학은 공학을 과정으로 도입하여 체제적인 접근 활용을 하게 된다. 마지막으로 인간의 교육공학은 인간을 이해하는 공학으로서의 관점을 갖게 된다.

나. 교육공학의 영역

교육공학의 영역은 <그림 4－2>와 같이 크게 **설계 영역, 개발 영역, 활용 영역, 관리 영역, 평가 영역**으로 분류할 수 있다.

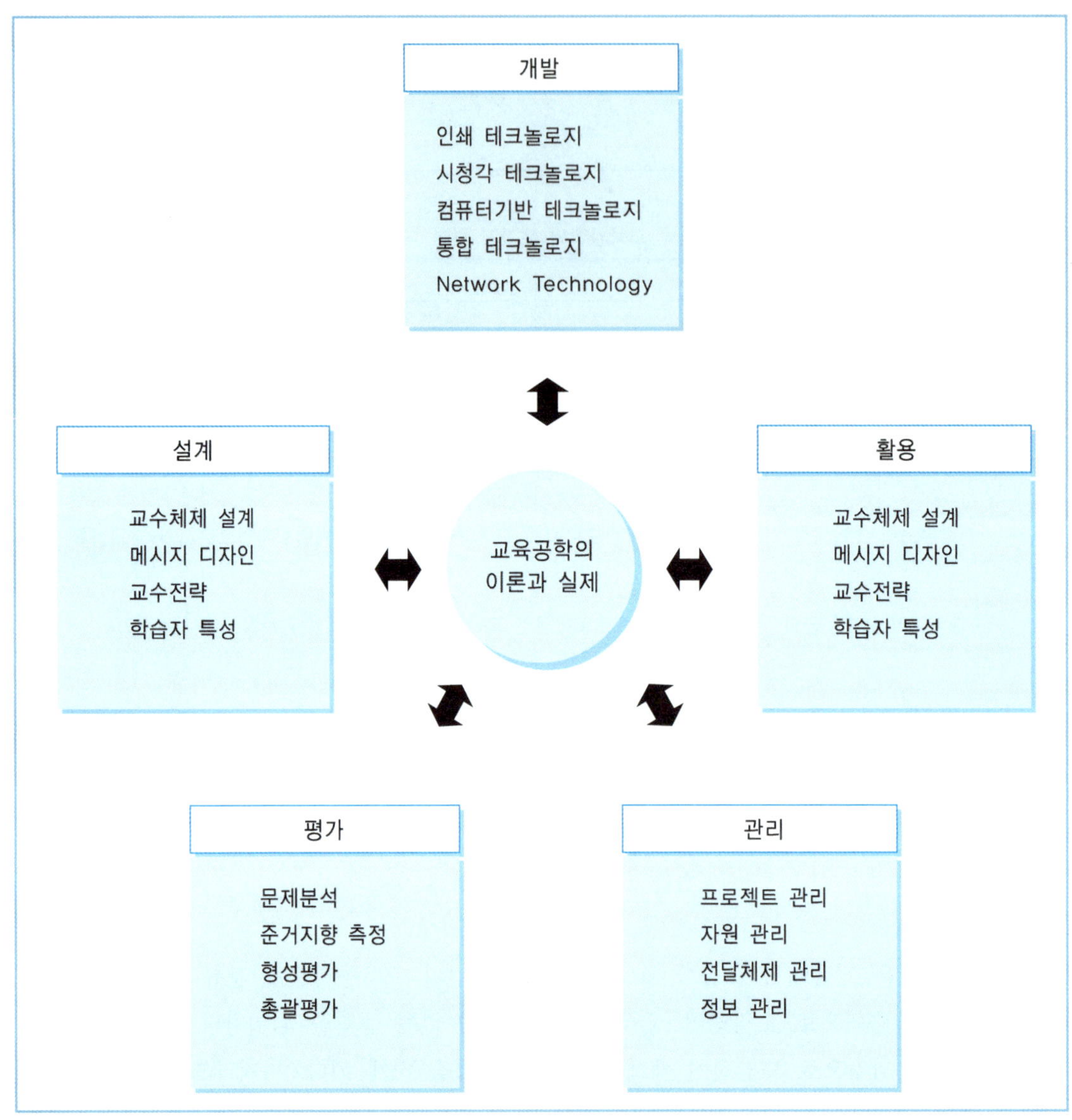

<그림 4-2> 교육공학의 영역

1) 설계 영역

설계란 수업목적의 달성을 위해 필요한 학습목표, 방법 및 전략을 기획하는 것이다. 즉, **설계 영역**은 교수의 처방적 성격과 밀접한 관계가 있다. Glaser(1976)는 "설계의 본질은 현재의 상황을 가장 바람직한 것으로 변화시키려는 의도로, 일련의 행위를 고안하는 것이다"라고 논급하면서, 설계이론 안에서는 교수 절차와 방법을 처방하는 일이 핵심이라고 지적하였다(박성익 외, 2003). 교수설계는 교육공학의 가장 핵심적인 영역이라고 말할 수 있다(Seels &

Richey, 1994).

설계 영역은 학습 경험을 어떻게 안내할 것인가에 대한 미시적 활동으로 시작하여, 전체 교육 혹은 수업과정을 기획하는 거시적 활동까지를 포함한다. 그리고 하위 구성요소로서 교수체제 설계, 메시지 디자인, 교수전략, 그리고 학습자 특성을 포함한다.

(1) 교수체제 설계

교수체제 설계(Instruction Systems Disign : ISD)란 효과적인 수업을 개발하기 위하여, 체제접근에 의한 조직적인 설계과정을 의미한다. 이는 분석 · 설계 · 개발 · 실행 및 평가의 주요 활동을 포함한다. 다시 말해 학습자가 무엇을 배워야 하는지를 분석하고, 어떻게 배워야 하는지를 구성하여, 개발하고 실시한 후, 수업의 적절성을 결정하는, 전형적이면서도 동시에 선행적 · 순환적인 과정이다.

(2) 메시지 디자인

메시지 디자인이란 주의집중 · 지각 · 기억력 등과 관련된 인지 과학 원리에 기초하여, 학습과정의 커뮤니케이션에 직접적인 영향을 미치는 메시지의 구체적인 표현 형태를 계획하는 것이다. 즉, 교수 장면에서 어떻게 메시지를 설계하는 것이, 학습의 효과를 가져 올 수 있는가에 대한 영역이다. 메시지 디자인은 학습 과제의 유형과 매체의 형태에 따라 달라질 수 있다.

(3) 교수 전략

특정 학습이론으로부터 수업 방법에 관한 시사점을 도출하려는 차원에서 벗어나, 체계적인 처방성을 포함하는 교수방법에 관한 연구 영역이다. Reigeluth(1983)은 **교수전략**을 **미시전략**과 **거시전략**으로 구분하였다.

(4) 학습자 특성

학습자 특성은 학습내용 · 방법 · 매체 및 교수전략을 결정하는 데 고려되어야 할 주요한 요인이다. 학습자 특성은 학습효과에 영향을 미치는 학습자의 배경을 의미하며, 연령 · 선수학습 경험 · 지적능력 · 동기 · 사회 문화적 배경을 포함한다.

2) 개발 영역

개발 영역은 수업매체의 제작 분야로서, 설계과정을 통해 나온 명세서에 근거하여, 실제적인 자료를 만들어내는 것이다. 테크놀로지의 발달에 따라 다양한 형태의 매체 개발이 이루어지고 있으며, 끊임없이 변화하는 영역이라 할 수 있겠다. 개발 영역은 하드웨어와 소프트웨어를 통합하여 하나의 프로그램을 만드는 것을 포함하기도 하며, 인쇄매체 · 시청각 매체 · 기저 매체 · 통합매체 등의 하위영역을 포함한다.

(1) 인쇄매체

인쇄매체는 기계나 사진 인화 작업을 통하여, 책이나 정지화상 자료를 제작하고 전달하는 방법을 의미한다. 인쇄매체의 대표적인 형태는 문자자료와 시각자료이며, 이는 다른 유형의 수업자료를 개발하는 데 기본이 된다. 인쇄 자료는 주로 언어학·시각적 지각원리·정보처리 이론 등에 기초하여 개발되며, 학습자 중심의 매체형태라고 볼 수 있고, 어떤 방법으로 조직하느냐에 따라 학습의 과정뿐만 아니라 학습 결과에도 영향을 미친다.

(2) 시청각 매체

시청각 매체란 기계와 전기 기자재를 사용하여 제작된 음성 및 시각 메시지를 제시하는 것으로, 일반적으로 시청각 테크놀로지, 즉 필름·슬라이드·OHP·텔레비전·비디오 등을 활용하여 메시지를 제작한다. 역동적인 시청각자료를 통해 추상적인 개념을 구체화시키는 것이 가능하나, 많은 경우 학습자와의 상호작용이 결여된다고 본다. 1997년부터 시행되고 있는 우리나라의 위성방송 교육은, 첨단 텔레비전 전파 송신 기술이 교육의 장면에서 활용될 수 있는 한 가지 사례이다.

(3) 컴퓨터 기저매체

컴퓨터 기저매체란 마이크로프로세서에 기반을 둔 자원을 활용하여 자료를 제작하고 전달하는 방법을 의미하며, 컴퓨터의 교육적 활용은 **컴퓨터 기반 학습**(CBI), 즉 **컴퓨터 보조학습**(CAI) 및 **컴퓨터 관리학습**(CMI)으로 분류된다. 이 학습방법들은 컴퓨터가 수업과정을 직·간접적으로 지원하는 방향에서 탐색되어 왔으며, 학습자와의 높은 상호작용성을 보장하기 때문에, 학습자 중심적이라 할 수 있다.

(4) 통합매체

통합매체란 컴퓨터의 제어하에 다른 유형의 매체를 통합하여 자료를 개발, 전달하는 방법이다. 테크놀로지(Technology)에는 비디오디스크·컴팩디스크·통신용 소프트웨어·디지털 정보 등이 포함되며, 이에 의해 구현된 자료는 고도의 학습자 상호작용을 허락한다. 또한 다양한 매체자료로부터 통합된 문자와 이미지를 활용하여 자료가 제작된다.

3) 활용 영역

활용 영역은 효과적인 학습을 위해 과정이나 자원을 사용하는 것이다. 이러한 활동은 교수매체의 설계나 개발에 대한 관심이 나타나기 이전인, 1920년대 초반의 시각교육 활동과 함께 시작되어, 다른 영역보다 오랜 전통을 가지고 있다. 활용영역의 주요 구성 요소는 매체활용과 혁신의 보급, 실행과 제도화, 정책과 규제로 구분할 수 있다.

(1) 매체활용

매체 활용은 학습을 위한 자원의 체계적인 활용으로, 교육설계 명세서에 기반을 둔 의사결정이며, 학습이 효과적으로 일어나도록 체계적으로 자원을 활용하는 것을 의미한다. 이러한 활용은 학습자 특성 및 목표를 고려하여 보다 효과적으로 이루어져야 한다.

(2) 혁신의 보급

혁신의 보급이란 새로운 개념이나 정보의 채택과 보급을 목적으로, 계획전략을 세우는 의사소통 과정이다. 이로 인해 매체 사용 당사자가 아닌, 수용자가 어떻게 하면 새로운 교육공학으로 제안된 혁신에 대하여, 긍정적인 인식 · 태도 등을 나타내도록 할 것인가에 대한, 체제적인 접근의 필요성이 대두되게 되었다.

(3) 실행과 제도화

실행은 수업자료나 전략을 실제 현장에서 사용하는 것이며, **제도화**는 한 조직의 문화와 구조 안에서 수업의 혁신을 일상적이고 지속적인 활동으로 통합하는 것이다. 실행과 제도화는 개인과 조직 모두의 변화에 의존한다.

(4) 정책과 규제

정책과 규제란 교육공학이 보급되고 실천되는 데 영향을 미치는 사회의 규칙, 행위 및 이슈를 말한다. 교육방송 · 소프트웨어의 개발과 활용에 관한 각종 정책과 규제에 대한 교육공학적 기존과 표준을 제공하거나, 불필요한 규제에 대해서 문제를 지적하는 활동이 포함되어 있다.

4) 관리 영역

관리 영역은 교육공학 분야와 관련된 실제 현장에서, 교육공학 전문가들이 수행하는 역할에 대한 중요성을 강조된다. 관리 영역의 네 가지 하위요소에는 프로젝트 관리, 자원관리, 전달체제 관리, 정보 관리가 있다.

(1) 프로젝트 관리

프로젝트 관리란 교수설계 및 개발 프로젝트를 계획 · 조정하는 일련의 업무를 의미한다. 프로젝트 관리자는 성공적인 프로젝트 실행을 위하여 방해요소가 무엇인지를 분석하고 해결하는 역할 등을 규명한다.

(2) 자원관리

자원관리란 요원 · 예산 · 자료 · 시간 · 시설 및 수업자원을 포함하는 자원 지원체제와, 관련 서비스를 기획하고 · 점검하고 · 조정하는 일련의 업무를 말한다. 자원관리의 중요한 특징은 비용의 효과성과 학습의 정당성이다.

(3) 전달체제 관리

전달체제 관리는 수업자료의 전달 및 보급이 이루어지는 절차나 방법을 기획 · 점검 · 통제하는 일련의 활동을 의미하며, 학습자에게 제시할 때에 사용하는 활용 방법도 관리한다. 특히 이 영역은 원격 교육 프로젝트에서 많이 나타난다.

(4) 정보관리

정보관리란 정보의 획득과 사용을 원활하게 지원하는 목적으로, 정보를 기획 · 조정 · 저장하고, 이를 적절히 전달 · 처리하는 일을 의미한다. 특히 많은 양의 정보를 수업 목적으로 저장할 때, 어떠한 방식으로 할 것인가에 대한 연구는 향후 정보관리 체제의 중요한 영역이 될 수 있다.

5) 평가 영역

평가 영역은 교육공학적 과정 및 산출물의 가치를 규명하며, 필요한 의사 결정을 하는 데 사용될 정보를 제공하는 영역이다. 평가는 프로그램 · 프로젝트 결과물 · 절차 · 목표 · 교과 과정의 질과 가치를 결정하는 것이다. 평가 영역의 하위요소는 문제분석 · 준거지향 측정(절대평가) · 형성평가 · 총괄평가 등으로 분류되어진다.

(1) 문제분석

문제분석은 의사결정 전략을 사용하여, 문제의 성질과 문제발생에 영향을 미치는 요인을 규명하는 것이다. 다양한 정보 수집과 적절한 의사결정 전략을 사용하여, 문제의 본질을 파악하고, 장애물이나 필요한 자원 및 활동을 결정하는 과정을 포함하며, 학습자의 특성을 확인하고, 우선순위를 결정하는 것이 포함된다.

(2) 준거지향 측정

준거지향 측정(criterion-referenced evaluation)은 목표에 관련된 학습자의 지식 · 태도 · 기능의 완성도 즉, 학습자가 목표에 도달했는지를 결정하는 정보를 제공한다. 사전에 정해진 내용에 대한 학습자의 완성도를 정하는 기술을 의미하는 것으로, 절대평가의 의미를 말한다.

이는 학습자가 행동적 용어로 진술된 학습목표에 얼마나 도달했느냐를 평가하는 것이므로, 목표지향 평가라고도 한다. 즉, 준거지향 평가는 학습자의 학업 성취도를 이미 설정된 수행의 준거나 표준에 맞추어 평가한다. 예를 들어 수학에서 셈하기를 학습하는 학생은, 다음 학습과제를 계속해 나아가기 위해서, 어떤 표준을 획득하거나 어떤 준거에 도달해야 한다. 그 표준이 성취되었다는 증거가 제시되면, 그 학생은 다음 단계의 학습으로 진행한다.

이 평가는 동일한 측정도구를 사용하여 한 개인의 수행과 다른 학생의 수행을 상대적으로 비교하는 규준지향 평가(norm-referenced evaluation)와는 대조를 이룬다.

(3) 형성평가

형성평가는 산출물이 개발되는 과정에 실시되는 것으로, 자료 및 프로그램의 적절성에 대한 정보를 수집하여, 문제점을 파악하고 이 정보를 향후 개발을 위한 기반으로 이용하는 것이다.

(4) 총괄평가

형성평가가 프로그램의 개발과정에서 실행되는 활동이라면, **총괄평가**는 프로그램이 모두 완성된 후 시행되는 평가이다.

총괄평가는 프로그램이 완성된 후 실시되며, 프로그램의 유용성을 결정하기 위하여, 적절성에 대한 정보를 수집하고 이를 이용한다. 또한 총괄평가는 외부고객이나 의사결정자에게 정보를 제공하기 위해 수행된다.

위에서 살펴본 대로 교육공학의 다섯 영역과 그 하위 구성요소는 교육공학 연구영역과 실천분야의 다양성을 보여준다. 각 영역과 관련된 이론 및 인접학문 분야를 살펴보면, 교수이론 · 학습이론 · 매체이론 · 교육과정이론 · 상담이론 · 조직이론 · 정보이론 · 커뮤니케이션이론 · 체제이론 등 매우 다양하다(권성호, 1998).

2. 교육공학의 새로운 동향

교육공학은 실천적 응용학문이라는 특성상, 타 학문 분야와 간 학문적 접근 방식을 취하고 있다. 하지만 교육공학의 핵심이 **학습의 효과성을 추구**하며, **학습자 중심의 교육**을 구안하고, 학습 또는 교육 문제를 해결하기 위한 **과학적 · 체계적 실천과정**이라는 점에서 누구나 동의할 것이다. 따라서 **교육공학은 효과적인 학습 효과의 창출을 위해 모든 교육의 과정과 자원을 체계적으로 설계 · 개발 · 활용 · 관리 · 평가하는 총체적인 문제 해결 과정**이며, 이를 위해 필요한 원리와 기법 및 과학적인 접근 방법을 적용하여 연구 · 개발 · 실천하는 응용 학문이라 말할 수 있다. 그러나 교육공학은 새로운 이론과 테크놀로지 및 시대의 흐름에 따른 이슈를 적절히 통합함으로써, 끊임없이 전진하는 학문 영역으로서의 가능성을 가지고 있다.

<그림 4-3> 컴퓨터 역할 패러다임의 변화와 교육 정보화 정책의 변화(백영균 외, 2006)

가. u-러닝

1) u-러닝의 개념과 특징

유비쿼터스(Ubiquitous)라는 용어는 1998년 미국의 제록스팔로알토연구소의 마크 와이저(Mark Weiser)에 의하여 처음 사용되었다. 유비쿼터스(Ubiquitous)는 라틴어로 '어디에나 존재한다.'는 의미를 갖는다. u-러닝(u-Learning)은 유비쿼터스-러닝(Ubiquitous-Learning)의 약자이다. 따라서 u-러닝(u-Learning)은 언제, 어디서나, 누구나, 어떤 장치에서도 대용량의 통신망을 사용할 수 있고, 이를 통해 커뮤니케이션을 할 수 있는 것을 뜻한다.

<그림 4-3>에서도 알 수 있듯이 U-learning은 모든 현실 공간의 사물과 가상공간이 하나로 어울러져 조화를 이루는 혁명이다. 학습자들은 언제 어디서나 어떤 내용이건 어떤 단말기로도 학습할 수 있기 때문에 컴퓨터는 생활이 되고 교육활동이 된다. 이는 단순히 혁신 기술만을 말하는 것이 아니며 보다 창의적이고 학습자가 중심이 되는 교육과정을 실현하는 것이다.

예를 들면 학습자가 야외 학습활동을 수행할 경우 학습자 자신의 학습 수준과 과정에 대한 정보와 통합하여 학습자 수준에 맞는 내용이 실시간으로 학습자의 PDA를 통해서 전달될 수 있다. 여기서 PDA(Portable Digital Assistants)란 개인 정보를 관리하거나 컴퓨터와 정보를 주고받을 수 있는 휴대용 컴퓨터의 일종이다. 손으로 정보를 직접 써서 입력받을 수 있고 무선인터넷도 가능하다. 또한 PC(Personal Computer; 개인용 컴퓨터; 퍼스컴), 노트북, PMP(Portable Multimedia Player; 언제 어디서나 비디오, 음악, 사진 등을 간편하게 즐길 수 있는 휴대용 멀티미디어 기기) 등 휴대용 단말기, 자동차의 Navigator, 각종 센서 등이 무선 네트워크에 연결될 때 어디에나 존재하는 컴퓨터 환경이 가능해진다.

이러한 U-learning의 특징은 다음과 같이 네 가지로 요약될 수 있다(하원규 외, 2003; 한국교육신문, 2006).

- 교육장소가 융통성 있게 다양화 된다. 장소와 특정 기기에 대한 의존성에서 탈피하여 고정된 교실에서 구애 받지 않고 어디서든 교육이 가능하다. e-러닝의 경우 인터넷으로 사이버 공간에 접속하여 학습활동이 이루어지는 반면, 유비쿼터스 환경에서는 사이버 공간과 현실공간의 구분 없이 공원, 놀이동산, 박물관 등 도처에 존재하는 모든 지능형 사물(smart object)에 의하여 학습자가 있는 공간이 모두 학습공간이 된다.
- 교수-학습방법이 다양한 맞춤형으로 변화한다. 즉, 일상생활에서 필요에 의해 자연스럽게 학습 방법을 선택할 수 있어 나만의 공간에서만의 학습의 맞춤형 학습의 기회가 된다.
  e-러닝에서는 학습자가 IT(information technology)기반의 교육환경에 의도적으로 접속해야 하는 전형적인 풀(pull)형 방식의 교육이지만, u-러닝은 학습자 개인의 필요 및 상황에 맞는 푸시(push)형 맞춤 교육이 가능하다.
- 지식전달 체제가 실시간으로 변화한다. 다양한 네트워크와 다양한 송수신(단말기)이 가능하여 실시간의 현장성 높은 학습의 경험 및 실시간 협동학습의 진행이 가능하다. 또한 센싱 기술 인공 구조물, 실시간 3차원의 기술 등을 이용한 창의적 공동연구가 활발하게 이루어질 수 있는 환경이 조성된다.
- 다양한 학습 공동체의 출현이 가능하다. 이는 다양한 기술기반으로 다양하고 전문적인 학습 공동체 네트워크 형성이 급속화 될 것이며 궁극적으로 학교 교육내용의 전문화 및 심층화가 가능해진다.

2) u-러닝 공간(제3공간)

[표 4-1]에서 보는 바와 같이 제3 공간은 **전자 공간(사이버 공간)**과 물리 공간의 결합이 이루어지는 새로운 차원의 공간을 의미한다. 기존의 전자 공간에서는 고도의 정보를 집적함으로써 가상현실(virtual reality)을 창출하고자 하였으나, 유비쿼터스 공간은 사물이 전자공간으로 송신되고 전자공간의 정보가 물질세계에 투영됨에 따라 증강현실이 실현되는 공간이다(하원규 외, 2003). 즉, **유비쿼터스(Ubiquitous)** 환경은 가상현실이라기보다는 통합된 현실을 가능하게 함으로써 전자공간을 물리공간에 심어서 이를 지능화하는 것을 의미한다.

[표 4-1] 물리공간, 전자공간 그리고 유비쿼터스 공간의 특징 비교

구분	물리공간	전자공간	유비쿼터스 공간(제3 공간)
공간원소	원자	비트	원자+비트
공간지각	만질 수 있는 공간	만질 수 없는 공간	만지지 않아도 알 수 있는 공간
공간형식	유클리드공간, 실제적인 현실임(real)	논리적 공간, 컴퓨터상에서 가상적임(virtual)	지능적 공간, 지능적으로 증강된 현실임 (intellectually augmented reality)
공간구성	토지+사물	인터넷+웹	유비쿼터스 네트워크+지능화된 환경, 사물

3) 네티즌(netizen)과 유비티즌(ubitizen)

네티즌(netizen)은 네트워크상의 가상정보를 무대로 자신에게 필요한 생활정보를 수 · 발신함으로써 삶의 양식을 개선하고자 하는 사람을 의미하고, **유비티즌(ubitizen)**은 현실적인 일상공간 속에서 자신의 욕구에 맞는 생활환경과 사물의 자율적 지능화를 통해 삶의 양식을 혁신시키고자 하는 사람을 일컫는다. [표 4-2]는 네티즌과 유비티즌을 비교한 것이다.

[표 4-2] 네티즌과 유비티즌의 차이(하원규 외, 2003)

구분	네티즌(netizen)	유비티즌(ubitizen)
정의	네트워크상의 가상정보를 무대로 자신에게 필요한 생활정보를 수 · 발신함으로써 삶의 양식을 개선하고자 하는 사람	현실적인 일상공간 속에서 자신의 욕구에 맞는 생활환경과 사물의 자율적 지능화를 통해 삶의 양식을 혁신시키고자 하는 사람
성립시점	접속하고 있을 때(삶 · 생활공간과 분리 됨)	생활하고 있을 때(삶 · 생활공간과 일체화 됨)
인간형	정보 검색형 인간	상황 분석형 인간
정보화 대상영역	생활과 관련된 정보 그 자체	생활과 관련된 공간의 환경과 사물
욕구 충족수준	집합적인 이용자 수준(정보제공자에게 달려 있음)	이용자의 요구 수준(개별 이용자의 욕구에 달려 있음)
정보내용	업데이트하기 전까지는 변하지 않는 생활정보	수많은 생활공간에서 시시각각 변하는 이용자와 연계된 상황정보
정보 이용환경	의식적 조작이 서비스 이용에 필수, 정보 활용 능력이 중요	의식적인 조작 없이도 서비스제공, 정보 활용 의지가 중요
사용자 디바이스	데스크톱 PC	입거나 들고 다니는 컴퓨터
주요 인프라	인터넷, 유선망	센서넷-사물넷, 유무선 통합망
응용 기술	가상현실+웹	증강현실+리얼웹(real web, web presence)
애플리케이션	인터넷 쇼핑몰, 전자도서관 등의 가상공간 서비스(전자공간 중심)	스마트 홈, 스마트 쇼핑몰 등의 현실공간 서비스(전자+현실공간 연계)
행동화 여부	행동화 불가능(정보 수 · 발신만 가능)	행동화 기능 (MEMS+로봇 응용)

4) 전통적 교육체제와 유비쿼터스 학습 체제

[표 4-3]은 전통적 교육체제에 비교한 유비쿼터스 학습 체제를 제시한 것이다. 특히 전달체제에 있어서 유비쿼터스 학습 체제는 학습방식, 상황, 모델의 다양화, 정보통신기술 기반형 학습지원체제, 다양하고 유연한 분권적 관리, 학습자 주도형의 특징을 갖고 있다.

[표 4-3] 전통적 교육 체제와 유비쿼터스 학습 체제 간의 비교(World Bank, 2003)

구분	전통적 교육 체제	유비쿼터스 학습 체제
범위	• 초등교육부터 고등교육까지의 형식적 학교 교육	• 전 생애에 걸친 학습(학교, 직장, 은퇴후)
내용	• 지식 내용의 습득과 반복 교육과정 중심형	• 지식의 창조, 습득, 활동 • 다양한 지식 원천 • 학습자의 학습 선택권 강화 • 핵심능력(competence) 중심
전달 체제	• 학습방식과 모델이 제한적 • 공식적 교육기관 • 획일적 중앙통제형 관리 • 공급자 주도형	• 학습 방식, 상황, 모델의 다양화 • 정보 통신 기술 기반형 학습 지원 체제 • 다양하고 유연한 분권적 관리 • 학습자 주도형

나. 모바일 러닝

모바일(mobile)은 이동성을 의미하는 것으로 모바일 통신기기에는 노트북, PDA, 핸드폰, 헨드 PC 장비 등이 있다. **모바일 러닝**(mobile learning)이란 이러한 장비들을 이용하여 언제 어디서나 쉽고 저렴하게 무선으로 인터넷에 접속하여 다양한 형태의 정보를 획득하고 활용하여 학습하는 것을 말한다.

최근 학교 현장에서 정보통신기기를 활용한 자기주도적이고 창의적인 수업이 적극 권장되고 있는데, 초 · 중 · 고등학교에서는 무선 랜 노트북과 PDA 등을 이용한 인터넷 활용수업이 활발하게 시범 적용되고 있으며 대학에서는 초 · 중등과는 달리 단체적으로 모바일(mobile)을 이용한 학사관리 시스템 및 모바일 인터넷 교육의 확산이 활발히 전개되고 있다(한상용 외, 2003)

[표 4-4]는 e-러닝, 모바일 러닝, u-러닝을 비교한 것이다.

[표 4-4] e-러닝, 모바일 러닝, u-러닝의 차이(김태영 외, 2005)

구분	e-러닝	모바일 러닝	유비쿼터스 러닝
학습공간	• 학습자가 안정된 물리적 공간에 위치하고 사이버 공간을 통해 하는 학습 • 온라인에서 이루어지는 학습활동과 오프라인에서 이루어지는 학습활동이 분리되어 이루어짐	• 물리적 공간에서 이동하면서 사이버 공간을 통해 하는 학습 • 온라인에서 이루어지는 학습활동과 오프라인에서 이루어지는 학습활동이 여전히 분리되어 이루어짐	• 물리적 공간에 내재되어 있는 사이버공간을 의식하지 않으면서 일상적인 물리적 공간에서 하는 학습 • 물리적 공간에 존재하는 사물과 학습활동 공간에 존재하는 사물까지 센서/칩/라벨 등을 포함, 지능화/네트워크화 하는 것으로 정보화 영역이 확대 온라인/오프라인이 모두 통합된 학습활동이 이루어짐.
주된 기기	주로 PC단말기 기반/PC의 네트워크 기반	PDA 모바일 전화기, 태블릿 PC등 물리적으로 움직이면서 사용 가능한 모바일 기기	입거나 들고 다니는 컴퓨터와 같은 다양한 차세대 휴대기기/이들 휴대기기의 네트워크기반
트래킹/자연 인터페이스 구현정도	트래킹 지원/자연 인터페이스 거의 구현 안됨	트래킹 지원/자연 인터페이스 수준 낮음	학습행동 트래킹을 통해 유연한 교육을 가능하게 하는 기술, 언어나 시각 등의 자연 인터페이스 매개
학습분절/몰입	안정된 물리적 환경에 위치하면서 일어나는 학습이므로 학습의 분절 현상은 상대적으로 낮음	기술적인 한계 등으로 학습의 분절이라는 문제의 잠재성이 매우 높음	유비쿼터스 기술의 구현으로(트래킹 구현, 에이전트 기술구현) 분절의 가능성 기본적으로 해결/지속적 학습 몰입을 원활히 지원
주요 기술	인터넷, 유선망, 웹기술 활용	무선인터넷 활용	무선인터넷, 증강현실, 웹 현실화 기술 활용
학습 수혜자	회원/등록생으로 가입되었을 때 학습활동이 이루어짐	회원/등록생으로 가입되었을 때 학습활동이 이루어짐	개인의 학습요구 발생 시에 학습자의 상황 정보는 물론 학습 서비스 정보까지 언제 어디서나 실시간·연속적으로 인식, 추적 그리고 의사소통하여 상황인식 학습활동이 이루어짐
학습 발생시점	접속하고 있을 때(일상생활과 학습공간의 분리)	접속하고 있을 때(일상생활과 학습공간의 분리)	생활하고 있을 때(일상생활과 학습의 일체화)

다. 전자책과 디지털 교과서

전자책(E-books)이란 책의 내용을 디지털 형태의 정보로 가공 및 저장된 출판물을 말한다. 이러한 전자책(E-books)에 대한 연구는 1980년대부터 계속되었지만 큰 진전은 없었다. 그러나 최근의 테크놀러지의 발달과 보급, 그리고 가격의 저렴화는 전자책에 대한 새로운 가능성을 열어주고 있다.

빌 게이츠(Bill Gates)의 저서 'The Road Ahead'는 실험적으로 종이책과 CD-ROM으로 동시에 출간되었고(Gates, Myhrvold & Renearson, 1995). 스티븐 킹(Stiven King)의 전자소설인 'Riding the bullet'이 웹을 통해서만 받아 내려졌다. 외국의 도서전시회에서는 그 어느 때 보다도 전자책에 대한 관심이 높아 개설된 40개의 워크숍 중에 12개가 전자책에 관한 것을 다룰 정도이다(Blais, 2000). 또 마이크로소프트사나 랜덤하우스 등의 회사는 수백만 달러를 투자하며, 다가올 전자책의 선점에 나서고 있다(USA Today, 2000). 우리나라에서도 이미 유명작가의 작품이 인터넷에서 전자파일의 형태로 보급되고 있다.(백영균 외, 2006)

전자교과서에 대한 관심도 높아지고 있다. 전자교과서는 전자책과는 달리 종이책을 단순히 스크린으로 옮긴 것을 넘어 기존 종이책이 수행하지 못했던 새로운 기능과 목적을 가지고 있다. 즉, 전자교과서란 '기존의 인쇄물로 된 교과서, 컴퓨터 보조학습(CAI), 교육용 데이터베이스, 멀티미디어 자료, 평가문항, 학습자 관리 프로그램(CMI) 등의 모든 기능을 포함하는 총체적인 교수 학습 도구'이다(교육부, 2003).

디지털 교과서는 넓은 의미에서 디지털 기술을 기반으로 한 일체의 교과서를 의미한다. 디지털 교과서라는개념이 등장하기 전에는 멀티미디어 자료, 전자 저작물, 전자 교과서, e교과서, e-book 등의 용어가 사용되기도하였으나 지난 2007년 교육인적자원부의 '디지털 교과서 상용화 추진 방안'에 따라 이들 용어 역시 점차 디지털 교과서로 수렴되는 경향을 보여왔다.

디지털 교과서 관련 논의가 시작된 시기인 2007년부터 2011년 사이에는 디지털 교과서의 설계 전략과 관련한 논의가 주를 이루었는데 이는 '전략', '도입', '플랫폼', '인터페이스'와 같은 키워드를 통해 확인할 수 있다. 디지털 교과서 논의가 가장 활발하게 이루어진 시점인 2011년부터 2015년 사이에는 키워드로 '스마트'가 매우 빈번하게 나타났는데, 이는 2011년 정부가 발표한 '스마트 교육 추진전략'과 밀접한 관련이 있어 보인다. 가장 최근에 해당하는 2016년부터 2021년 사이에는 지식정보 사회에서의 디지털 교과서 활용의 필요성, 2015 개정교육과정에 따른 디지털 교과서 시행, 정책 개발 방향에 대한 논의 등이 두드러진다.

최근의 디지털 교과서 관련 논의는 온라인 교과서라는 개념으로 수렴되는 양상을 보인다. 온라인 콘텐츠 활용 교과서로도 불리는 온라인 교과서는 온라인 콘텐츠를 활용하여 교육과정에 적합하게 제작한 교수·학습자 료를 의미한다[1]. 학습자의 개별적 요구에 더 많은 관심을 기울일 필요가 있다는 사회적 공감대에 따라 이를 실현하는 수단으로서 네트워크 기반의 디지털 기술에 대한 관심이 급증하고 있다는 점, 역량과 글로벌 시민의식 강화를 위해 디지털 네트워크를 통해 유통되는 시의성 있고 실제적인 각종 콘텐츠를 효과적으로 활용할 필요가 있다는 점, 학교 수준 교육과정의 강화를 위해 교사들이 보다 쉽게 교수·학습 자료를 개발하고 이를 교사들 간에 공유할 수 있도록 환경을 구축할 필요가 있다는 점 등 여러 가지 이유에서 온라인 교과서라는 개념이 이러한 요구를 반영하기에 더 적합한 개념으로 인식되는 것으로 보인다(서수현, 정혜승, 노들, 2022).

라. 교육에서의 인공지능(AI in Education: AIED)

교육에서의 AI(AIED)는 종전까지 첨단 에듀테크 기술을 교육에 도입하는 것에서 더 나아가, AI가 학습의 과정과 방법을 보다 깊이 있고 정교화된 방식으로 이해하는 데 강력한 도구로 활용되는 것을 의미하였다(Luckin, Holmes, Griffiths, Forcier, 2016).

'AI와 함께하는 학습(Learning with AI)'은 시스템 측면의 AI, 학생 측면에서의 AI, 교사 측면에서의 AI로 분류되며, 교육 환경, 교사, 학생을 지원하는 역할로서의 AI를 의미함. ― 이는 AI 및 다양한 테크놀로지를 교육에 활용하는 것으로, AI를 직접적인 학습 도구나 학습 환경으로 활용하거나, 교수(敎授)의 도구로 활용하거나, 나아가 학습자 모니터링 도구나 평가 및 채점 도구로 활용하는 접근을 포괄한다. 'AI에 대한 학습(Learning about AI)'은 유·청소년을 대상으로, 기술자를 대상으로, 관리자급 인력을 대상으로 AI를 가르치는 것으로 구분하여 학습 대상자를 달리한 '교육 내용으로서의 AI'를 의미함. ― 이는 AI에 대한 이해를 바탕으로 AI 알고리즘을 설계, 개발, 활용하는 능력을 함양하기 위해 AI를 교육의 내용으로 가르치는 접근이다. 이렇게 볼 때, 교육에서의 AI(AIED)는 교수학습의 도구로서 AI와 교육 내용으로서 AI 두 가지 모두를 포괄하는 개념으로 정리할 수 있다.

국내에서는 새로운 테크놀로지가 교육에 등장할 때마다 해당 기술에 'X-기반 교육'이라는 용어가 만들어져 왔는데, 한 예로 월드 와이드 웹(World Wide Web)이 등장한 90년대부터는 웹 기반 교육이라는 용어가 널리 사용되어 왔다. 유사한 맥락으로 최근 국내에서 출판된 「AI 기반 교육 가이드북」의 정의를 일부 수정하여 제시하면 AI 기반 교육(AIBE)은 'AI 기술을 교육에 도입하여 교육 내용과 교육 방법 그리고 교육 체제의 변화를 모색함으로써 변화하는 미래사회에 능동적으로 대처할 수 있는 역량을 갖춘 인재를 양성하는 교육(부산광역시교육청, 2019, p.36)'으로 정의되었다.

즉 AI 기반 교육(AIBE)은 'AI 요소를 가지고 있는 LMS(Learning Management System)

에서 AI가 교사와 학생을 지원하는 형태'와 이러한 AI 기반의 교육 플랫폼이 존재하 않는 경우 '수업의 다양한 주제와 활동에 맞는 적절한 지능형 서비스를 수업에 활용하는 형태'를 포괄하는 개념이다. — 즉, AI 기반 교육(AIBE)은 AI 기반의 교육 플랫폼이 있건 없건 AI가 학습자 분석, 학습 내용 분석, 학습 활동 분석, 교수 활동 분석 등 교수자의 교수설계 작업을 도와주고, 교수자의 보조교사 혹은 협력교사로서의 역할을 하며, 학습자의 특성을 파악하여 교육과정의 개별화를 지원하는 등 광범위한 역할을 하도록 AI를 활용하는 접근으로 볼 수 있다. — 다음 [그림 4-4]와 같이 AI 기반 교육(AIBE)은 과거에는 'ICT 활용 교육'과 같이 AI가 교육의 방법적 측면에서 활용되는 것을 의미하여 ICT 활용 교육 내에서의 작은 비중으로 존재하였으나, 점차 AI의 비약적 발전에 힘입어 미래에는 교육 방법적 측면을 넘어서 교육 내용적 측면까지를 포괄하는 개념으로 확장될 것으로 보고 있다.

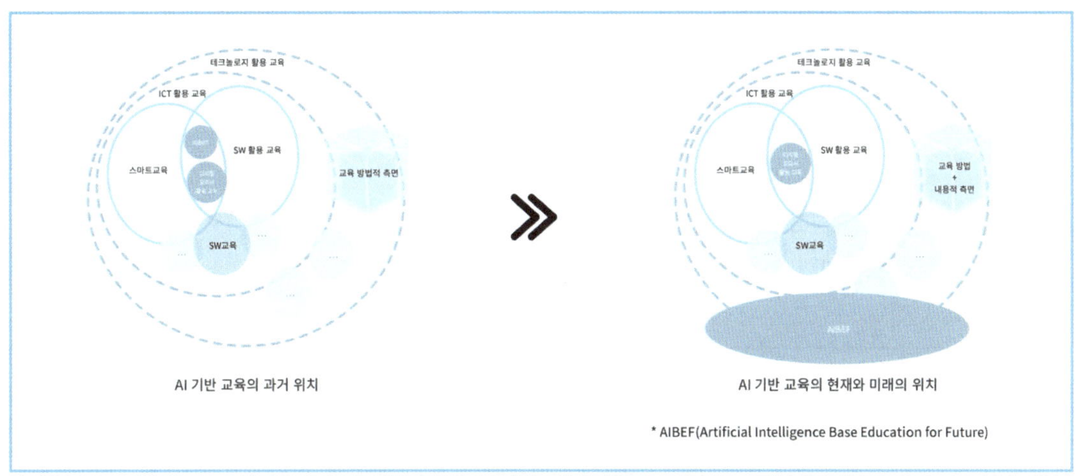

<그림 4-4> 인공지능(AI) 기반 교육의 과거와 현재 위치(부산광역시교육청, 2019: 37-38)

이렇게 볼 때, AI 기반 교육(AIBE)은 테크놀로지 활용 교육의 한 형태로서의 협의의 개념을 넘어, '도구로서의 AI'와 '내용으로서의 AI'를 모두 포괄한 광의의 개념으로 발전하며 '교육에서의 AI(AIED)'와 유사한 개념임을 알 수 있다.

5장

기술교과 교수설계와 매체

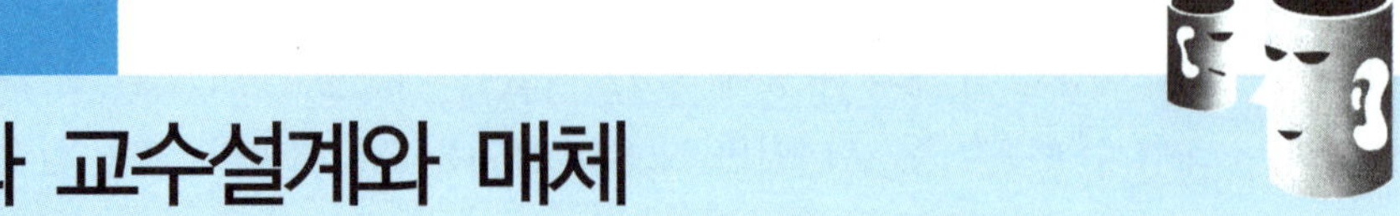

이 장에서는 교수설계 이론, 교수설계 모형, 교수매체의 선정을 중심으로 다양한 이론들과 모형을 탐구하기로 한다.

◎ 주요 용어 Key words

#Gagne-Briggs의 교수설계 이론
#Merrill의 내용요소 전시 이론(Component Display Theory: CDT)
#Merrill의 교수교류 이론(Instructional Transaction Theoroy: ITT)
#Reigeluth의 수업정교화 이론(Elaboration Theory of Instruction: ETI)
#Keller의 동기설계 이론(ARCS이론)
#Dick & Carey의 체계적 교수설계 모형
#Kemp의 교수설계 모형
#ASSURE 모형

1. 교수설계 이론

교수설계 분야의 대표적인 이론을 구축한 두 학자는 Gagne와 Merrill로서 대표적인 교수설계 이론 즉, 제1세대 ID이론인 Gagne-Briggs의 포괄적 교수설계 이론과 Merrill의 미시적 교수설계 이론(내용요소 전시 이론, CDT)을 비교적 상세히 소개한다. 그리고 거시적 교수설계 이론인 Reigeluth의 수업 정교화 이론과 Keller의 동기설계 이론(ARCS Theory)에 관하여 살펴볼 것이다(이화여자대학교 교육공학과, 2002). 제2세대 ID이론으로 Merrill의 교수교류 이론(instructional transaction theoroy: ITT)을 다룬다.

가. Gagne-Briggs의 교수설계 이론

Gagne-Briggs(1979)가 제시하고 있는 교수설계 이론은 인간학습의 세 영역인 인지적, 정의적, 심체적 영역을 포괄적으로 다룬다. 이 이론은 교수를 위한 구체적인 처방을 제시하고 있어 그 적용범위가 광범위하여 현재 교육·훈련의 실제 현장에서 매우 많이 활용되고 있다. Gagne-Briggs 교수-학습과 관련하여 인간학습에 관한 지식을 탐구하는 것과 교수설계를 할 때 이들 지식을 어떻게 조직하고 어떤 절차에 의해서 적용할 것인가를 중심으로 연구를 실시하였다(Gagne, 1977; Briggs, 1977; Gagne & Briggs, 1979). 다음은 Gagne-Briggs의 이론에 관하여 인간학습의 유형, 학습의 조건과 수업 계열화 그리고 수업 절차로서의 교수 사태(instructional events)에 관하여 살펴보고자 한다.

1) 학습의 범주

Gagne는 Bloom의 인지적, 정의적, 심체적 학습분류 체계를 발전시켜 인간학습을 다섯 가지 범주로 분류하였다. 즉, **언어 정보**(verbal information), **태도**(attitudes), **지적기능**(intellectual skills), **운동 기능**(motor skills), **및 인지 전략**(cognitive strategies)의 **영역**으로 분류하였다[표 8-1 참조]. 이들 다섯 가지 **학습범주**는 인간의 학습된 능력, 즉 학습 결과가 크게 다섯 유형으로 분류된다는 데에 근거를 두고 상정된 것으로 Gagne-Briggs **교수설계 이론**의 토대가 되었다(Reigeluth, 1983; Bell-Grudler, 1986; Driscoll, 1994; Bredler, 2001).

Gagne에 의하면 학습이란 학습자가 어떤 과제를 수행하기 위해 특정한 능력을 획득하였을 때, 그 결과로서 일어나는 것이다. '학습된 능력', 즉 학습결과 그 자체는 관찰이 불가능하기 때문에 특정한 능력이 획득되어 학습이 이루어졌다고 추론할 수 있는 것은 학습자의 관찰 가능한 행동을 통해서만 가능하다. Gagne는 이들 다섯 가지 범주의 학습된 능력은 각각 서로 다른 '학습결과'를 가져오며 이들 학습결과가 수업을 계획할 때 교수목표로서 진술된다고 설명하고 있다. [표 5-1]은 다섯 가지 범주의 학습 능력을 Bloom의 교육목표와 비교하여 나타낸 것이다.

[표 5-1] 다섯 가지 범주의 학습능력

Bloom의 교육목표	Gagne의 학습된 능력	수 행
인지적 영역	언어 정보	정보를 진술함
	지적 기능	문제해결을 위하여 개념이나 규칙을 활용함 구체적인 사례를 회상하고 학습자극에 변별적으로 반응함
	인지 전략	문제에 관한 새로운 해결방안을 모색 : 자신의 사고·학습 과정을 통제하기 위한 다양한 방법을 활용함
정의적 영역	태 도	특정한 방식으로 행동할 것을 선택함
심체적 영역	운동 기능	신체적 운동을 유연하고 적절한 계열에 따라 실행함

2) 학습의 조건과 수업계열화

(1) 학습의 조건

Gagne에 의하면 다양한 유형의 학습결과들을 위해서는 다양한 **학습조건** 즉, 유형별로 적절한 학습조건을 필요로 한다. Gagne는 학습의 조건을 내적 조건과 외적 조건으로 분류하고 있다. 내적 조건이란, 현행 학습에 필수적이거나 보조적인 것으로서 학습자가 이전에 습득한 선수학습과 학습자의 인지적 과정을 말한다. 외적 조건이란, 학습자 외부의 교수사태를 통해서 학습자의 내적 인지과정을 활성화시켜 주고 보조해 줄 수 있는 다양한 방법들을 말한다. [표 5-2]에서는 학습 유형별로 학습에 요구되는 필수적 **내적 조건**과 **외적 조건**을 제시하고자 한다.

[표 5-2] 학습의 유형에 따른 학습의 조건(Gagne & Briggs, 1979)

학습의 유형		내적 조건(선수학습능력)	외적 조건
언어 정보	명칭	언어연쇄를 기억함	(학습자에 의한)명칭을 영상이나 의미 있는 문장에 연결시킴으로써 기호화 함
	사실	의미있는 정보의 맥락을 기억함	보다 큰 정보의 맥락 속에 사실을 귀속시킴
	지식	관련된 정보의 맥락을 기억함	새로운 지식을 관련된 정보의 맥락 속에 귀속시킴
지적 기능	변별	S(자극)-R(반응)결합을 기억함	동일한 자극과 상이한 자극을 제시하는 상황을 반복하며 피드백을 제공함
	구체적 개념	관련된 대상의 특징분류에 관하여 기억함	대상의 관련성 없는 특징을 바꾸어 가면서 개념의 여러 가지 예를 제시함. 학습자가 개념의 예를 파악하도록 함
	정의된 개념	구성개념들을 기억함	개념의 구성요소를 제시하거나 개념의 정의를 언어적으로 나타냄. 학습자가 개념을 나타내 보도록 함
	원리	구성개념들 또는 하위원리들을 기억함	원리를 언어적으로 나타냄. 학습자가 원리를 적용해보도록 함
	고차적 원리(문제해결)	관련된 하위 원리를 기억함	새로운 문제를 제시함. 문제해결을 위한 새로운 원리를 제시함
인지 전략		관련된 원리와 개념들을 기억함	해결방안이 구체화되지 않은 새로운 문제상황을 연속적으로(장기간에 걸쳐서) 제시함. 학습자가 문제해결을 하도록 기회를 제공함
운동 기능		구성 · 운동연쇄들을 기억함	실행의 하위단계(원리)들을 확립하거나 기억함. 운동기능을 전체적으로 연습함
태도		목적된 개인행동들과 관련있는 정보와 지적기능을 기억함	사람에 대한 존경심을 확립하거나 기억함. 직접 경험 혹은 존경하는 인물의 관찰에 의한 간접경험을 통해 개인적 활동에 보상함

[표 5-3] 학습 유형에 따른 필수적, 보조적 선수학습 능력

학습 유형	필수적 선수학습 능력	보조적 선수학습 능력
지적 기능	지적 기능의 단순한 구성요소(원리, 개념, 변별)	태도, 인지 전략, 언어 정보
언어 정보	유의미하게 조직된 일련의 정보	언어 기능, 인지 전략, 태도
인지 전략	특수한 지적 기능	지적 기능, 언어 정보, 태도
운동 기능	부분 기능(필요한 경우) 절차적 규칙(필요한 경우)	태도
태도	지적 기능(필요한 경우) 언어 정보(필요한 경우)	기타 태도, 언어 정보

(2) 선수학습 능력(Prerequisites)과 학습위계(Learning Hierarchy)

수업의 계열화에서는 무엇보다도 학습자가 본 학습을 위해 필요한 **선수학습 능력**을 습득할 수 있도록 하는 것이다. 선수학습 능력에는 두 가지 유형이 있다. 첫째, **필수적 선수학습 능력**(essential prerequisites)이란 학습자가 설정 목표에 도달할 수 있도록 사전에 반드시 학습하여야 하는 하위기능들을 말한다. 둘째, **보조적 선수학습 능력**(supporting prerequisites)은 학습을 촉진시키는데 유용하나 학습에 반드시 필수적인 것이 아닌 것들을 말한다. 보조적 선수학습 능력을 학습하게 되면 보다 쉽고 빠르게 교수목표를 성취할 수 있다.

Gagne에 의하면 지적기능의 영역(즉, 변별, 구체적 개념, 원리, 고차적 원리)에는 **필수적 선수학습 능력과 능력 간의 상호관계가 학습위계**(learning hierarchy)의 **형태**로 나타난다. 고차적 원리학습의 선수학습 능력(prerequisites)은 원리이며 원리학습능력의 선수학습 능력은 개념이다. 또 개념학습의 선수학습 능력은 변별이다. 이처럼 지적기능의 하위 요소들은 위계적 구조를 이루고 있다.

학습 유형별로 요청되는 선수학습 능력을 파악하는 것은 교수설계에 있어서 매우 중요하다. [표 5-3]에서 교수설계 시 지침이 될 수 있도록 다섯 가지의 학습목표 영역에 따라 필수적 선수학습 능력과 보조적 선수학습 능력들을 제시하였다.

3) 교수 사태(Events of Instruction)

다양한 학습상황에서 소정의 목표를 달성하기 위해서는 학습의 외적, 내적 조건이 충족되어야 한다. Gagne는 다양한 학습상황에서 학습의 외적 조건을 제공하는 일련의 절차를 교수 사태라고 부른다.

Gagne가 제시한 9가지 교수 사태는 각각 앞서 살펴본 학습자의 내적 인지과정에 기초한 외적 조건을 제공할 수 있도록 한다. 따라서 교수 사태는 수업을 계획하거나 교육·훈련 프로그램을 개발하는 교수 설계자에게 설계를 위한 처방을 제공해 줄 수 있다. 학습 상황에서 필요한 교수 사태를 순서에 따라 제시하면 아래와 같다.

① 주의의 획득

모든 교수활동에서 실시할 첫 번째 일은 학습자의 주의를 획득하여 후속 학습활동 즉, 교수 사태가 원만하게 이루어지도록 하는 일이다.

② 학습자에게 목표 제시

학습자에게 수업의 목표를 제시하는 목적은 학습자가 수업이 끝난 후 자신이 학습한 것을 확인할 수 있고 학습자가 지니고 있는 수업에 대한 기대에 부응하기 위해서이다.

③ 선수학습 능력의 재생 자극

본 학습에 필수적인 능력인 선수학습 능력은 새로운 학습을 실시하기 전에 재생되어야 한다. 종종 선수학습 능력의 재생은 교사가 학습자에게 사전에 학습한 것을 상기시켜 줌으로써 이루어질 수 있다.

④ 자극자료의 제시

자극자료 즉, 수업에서 다룰 내용의 범위는 교수 목표의 범위만큼이나 다양하다. 자극자료의 예로는 언어정보의 진술형태, 개념의 예들, 운동기능의 시범 등을 들 수가 있다.

⑤ 학습안내의 제공

학습안내를 제공하는 것은 학습자가 목표에 명세화된 특정 능력을 보다 용이하게 습득할 수 있도록 돕기 위해서이다.

⑥ 수행의 유도

학습자가 특정 능력을 습득했는지를 확인하기 위해서는, 학습자에게 해당되는 행동을 수행하도록 요구하는 것이 필요하다. 교수자는 학습자의 반응을 유도하기 위한 질문을 하거나 행동을 하도록 지시할 수 있다.

⑦ 수행의 정확성에 관한 피드백 제공

학습결과에 대한 정보로서 피드백의 제공은 교수 사태로서 꼭 필요하다. 가장 효과적인 피드백은 정보적(informative)인 피드백이어야 한다. 예컨대, 반응에 대한 정오판단에 그치는 피드백보다는 오답인 경우 이를 수정할 수 있는 보충 설명을 해주는 피드백이 학습성취에 효과적이다.

⑧ 수행의 평가

학습자가 설정한 학습목표를 달성했는지의 여부를 확인하는 것과 의도한 기능을 일관성있게 수행했는지의 여부를 확인하는 것이 수행 평가 사태에서 해야 할 일이다.

⑨ 파지 및 전이의 향상

교수활동은 수행 평가로 끝나서는 안 되고 학습한 것의 파지와 전이를 일부분으로 포함하여야 한다. 지적 기능 학습의 파지와 전이를 위해서는 일정한 간격으로 복습을 하게 하는 것이 효과적이다. 언어정보 학습의 파지와 전이를 위해서는 선행되어 학습된 언어 정보들과 연관을 시켜주는 것이 바람직하다.

9가지 교수 사태는 <그림 5-1>과 같이 학습 정보를 처리하는 학습자의 내적 인지 과정과 관련되어 이행할 수 있다.

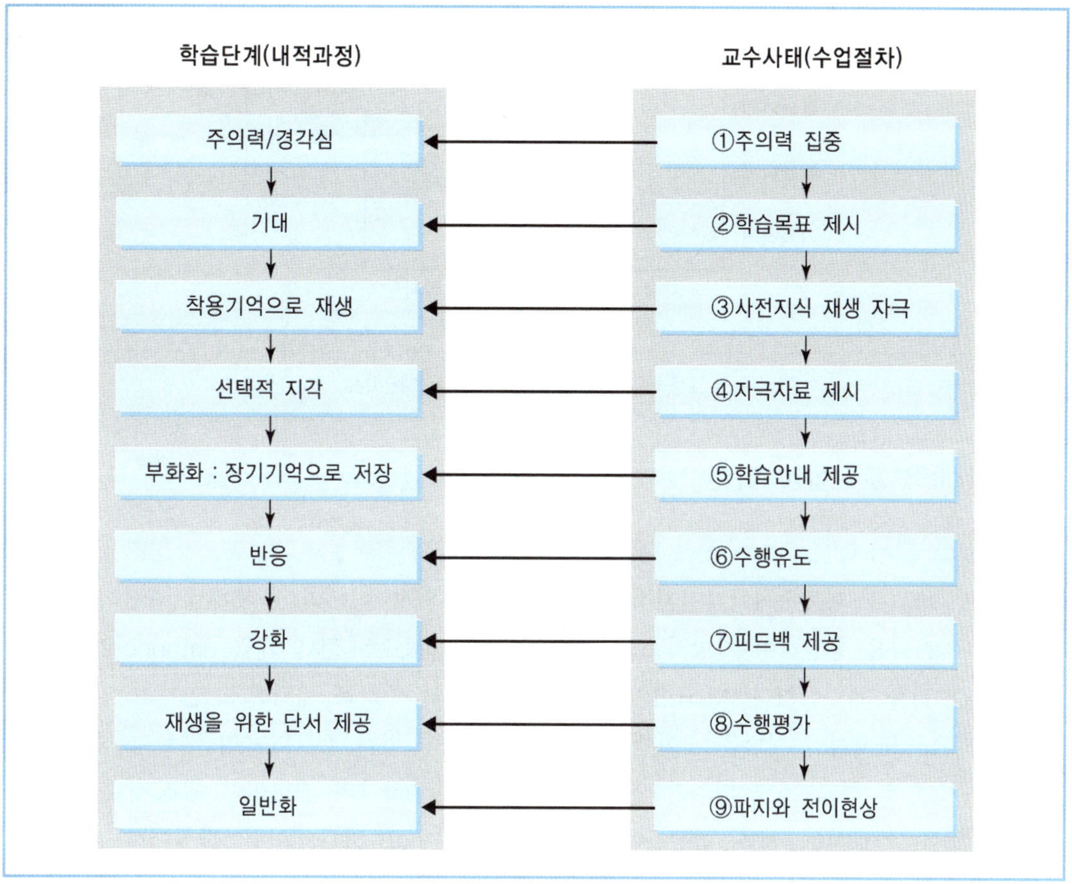

학습단계(내적과정)	교수사태(수업절차)
주의력/경각심	①주의력 집중
기대	②학습목표 제시
작용기억으로 재생	③사전지식 재생 자극
선택적 지각	④자극자료 제시
부화화 : 장기기억으로 저장	⑤학습안내 제공
반응	⑥수행유도
강화	⑦피드백 제공
재생을 위한 단서 제공	⑧수행평가
일반화	⑨파지와 전이현상

<그림 5－1> 학습 단계와 교수 사태의 관계

<그림 5－1>에서 볼 수 있는 것과 같이 교수 사태는 학습의 내적 인지 과정을 활성화시키는 데 필요한 학습의 외적 조건을 제공해 줄 수 있다. 이상 살펴본 Gagne-Briggs의 교수설계 이론에서 학습의 유형별 학습조건을 확인하였고 학습위계를 통해서 선수학습 능력이 어떻게 계열화되어야 하는지를 알려주고 있다. 또한, 학습자의 내적 인지 과정을 촉진할 수 있는 외적 조건을 제공할 수 있는 일련의 교수 사태를 처방적으로 제시해 주고 있다. 이러한 관점에서 Gagne-Briggs의 교수설계 이론은 처방적 이론으로서 교육공학 분야에 많이 기여를 하고 있다.

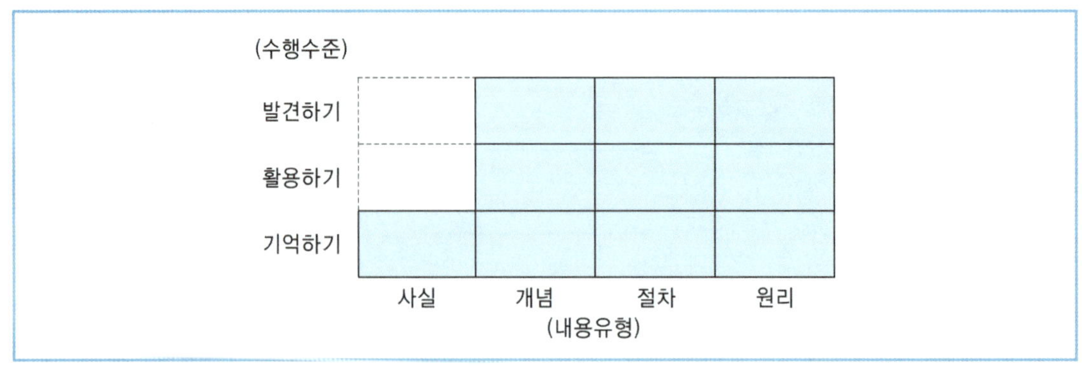

<그림 5-2> CDT의 수행-내용 매트릭스

가. Merrill의 교수설계 이론

1) 내용요소 전시 이론(Component Display Theory: CDT)

Merrill(1983)은 행동주의적, 인지적, 그리고 인간주의적 이론의 관점에서 학습과 교수에 관한 모든 지식을 통합하여 처방적 교수설계 이론인 **내용요소 전시 이론**(component display theory: CDT)을 제안하였다. Merrill의 CDT는 Gagne의 주장을 바탕으로 인지적 영역에 한하여 보다 더 구체적인 처방을 찾아낸 이론이라고 할 수 있다. CDT는 학습 유형 중 인지적 영역을 중심으로 하고 또한 인지적 영역 내에서도 주로 하나의 개념이나 원리와 같은 단일 아이디어들을 가르치는 것과 같은 미시적 수준을 다루고 있다. 이런 관점에서 Merrill의 CDT는 **미시적 교수설계 이론**(micro instructional design theory)으로 지칭되고 있다.

(1) 수행(performance)-내용(content) 매트릭스

Merrill의 CDT도 Gagne의 이론과 동일한 가정을 지닌 이론이다. 즉, 학습결과에는 다양한 범주가 있으며 각각의 범주에 있어 성취수준을 평가하는 일과 능력을 촉진시키는 일을 위해서는 각기 다른 절차가 사용되어야 한다는 것이다. Merrill에 의하면 Gagne(1965)가 제안한 수행수준 중심의 일차원적 분류체계가 복합적인 학습과제를 분류하기에는 너무 제한적이다. 이에 대한 보완책으로 Merrill은 한 차원은 **수행**(performance)수준으로, 다른 한 차원은 **내용**(content)**유형**으로 구성한 이차원적 분류체계를 제시하였다.(Merrill & Boutwell, 1973; Merrill & Wood, 1974)

CDT에서의 학습결과의 범주들은 <그림 5-2>와 같이 **수행-내용의 이차원적 매트릭스**에 의해 세분화된다.

<그림 5-2>에서 제시된 수행-내용 매트릭스에서 수행수준은 기억하기, 활용하기, 발견하기의 세 차원으로 구성되고, 내용유형은 사실, 개념, 절차, 원리의 네 차원으로 구성되어

있다. 네 차원의 내용들은 각각 학습자가 수행해야 하는 과제에 따라서 기억, 활용, 발견의 세 개의 다른 수준에 걸쳐 습득하게 된다. 이 중에서 사실에 대한 활용과 발견하기는 존재하지 않으므로 <그림 5-2>와 같이 결국 10개의 학습범주가 있게 된다.

㉮ 수행범주

수행 범주는 기억하기(remember), 활용하기(use), 발견하기(find)의 세 범주로 구성되어 있다.

• 기억하기

기존의 저장되어 있는 정보를 재생하거나 재인하기 위하여 학습자가 기억된 정보를 탐색하는 수행을 일컫는다.

• 활용하기

학생들이 학습하거나 개념, 절차, 원리 등을 구체적인 실제상황에 적용해 보는 수행을 말한다.

• 발견하기

학생들이 새로운 추상성, 즉 개념, 절차, 원리 등을 도출해 내는 창조적인 수행을 말한다.

㉯ 내용범주

학습내용은 사실(fact), 개념(concept), 절차(procedure) 및 원리(principle)의 네 개의 범주로 구성되어 있다.

• 사 실

이름, 날짜나 사건, 혹은 특정한 사물과 사건을 지칭하기 위하여 사용한 기호들처럼 임의적으로 사물이나 사건과 연관을 지어 명명한 정보를 말한다.

• 개 념

공통적인 속성을 지니고 있고 동일한 명칭으로 불리는 사물, 사건, 기호들의 집합을 일컫는다. 어떤 언어이든지 간에 대부분의 단어들은 하나의 개념을 나타낸다.

• 절 차

특정한 목적을 달성하거나, 특정한 문제를 해결하거나, 산출물을 만드는 데 필요한 단계들을 순서화한 계열을 말한다.

• 원 리

현상이나 사건을 설명하기 위하여 사용한 인과관계나 상호관련성을 말한다. 즉, 현상이 어떤 이유로 발생하였는가를 설명하거나 혹은 앞으로 발생하게 될 사태에 대하여 예측하는 것 등을 말한다.

나. CDT의 교수처방

CDT에서의 교수처방은 교수방법을 기술한 **일차 제시형**(primary presentation form)과 **이차 제시형**(secondary presentation form)을 통해서 구체적으로 제시된다. 일차, 이차 제시형은 CDT의 내용유형과 수행수준에 근거를 두고 고안된 처방이다.

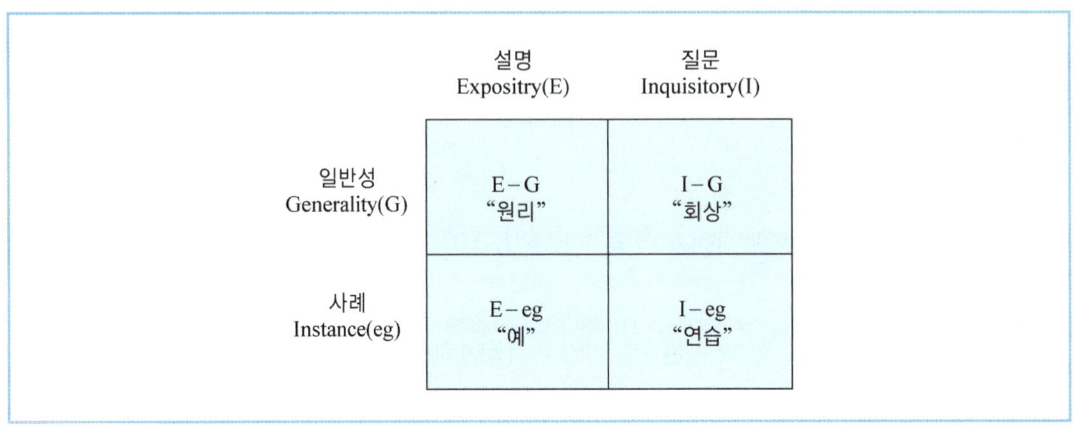

<그림 5-3> Merrill의 일차 제시형

㉮ 일차 제시형

일차 제시형이란 목표로 설정한 학습이 일어날 수 있기 위해 필요한 가장 최소한의 기본적인 자료를 제시하는 방식을 의미한다. 즉, 일차적 자료 제시형태는 수업의 주요 수단으로 볼 수 있다. Merrill은 <그림 5-3>과 같이 일차 제시형에서 자료제시 형태를 일반성(generality)과 사례(instance)라는 개념을 한 차원으로 설명적(expository) 제시형과 질문적(inquisitory) 제시형이라는 개념을 또 다른 차원으로 2차원화 하여 네 개의 범주 즉, EG, IG, Eeg, Ieg를 사용하여 제안하고 있다.

㉯ 이차 제시형

이차 제시형이란 일차 제시형에 추가하여 학습을 보다 더 용이하게 할 수 있도록 지원해 줄 수 있는 부가적인 자료를 제시하는 방식을 의미하며, 일차 제시형을 정교화시켜 주는 제시방법이다. 이차 제시형은 주요 교수전략에 추가하여 학생들의 정보처리 과정을 촉진시켜주거나, 혹은 맥락, 배경과 같이 흥미있는 요소를 제공해 주는 정교화의 기능을 지닌 자료 형태를 말한다. 이차적 자료 제시형태의 목적은 동기유발을 시키거나 인지 과정을 활성화하여 학습이 용이하게 이루어지도록 하는데 있다. Merrill은 맥락, 선수학습, 암기법, 도움말, 표현법 및 피드백의 여섯 가지 정교화를 이차 제시형을 위한 전략으로 이용하고 있다. 앞에서 제시한 일차 제시형별로 적용될 수 있는 이차 정교화 전략이 달라진다. 예컨대, 설명식 일반성 형태에서는 피드백이 적용되지 않는다. 일차 제시형과 여섯 가지 정교화 유형을 관련시켜 제시한 [표 5-4]에 이차 제시형이 나타나 있다.

이차 제시형과 보다 구체적인 CD의 이해를 위해서는 보다 전문 서적을 참고할 수 있다(박성익, 임정훈, 1993; 정인성, 나일주, 1992; Merrill & Twitchell, 1994).

[표 5-4] Merrill의 이차 제시형

일차 제시형 / 정교화의 형태	EG	Eeg	Ieg	IG
맥락(c)	EG'c	Eeg'c	Ieg'	IG'
선수학습(p)	EG'p	Eeg'p		
기억술(mn)	EG'mn	Eeg'mn		
학습 촉진 도움(h)	EG'h	Eeg'h	Ieg'h	IG'h
표상(r)		Eeg'r	Ieg'r	IG'r
피드백(FB) (ca) 정답 (h) 도움 (u) 사용			FB/ca FB/h FB/u	FB/ca FB/h FB/u

2) 교수교류 이론(Instructional Transaction Theoroy: ITT)

지금까지 논의한 Gagne-Briggs와 Merrill의 이론들은 지식을 너무 세분화하여 전체적으로 통합된 지식의 이해를 간과하기 쉽고 상호작용이 가능한 첨단 테크놀로지 환경에서의 교수설계에는 적합하지 못하며 폐쇄적 체제로 되어 있어 설계과정에서 교수-학습 이론이나 경험을 통합한 실제적 적응이 어렵다는 한계점을 가지고 있다. Merrill과 그의 동료들은 이러한 한계를 극복하기 위하여 새로운 ID이론을 구축하여 이를 **교수교류 이론**(Instructional Transaction Theoroy)이라고 하였다(Li & Merrill, 1990; Merrill, 1999; Merrill, Li & Johns, 1991; 1992). 이들은 새로운 것을 '**제2세대 ID이론**'이라고 하고 Merrill의 CDT를 포함한 Gagne에 바탕을 둔 여러 이론들을 '제1세대 ID이론'이라고 하여 구분했다. 제2세대 ID를 실용화하기 위하여 Merrill과 그의 동료들은 전문가 시스템(Expert System)을 활용한 여러 시제품(prototype)들을 개발하고 검증하고 있다(Merrill & Twitchell, 1994, 이화여자대학교, 2002, 재인용).

제1세대 ID이론(즉, ID1)의 한계를 극복하면서 첨단 상호작용 테크놀로지에 적용될 수 있는 제2세대 ID이론(즉, ID2)의 기본 가정은 교수설계가 교수내용을 분절된 요소가 아닌 '통합된 전체'로서의 지식과 기능을 인식하고 이를 가르치기 위하여 통합된 지식 체제를 설계하고 가르치는데 필요한 상호작용적인 처방을 내린다는 것이다. ID2 즉, ITT에서 학습은 기억구조의 조직을 의미하며 조직화된 기억구조는 **인지구조**(cognitive structure) 또는 '정신적 모형'(mental model)을 형성한다. ITT에서 교수전략은 지식대상 요소들을 조작하는 방법이며 지식대상은 수많은 교수전략을 정의하는 데 사용된다. 교수교류 이론은 기술적 지식요소들, 기술적 처방요소들 그리고 처방적인 규칙들로 구성된다. 교수교류 이론에서는 지식을 **실체**(entities), **활동**(activity) 및 **과정**(processes)의 세 가지 유형으로 분류한다. 지식의 기술적 이론은 실체, 활동, 과정들 사이의 구성요소 뿐만 아니라 속성, 추상적 개념과 연합을 포함하는 지식 객체들 사이의 상호관련성을 파악한다. 교수교류 이론에서는 '교류셀'(transaction shell)이라고 불리는 일련의 교수알고리즘을 파악하게 되는데 이 교류셀은 지식객체들을 선택하고 계열화하는 규칙으로 구성된다(Merrill, 1999; Merrill et al. 1996).

현재까지 ITT에 의하여 확인된 **'교수교류'** 즉, 교수전략에는 13가지가 있다(Merrill, 1999). 이를 정리하면 [표 5-5]와 같다. 예를 들어서 ITT에서 제공하는 주요방법은 아래와 같다.

① 수업목적을 제시한다.
② 개방된 학습환경을 제공한다.
③ 확인하기(Identify) 교류 : 어떤 장치의 부분들 이름, 위치, 기능을 학습하기 위하여 제시, 연습, 즉각적 피드백, 채점의 과정을 거친다.
④ 실행하기(Execute) 교류 : 절차를 수행하는 방법을 배우기 위하여 시범, 연습, 피드백, 안내의 과정을 거친다.
⑤ 해석하기(Interpret) 교류 : 설명하고 예측하며 문제해결하는 법을 학습하기 위하여 제시, 연습, 통제 안내, 설명의 과정을 거친다.
⑥ 수업을 학습자가 적합하게 하고 수업 중에 학습자 선택권을 허용한다.

[표 8-5] 교수교류의 종류

범주	교류의 종류	설명
요소교류 (component)	파악하기(Identify)	실체의 부분들에 대한 정보를 명명하고 기억함
	실행하기(Execute)	활동 중에 기억하고 단계를 밟음
	해석하기(Interpret)	과정에서 사태를 기억하고 원인을 예측함
발췌교류 (abstraction)	판단하기(Judge)	사례를 주문함
	분류하기(Classify)	사례들을 분리함
	일반화하기(Generalize)	사례들을 집단화 함
	결정하기(Decide)	대안들 중에서 선택함
	전이하기(Transfer)	단계나 사태를 새로운 상황에 적용함
연합교류 (association)	증식시키기(Propagate)	다른 기능들의 맥락에서 하나의 기능을 획득함
	유추하기(Analogize)	다른 활동이나 과정에 비유함으로써 활동의 단계나 과정의 사태를 획득함
	대체하기(Substitute)	다른 활동을 학습하기 위해 하나의 활동을 확장함
	설계하기(Design)	새로운 활동을 발명함
	발견하기(Discover)	새로운 과정을 발견함

한 마디로 **교수교류 이론**은 자동화 된 교수설계와 개발을 이끌어 낼 수 있도록 Gagne의 학습 조건과 Merrill의 CDT를 확장시키려는 시도이다. 첨단 테크놀로지를 도입한 개방적인 교수설계(ID2)를 통하여 수업처방의 효율성을 증진시킬 수 있는데 이의 실용화를 위하여 Merrill과 그의 동료들은 전문가 시스템(Expert System)을 활용한 여러 가지의 Prototype들을 개발하고 검정하고 있다(박성익과 최용수, 1992; Merrill & Twichell, 1994). 교수설계 이론 분야의 과제는 제2세대 ID이론을 이론적, 개념적으로 정교화하고 현장연구를 실시하여 이를 교수설계 이론의 새로운 패러다임으로 정착시키는 작업이다. ITT에 대한 보다 자세한 학습을 위해서는 전문서적(Merrill, 1999)을 참고하기를 권한다.

다. Reigeluth의 수업 정교화 이론(Elaboration Theory of Instruction: ETI)

1) 수업 정교화 이론의 개념과 이론적 배경

교수설계에는 미시적 수준과 거시적 수준의 결정들이 있다. 거시적 수준이란, 교육과정(curriculum)이 결정된 후 가르쳐야 할 여러 개의 주제들에 대해 내리는 결정이다. 미시적 수준이란 이렇게 교과내용이 선정된 후 하나 하나의 단위수업시간(lesson)에서 가르치는 데 필요한 아이디어들을 모아놓은 것을 말한다. 거시적 수준과 미시적 수준의 결정을 위한 전략들은 "무엇을 가르칠 것인가"와 "어떻게 가르칠 것인가"로 구분할 수 있다. 무엇을 가르칠 것인가에 해당하는 전략은 거시적 수준에서 가르칠 내용의 선정에 해당되며 나머지 계열화 · 종합화 · 요약화는 모두 어떻게 가르칠 것인가에 대한 대답으로서 학습자의 동기를 높이기 위한 전략, 각종 수업내용의 제시전략, 강화전략 등 다양한 수업설계와 실행에 대한 전략들로 구성되어 있다.

Reigeluth(1983, 1999)가 제시한 **수업 정교화 이론**(ETI)은 교수설계에 관한 거시적(macro)수준의 이론으로서 여러 개의 아이디어를 어떻게 연결, 계열화하는가에 대한 교수전략을 다루고 있다. 따라서 단일 사상을 가르치기 위한 교수방법을 다루는 CDT와 같은 미시적(micro) 수준의 교수설계 이론과 구별된다. 또한 ETI는 교수방법과 관련된 세 가지 변인인 교수내용 조직전략, 교수전달전략, 교수관리전략 중에서 교수내용의 조직전략과 관련되어 있다. 그러므로 ETI는 4S 즉, **교수내용의 선정**(selecting), **계열화**(sequencing), **종합화**(synthesizing), **요약화**(summarizing)의 네 가지 영역에 있어서의 최적의 방법에 관한 처방적 지침을 제시하고 있다.

ETI는 교과내용의 조직과 관련된 이제까지의 여러 거시적 이론과 모형을 통합하여 정립되었다. 예컨대, Gagne 선수학습 능력분석과 학습위계, 정보처리 접근에 의한 절차적 과제분석, Ausubel의 포섭자로서의 선행조직자와 점진적 분화, Bruner의 나선형 교육과정, Anderson

등의 스키마 이론, 그리고 Norman의 거미망(web) 개념 등이 ETI의 이론적 배경이 되었다. 공통적으로 바람직한 교수–학습내용의 조직은 '단순한 것에서 복잡한 것으로'(simple-to-complex)의 계열로 이루어져야 한다.

2) 계열화(Sequencing)

계열화는 어떤 단위의 학습내용을 모두 학습하기 위해 소요되는 시간이 예습, 복습, 수업 참석 및 개별학습을 포함하여 학습에 소요되는 총 시간이 20시간 이상일 때 중요하다. 또 계열화는 코스를 구성하고 있는 주제들 간의 관련성이 높을수록 더 중요한데 이는 계열화의 중요성이 주제들 간의 유의미한 관계를 바탕으로 하고 있기 때문이다.

(1) 주제별 계열화와 나선형 계열화

계열화란 "그룹을 짓고 그것들을 특정한 순서로 배열하는 것"이며 교수설계 과정상에서의 계열화란 "주어진 교육과정에 의해 가르쳐야 할 내용들을 어떻게 골라 작은 묶음(수업을 위한 크기)으로 만들고, 이들을 가르치는 순서는 어떻게 되어야 하는가?"라는 물음의 답을 구하는 것이다(Reigeluth, 1999). 이러한 계열화는 내용의 선정, 학습할 순서의 결정, 배운 내용의 종합, 요약을 위한 복습과 밀접한 관계를 가지게 되어 궁극적으로 계열화는 수업의 효과성·효율성·매력성에 영향을 주게 된다.

계열화에는 일반적으로 주제별 계열화와 나선형 계열화의 두 가지 접근이 있다. **주제별 계열화**(topic sequencing)는 한 주제를 완전히 학습한 후 다음 주제를 학습하는 방식이다. **나선형 계열화**(spiral sequencing)는 학습자에게 여러 개의 주제를 단순화된 수준에서 소개한 다음, 학습이 진전됨에 따라 그 여러 개의 주제 모두를 점진적으로 심화시키면서 제시하는 방식으로 체계적인 종합과 복습이 가능하다. 그러나 현실적으로 순수한 나선형 계열화나 주제별 계열화는 존재하기 어렵다.

(2) ETI와 단순화 조건법(SCM)

Reigeluth의 수업 정교화 이론(ETI)에서는 계열화 방법으로 단순화 조건법을 제안한다(Reigeluth, 1999). **단순화 조건법**(simplifying conditions method: SCM)은 ETI에 근거한 과제 분석 및 계열화의 방법으로 주어진 과제를 단순화시키는 조건들을 찾아내면서 과제를 분석하고 또한 그 조건들을 활용하면서 정교화적 계열화를 이루는 것으로서 실제적이며 처방적인 지침을 활용자에게 주는 것이 특징이다. 이 SCM은 **정수화**(epitomizing)와 **정교화**(elaborating)라는 두 가지 원리로 구성되어 있다.

정수화란 가장 단순하면서도 전체 과제에 대한 대표성이 높은 과제인 정수(精髓, epitome)를 확인하는 과정이다. 정수화의 원리는 총체적 학습과 스키마 구축의 아이디어를 바탕으로 한

다. 정교화란 앞에서 확인된 정수(epitome)를 바탕으로 보다 복잡한 유형의 과제들을 점진적으로 제시하는 것이다. 정교화의 원리는 총체적 학습과 스키마에의 동화(assimilation)의 아이디어를 바탕으로 한다.

SCM의 모든 단계는 내용 전문가(subject matter expert: SME)와 함께 실행되어져야 하는데 SCM의 절차는 크게 3개의 국면(phase)으로 이뤄진다.

① 국면1 : 분석과 설계를 위한 준비
- SME와 래포(rapport)를 형성한다.
- 전반적으로 과제(task)의 특성을 파악한다.
- 전반적으로 학습자의 특성을 파악한다.
- 전반적으로 수업의 전달측면에서 제한점들을 파악한다.
- SME에게 SCM에 대하여 소개한다.

② 국면2 : 최초의 학습 에피소드(learning episode)의 파악
- 정수(epitome)를 파악한다.
- 내용을 조직한다.
- 보조 내용을 조직한다.
- 학습 에피소드의 크기와 양을 결정한다.
- 에피소드 내의 내용을 계열화한다.

③ 국면3 : 후속 학습 에피소드의 파악
- 후속 과제를 점진적으로 파악한다.
- 내용, 보조내용, 학습에피소드 양, 에피소드 내의 계열을 결정한다.
- SCM을 필요한 만큼 계속한다.

이렇게 SCM을 단계적으로 실시함으로써 거시적 교수설계가 이뤄지면, 하나의 아이디어나 사실, 개념, 원리, 절차 등을 다루는 미시적 교수설계가 시작된다. 여기에 앞에서 다루었던 Merrill의 내용요소 전시 이론(CDT)이 사용될 수 있다. Reigeluth의 **수업 정교화 이론(ETI)**의 궁극적 목적은 학습목적 달성을 최적화할 수 있도록 학습내용을 선정하고 계열화하는 데 있다. 이 이론은 특히 인지적 영역과 심체적 영역의 학습에 많이 적용될 수 있다. ETI에 대한 추가적인 내용을 Reigeluth(1999)를 참고하기 바란다.

3) 교과내용 특성별 정교화 유형

수업의 정교화는 교과내용의 특성에 따라 세 가지 유형으로 나뉘어진다. 즉, 교수가 "무엇(what)"이라고 하는 개념을 다루고 있는가, 또는 "어떻게(how)"라고 하는 절차를 다루고 있는가, 혹은 "왜(why)"라고 하는 원리를 다루고 있는가에 따라 정교화의 양상은 달라진다.

[표 5-6] 개념적 정교화의 예

정수(epitome)	정교화(elaboration)
1. 조직 내용(원리) 공급과 수요의 법칙 ① 가격의 증가는 공급의 양을 증가시키나 수요의 양을 감소시킨다. ② 가격의 저하는 공급의 양을 감소시키나 수요의 양을 증가시킨다. 2. 보조 내용 아래와 같은 개념 ① 공급의 양 ② 수요의 양 ③ 증가 ④ 감소 (실질적으로 모든 경제 원리-전매, 규제, 가격고정, 계획된 경제-는 수요와 공급의 법칙의 정교화로 볼 수 있다.)	1. 조직 내용(원리) ① 공급 스케줄의 변화는 평형 가격을 변하게 한다. ② 수요 스케줄의 변화는 평형 가격을 변하게 한다. ③ 공급과 수요 스케줄이 왜 변화했는가에 대한 원리 2. 보조 내용 ① 공급, 공급 스케줄, 공급곡선의 개념 ② 수요, 수요 스케줄, 수요곡선의 개념 ③ 공급과 수요 스케줄 변화에 대한 개념 ④ 평형가격에 대한 개념 (이후는 공급은 생산과 가격으로 수요는 소비와 응용으로 분리하여 정교화한다.)

즉, 정교화는 교과내용의 특성에 따라 **개념적 정교화, 절차적 정교화, 이론적 정교화**로 구분되어진다. 이들 세 가지 유형의 정교화를 각각 살펴보면 다음과 같다.

(1) 개념적 정교화

개념적 정교화는 가르쳐야 할 개념을 어떻게 유의미하게 인지구조에 동화시키는가 하는 과정과 관련된다. 개념적 정교화는 생물교과와 같이 교과가 개념적인 특성을 지니고 있는 경우 활용되는데, 먼저 개념들을 상위개념, 동위개념, 하위개념 등으로 분류하고 이에 따라 일련의 개념조직도를 고안한다. 다음 단계는 이들 개념조직도 중에서 가장 중요하고 포괄적이고 근원적인 것을 선정하고, 이를 토대로 가장 일반적이고 포괄적인 것으로부터 점진적으로 보다 상세하고 포괄성이 적은 개념의 순서로, 즉 탑-다운(top-down) 접근에 의해 교수내용을 계열화한다. 마지막 단계는, 기타 개념이나 내용 및 선수학습요소를 작성된 교수계열 상에서 관련된 것에 적절하게 포함시킨다. 개념적 정교화의 예를 [표 5-6]에 제시하였다.

(2) 절차적 정교화

절차적 정교화에서는 목표로 하고 있는 절차적 기능, 즉 '어떻게'라고 하는 기능을 획득하는 최적의 과정을 계열화한다. 영작법과 같은 교과내용에 적용될 수 있는 절차적 정교화에서는 먼저, 해당과제의 가장 단순한 형태 또는 최단코스를 모색하고 이를 단순화된 절차에 의

해 명세화한다. 단순화된 절차의 계열화는 가장 중요하고, 포괄적이고 근본적인 것을 처음에 도입하고, 이어 점진적으로 복잡한 것을 포함시키도록 한다. 다음 단계는 다른 유형의 개념, 원리, 선수학습 요소 그리고 기억수준의 정보 등을 망라하는 기타 교수내용을 고안된 교수계열 속에 적절하게 삽입한다. 절차적 정교화의 예를 [표 5−7]에 제시하였다.

[표 5−7] 개념적 정교화의 예

정수(epitome)	정교화(elaboration)
1. 조직 내용(절차) 창작 문학에 대한 다원적 분석과 이해에는 4단계의 절차가 있다. ① 드라마적인 구성 요소를 확인−인물, 줄거리 ② 문학적 의미의 분석을 위한 구성 요소의 종합−줄거리에서의 인물 분석 ③ 요소들의 상징적 해석−인물, 무드, 틀을 통한 상징 ④ 가치판단 실시−개인적 관련성, 보편성 2. 보조내용 절차 1을 수행하는 데 필요한 개념들 ① 인물 ② 줄거리 ③ 상징화 ④ 무드 ⑤ 톤 ⑥ 보편성	1. 조직 내용(절차) ① 그 밖의 드라마적인 구성요소를 확인할 수 있는 절차 : 셋팅, 관점, 대사 ② 내재된 의미를 분석할 수 있도록 요소들을 적절하게 복합하는 절차 : −인물, 줄거리, 셋팅 −관점, 인물, 줄거리 −대사 2. 보조 내용 ① 개념 : 셋팅, 관점, 대사, 심상 ② 절차 : 심상의 패턴에 관한 분석

(3) 이론적 정교화

교수내용이 사회 · 경제 교과서와 같이 "왜"라고 하는 이론적인 것에 기초하고 있는 경우 사용되는 것이 **이론적 정교화 전략**이다. 이 경우, 정교화 과정은 원인−결과와 같은 자연 현상에 대한 이해를 증진시킬 수 있는 심리적 과정에 부응하여야 한다. 먼저, 가르쳐야 할 원리들의 폭과 깊이를 명세화하고, 이들 원리 중에서 가장 먼저 가르쳐야 할 원리를 확인하고, 이어 다음에 제시될 원리들을 확인하여, 이들 원리들을 순차적으로 연결하는 교수계열을 고안한다. 중요한 것은 이들 원리들은 가장 기초적이고 구체적이며 명백한 원리로부터 가장 세부적이고 복잡하며 포괄성이 적은 원리의 순으로 연결되어 정교화되어야 한다는 것이다. 이론적 정교화의 예가 [표 5−8]에 제시되어 있다.

[표 5-8] 이론적 정교화의 예

정수(epitome)	정교화(elaboration)
1. 조직 내용(개념) * 측정의 유형 ① 중앙집중치 ② 분산 ③ 비율 ④ 상관관계 * 통계방법 ① 기술 ② 예측 ③ 가설 검증 2. 보조 내용 (앞에서 제시한 개념의 학습 선수요소) 실질적으로 통계학의 모든 개념들이 위 개념들의 정교화	1. 조직 내용(개념) ① 평균, 중앙치, 최빈치 ② 분산, 표준편차 ③ 백분율, 소수, 분수 ④ rs, rpb, r∮ 2. 보조 내용 (앞에서 세시한 모든 개념의 선수학습 요소) 다음 단계의 정교화는 측정의 유형에 따른 측정방법 (예: 분산에 있어서의 가설 검증)

4) 수업 정교화 이론(ETI)의 교수설계 적용

정교화 이론에서는 교수 목표와 내용의 특성에 따라 개념적 접근 모델, 절차적 접근 모델, 이론적 접근 모델이 적용될 수 있으나 이들 세 모델은 공통적으로 6단계에 의한 교수설계를 시도하고 있다. **정교화 이론에 의한 교수설계 절차의 6단계를** [표 5-9]에 제시하였다.

[표 8-9]에서 볼 수 있듯이, 첫 번째 단계에서는 교수 목표에 기초하여, 교수조직이 개념적, 절차적, 이론적 조직 유형 중에서 어디에 속하는지를 확인하고, 적절한 조직을 선정한다.

두 번째 단계에서는 학습자가 학습해야 할 내용을 토대로 개념적 조직구조나, 절차적 조직구조, 혹은 이론적 조직구조를 고안한다. 조직구조 고안이란 교수 내용 분석이나 과제 분석을 일컫는다.

세 번째 단계에서는 고안된 교수구조를 체계적으로 분석하여, 교수내용의 어느 요소가 정수(epitome)가 되고 어느 부분이 정교화(elaboration)의 어느 수준에 속하는가 하는 것을 파악하여 교수전개의 골격을 이끌어낸다.

네 번째 단계에서는 교수전개의 골격에 보조적인 교수내용을 정교화 수준에 맞춰 첨가한다. 선수학습 요소의 첨가도 이 단계에서 고려한다.

다섯 번째 단계에서는 각 레슨의 폭과 깊이를 결정한다. 레슨의 폭은 레슨의 중심이 되는 조직내용과 이와 관련된 보조적 교수내용에 따라 사전에 결정되어진다. 레슨의 깊이는 최적 학습량의 성취정도에 기초하여 결정되어진다.

마지막 단계에서는 각 수준별로 각 레슨의 레슨 내 조직이 결정된다. 레슨내의 사상과 사

[표 5－9] 정교화 이론에 의한 교수설계 절차

단 계	세부 내용		
1단계: 조직 내용의 유형을 선택한다.	• 개념적 • 절차적 • 이론적		
2단계: 조직 구조를 개발한다.	2a. 개념적: 유용한 부분(parts) 개념적 구조와 종류(kinds) 개념적 구조를 모두 개발한다. 그리고 가장 중요한 것을 하나만 선택하고 행렬표의 적절한 곳에 결합시킨다.	2b. 절차적: 학습해야 할 유용한 단계들이나 대안적 경로들을 모두 확인하고, 그리고 그들을 절차적 구조 속에 결합시킨다.	2c. 이론적: 학습해야 할 중요한 원리들을 모두 확인하고, 그리고 그들을 이론적 구조에 결합시킨다.
3단계: 조직 내용을 정교화 수준별로 할당한다.	3a. 개념적: 정수화(epitomizing)된 내용에 대한 조직된 구조를 간결하게 한다. 그리고 정교화의 각 수준을 형성하게 되는 간결한 내용을 첨가한다.	3b. 절차적: 정수화된 내용을 확인할 수 있는 최단 경로를 찾는다. 그리고 정교화의 각 수준을 형성하기 위하여 점진적으로 보다 복잡한 경로를 첨가한다.	3c. 이론적: 정수화된 내용으로써 가장 근본적인 원리를 사용한다. 근본성의 순위를 활용하거나 혹은 각 정교화 수준의 원리를 확인하기 위해 평행적인 개념적 구조를 사용한다.
	* 정수화와 정교화의 각 수준으로 구성되어야 하는 조직된 내용을 결정한다.		
4단계: 각 정교화 수준에 보조 내용을 할당한다.	각 수준에 대한 조직된 내용과 밀접한 관련을 맺고 있는 모든 보조적 내용을 확인한다. 그리고 나서, 조직된 내용과 보조적 내용에 대하여 아직 획득하지 못한 모든 선수학습 요소를 확인한다.		
5단계: 각각의 학습단원에 대하여 모든 내용을 할당한다.	정수화의 관점에 따라 혹은 정교화의 관점에 따라서, 각각의 학습 단원에 대하여 정교화의 각 수준에서 모든 내용을 할당한다.		
6단계: 각각의 학습 단원 안에 있는 모든 내용을 계열화 한다.	각각의 학습단원에 대하여 다음과 같은 목록이나 계열화를 작성한다. • 동기유발/비유 전략 요소들 • 아이디어들의 조직된 내용 하나 하나와 그러한 내용에 대한 선수 학습 요소 • 아이디어들이 보조적 내용 하나 하나와 그러한 내용에 대한 선수 학습 요소 • 하나의 학습단원에 대한 요약자와 종합자 • 교과 전체의 종합자와 확장된 정수(epitiome) 정리		

↓

미시적 설계

실 등의 연결은 선수학습 요소에서와 같이 전체 조직구조를 이해하는데 결정적인 역할을 하는 요인들에 의해 결정되어 진다. 그리고 이 단계에서는 동기유발 전략이나 비유 전략 등이 계획되고 내재적 종합자와 요약자의 위치가 결정된다. 끝으로 정교화 되어진 각각의 정수(epitome)의 내용을 명세화한다.

위에서 살펴본 여섯 단계를 단계적으로 실시함으로써 교수설계의 거시적 개발과정이 종료된다. 이어서 단일 사상이나 사실을 다루는 교수설계로서의 미시적 교수설계가 도입되어진다. 이 때, 앞에서 다루었던 Merrill의 CDT가 사용될 수 있다.

라. Keller의 동기설계 이론

1) ARCS이론의 배경

학습자의 학업 능력은 학습자의 특성과 교수 사태뿐만 아니라 그들의 동기 수준과도 밀접한 관련이 있다. 동기와 학업 성취도와의 관련성에 대해서는 누구도 의문을 제기하지 못할 것이다. 학습의 결과는 학습자들이 보다 학습 상황에 의미를 부여하고 보다 흥미를 느낄 때 더 높은 성취도를 보일 수 있다. Keller의 이론은 학습동기의 중요성을 체계적으로 제시하고자 하는 시도로 학습동기 설계 및 개발의 구체적 전략들을 밝혀내기 위한 기본적인 틀을 제공한다.

ARCS이론에는 세 가지 특성이 있다. ① ARCS이론은 인간의 동기를 결정지을 수 있는 여러 가지 다양한 변인들과 그에 관련된 구체적 개념들을 통합한 네 개의 개념적 범주 즉, 주의(attention)−관련성(relevance)−자신감(confidence)−만족감(satisfaction)을 포함한다. ② ARCS이론은 교수−학습 상황에서 동기를 유발하고 유지하기 위한 구체적이고 처방적인 전략들을 제시하고 있다. ③ ARCS이론은 교수설계 모형들과 병행하여 활용할 수 있는 동기설계의 체계적 과정을 보여준다.

<그림 5−4>는 개인적인 특성과 환경이 노력, 수행, 결과에 미치는 영향을 수행요인 모형(Keller, 1999)으로 설명해 주고 있다.

이 이론은 학업 '수행'과 학습을 위한 '노력'을 구분하고 있다. Keller에 따르면 수행이란 실제적인 학업성취를 의미하며 노력이란 한 개인이 주어진 과제를 달성하기 위한 활동에 참여하느냐를 지칭하는 개념이다. 즉, 수행보다는 노력이라는 개념이 동기의 직접적인 측정자가 된다는 것이다. 수행과 노력을 분리하여 동기를 설명한 동시에, 수행과 결과도 구분하여 설명하고 있다. 수행은 외적으로 나타나는 실제적인 성취인 반면, 결과는 개인에게 귀속되는 내적·외적인 산물을 모두 포함한다.

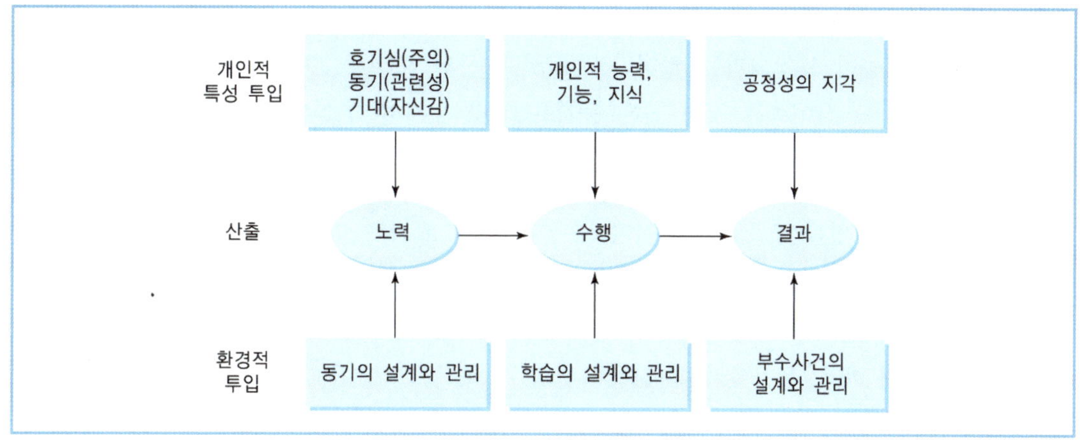

<그림 5-4> 수행요인 모형

2) ARCS이론의 요소

Keller의 ARCS이론은 동기에 관한 기존의 각종 이론 및 연구들을 종합하여 체계화시킨 것으로 교수·학습 상황에서 학습동기를 유발하고 유지시키기 위한 동기 설계 전략들을 제공하고자 하였다. 이 이론은 **주의**(Attention), **관련성**(Relevance), **자신감**(Confidence), **만족감**(Satisfaction)의 앞 자를 따서 만든 것으로 각 동기요소들을 유발·유지하는데 필요한 구체적 전략을 제시하였다(Keller, 1983).

(1) 주의(Attention)

학습동기의 첫 번째 요소는 **주의**(Attention)이다. 거의 모든 학습 이론들이 학습에 있어서 주의의 중요성을 강조하고 있다. 학습이 일어나기 위해서는 적어도 학습자가 학습 자극에 흥미를 가지고 주의를 기울여야 한다. 학습동기가 유발·유지되기 위해서는 주어진 학습 자극에 학습자가 주의가 기울어져야 하고 일단 기울어진 주의는 유지되어야 한다. 이러한 주의는 호기심, 주의 환기, 감각 추구 등의 개념과 연관되어 있다고 한다(Keller, 1983).

(2) 관련성(Relevance)

두 번째 주요한 동기유발 요소는 **관련성**이다. 일단 주의가 기울어지고 나면 학습자들은 '왜 이 과제를 공부해야하는가'에 의문을 갖게 되고 학습에 대한 개인적 필요를 지각하려고 한다. 관련성의 원리란, 이 과제가 나의 개인적이니 흥미나 목적과 어떻게 관련되는가에 대한 긍정적인 해답을 찾아보고자 하는 노력으로 해석된다.

(3) 자신감(Confidence)

동기유발 및 유지를 위해서 학습자는 학습에 재미와 필요성을 느껴야 하는데 이에 덧붙여 성공의 기회가 있다는 것을 인식할 수 있어야 한다. 즉, 학습에 대한 '**자신감**'을 가져야 한다. 항상 100%의 성공이 보장되지는 않더라도 적정 수준의 도전을 주면서 노력에 따라 성공할 수 있다는 자신감을 심어주는 것이 높은 동기유발 및 유지의 요소가 된다.

(4) 만족감(Satisfaction)

ARCS이론의 네 번째 요소는 **만족감**이다. 동기의 한 요소로 만족감이 강조되는 이유는 학습자의 노력의 결과가 그의 기대와 일치하고 학습자가 그 결과에 대하여 만족한다면 학습동기는 계속 유지될 것이며 학습자의 학업수행에도 영향을 미치게 되기 때문이다. 만족감은 일단 유발된 동기를 계속 유지시키는 역할을 한다.

3) ARCS이론을 이용한 교수설계 및 개발

ARCS를 이용한 수업개발의 과정은 **정의, 설계, 개발** 및 **평가의 4단계**로 이루어진다.

첫째, **정의 단계**에서는 해결해야 할 동기문제를 분석하고, 동기문제를 더욱 구체화하여 알아보기 위하여 학습자 분석을 하며, 학습자 분석 후 동기 목표를 설정한다. 둘째, **설계 단계**에서는 매 목표마다 브레인스토밍 과정을 거쳐 가능한 동기 전략들을 많이 창출해 내고 그 중에서 실제로 사용될 동기 전략을 추출한다. 셋째, **개발 단계**에서는 동기목표를 달성하기 위해 구체적 자료를 개발하고 개발된 자료를 교수 과정 속에 통합한다. <그림 5-5>는 수업과정에서 ARCS이론이 교수전략과 어떤 관계가 있는지를 보여준다. 넷째, **평가단계**는 설전된 동기목표의 달성 여부를 평가한다.

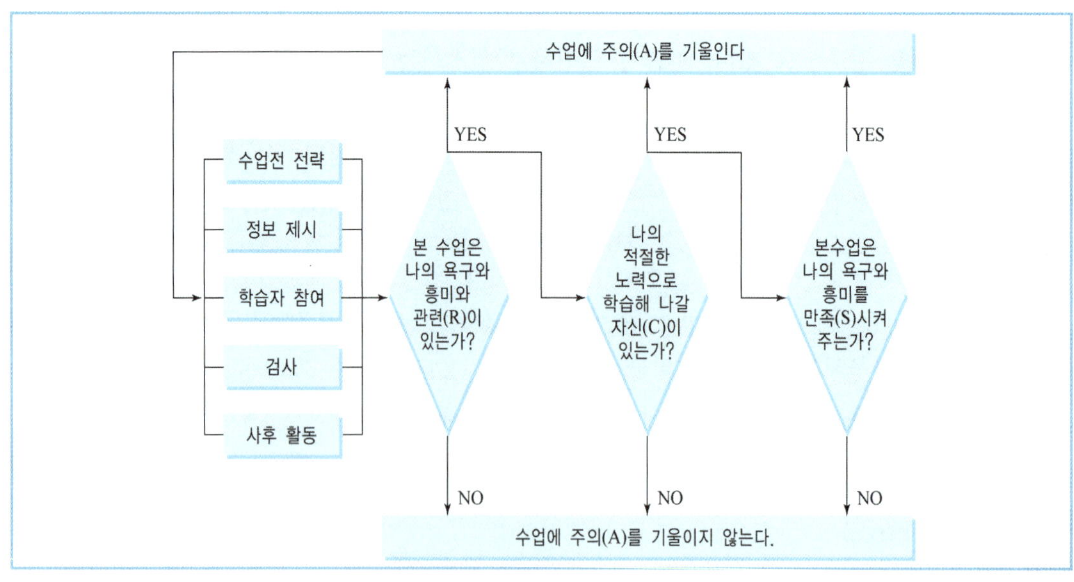

<그림 5-5> 수업전략 요소와 ARCS의 관계

2. 교수설계의 모형

다양한 교육 · 훈련 상황을 대상으로 1970년대에는 60여 개에 이르는 많은 교수설계 모형이 개발되었고 이들 모형은 학습과정에 대한 연구를 바탕으로 지난 25년 간에 걸쳐 성장해왔다(Branson, 1991; Dick, Carey & Carey, 2001). 교수설계 모형들을 분석한 연구들(Andrews & Coodson, 1980; Branson, 1991; Gustafson, 1981)에 의하면 교수설계 모형들은 모형이 적용되는 상황과 설계전략 및 검증 측면에 있어 다소간의 차이점을 지니고 있으나 설계절차에 있어서는 공통적인 요소를 지니고 있는 것으로 나타났다(이화여자대학교 교육공학과, 2002).

교수설계를 명확하게 정의 내리는 방법으로는 **교수의 체제적 계획과정**을 묘사하는 것으로 Mager(1984)에 의하면, 교수설계자가 설계와 개발과정 중에 완수하는 세 가지 주요 활동은 첫째 어디로 가고 있는지 즉, **교수 목적**(instructional goal)[1]이 무엇인지를 결정하기 위하여 교수분석을 수행하고, 둘째 어떻게 목표에 도달할 것일지를 결정하기 위해 교수전략을 개발하며, 셋째 목표(objectives)에 도달했는지를 어떻게 알 수 있는가를 결정하기 위해 평가를 개발하고 수행한다. 위의 세 가지 주요 교수설계 과정 즉, 분석, 전략개발, 그리고 평가는 교수설계 모형의 필수적인 요소로서, 교수설계 모형이란 교수설계 과정과 각 단계의 주요 요소 그리고 각 단계와 요소들 관계를 시각적으로 묘사해주는 것이라고 할 수 있다. Andrews와 Goodson(1980)은 그 동안 학자들에 의해 개발된 약 40개의 체제적 교수설계 모형에 관하여 소개하고 있다. <그림 5-6>은 Dick & Carey의 **체계적(systematic) 교수설계 모형**이고, <그림 5-7>은 Kemp의 **교수설계 모형**이다.

가. Dick & Carey의 체계적 교수설계 모형

Dick & Carey의 **체계적 교수설계 모형**은 <그림 5-6>과 같이 모두 10단계로 구성되어져 있다.

① 요구 사정

이 모형의 첫째 단계는 수업을 모두 끝마쳤을 때 학습자가 할 수 있기를 바라는 것이 무엇인지 즉 최종 목적(goal)을 설정하는 단계이다. 이 수업 목적은 학습자의 요구분석이나 교육과정 분석을 통하여 파악되고 설정된다.

1) 목적(goal)을 구체화 하면 목표(objectives)가 됨.

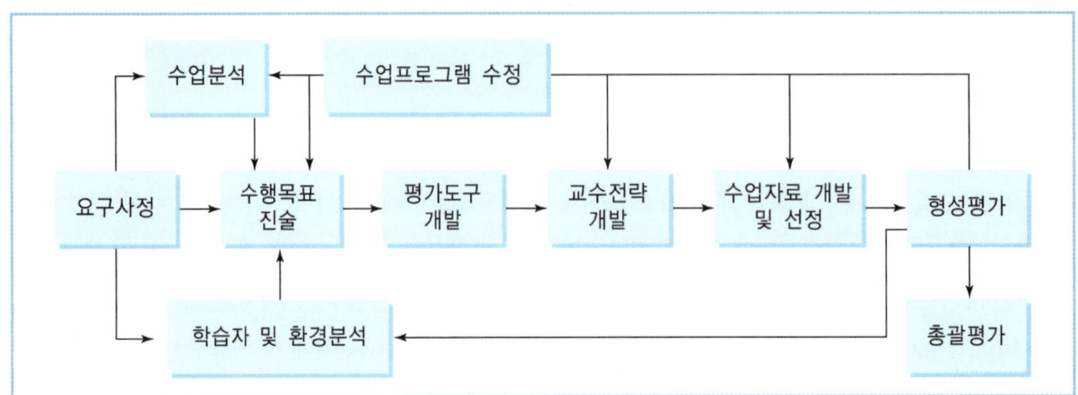

<그림 5-6> Dick & Carey의 체계적 교수설계 모형

② 수업 분석(목적분석+하위기능분석)

최종 학습목적을 성취하기 위해 학습자가 배워야 할 학습의 유형을 결정하고 학습자가 그 학습과제를 학습하기 위해서 필요한 하위기능 및 그 학습을 하는 데 필요한 학습절차 등이 분석되고 결정된다.

③ 학습자 및 상황분석

수업이 시작될 때 그 특정 학습을 하기 위해 학습자가 반드시 갖추고 있어야 할 선수지식 즉, 출발점 행동과 교수활동을 설계하는 데 중요하게 고려해야 될 학습자의 특성을 규명한다.

④ 수행목표 진술

학습과제 분석의 결과와 학습자 특성의 분석결과를 기초하여 학습자들이 수업이 끝났을 때 성취해야 할 학습목표들(objectives)을 구체적으로 진술한다.

⑤ 평가도구 개발

앞 단계에서 설정된 학습목표들에 대응하는 평가문항을 개발함으로써 학습자의 성취수준 또는 학습결과를 측정할 수 있도록 준비해야 한다.

⑥ 교수전략 개발

수업을 전개할 방법과 절차를 개발하고 교수매체의 활용에 대한 계획을 세우는 단계로써 교수전략에는 동기유발 전략, 학습내용 제시 전략, 연습, 피드백 등이 고려된다. 그리고 교수전략은 그 동안의 학습에 관한 연구결과와 학습과정에 대한 현재의 지식 그리고 가르쳐야 할 내용, 수업을 받을 학습자들의 특성에 기초를 두고 개발한다.

⑦ 수업자료 개발 및 선정

앞 단계에서 개발한 교수전략에 따라서 교수 프로그램을 실제로 만드는 단계이다. 이 교수 프로그램이란 수업활동에 활용될 모든 자료를 말하며 교사 안내서와 기타 필요한 수업자료 그리고 교수매체도 학습목표와 내용, 학습자의 특성을 고려하여 선정 또는 개발한다. 새로운 자료의 개발 여부는 목표별 학습 유형, 기존의 관련 자료의 이용 가능성 등에 따라 결정된다.

⑧ 형성평가

앞 단계까지 개발이 완료된 교수 프로그램은 형성평가를 통해서 그 결과를 검토하고 필요한 곳을 수정·

보완한다. 이 형성평가는 보통 세 종류의 평가가 이루어지는데 즉, 일대일 평가(one-to-one evaluation), 소집단 평가(small-group evaluation), 그리고 현장평가(field testing) 등이다. 이 형성평가의 목적은 개발된 교수 프로그램의 수정·보완에 있다. 형성평가에 의해 충분히 수정·보완된 교수 프로그램은 마지막으로 총괄평가를 실시하게 되는데, 이 총괄평가는 개발된 교수 프로그램의 효과를 검증하는 것이 목적이다. 총괄평가는 보통 교수설계자와 그 팀 구성원 이외의 외부 평가자에 의해서 실시된다. 그러므로 엄격히 말해서 이 총괄평가는 교수설계 전 과정 밖에 있다고 할 수 있다.

⑨ 수업 프로그램의 수정

형성평가 결과에 의하여 학습목표를 달성하는 데 있어서 학습자가 곤란을 겪은 점을 확인하여 수업상의 잘못된 곳을 수정한다. 또한 이 평가결과를 기반으로 하여 학습과제 분석의 타당성과 학습자의 출발점 행동 및 학습자 특성에 대한 가정을 재검토하고 학습목표가 적절히 진술되고 평가문항이 타당하게 개발되었는지 또한 교수전략이 효과적이었는지를 통합적으로 검토하고 수정함으로써 더욱 효과적인 교수 프로그램을 이룬다.

⑩ 총괄평가

형성평가에 의해 충분히 수정·보완된 교수 프로그램은 마지막으로 총괄평가를 실시하게 되는데, 이 총괄평가는 개발된 교수 프로그램의 효과를 검증하는 것이 목적이다. 총괄평가는 보통 교수설계자와 그 팀 구성원 이외의 외부 평가자에 의해서 실시된다. 그러므로 엄격히 말해서 이 총괄평가는 교수설계 전 과정 밖에 있다고 할 수 있다.

나. Kemp의 교수설계 모형

교수설계에서 기본이 되는 4가지 요소들이 있는데, 이 요소들은 거의 모든 교수설계(ID) 모형들에서 찾아볼 수 있다(Morrison, Ross, & Kemp, 2004). 이 4가지 요소들은 다음과 같다.

(1) 학습자 특성 : 누구를 위해 프로그램이 개발되는가?
(2) 목표 : 학습자가 무엇을 배우고 설명할 수 있게 되기를 바라는가?
(3) 교수 전략(방법) : 주제 내용이나 기능은 어떠한 방법으로 가장 잘 학습되는가?
(4) 평가 절차 : 학습이 달성된 정도를 어떻게 결정하는가?

위의 4가지 기본적인 구성요소들(학습자, 목표, 방법, 평가)은 체계적(systematic) 교수 계획을 위한 틀을 형성하며, 이 4가지 요소들은 상호관련성을 가진다. 전체 교수설계 계획을 구성할 때는 학습자가 학습하고 작업하는 맥락(context)과 같은 추가적 요소들이 포함되며, 이 추가적인 요소들이 기본적 4가지 요소들과 통합될 때 완전한 교수설계 모형이 형성된다. Kemp와 그의 동료들이 제시한 종합적인 설계 계획에 필요한 교수설계 과정의 9가지 요소들은 아래와 같이 열거할 수 있고 <그림 8-7>과 같이 나타낼 수 있다.

(1) 교수문제를 확인 교수 프로그램 설계를 위한 목적을 명세화한다.
(2) 수업 또는 교수 결정에 영향을 미치는 학습자의 특성을 검토한다.
(3) 주제 내용을 확인하고 진술된 목적(goals)에 관련된 과제 구성요소를 분석한다.
(4) 교수 목표(objectives)를 진술한다.
(5) 논리적 학습을 위한 각 수업단위 내의 내용을 계열화한다.
(6) 각 학습자가 목표를 달성할 수 있도록 교수전략을 설계한다.
(7) 교수메시지를 계획하고 교수/수업을 개발한다.
(8) 목표를 사정(assess)하기 위한 평가도구를 개발한다.
(9) 수업 및 학습활동을 지원하기 위한 자원을 선정한다.

교수계획을 위한 출발점은 교수설계가 하나의 잠정적 프로젝트를 위해 적절한 것인지를 결정하는 것이다. <그림 5-7>에서는 12시 방향으로 첫 번째 요소인 교수문제를 제시하고 있다. 이 9개의 요소들이 논리적이며 시계 방향으로 돌아가는 순서를 형성하고 있지만, 각 요소들은 다루는 순서는 미리 결정되어지지 않았다. 이러한 이유로 타원형의 모형이 사용된다. 타원형은 특정한 하나의 출발점을 갖고 있지 않으므로 사람들은 자신이 선호하는 방법으로 교수설계 과정을 진행시켜 나아갈 수 있다. 즉, 그들이 논리적이거나 적절하다고 여기는 하나의 요소에서 시작하여 다른 요소, 또 다음의 순서로 절차를 밟아 나아간다.

<그림 5-7>에서 요소들은 선이나 화살표로 연결되어 있지 않다. 즉, 9개의 요소들이 사용되는 순서에 융통성이 필요하다. 또한 어떤 예들은 9개의 요소들 모두를 다루는 것을 필요로 하지 않는다. 또 어떤 경우는 교수자 중심의 코스에서는 시간 및 자원의 제약으로 인해

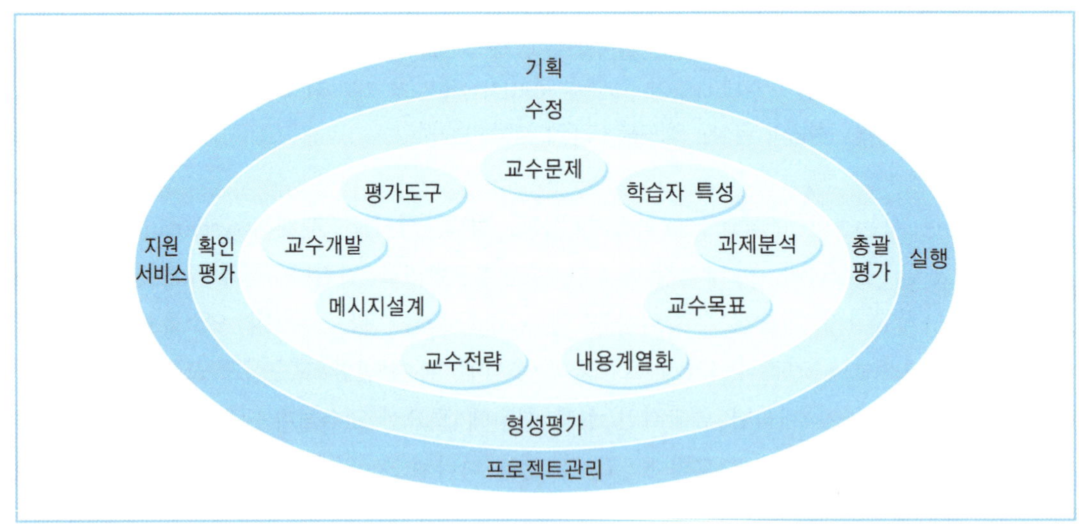

<그림 5-7> Kemp의 교수설계 모형(Morrison, Ross, & Kemp, 2004; p.9)

내용 분석, 목표 명세화, 내용 계열화만 한다. 교수전략, 메시지 설계, 단원 개발, 평가도구는 코스를 가르치는 한 명 혹은 약간 명의 교수자에 의해 개발되어질 수 있다. 이와 같이 현실 상황이 우리의 교수설계 적용을 제한하기도 한다.

타원형 모형을 사용하는 또 다른 이유는 9개 요소들 사이에 융통성 있는 상호의존성이 존재하기 때문이다. 즉, 한 개의 요소와 관련되니 결정은 다른 결정들에 영향을 미친다. 예를 들어 학습자들이 일주일 동안 회사의 연수원(학습센터)으로 이동할 수 없다면, 교수를 어떻게 전달할 것인가에 대한 결정에 절대적 영향을 미칠 수 있다. 또는 교수가 개발되는 동안 교수 목표의 의도가 초기에 진술된 것에 비해 보다 분명해질 수 있으며, 수정을 필요로 할 수도 있다. 결론적으로, 절차는 요소들의 선정, 요소들을 다루는 순서, 요소들 간 전후 활동에 있어서 융통성을 허용하고 장려한다. 이러한 절차는 교수설계 계획이 모양을 갖추어 감에 따라 추가 및 변화를 허용한다.

어떤 교수설계 모형은 일련의 순서를 가진 하나의 연속적인 단계로써 박스나 화살표와 함께 다이어그램으로 제시된다. Kemp의 모형은 보다 개방적이고 타원형의 모양을 가져서 융통성이 있다. 교수설계를 시작하려고 할 때, 개방적이고 융통성 있는 모형이 다소 불안정하게 생각된다면, 교수문제로부터 시작하는 논리적 배열을 따르면 된다. '요소(element)'라는 단어는 교수설계 계획의 9개 부분 각각을 위한 하나의 명칭(label)으로 사용되고, 이 용어는 선형(linear)의 개념을 갖는 단계(step, stage), 수준(level), 혹은 순차적 항목(sequential item)이라는 말보다 선호된다.

다이어그램의 또 다른 부분은 요소들을 둘러싼 '수정(revision)' 표시이다. 바깥의 2개 타원은 피드백과 관리라는 특징을 나타내고 있다. 즉, 설계, 개발, 실행을 허용한다. 요소들의 처리는 수정을 필요로 할 수도 있다. 예를 들어 학습에 대한 데이터가 시험적 수업실시 동안 이루어지는 형성평가(formative evaluation) 혹은 제공되는 코스의 끝에 실시되는 총괄평가(summative evaluation)을 통해 수집될 수 있다. 만약 학습자가 만족할 만한 성취 수준에서 교수 목표를 달성하여 성공하기를 바란다면, 발견된 몇몇 프로그램의 취약한 부분들을 개선시키기를 원할 것이다.

다양한 표현들이 체계적 교수계획을 나타내기 위해 사용된다. 여기에서 사용된 '교수설계(instructional design)'라는 용어 외에도 교수체제(instructional systems), 교수 체제 설계(instructional systems design), 교수 체제 개발(instructional systems development), 학습 체제 설계(learning systems design), 역량 기반 수업(competence-based instruction), 준거 지향 수업(criterion-reference instruction), 수행 공학(performance technology) 등으로 사용되어질 수 있다. 또 다른 표현인 교수개발(instructional development)은 두 가지의 다른 방식으로 해석된다. 한 가지 접근은 교수개발을 산출 과정으로 정의하는 것이다. 즉, 교수설계 계획을

인쇄, 비디오, 멀티미디어, 웹 기반 자료와 같은 교수자료들로 변환하는 것을 말한다. 다른 정의는 교수개발을 체계적 교수계획에서의 관리 기능으로써 설명한다. 이 용어는 직원(personnel)의 할당 및 감독, 할당된 예산 관리, 필요한 지원 서비스 준비, 시간 스케줄 점검 등을 포함한다.

3. 교수매체의 선정

가. 교수매체의 개념

매체(media)란 고대 희랍어에서 '사이(between)'의 의미를 가진 단어에서 유래되었으며 이는 송신자와 수신자 사이에서 정보를 전달하는 매개수단을 뜻한다. 즉, 매체란 정보를 전달하는 과정에서 전달에 사용되는 모든 형태의 도구를 의미한다. 따라서 교수매체(instructional media)는 교수－학습 활동을 효과적으로 하기 위해 사용되는 모든 도구를 의미하며 여기에는 교사, 교재, 학습 도구 등을 비롯해서 정보통신 테크놀로지의 산물인 컴퓨터, 멀티미디어, 인터넷을 포함한 학습환경까지도 포함된다.

종래에는 교수매체를 좁은 의미로 한정시켜 생각하였으며, 교수활동을 하는 데 있어서 내용을 구체화하거나 보충하여 학습자가 학습내용을 명확히 이해할 수 있도록 도와주기 위해 사용하는 모든 기계나 자료를 의미했었다. 그러므로 시청각 매체는 언어 정보를 전달하는 데 사용되는 **시청각 기재**(audiovisual equipment)와 **시청각 교재**(audiovisual materials)를 뜻하였으며 VTR, VCR, 영사기, 컴퓨터와 같은 하드웨어는 물론 필름, 비디오테잎, 디스크 및 컴퓨터 프로그램 등의 소프트웨어를 포함하여 말해 왔다.

그러나 현대에 이르러 교육공학에 대한 개념이 바뀌면서 매체를 보는 시각도 보다 넓어지게 되었다. 즉, 교수활동을 하는 데 있어서 내용을 보충하는 보조자료라는 협의의 개념을 탈피하여 교수－학습과정에서 교수 목표를 달성하기 위하여 학습자와 교수자간에 사용되는 모든 수단을 교수매체로 생각해야 한다는 광의의 개념으로 바뀌고 있다. 근래에 **교수매체**는 시청각기재와 교재뿐만 아니라 인적자원(people), 전달하는 메시지 내용(message), 학습환경(environment), 시설(facilities) 등 모두를 포함하는 포괄적이고도 종합적인 개념으로 보고 있다.

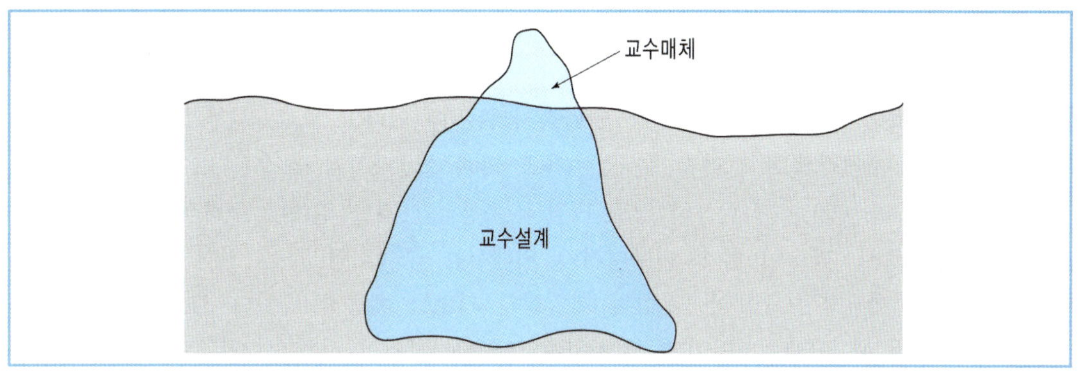

<그림 5-8> 교수매체와 교수설계와의 관계(변영계 외, 2007)

나. 교수매체의 유형

Hoban(1937), Dale(1946), Heinich(1989) 등은 다음 [표 5-10]에서 보이는 바와 같이 교수매체를 분류하고 있다(고재희, 2009, 407408 재인용).

[표 5-10] 교수매체의 유형

	Hoban (1937)	Dale (1946)	Romiszowski (1988)	Heinich (1989)	Heinich (1996)
특징	사실성의 정도에 따른 분류	경험의 원추 : 구체성과 추상성의 정도에 따른 분류	감각통로와 교사의 통제수준에 따른 분류	감각기관을 기준으로 분류	감각형태에 따른 기준과 현장에서 활용중인 매체유형을 고려함
분류 방식	(구체적인 것에서 추상적인 것으로 제시) 전체장면 실물 모형 필름 입체도 슬라이드 그림 지도 도형 언어	(구체적인 것에서 추상적인 것으로 제시) 직접적, 목적적 경험 경험모형, 실물표본 극화된 경험 시범 견학 전시 TV 영화 녹음, 라디오, 사진 시각기호 언어기호	청각, 시청각, 시각, 촉각/운동감각 통로를 구분하고 교사가 이를 통제하는 정도 (기능인, 기술자, 관리자로서의 교사)에 따라 교수매체를 분류함	시각매체: 사진, 그림, OHP 청각매체: 라디오, 녹음기 등 시청각매체: 영화, 텔레비전 복합매체: 컴퓨터, 상호작용 비디오 등	비투사매체: 사진, 도표, 모형 투사매체: 슬라이드, OHP, computer projection 청각매체: 카세트, 컴팩디스크 영상매체: 비디오, 영화 컴퓨터 중재수업 컴퓨터기반 멀티미디어, 하이퍼미디어

Hoban과 Dale은 매체가 전달하는 자료의 특성을 **구체성과 추상성**의 정도에 따라 교수매체를 분류하였다.

Hoban은 교육의 목적이 지적 경험을 일반화시키는 데 있다고 보고, 시청각 자료의 가치는 실제를 얼마나 구체적으로 전달할 수 있는가에 의해 그 가치가 결정된다고 보았다(Hoban, Hoban & Zissman, 1937). 사실성의 정도란 결국 추상적인 것을 얼마나 구체적으로 전달할 수 있느냐의 정도로서, 학습이 쉽게 이루어지기 위해서는 구체적인 것을 먼저 제시하고, 차츰 추상적인 것을 제시하는 구체적-추상적 계열화의 기초를 제공하고 있다. Hoban은 맨 위에는 '전체상황'을, 맨 아래는 '언어'를 위치하여 놓았다. 여기서 시청각 자료는 추상적 개념을 이해하는 과정을 도와주는 일종의 보조물이며, 학습자의 흥미를 유발시키기 위해 사용된다.

Dale은 Hoban의 아이디어를 더욱 포괄적으로 분류하고 체계화하여 **'경험의 원추**(Cone of Experience)'라고 부르는 모델을 제시하였다. Dale은 직접적 경험을 통한 행동적 단계에서 시청각적 자료를 통한 경험이나 관찰을 통한 영상적 단계, 그리고 언어와 시각기호를 통해 이해를 도모하는 상징적-추상적 단계로 진전되면서 개념 형성이 이루어진다는 것을 제시하고 있다. Dale은 학습자는 구체적 경험을 바탕으로 할 때만이 보다 추상적인 경험이 의미 있음을 말하고 있다. 또한 Dale의 매체에 관한 모형이 구조화된 지식을 인지하기 위한 단계를 행동적 · 영상적 · 상징적 표현양식으로 설명한 인지이론가인 Bruner에 의해 입증되고 보완되었다.

Heinich와 그의 동료들(1996)은 교수매체가 실제로 이용되는 상황을 고려하여, 비투사매체 · 투사매체 · 청각매체 · 영상매체 등으로 구분하였다.

다. 교수매체의 선정

교수매체를 선택하고 개발하는 과정을 보여주는 대표적인 모형으로 ASSURE 모형을 들 수 있다. **ASSURE 모형**은 Heinich와 그의 동료들이(1996) 교수 · 학습과정에서의 교수매체의 효과적인 활용을 위하여 고안한 모형이다.

ASSURE 모형은 실제 교실에서의 수업을 위해 매체와 자료의 활용에 대한 계획이 수립에 있기 때문에 일반적인 ISD모형과는 그 성격이 다르다.

A	**S**	**S**	**U**	**R**	**E**
Analyze Learners	State Objectives	Select Methods, Media, and Materials	Utilize media and Materials	Require Learner Participation	Evaluate and Revise

<그림 5-9> ASSURE 모형

ISD모형이 각종 분석에서부터 평가에 이르는 교수의 전 과정을 다룬다면, ASSURE 모형은 일상적인 수업에서의 매체와 관련된 교사의 일을 자세히 기술하고 있다.(Heinich et. al., 1996). 즉, 일반적인 수업모델은 교수 분석 과정에서 시작하여 수업의 전 과정에서 일어나는 문제를 종합적으로 다루고 있기 때문에 복잡하고 여러 유형의 전문가가 필요하다. 반면, ASSURE 모형을 사용하면 교수매체를 활용하는 학습지도안을 쉽게 작성할 수 있다. 매체를 활용하기 위한 ASSURE 모형의 장점은 교사가 교육현장에서 쉽게 활용할 수 있는 실천적 모형이라는 점이다.

1) 학습자 분석(Analysis Learners)

학습자의 특성과 교재의 내용 및 제시 방법은 교수매체의 효과에 지대한 영향을 미친다. 그러므로 교수매체를 활용한 교수활동을 계획하는 첫 번째 단계는 학습자를 분석하는 일이라 볼 수 있다. 학습자 특성의 요인에는 ① 학습자의 연령 · 학력 · 직위 · 지적인 적성 · 문화 · 사회 · 경제적인 요인 등과 같은 일반적인 특성, ② 학습자의 부족한 지식과 기능을 확인하는 출발점 행동, ③ 학습자의 불안 수준 · 적성 · 동기 등의 심리적 요소를 고려하는 학습자의 학습양식이 있다.

2) 목표 진술(State Objectives)

교수매체의 체계적인 활용을 위한 두 번째 단계는 가능한 한 자세하게 학습자가 학습을 마친 후의 행동을 진술해야 한다. 학습자들이 도달해야 하는 목표지점은 어디이며, 어떠한 새로운 능력을 발휘할 수 있어야 하는지를 진술하는 일이다. 구체적으로 목표를 진술하는 데에는 여러 가지 방법이 있지만, Mager의 교수 목표 진술의 방법을 적용하면 좋다. 앞에서 이미 설명 하였지만, Mager는 목표 진술을 위한 다음의 4가지 구성요소를 제시하였다.

- A(Audience) : 누가 학습할 것인지에 관한 대상을 분명히 한다.
- B(Behavior) : 학습자가 성취해야 하는 목표를 관찰 가능한 행동으로 진술한다.
- C(Condition) : 목표에 도달하는 데 사용되는 자원, 시간 등의 제약을 제시한다.
- D(Degree) : 학습자가 목표를 도달했는지의 여부를 나타내는 기준을 제시한다.

3) 교수방법, 매체, 자료의 선정(Select Methods, Media & Materials)

매체와 공학을 사용하기 위해서는 체계적으로 방법, 매체, 자료를 선정하여야 한다. 이러한 선정을 하기 위해서는 세 단계를 거치게 된다. 첫째, 주어진 학습과제를 위한 적당한 방법을 결정하여야 하며, 둘째, 방법을 수행하는 데 알맞은 매체의 유형을 선택하여야 하며, 셋째, 선정된 매체 유형에서 가장 알맞은 특정 자료를 선택, 수정, 설계, 또는 제작하여야 한다.

(1) 교수방법의 선정(Select Methods)

교육방법은 교수 형태, 즉, 교수 내용을 제시하는 형태로 교사가 학습자에게 교육내용을 어떻게 전달해야 하는가의 방법을 의미한다. 교수방법은 앞서 설정된 교육목표를 성공적으로 달성하기 위해서 선정된 교육 내용을 학습자에게 효과적으로 전달하기 위한 수단이다.

수업에는 여러 가지 방법이 함께 사용되고 있다. 교수방법은 수업의 내용과 목표, 학습자, 교사의 교육관, 또는 교육의 외적요건에 따라서 결정될 수 있다. 교육방법의 종류로는 강의법, 탐구학습법, 토의법, 협동학습법, 발견학습법 등의 다양한 유형이 있으므로 각각의 경우에 적절한 방법을 선정, 사용하는 것이 좋다.

(2) 교수매체 선정(Select Media)

각각의 매체는 제각기 독특한 특성을 가지고 있다. 청각적인 정보만을 제공하는 CD나 녹음 테이프와 같은 것이 있는가 하면, 영화나 비디오테이프와 같이 소리와 함께 움직이는 영상을 제시하는 것도 있다. 그 외에도 CD-ROM과 같이 소리, 그림, 글자, 사진 동영상 및 애니메이션 등의 다양한 정보를 동시에 제공하는 것도 있다. 그러므로 가르치고자 하는 내용과 목표가 어떤 환경 하에서 제공될 것인지를 파악하여 가장 효과적인 교수매체를 선정하는 작업이 무엇보다도 우선되어야 하겠다.

(3) 교수자료의 선정(Select Materials)

학습목표를 달성하기 위하여 교수자료를 선정하는 방법에는 다음 세 가지가 있다. 첫째, 이미 만들어진 기존의 자료 중에 적합한 것을 골라서 사용하는 방법이다. 학습할 주제에 관하여 이미 제작된 자료를 제작자의 카탈로그, 동료 교사들의 추천, 관련 전문서적의 서평 및 관련기관이나 학교, 지역교육 자료실의 목록 등을 통하여 찾아보아야 한다. 여러 자료 중에서 특정한 것을 선택하여야 할 때에는 학습자의 특성, 학습목표의 성격, 교수방법 및 학습 상황에서의 시설, 환경 등을 고려하여 결정하여야 한다. 둘째, 적절한 기존의 자료가 없을 때에는 이들 자료의 녹음내용이나 캡션 등을 수정하거나 재편집하여 사용하는 방법이다. 이는 시간이나 비용면에서 볼 때 교재를 새로 제작하는 일보다 효율적일 수가 있다. 셋째, 교재를 새로 제작하는 방법이다. 적절한 교재를 찾을 수 없으면 학습목표를 달성하기에 적합한 것을 교사 스스로 만들어야 하며 학습자의 특성, 학습 목표, 제작에 소요되는 비용과 시간의 확보, 필요한 기술, 장비, 시설, 인력의 확보 등의 여부를 미리 고려하여 결정하여야 한다.

4) 매체와 자료의 활용(Utilize Media, & Materials)

매체와 자료를 효율적으로 활용하기 위해서는 다음과 같은 사항을 주의해야 한다.

•교수매체의 효과적인 제시는 지정된 장소에서 리허설을 해봄으로써 시작된다. 이 과정은 학생들의 수준과 목표에 적합한지를 결정하고, 자료의 상태를 조사할 수 있으며, 목적과 진행 단계에 맞추어 자료의 제시 순서를 결정할 수 있게 한다. 예를 들어 예기치 않은 폭력적인 내용이나 조잡한 화면의 질 때문에 당황할 수 있기 때문이다.

•수업을 전개할 주변 환경을 정비해야 한다. 교수매체를 어디에서 사용하든 학습자들에게 안락한 의자·적절한 환기·온도·밝기 등이 제공되어야 하며, 매체에 따라 암막 시설·충분한 전원 공급·다양한 조명 조절장치 등이 요구될 수도 있다.

•학습자를 사전 준비시킨다. 학습자들의 주의를 집중시키기 위하여, 제시할 내용의 소개, 학습할 주제와의 관련성, 사용할 교수매체에 대한 정보나 특별한 용어에 대해 미리 설명해 줌으로써 동기유발을 제공해야 한다.

•교수자료를 제시하여 학습경험의 기회를 주어야 한다. 교수매체를 제시할 때, 교수자는 프리젠테이션 기술(presentation skills)을 발휘하여 능숙하게 대처해 나가야 한다.

5) 학습자의 참여 유도(Require Learners Participation)

학습은 내용의 일방적인 전달로만 이루어지는 것이 아니라, 학습자가 학습과정에 능동적으로 참여할 때 더욱 효과적으로 이루어질 수 있다. 학습자들에게 학습한 내용을 연습할 수 있는 실제 활동의 기회를 주고, 적절한 피드백을 주는 것이 요구된다. Kemp는 학습과정에 학습자의 능동적 참여를 이끌 수 있는 방법으로 다음과 같이 소개하였다.

•즉각적인 필기나 구두의 반응을 요구하는 질문을 제시한다
•필기 활동을 지시한다.
•보거나 들은 것으로부터 선택, 판단, 결정을 하도록 요구한다.
•보거나 들은 활동이나 기술과 관련된 수행을 요구한다.

6) 평가와 수정(Evaluation & Revise)

교수활동이 끝나면 전체적인 윤곽을 잡고 이에 대한 효과를 평가해야 한다. 평가는 ASSURE 모형의 마지막 단계이기도 하지만, 지속적인 매체활용을 위한 시발점이기도 하다. 그러나 학습자의 학습목표 달성 외에도 평가되어야 할 사항이 두 가지 더 있다. 그 중 한 가지는 사용한 교수매체와 교수방법에 대한 평가로, 다음 교수의 교수매체 사용 시 참고하기 위해서도 필요하다. 또 하나는 교수－학습과정에 대한 평가이다. 이는 교수과정을 진행시키는 동안 수시로 할 수 있다. 그러나 평가가 끝났다고 하여 교수활동이 완전히 끝난 것은 아니다. 그 이유는 평가란 교수매체의 효과적인 활용을 위해 ASSURE 모형을 계속 다시 사용하기 위한 출발지점에 불과하기 때문이다.

6장

기술교과서의 이해와 분석

이 장에서는 교과서의 개념과 기능, 기술교과서 제도의 변천을 알아보고, 기술적 교양과 정교화 이론의 관점에서 기술교과서 분석 방법과 사례, 그리고 Romey 교과서 분석 방법 및 T-Romey 분석 방법을 탐구하기로 한다.

이는 기술교과서의 이해와 더불어 구조를 이해하는 데 도움을 주고 가장 중요한 교재인 교과서에 대한 이론적 접근에 동기를 부여할 수 있을 것이다.

◎ 주요 용어 Key words

#교과서	#기술교과서	#기술교재
#기술교과서 분석	#Romey 교과서 분석 방법	#T-Romey 지수

1. 교과서의 이해

가. 교과서의 개념과 기능

한국교육과정평가원은 연구보고서인 교과용 도서 평가 연구(Ⅰ)－질 관리 체제 구축을 중심으로－진재관 외(2007)를 통해 교과서의 개념과 기능에 대해 다음과 같이 말하고 있다.

교과서, 교사용 지도서, 각종 교수·학습 자료 등 학교에서 공식적으로 사용하는 많은 교과용 도서들이 있다. 교사는 가르치는 내용에 따라 다양한 자료를 사용할 수 있으나, 교육과정을 해석하는 1차 자료라고 할 수 있는 **교과서**가 교수·학습의 주된 자료이며, 교수·학습과 평가를 선도하는 구실을 하고 있다. 우리나라에서 교과서는 전통적으로 권위있는 교육 수단으로서 학교 교육에서 수업은 대체로 교과서를 중심으로 전개되고 있다.

'교과용 도서에 관한 규정'(대통령령 제 18429호) 제2조에 '교과용 도서'는 교과서 및 지

도서를 말한다고 제시하고 있다. 또, '교과서'는 학교에서 학생들의 교육을 위하여 사용하는 학생용의 서책·음반·영상 및 전자저작물 등을 말한다는 규정에 따라 교과서에 대한 형식적인 정의를 내릴 수 있다.

교과서는 '교육 내용'으로서의 성격과 '학습 자료'로서의 성격을 동시에 가진다. 교육 내용으로서의 성격이란 교과서는 의도적으로 선택된 교육과정의 내용을 잘 반영해야 하며, 그렇기 때문에 특정 교육과정에 근거하여 개발되어야 한다는 의미를 포함하고 있다. 반면에 학습 자료로서의 성격은 교과서가 교수·학습의 목표를 달성하기 위해 학습자의 특성에 따른 다양한 경험을 제공한다는 것을 의미한다. 전자가 교육을 설계한 공급자의 입장을 반영하고 또한 교육에서 지향하고자 하는 목표를 반영하는 것이라면, 후자는 교육의 장에 임하는 수요자의 입장 그리고 그 수요자인 학생의 현재 수준과 그 수준에 기초한 학습을 반영하는 것이라 할 수 있다.

교과서를 '교육 내용'과 '학습 자료'의 두 측면을 동시에 포함하는 개념으로 이해하는 것은 '닫힌 교과서관' 및 '열린 교과서관'이라 말하는 전통적인 두 교과서관과도 관련지어 볼 수 있다. 즉, 교육 내용으로서의 교과서관은 특정 내용을 강조한다는 점에서 '닫힌 교과서관'과 관련이 깊고, 학습 자료로서의 교과서관은 학생의 경험과 사고, 그리고 학습 상황을 강조한다는 점에서 '열린 교과서관'과 관련이 깊다고 할 수 있다.

교과서의 개념 속에는 이상의 두 관점 또는 의미가 대립적이면서도 동시에 협력적인 모습으로 나타난다. 노명완 등(2004)은 **교과서의 개념**에 대한 여러 연구자들의 견해를 종합하여 교과서는 (1) 교육과정과 밀접한 관련을 맺고, (2) 교육과정을 구체적으로 실현시키고 있고, (3) 교수·학습 과정에 사용되는 자료이며, (4) 교사와 학생의 상호 작용을 위해 중요한 매체이고, (5) 학교라는 특정 장소와 수업이라는 특정 시간과 관련된다는 등의 특성이 있음을 제시하였다.

이와 같이 앞서 제시한 **교과서의 성격**과 교과서의 특성을 통하여 **교과서는 '교육과정을 구체화시켜 학교 수업 현장에 제공되는 교수·학습 중심의 자료**이면서, **교사와 학생의 상호 작용을 통해 완성되어 가는 목표 중심의 교재**'라고 정의할 수 있다.

교과서는 학습자에게 배워야 할 내용을 제시하고, 그것을 학습하는 방법을 안내하며, 학습 결과를 정리하고 평가하는 소재를 제공한다. 물론 우리가 무엇을 배울 때 반드시 교과서에만 의존하는 것은 아니다. 자신의 직접 경험을 통해서 혹은 다른 사람들을 모방하는 방법으로 학습을 하게 된다. 그러나 사회가 복잡해지면서 알아야 할 것들이 개인의 체험이나 모방으로 학습하기에는 너무 많고, 구성원들을 사회 통합으로 이끌기 위한 공교육 체제나 표준적인 학습의 제공을 실현하려면 교과서라는 수단이 필요하다(김정호 외, 2002). 따라서 교과서는 전국의 모든 학생들을 가르친다는 전제로 만들어진 보편적인 교재이고, 그 내용과 조직에 대한 보편성과 사회적 합의가 일정한 검증 절차를 통해 공적으로 인정된 학습 도구이다.

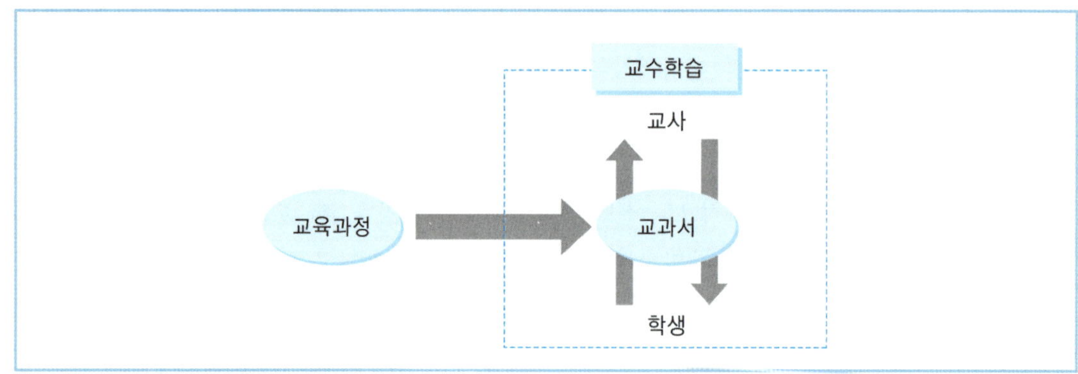

<그림 6－1> 교과서의 의미(진재관 외, 2007)

우리나라를 비롯하여 많은 나라에서 교과서는 교육의 방향과 자료를 제시하고, 기초 교육과 공통 교육의 준거를 설정하는 중요한 위치에 있다. 이러한 위상을 갖는 교과서가 해야할 역할과 기능에 대하여 선행 연구들에서 다양한 의견을 제시하고 있다.

이종국(1989)은 교과서가 지식 내용을 정돈, 체계화하도록 유도해 주고, 교수·학습 내용의 방향과 범위를 결정하고 통제해 주며, 교육 가치의 발견, 전달과 공공·공익의 목적의 추구를 위해 교수·학습 활동에 활용되고, 바람직한 인간 육성을 목표로 한 길잡이로의 가치를 구현한다고 말하였다.

김정호 등(1998)은 **교과서의 기능**을 다음과 같은 두 가지로 말하였다.

첫째, 교과서는 교수·학습 과정을 선도하여 학생들이 실제 세계에 대한 지식과 기능 및 태도를 형성할 수 있도록 안내하는 교수·학습 과정의 선도 기능이 있다. 물론 교과서만이 교수·학습 과정을 이끌어가는 것은 아니며 교사와 학습자의 노력, 교실 내외의 시설과 환경, 제도적인 뒷받침 등 많은 변인이 관련되어 있다. 그러나 교과서는 현실적으로 개별 교과의 교수·학습 과정을 이끌어가는 교육 내용과 방법의 상징체로서 교육과정에 제시된 목표와 내용을 구체화시켜 놓은 공식적인 자료라 할 수 있다. 교사가 수업을 설계하고, 구성하고, 운영하고, 평가하는 데에 그의 재량과 범위를 제한하고 수업의 기준으로 영향력을 가장 크게 갖는 것이 교과서인 것이다.

둘째, 교과서는 학습 대상인 실제 세계(real world)와 그 세계에 대한 지식 체계(body of knowledge)를 학습자에게 제시한다는 교육적 의미와 기능을 가진다. 실제 세계는 자연환경과 같은 물리적인 대상만이 아니라, 인간이 사회적으로 만들어 낸 다양한 제도와 구조적인 체제들을 모두 포함한다. 지식 체계는 인간이 창조한 학습 대상으로서, 현상의 인과 관계를 설명하는 명제적 지식과 더불어 예술까지 포함하는 개념이다(Keeves, 1997). 실제 세계는 지식 체계의 경험적 근거를 제공하는 정보원이고, 지식 체계는 실제 체계를 설명하는 논리로서

상호 의존 관계에 있다. 우리가 무엇을 안다는 것은 어떤 지식 체계를 통하여 실제 세계 현상을 설명하고 해석해내는 것이다. 교과서는 바로 이러한 두 가지 부문, 즉 실제 세계와 지식 체계를 주요 내용 요소로 도입하여 학습자가 인식할 수 있도록 연결시켜 주는 매개 기능을 한다. 학습자는 교과서에 제시된 지식 체계를 배우면서 실제 세계를 간접적으로 인식해 나가는 것이다.

다른 측면에서, 김용화(1990)는 교과서가 학습 동기 유발의 기능, 학습의 기본 요소를 제시하는 기능, 탐구 과정의 유도 기능, 자료의 제시 기능, 학습 및 학습 자료의 제시 기능 등을 담당한다고 하였다.

정찬섭 등(1992)은 교과서가 교육 내용의 선정 · 조직을 통해 교육 내용의 구체적인 자료화의 기능을 하며, 교사에 대한 교수 과정을 안내하고 학생에 대한 학습 과정을 안내함으로써 교수 · 학습 과정의 조절 기능을 담당한다고 하였다.

이 외에도 교과서는 실제 세계, 학문 체계, 교수 방법, 학습 방법을 연결하는 기능을 담당한다는 견해(류연수 외, 2002)도 있으며, 교육 공동체의 철학을 반영하고, 학교 교육의 표준을 제시하고, 교육과정과 교실을 매개해 준다는 견해(김창원, 2003)도 있다.

노명완 등(2004)은 교과서의 기능을 다섯 가지로 설명하고 있는데, 첫 번째, 교과서는 사회와 밀접한 관련을 맺고 그 사회의 가치를 반영하며, 윤리적인 계도를 하며 교육의 질 관리를 수행하는 기능을 가진다고 한다. 두 번째, 교과서는 교수 · 학습 상황 속에서 교사와 학생, 학생과 학생의 상호 작용을 활성화하는 기능을 가진다. 즉, 교과서는 교실 구성원들 사이의 중간에서 학습 활동의 매개체로서의 역할을 한다는 것이다. 세 번째, 교과서에는 교육과정의 철학과 내용을 재해석하고 구체화하는 기능이 있다. 네 번째, 교사는 교과서를 이용해서 가르치기 때문에 교과서는 교사에게 무엇을 어떻게 가르치고, 그 결과를 어떻게 평가해야 하는지를 보여주는 기능을 한다. 다섯 번째, 교과서는 학생들에게 학습 목표를 안내하고 학습 자료를 제공하며, 학습자들의 동기를 유발하는 기능을 수행한다.

외국의 경우에도 많은 교과서 전문가들은 교사들이 교과서를 사용해야 하는 다양한 이유를 주장하며 교과서의 기능을 제시하고 있다. 교과서의 저자들은 교과서가 교사들이 수업을 설계할 때 단서를 제공하고 자극이 되며, 동기 유발이나 학습 촉진을 위한 역할을 할 수 있다고 믿고 있다. 올라이트(Allwright, 1990)는 교과서를 수업에 직접적인 '지도 자료'라기보다는 '아이디어나 활동을 구상하는 정보 자료'로 보았다. 실제 수업 현장에 대한 연구에서도 교과서는 우리나라와 비슷한 기능을 수행하고 있는 것으로 보고되었다. 영국의 교사들은 수업 자료를 개발하기 어렵고, 자료를 준비할 시간이 부족하며, 관리자 혹은 교과서 개발과 관련된 외적인 요구들에 의해 교과서를 사용한다는 연구 결과가 있다. 그러나 이 연구에서는 교과서의 역할이나 기능을 고려하더라도 자신의 내적 욕구나 의도의 개입 없이 또는 개입이 최소화되어 교과서를 사용하는 것은 교과서가 수업을 위한 교사나 학생의 도구가 되기보다 자칫 교사나 학생들이 교과서에 얽매여 교과서의 도구로 전락할 수 있는 큰 문제점의 발생을 우려하였다(Cunningsworth, 1984, Garinger, 2001 재인용). 실제 스키어소(Skierso, 1991)의 연구에서도 "대부분의 교사들이 교과서에 제시된 순서, 내용, 방법에 따라 어휘나 단어, 문장들을 그대로 가르치는 경향이 있다."고 보고하였다. 물론 수업을 설계 · 조직하기가 쉽고, 학생들에게 안정적인 학습을 제공할 수 있으며, 연계 · 위계성이 높은 수업을 할 수 있다는 장점을 갖고 있지만, 전문가들은 이러한 '복사식 수업'의 문제점이 적지 않음을 주의 깊게 논하고 있다(Garinger, 2001).

선행 연구들에서 제시한 바와 같이 교과서는 작게는 수업을 위해 크게는 우리 사회의 교육을 위해 다양한 기능을 하고 있고, 해야 한다. 따라서 제안된 여러 가지 교과서의 기능들을 분석, 정리하면 크게 세 가지로 나누어 볼 수 있다.

첫째는 **가치 실현 기능**이다. 교과서를 통하여 사회적 가치를 전달하고, 교육과정을 반영, 체계화 및 구체화하여 만들어진 교과서는 교육과정에서 제안하는 철학이나 교육의 방향 등을 구현할 수 있는 경로가 된다. 또, 궁극적으로 교과서를 통한 교수 · 학습 및 교육으로 교육과정이나 사회가 요구하는 교육 목표를 구현하는 기능을 할 수 있다. 교과서는 우리 교육을 선도하는 역할을 담당하여야 한다. 즉, 사회에서 구성원들에게 요구하는 능력을 기르도록 하여 학생들이 사회에 잘 기능하도록 만드는 역할을 할 수 있어야 한다.

둘째는 **정보 전달 기능**이다. 교과서는 지식을 정리하고 체계화, 구조화함으로써 교육 수요자들에게 교육이나 관련 교과에 관한 정보를 전달하는 기능을 한다. 이때 교과나 각 지식의 의미와 본질을 전달하는 데에 충실하도록 하며, 당시의 이론과 논리, 사상을 반영하여 살아 있는 정보가 전달되도록 해야 한다.

셋째는 **교수 · 학습 도구적 기능**이다. 교과서는 교육 내용을 나타내는 자료이자 교수 · 학습의 매개체이다. 교수 · 학습 상황에서 학생과 교사는 교과서를 매개로 하여 서로 상호 작용을 하게 된다. 또, 교과서는 교수 · 학습의 효율을 증진시키는 도구가 된다. 교과서는 일반적으로 학습 내용을 구조화하여 제시하며, 학생이 탐구하도록 안내하고, 학습 동기를 유발시키며, 학습 방법을 돕고, 참고가 되는 학습 자료를 제공한다. 이와 같이 교수 및 학습 과정을 안내하고, 선도하고, 조절함으로써 교수 · 학습의 원활히 또한 효과적으로 수행될 수 있도록 하는 기능을 하는 것이다. 이러한 교수 · 학습 도구적 기능은 실제적 도구의 기능과 더불어 교사나 학생들에게 동기를 불러 일으키는 것과 같은 잠재적인 도구 기능도 수행하고 있다.

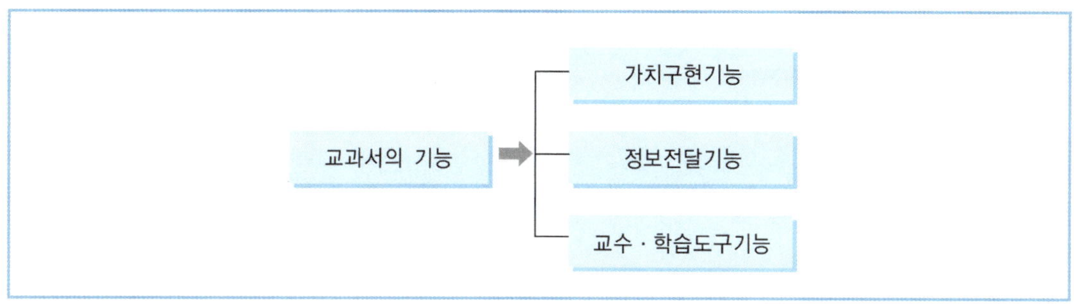

<그림 6-2> 교과서의 기능(진재관 외, 2007)

나. 교과서의 체제

교과서의 내적 체제 준거를 도출하기 앞서 교과서를 구성하는 요인인 체제에는 외적 체재와 내적 체제가 있다. 한국교과서연구재단 연구 보고서인 '교과용 도서 내적 체제 개선에 관한 연구' 노명완 외(2004)를 통해 교과서 체제에 대해 다음과 같이 말할 수 있다.

교과서의 외적 체재란 교과서가 갖추어야 할 외형적 형식과 관련되는 요소를 말하는 것으로 판종, 지질, 활자, 색도, 편집 등을 포함하는 것으로 그 외형을 결정하게 된다.

교과서의 내적 체제는 교수 학습 내용을 조직, 안배하는 것으로 교과 내용의 배열 및 단원의 전개 과정을 포함하여 내용을 구성하는 것을 말한다. 즉, 교과서의 외적 체재가 교과서의 하드웨어라면, 내적 체제는 일종의 소프트웨어라고 말할 수 있다.

다음 표는 선행 연구에서 제시된 교과서의 외적 체제와 내적 체제를 분류한 것이다.

[표 6-1] 교과서의 체제

분석준거 / 연구자	외적 체재	내적 체제		화보제시방식	기타
		내용조직요소	내용구성요소		
강항녀(1990)	• 지질 • 판형 • 글자 크기	• 교과편제	• 학습목표 • 시간수 • 실습내용		• 교육과정과 교과서 반영 관계
이돈희(1991)		• 교육목표의 적합성 • 동기 유발성 • 체계적 심화 반복성 • 서술의 이해 가능성	• 단원구성의 적절성 • 수업과정과 수업 방식 제시 • 평가 내용 및 방법 • 선수학습의 확인 및 보충, 교과서 활용의 지침	• 삽화, 도표 등의 적절성	
민병덕(1991)	• 판형의 변천				

홍우동(1991)				• 색도	
권낙원(1991)	• 교과서 쪽수				
최규만(1993)	• 글자 크기 • 판형 • 쪽수 • 지질 • 제본 방식				
김숙진(1995)	• 지질 • 두께 • 판형 • 제본의 견고성 • 활자 크기 • 여백	• 내용 배열	• 단원 목표 • 타교과 관련성 • 탐구활동 • 학습정리 • 단원 수 • 실험실습의 적합성	• 사진의 수 • 도표의 수	
한국교육개발원(1995)	• 판형 • 전체쪽 수 • 보조자료 • 활자크기 • 여백처리 • 지질	• 계열성 • 관련성 • 단원 배열 방식	• 단원의 수 • 중단원 수 • 소단원 수 • 문제 제시 방식 • 단원 목표	• 화보사용의 적절성 • 색도사용의 적절성 • 도표유형의 적절성	
이춘식(1996)	• 실제쪽 수 • 단원별쪽 수		• 학습목표 • 학습 내용 진술 • 단원 정리 문제	• 그림의 수 • 도표의 수	
권리라(1998)	• 판형 • 전체 분량 • 제본 상태		• 단원 목표 • 학습 동기 • 선수 학습 • 학습 정리	• 사진의 수 • 그림의 수 • 표의 수	
박선애(2000)	• 판형 • 쪽수 • 표지 • 글자 크기 • 모양(서체) • 줄간 • 자간 • 글줄 길이 • 색도 • 본문 용지 • 제본	• 영역간의 균형 • 단원의 내용목차 • 학습활동의 계열성 • 실험 실습 영역		• 사진의 수 • 삽화의 수 • 도표의 수	

이태호(1999)	• 쪽수		• 탐구실험 수 • 문제의 수 • 단원이용의 비중	• 그림의 수 • 사진의 수	
유순아(2000)	• 도서명 • 출판사 • 판형 • 지질 • 활자(학년차) • 강조 • 쪽수 • 보조자료	• 표지 • 차례 • 본문	• 내용 체제 비교	• 사진의 수 • 삽화의 수	
윤복수(2000)	• 판형 • 활자의 크기 • 줄수 • 쪽수 • 여백 • 화보	• 표지 • 목차 • 본문	• 영역별 학년별 분포 • 영역별 비중 비교 (페이지수와 비율로)		
전혜옥(2000)			• 교과내용 • 영역별 단원 • 학년별 내용 • 단원별 지도시간		
조영미(2001)	• 쪽수 • 쪽당 행수와 행당 글자수 • 지질	• 표지 • 차례 • 본문	• 교과서의 편성 체제 • 단원 전개 체제, 영역(세부영역)		
기남호(2004)		• 서문 • 대단원 수 • 중단원(소단원)수 • 단원 내용 분량 • 찾아보기 수 • 내용 요소 • 사진 삽화	• 표지 • 차례 • 대단원 목표 • 중단원 목표 • 선행조직자 구성 • 내용 구성 체제 • 실험 실습 활동 • 보충 심화 • 정리평가		
오지영(2007)		• 서문 • 단원수 및 배열 • 단원 내용 분량 • 내용 요소 • 사진 및 삽화	• 도입 사진 삽화 • 단원 차례 • 단원 목표 • 내용 구성 • 실험 실습 활동 • 보충 심화 • 정리 평가		

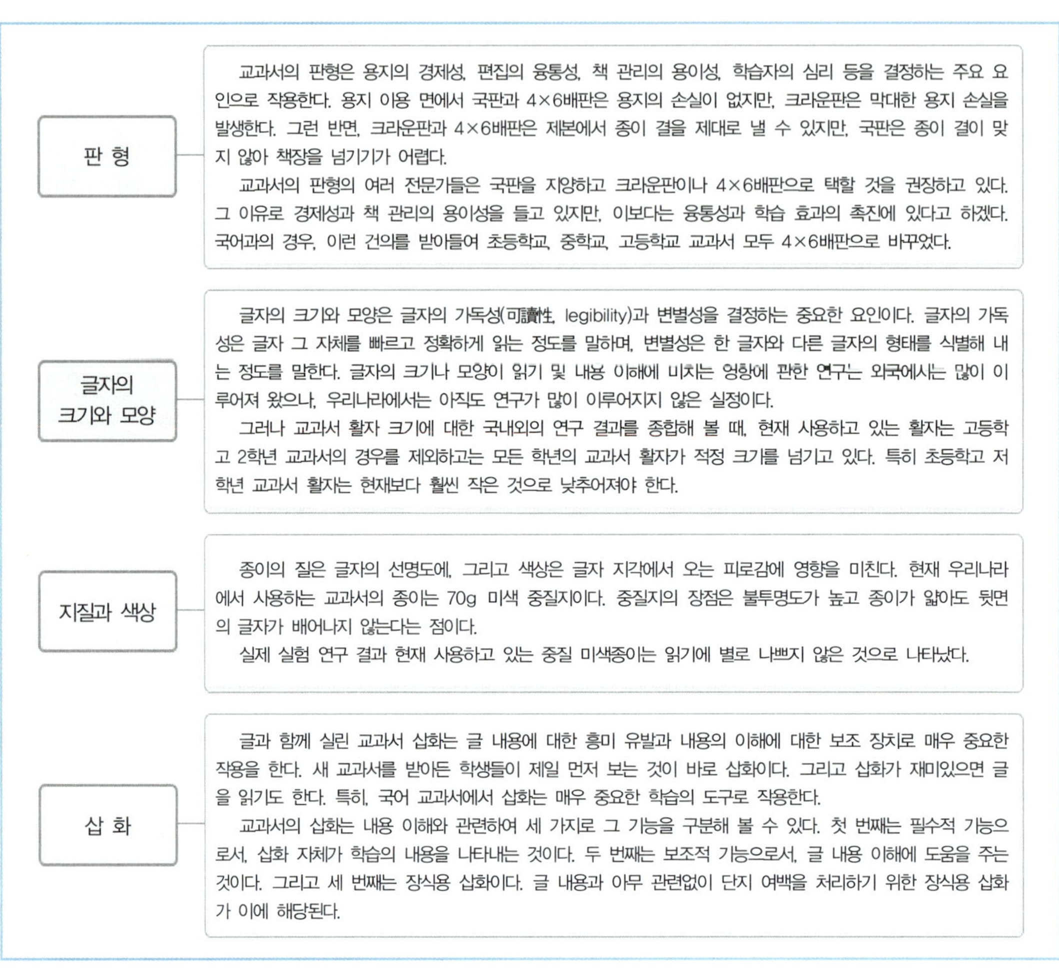

<그림 6-3> 교과용 도서의 외적 체제 요인

출처 : https://www.ktbook.com/info/info_04_02.asp

2. 기술교과서의 변천

제2차 교육과정부터 제7차 교육과정까지의 교과서 및 기술교과서의 변천에 대해 알아보면 다음과 같다(이경호, 2000; 최유현, 2005; 허강, 2002, 재구성).

제2차 교육과정기에서 교과서의 판형과 체제는 제1차 교육과정기 때와 같이 5 · 7판 체제이

나 채색 삽화가 증가하고 활자 개량이 이루어졌다. 교육과정 내용면에서는 자주성, 생산성, 유용성을 강조하여 국가 발전에 부응하는 국민육성을 기하는 한편, 너무 경험중심으로 경주했던 내용을 학문적 방향으로 조정하였다. 또한, 본문 및 부록에 반영된 배열 요소가 1960년대 체제에 비하여 현저하게 증대된 것이 차별적이다. 이 시기의 기술교과서의 교과명은 기술(중학교 남자용)로서 편차 조직은 겉표지, 앞면지, 국민교육헌장, 교과서명, 화보, 차례, 대단원, 찾아보기, 판면권, 뒷면지, 뒤표지로 11단계이며, 화보는 4쪽으로 구성되며, 차례는 2~6쪽이며 대단원은 1학년이 3개, 2학년이 6개, 3학년이 3개이며, 찾아보기는 4쪽으로 조직되어 있다. 대단원은 대단원명과 4~5개의 중단원으로, 중단원은 2~6개의 소단원과 익힘 문제로 조직되어 있고 소단원은 본문과 연구가 제조 단원에만 소개되어 있다. 본문은 1~8쪽이며 연구 과제는 제조 단원에 6문항이 제시되어 있다.

제3차 교육과정기에서 교과서 편찬의 전제를 유신을 통해 국력을 배양하고 평화통일을 이룩해 민족중흥하자는 것이었다. 그리고 기본 방향은 국적있는 교육실시에 두었으며 이것은 곧 국민교육헌장의 이념구현이었다. 이 시기의 모든 교과서는 '국민교육헌장'을 수록하였으며, 1970년대 후반 이후로 초 · 중 · 고등학교 교과서에 등배접 장정을 지양하여 표지 디자인을 판면 전체로 확대했다. 이 시기의 기술교과서의 교과명은 기술(중학교 남자용)로 편차 조직은 겉표지, 앞면지, 국민교육헌장, 화보, 교과서명, 차례, 대단원, 찾아보기, 판면권, 뒷면지, 뒤표지로 11단계이며, 특징은 화보와 교과서명의 위치가 제2차 교육과정기와 비교할 때 그 순서가 바뀐 것이 특이한 것이다. 화보는 4쪽으로 구성되며, 차례는 2~4쪽이며 대단원은 1학년이 4개, 2학년이 7개, 3학년이 3개이며, 찾아보기는 4쪽으로 조직되어 있다. 대단원은 대단원명과 2~6개의 중단원으로 조직되었으며, 대단원의 도입 부분이 없는 것이 특이하다. 그리고 중단원은 0~13개의 소단원과 익힘 문제로 조직되어 있고, 소단원은 본문과 연구가 소개되어 있다. 본문은 1~21쪽으로 편차가 크며 연구 과제의 전단원에 골고루 분포되어 있다.

제4차 교육과정기 때부터 교과서 편찬 시 자율학습 강화를 위한 편찬 체제의 개선을 강조하였으나 이 시기의 편차인 표지 → 화보 → 머리말 → 차례 → 본문 → 색인, 그리고 기타 요건의 삽입으로 이어지는 6단계 대단이 배열 형식이 굳어지게 되었다. 이 시기의 기술교과서의 교과명은 생활기술로서 편차 조직은 겉표지, 앞면지, 국민교육헌장, 화보, 교과서명, 머리말, 차례, 대단원, 찾아보기(연구진), 판면권, 뒷면지, 뒤표지로 12단계이며 화보는 4쪽으로 구성되며, 차례는 4쪽의 머리말이 새로 생긴 것이 특이한 일이다. 대단원은 1학년이 5개, 2학년이 6개이며, 찾아보기(연구진)는 6~11쪽으로 제2차, 2차, 제3차 교육과정기보다 많이 증가하였다. 대단원은 대단원명/도입과 3~6개의 중단원과 단원 요약이 5~15개로 처음으로 소개된 것이 특이한 일이다. 중단원은 1~10개의 소단원과 익힘 문제로 조직되어 있고, 소단원은 본문과 연구와 실습 과제가 제시된 것이 특이한 일이고 본문은 1~13쪽이며, 연구 과제는 소단원별 0~3개로 골고루 분포되어 있었다.

제5차 교육과정기에서 교과서 편찬의 기본 방향은 주된 학습자료로서의 기능제고, 자율학습 강화를 위한 내용전개 체제 개선, 내용의 양과 수준의 적정화, 외형체제와 내용 편집을 창의적으로 한다. 이 기본 방향 중 교과서의 기능 제고 및 외형체제와 내용 편집을 창의적으로 개선한다는 항목은 제4차 교육과정기 때는 없었던 것으로서 제5차 교육과정기 때 추가된 항목이다. 이 시기의 기술교과서의 교과명은 기술로서 편차 조직은 겉표지, 앞면지, 국민교육헌장, 화보, 교과서명, 머리말, 차례, 대단원, 찾아보기, 판면권, 뒷면지, 뒤표지로 12단계이며, 화보는 4쪽으로 구성되며, 국민교육헌장은 2학년 교과서부터 사라진 것이 특이한 일이다. 차례는 4쪽이며, 대단원은 1학년이 5개, 2학년이 5개이며, 찾아보기는 5~6쪽으로 조직되어 있다. 대단원은 대단원명/도입과 3~4개의 중단원과 단원 요약이 소개되어 있다. 중단원은 2~7개의 소단원과 익힘 문제로 조직되어 있고, 소단원은 본문과 연구와 실습 과제가 소개되어 있다. 본문은 2~12쪽이며 연구, 보기, 해설 과제는 전단원에 분포되어 있었다.

제6차 교육과정기에는 교과서 내용 선정에 있어 도덕성, 공동체 의식, 창의성을 강조하였고, 교수·학습 자료로서의 기능이 강화된 교과서 편찬을 제고시켰으며, 다양한 지도와 자율학습에 도움을 줄 수 있는 교과서 편찬을 제시하였다. 교과서의 체제에 대해서는 교과의 특성과 단원의 성격 등을 적합하게 창의적으로 구성하되, 자율학습이 가능하도록 이해하기 쉽게 조직하고 서술하도록 제시하였다. 이 점에 있어 제5차 교육과정기 때까지 안내하던 '단원 전개'가 없어졌는데, 이것은 집필자의 재량 부여와 교과서의 다양성 있는 편찬을 제고시켰다고 이해할 수 있다. 이 시기의 기술교과서는 국정(1종) 교과서 체제에서 **검인정(2종) 교과서** 체제로 전환된 시기로 이는 교육과정의 범위 내에서 다양한 학습활동을 기대할 수 있는데, 무엇보다도 만들기 과제가, 8책의 2학년 교과서에서 51개 과제가 다양하게 개발된 점이다. 이는 각 학교에서 선정한 교과서 이외의 만들기 과제를 실습함으로써 지역 실정, 학생 관심, 학교 여건에 알맞은 교육내용을 선정할 수 있는 좋은 계기가 되었다(교육부, 1992 : 90). 교과명은 기술·산업으로서 편차 조직은 겉표지, 앞면지, 화보, 교과서명, 머리말, 차례, 대단원, 찾아보기, 판면권, 뒷면지, 뒤표지로 11단계이며, 화보는 7쪽으로 제 2~5차 교육과정기보다 많이 증가한 것이 특색이며, 차례는 2~3쪽이며, 대단원은 1학년이 3개, 2학년이 4개, 3학년이 6개이며, 찾아보기는 4쪽으로 조직되어 있다. 대단원은 대단원명/도입과 2~4개의 중단원과 단원 요약이 6~12개이고, 종합 면주, 참고문헌이 소개된 것이 특이한 일이다. 중단원은 2~7개의 소단원과 연구 문제로 조직되어 있고, 소단원은 본문과 연구, 관찰, 조사 과제가 소개되어 있었고 전단원에 골고루 분포되어 있다.

제7차 교육과정기에 편찬하는 교과서는 그 기본 방향을 '학생의 자기주도적 학습 능력과 창의성 신장에 적합한 질 높은 교과서 개발'에 두고 있다. 그리고 그 하위 개념은 교육과정

정신을 반영하는 교과서 편찬, 교육과정 중심의 학교 교육 체제에 적합한 교과서 편찬, 학습자 중심의 다양하고 질 높은 교과서 편찬, 연구 개발형의 장점을 살릴 수 있는 교과서 편찬 등이다. 원래 '집필상의 유의점'에는 교육과정 개요의 해설 내용이 포함된 일이 없었는데, 제7차 교육과정에 따른 2종 도서 검정시에는 교육과정 해설 개요가 포함된 게 특색이다. 교과서 단원 전개의 일반적 체제는 교과의 특성과 단원의 성격 등에 적합하게 창의적으로 구성하되, 자율학습이 가능하도록 이해하기 쉽게 조직하고 서술한다. 또한, 제7차 교육과정기의 교과서는 획기적으로 발전된 것이 주목할 만하다. 우선, 편집 체제의 가변성을 크게 허용한 것인데 용지의 경우 갱지에서 서적지로 상향되었고, 이것이 다시 고급 서적지를 적용하기에 이르렀다. 또, 과거 오랜 기간 동안 적용해 왔던 국판 또는 신국판 규격을 지양하여 4 · 6배판으로 전면 교체하고 있음도 괄목할 만한 발전이라 할 것이다. 이와 함께 편차 전개도 세분화, 다단계를 추구함으로써 학생들에게 학습 내용의 연계와 그 매듭짓기 효율성을 지원하는 추세로 지향되고 있다. 이 시기의 기술교과서의 교과명은 기술 · 가정으로 편차 조직은 겉표지, 앞면지, 화보, 교과서명, 머리말, 차례, 대단원, 찾아보기, 판면권, 뒷면지, 뒤표지로 11단계이며, 차례는 2~4쪽이며, 찾아보기는 2~4쪽으로 구성되어 있다. 대단원은 1학년이 5개, 2학년이 4개, 3학년이 4개이며, 대단원명/도입과 2~3개의 중단원으로 조직되어 있다. 중단원은 역시 각각 2~3개의 소단원으로 구성되어 있으며, 단원의 마지막엔 익힘 문제가 주어지고 있으며, 소단원은 본문과 연구문제로 구성되어 있었다.

개정 2007년 교육과정의 기술 · 가정 교과서는 7차 교육과정과 큰 차이는 없지만 교육과정 개정에 따라 기술편과 가정편의 내용 구분을 확실히 하였고, 1학년은 기술 2개 단원, 가정 2개 단원으로 구성되었다. 그리고 2학년의 경우는 가정 3개 단원, 기술 2개 단원으로, 3학년에서는 기술 3개 단원, 가정 2개 단원으로 분령을 달리하여 구성하였다. 그 이유는 교육과정 이수 시간을 2학년의 경우 가정 2시간, 기술 1시간, 3학년의 경우 기술 2시간, 가정 1시간을 이수하도록 하였기 때문이다.

그리고 2011개정 교육과정의 교과서는 중학교의 경우 집중이수제로 인하여 기술가정 1, 2, 3의 3종이 발행되던 것으로부터 기술가정 1, 기술가정 2의 두권의 책으로 발행되고 이제도는 2022년 개정 교육과정기 까지 적용된다.

제5차 교육과정기 까지 국정교과서로 발행되던 기술가정 교과서는 6차부터 2007년 개정 교육과정기까지 검정으로 유지되다가, 2011년 개정 교육과정과 2011년 개정교육과정의 기술가정 교과서는 인정교과서로 전환된다.

여기서 국정교과서는 교육부가 저작권을 가진 교과용 도서이고, 검인정 교과서는 교육부장관의 검정을 받은 교과용 도서이다. 그리고 인정 교과서는 교육부장관의 인정을 받은 교과용 도서이다. 검정교과서는 심의권자가 검정기관에 위탁하는 반면, 인정교과서는 장관이 시도교육청에 위임한다. 국정은 1종 1책인 반면, 검정정과 인정교과서는 1종 다책을 발행한다(단, 교육청 개발도서나 신설과목의 도서는 1종 1책).

참고로 초등학교 실과 교과서는 검정교과서이고, 중학교 및 고등학교 기술·가정 교과서는 인정교과서로 제도화되어 있다.

결과적으로 기술·가정 교과서는 현재 중학교 1권 2권, 고등학교 1권으로 1종 다책의 교과서가 발행되어 사용된다. 특히 2022교육과정 고시에 따라 진로 선택 로봇과 공학세계, 융합 선택 창의공학설계, 지식재산 일반 등의 교과서도 인정 교과서로 개발된다.

3. 기술교과서 분석 연구

가. 기술적 교양의 내용 준거에 의한 분석 연구

1) 분석 방법

내용분석의 대상이 되는 교과서는 현 제7차 교육과정에서 사용하고 있고, 일선 학교에서 선택률이 가장 높은 교과서 한 권으로 한정하였다. 기술교과서의 내용을 분석하기 위한 도구는 기술적 교양의 개념을 구조화한 최유현(2001)의 연구와 미국기술교육학회(1996)에서 발표한 기술적 교양의 표준, 그리고 교과전문가의 자문을 받아 기술적 교양의 개념 구조의 일부 항목을 수정·보완하여 [표 6−2]와 같이 정리하고 분석에 이용하였다.

[표 6−2] 기술적 교양 개념구조에 기초한 분석준거 및 구체적 내용

기본구조	분석의 준거		내용분석을 위한 구체적 내용 진술
기술적 교양의 내용	생물기술		농업기술, 수산 및 해양기술
	설계 기술	제조	전기, 전자, 기계 등
		건설	주택, 주택 기술 등
		수송	자전거, 경운기, 자동차 등
	정보통신기술		전화, 전보, 통신시설, 컴퓨터, 정보 등

기술적 교양의 수준	기술의 인식 및 탐색	기술의 의미, 개념설명, 기술의 자각, 기술이란 무엇인가? 등, 기술 조사, 기술사적 내용, 간접적 · 직접적 경험
	기술의 활용	제작, 만들기, 도구 및 기술제품의 올바른 사용하기 등
	기술의 통제	기술의 영향, 기술과 사회, 기술과 인간, 기술적 환경문제 등
기술적 교양의 능력	인지적 능력	지식, 개념, 사실적 진술 등
	조작적 능력	할 수 있는 것, 도구사용 능력, 제품완성 능력, 설계 능력 등
	정의적 능력	가치, 판단, 태도, 의견, 생각, 신념 등
기술적 교양의 과정	문제확인 과정	문제의 확인, 문제의 정의, 문제이해 등
	계획과정	정보수집, 참고자료 수집, 해결방법 생각, 아이디어 탐색 등(확산적 사고 영역), 대안선택, 가능한 해결방안 선택, 최적 방안 고려, 아이디어 선정 등(수렴적 사고 영역)
	설계과정	제도, 구상, 구상도나 제작도 그리기, 재료 및 작업공정 세우기 등
	실행과정	만들기와 조립, 원형제작, 문제의 재시도, 문제에 대한 피드백
	평가과정	검사, 적용, 결과비교, 평가하고 고치기 등(비판적 사고영역)

기술교과서 분석의 기본단위는 다음과 같이 설정되었다.

■ 기술교과서에서 분석하는 단위

- 완전한 단락 : 다른 페이지에서 끝나는 단락은 그 단락이 시작되는 페이지에 포함시킨다. 하나의 사실이나 개념에 대한 내용이면서 외형상 두 단락으로 구분하여 서술한 단락들은 하나의 분석단위로 취급하며, 질문형식으로 서술하고 별도의 단락에서 이에 대한 해설을 간단히 서술한 경우도 하나의 단위로 취급한다. 또 외형상 한 단락으로 서술되어 왔으나 그 내용이 몇 개의 개념으로 구성되어 있으면 이들 각각을 별개의 분석단위로 취급한다.
- 질문 : 본문에 다른 행으로 서술한 물음, 연구, 탐구, 고찰 등도 하나의 분석단위로 취급한다.
- 제목이 있는 삽화 : 단, 제목이 없는 삽화는 분석단위로 사용하지 않는다.
- 제목이 있는 표
- 제목이 있는 그림, 사진(단순한 인물사진 등은 제외한다)
- 여백의 주역 또는 정의 : 단, 본문에 서술된 용어의 단순한 해설, 과학자의 이름이나 약어 등을 각주에 원문으로 표기한 것 등은 분석대상에서 제외한다.
- 실험이나 각자 해보기 활동의 완전한 각 단계 : 각 단계나 각 설명단락은 하나의 분석단위로 취급한다.
- 읽을 거리, 발전학습, 보충심화, 참고사항 등은 본문내용으로 취급한다.

■ 기술교과서에서 분석하지 않는 내용

- 제목만 있거나, 하나 또는 그 이상의 단락을 이룬 설명이 있는 경우라도 하나의 그림(사진)이나 권두 삽화만 있는 페이지
- 단원의 개관, 단원학습 안내, 선수학습 과제, 요점정리, 단원요약 등
- 익힘문제, 종합문제, 연습문제, 용어 등만 있는 페이지
- 목적이나 목표진술(문) 및 본문 중의 학습내용 안내

분석방법은 기술교과를 가르친 경험이 있으며, 동 분야에서 석사학위를 소지하였거나 수료한 두 협력자의 도움으로 이루어졌다. 두 협력자에게는 이 연구의 목적에 대한 언급과 기술교과서의 분석영역과 단위, 교과서 분석표, 교과서 분석 예시자료에 대한 설명이 이루어졌으며, 두 차례에 걸쳐 분석연습을 실시하였다.

분석자료는 두 협력자와 연구자 1명의 분석결과를 근거로 하여 평가, 일치율(%)과 두 평가자 간의 추정을 고려하는 Cohen(1960)의 Kappa 계수로 신뢰도 수준을 조사하였다.

먼저, **일치율**(percent of agreement)은 어떤 사실을 동일한 측정도구를 사용하여 조사한 두 연구자(평정자) 간의 일치된 정도를 나타낸 것이다. A와 B 두 교사가 기술적 교양의 영역에 대해 기술교과서를 분석하였다고 가정해 본다. 이들이 교과서에서 200개의 분석단위를 선정하여 분석하였고, A와 B 교사는 이들 200개의 분석단위 중 150개에서 기술적 교양의 하위 영역이 일치하였다면, 이들 두 교사의 일치율은 다음 식과 같이 계산할 수 있다.

$$\begin{aligned}\text{일치율}(\%) &= \frac{\text{두 연구자 간의 일치된 수}}{\text{일치 가능한 총수}} \times 100 \\ &= (150 / 200) \times 100 \\ &= 75\%(\text{두 교사 간 일치율})\end{aligned}$$

Cohen의 Kappa 계수는 두 평가자가 확률적으로 우연에 의하여 평정이 일치하는 확률을 포함하고 있어 이것을 제거한 것으로, 공식은 다음과 같다.

$$K = \frac{P_A - P_C}{1 - P_C}$$

P_A : 일치도 통계

P_C : 확률적으로 우연에 의하여 일치될 확률

예를 들어, 두 명의 면접자가 100명의 면접대상자를 대상으로 면접한 결과가 <그림 6-4>와 같을 때, Kappa의 계산절차는 다음과 같다. $P_A = 70/100 = .70$ 확률적으로 우연에 의해 두 면접자 간에 일치되게 면접되는 면접자수, N_A, N_B, N_C와 확률적으로 우연히 일치될 확률, P_C 그리고, Kappa K는 다음과 같다.

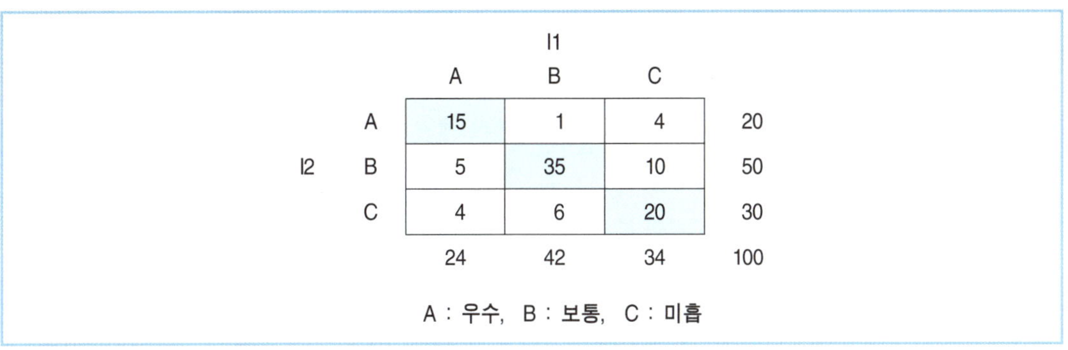

		I1			
		A	B	C	
I2	A	15	1	4	20
	B	5	35	10	50
	C	4	6	20	30
		24	42	34	100

A : 우수, B : 보통, C : 미흡

<그림 6-4> 두 명의 면접자가 면접한 결과

$$N_A = (24 \times 20) / 100 = 4.8, \quad N_B = (42 \times 50) / 100 = 21,$$
$$N_C = (34 \times 30) / 100 = 10.2,$$
$$P_C = (N_A + N_B + N_C) / 100 = (4.8 + 21 + 10.2) / 100 = .36$$

따라서 Kappa는 다음과 같다.

$$K = (P_A - P_C) / (1 - P_C) = (.70 - .36) / (1 - .36) = .53$$

Kappa 계수는 −1.00에서 +1.00의 범위를 가지며 0은 평가자 간의 일치가 기회적임을 나타낸다. Rubinstein과 Brown(1984)은 Kappa가 .75 이상이면 평가자들 간의 일치율이 매우 높음을 의미하며, Kappa가 .40~.75는 일치율이 높음을 의미하는 것이라고 언급하고 있다(권경오, 1996, 재인용).

그리고 Kappa에 의한 판단 기준으로 Fleiss(1981)는 [표 6-3]과 같이 제시하였다.

두 사람의 협력자와 연구자는 기술교과서에서 각기 한 대단원씩 선정한 표본에 대해 기술적 교양의 영역을 대상으로 분석을 실시한 결과 평균 일치율(%)과 Kappa 계수는 다음 [표 6-4]와 같았다.

[표 6-3] Kappa에 의한 Fleiss의 판단 기준

지 수	평 가
.40 미만	평정자간 신뢰도가 낮다.
.40~.60	평정자간 신뢰도가 있다.
.60~.75	평정자간 신뢰도가 높다.
.75 이상	평정자간 신뢰도가 매우 높다.

[표 6-4] 기술적 교양의 내용분석에 대한 세 분석자 간 일치율과 Kappa 계수

영역	A-B		A-C		B-C		평균	
	일치%	kappa	일치%	kappa	일치%	kappa	일치%	kappa
기술적 교양의 내용	97.8	.97	99.6	.99	97.8	.97	98.4	.98
기술적 교양의 수준	90.7	.78	94.6	.88	85.7	.68	90.3	.78
기술적 교양의 능력	93.3	.80	91.7	.77	92.3	.77	92.5	.78
기술적 교양의 과정	92.8	.90	96.7	.95	91.2	.88	93.5	.91

주) A : 협력자 1, B : 협력자 2, C : 연구자

기술적 교양의 내용 분석단위는 2284개이었으며, 두 협력자와 연구자의 평균 일치율은 98.4%이었고, Kappa 계수는 .98로 높게 나타났다. 이렇게 Kappa 계수가 높게 나타난 이유에는 각 단원별 내용구성이나 성격이 대부분 명확히 구분되어 있기 때문이라고 볼 수 있었다. 그리고 기술적 교양의 수준 분석단위 역시 2284개이었으며, 두 협력자와 연구자의 평균 일치율은 90.3%이었고, 평균 Kappa 계수는 .78로 나타났다. 이것 역시 신뢰도가 매우 높음을 의미하였다. 기술적 교양의 능력 분석단위도 2,284개로 두 협력자와 연구자의 평균 일치율은 92.5%이었고, 평균 Kappa 계수는 .78로 나타났다. 마지막으로 기술적 교양의 과정 분석단위는 624개로 두 협력자와 연구자의 평균 일치율은 93.5%로 나타났으며, 평균 Kappa 계수는 .91로 높게 나타났다. 위의 [표 6-4]에서 제시한 기술적 교양의 내용, 수준, 능력은 하나의 대단원을 분석한 결과를 가지고 신뢰도를 검증하였으며, 기술적 교양의 과정은 각 대단원별 분석단위가 적기 때문에 학년별 전체 합계를 신뢰도 검증에 이용하였다.

2) 기술적 교양의 분석결과

(1) 기술적 교양의 내용분석

기술적 교양의 하위영역별 내용 분석결과를 제시하면 다음 [표 6-5]와 같다.

중학교 1학년의 경우에는 생물기술이 10.1%로 나타났으나, 제조기술은 42.7%로 높게 나

타났다. 건설기술 3.5%, 수송기술 2.6%, 정보통신기술이 41.7%로 각각 나타났다. 중학교 2학년의 경우에는 제조기술과 정보통신기술이 각각 59.3%와 40.7%로 나타났으며, 중학교 3학년의 경우는 제조기술과 건설기술이 각각 55.4%와 44.6%로 나타났다.

고등학교 1학년의 경우에는 건설기술이 38.4%로 나타났으며, 수송기술이 61.6%로 나타났다. 이러한 학년별 기술적 교양의 하위내용을 종합해 보면, 생물기술 1.9%, 제조기술 37.7%, 건설기술 25.1%, 수송기술 18.5%, 그리고 정보통신기술이 16.9%로 나타났다.

따라서 기술적 교양의 각 하위영역 중에서 가장 적게 다루고 있는 내용은 생물기술 영역으로 전체의 1.9%를 차지하고 있었으며, 중학교 1학년에서만 다루어지고 있었다. 또한 가장 많이 다루고 있는 내용은 제조기술 영역으로 전체의 37.7%를 차지하고 있었다.

그리고 제조기술과 건설기술은 중학교 1학년부터 고등학교 1학년 때까지 3년 동안 배우게 되며, 수송기술과 정보통신기술은 2년 동안 각각 배우게 되는 것으로 나타났다.

[표 6-5] 기술교과서에 나타난 기술적 교양의 내용 분포

내용 \ 학년		7	8	9	10	계
생물기술	양	43	0	0	0	43
	%	10.1	0	0	0	1.9
제조기술	양	181	306	374	0	861
	%	42.7	59.3	55.4	0	37.7
건설기술	양	15	0	301	257	573
	%	3.5	0	44.6	38.4	25.1
수송기술	양	11	0	0	412	423
	%	2.6	0	0	61.6	18.5
정보통신기술	양	177	210	0	0	387
	%	41.7	40.7	0	0	16.9
계	양	424	516	675	669	2,284
	%	100	100	100	100	100

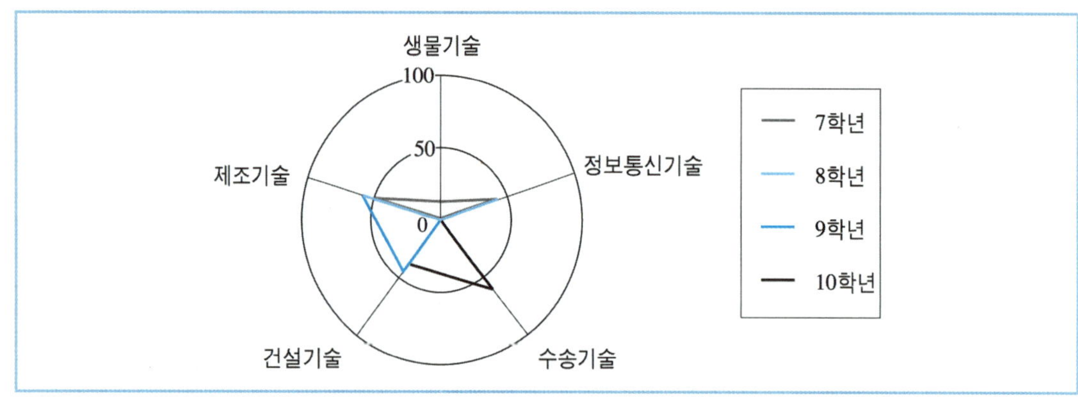

<그림 6-5> 기술교과서에 나타난 기술적 교양의 내용 분포도

결과적으로 기술적 교양의 하위 내용별 비율은 차이가 많이 있는 것으로 나타났으며, 학년별 학습내용도 고르게 분포되어 있지 않음을 알 수 있었다.

(2) 기술적 교양의 수준 분석

기술적 교양의 하위 수준을 분석한 결과를 제시하면 다음 [표 6-6]과 같다.

중학교 1학년에서 기술의 인식과 탐색은 43.6%를 차지하고 있었으며, 기술의 활용이 37.5%, 기술의 통제가 18.8%인 것으로 나타났다. 중학교 2학년에서는 기술의 인식과 탐색이 77.7%로 매우 높게 나타났으며, 기술의 활용과 통제는 21.5%와 0.8%로 각각 나타났다. 3학년에서도 기술의 인식과 탐색이 73.3%로 높게 나타났으며, 기술의 활용과 통제는 21.6%와 5%로 각각 나타났다.

[표 6-6] 기술교과서에 나타난 기술적 교양의 수준 분포

내용 \ 학년		7	8	9	10	계
기술의 인식 및 탐색	양	185	401	495	504	1,585
	%	43.6	77.7	73.3	75.3	69.4
기술의 활용	양	159	111	146	68	484
	%	37.5	21.5	21.6	10.2	21.2
기술의 통제	양	80	4	34	97	215
	%	18.8	0.8	5	14.5	9.4
계	양	424	516	675	669	2,284
	%	100	100	100	100	100

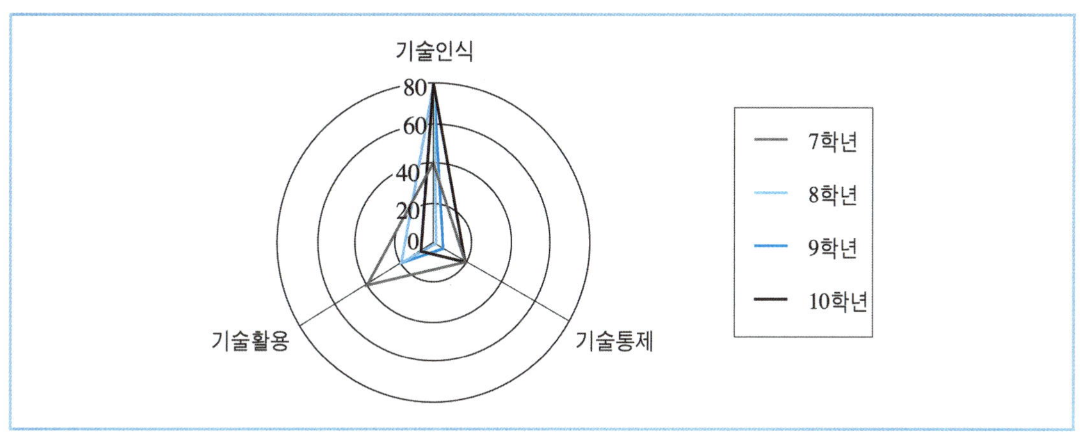

<그림 6-6> 기술교과서에 나타난 기술적 교양의 수준 분포도

고등학교 1학년에서도 기술의 인식과 탐색은 75.3%로 매우 높게 나타났으며, 기술의 활용과 통제는 각각 10.2%와 14.5%로 나타났다.

이상의 결과를 종합해 보면, 기술교과서에서 나타난 기술적 교양의 수준은 기술의 인식 및 탐색이 69.4%를 차지하고 있었으며, 기술의 활용은 21.2%, 그리고 기술의 통제는 9.4%를 차지하고 있는 것으로 나타났다. 중학교 1학년에서 고등학교로 올라감에 따라 기술의 인식과 탐색의 비중은 높은 데 비해 기술의 활용은 점차 낮아지고 있는 것으로 나타났다. 특히 중학교 1학년에서는 기술의 활용이 37.5%를 차지하고 있으나, 고등학교의 기술교과서에서는 기술의 활용이 10.2%로 낮게 나타났다. 아울러 기술의 통제 수준은 중 · 고등학교 모두 낮게 나타났다.

(3) 기술적 교양의 능력 분석

기술교과서에 나타난 기술적 교양의 하위능력을 분석한 결과를 제시하면 [표 6-7]과 같다.

중학교 1학년의 경우, 인지적 능력이 전체의 56.4%를 차지하고 있었으며, 조작적 능력이 36.8%를 차지하고 있는 것으로 나타났고, 정의적 능력은 6.8%인 것으로 나타났다. 그리고 2학년에서는 인지적 능력이 전체의 76.9%로 매우 높게 나타났으며, 조작적 능력은 22.3%, 정의적 능력은 0.8%로 각각 나타났다. 3학년에서도 인지적 능력이 74.2%로 매우 높게 나타났고, 조작적 능력이 22.9%, 정의적 능력이 2.8%로 낮게 나타났다.

[표 6-7] 기술교과서에 나타난 기술적 교양의 능력 분포

내용 \ 학년		7	8	9	10	계
인지적 능력	양	239	397	501	567	1,704
	%	56.4	76.9	74.2	84.8	74.6
조작적 능력	양	156	115	155	73	499
	%	36.8	22.3	22.9	10.9	21.8
정의적 능력	양	29	4	19	29	81
	%	6.8	0.8	2.8	4.3	3.5
계	양	424	516	675	669	2,284
	%	100	100	100	100	100

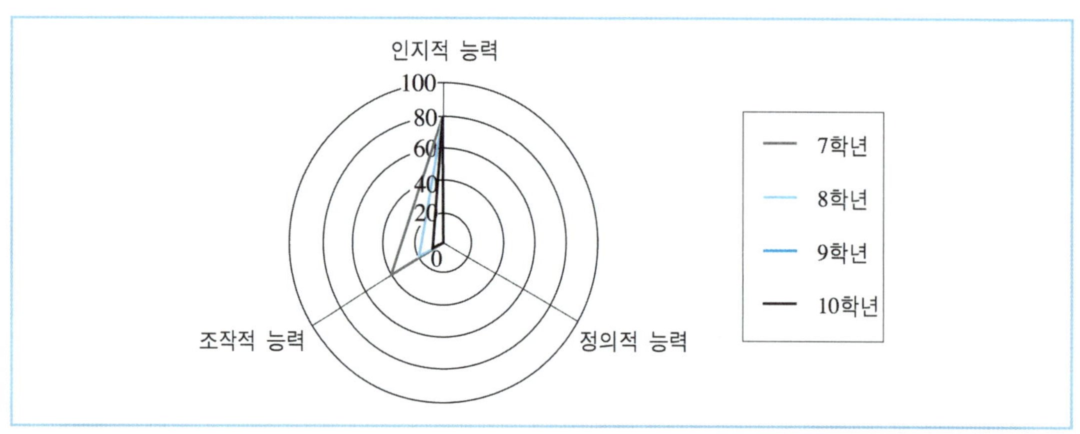

<그림 6-7> 기술교과서에 나타난 기술적 교양의 능력 분포도

고등학교 1학년에서도 인지적 능력이 전체의 84.8%로 높게 나타났으며, 조작적 능력이 10.9%, 정의적 능력이 4.3%를 각각 차지하고 있는 것으로 나타났다.

기술적 교양의 하위능력의 평균을 살펴보면, 인지적 능력의 전체의 74.6%를 차지하고 있고, 조작적 능력은 21.8%, 정의적 능력 3.5%를 각각 차지하고 있는 것으로 나타났다.

위의 결과를 정리하여 보면, 앞의 기술적 교양의 수준과 마찬가지로 기술적 교양의 능력 역시 중학교 1학년에서 고등학교로 올라갈수록 조작적 능력은 줄어들고, 인지적 능력이 늘어나고 있음을 알 수 있다. 특히 정의적 능력은 7% 미만인 것으로 나타났다.

(4) 기술적 교양의 과정 분석

기술교과서에서 나타난 기술적 교양의 하위과정을 분석한 결과를 제시하면 아래 [표 6-8]과 같다. 기술적 교양의 과정은 문제해결 과정 단계에서 요구되는 능력들을 세분화한 것이다.

중학교 1학년에서 문제확인 단계는 38%로 나타났으며, 계획단계 37%, 설계단계 18%, 실행단계 6%, 평가단계 1%로 각각 나타났다. 2학년의 경우 문제확인 단계가 33.5%, 계획단계 29.1%, 설계단계 12.3%, 실행단계 22.2%, 평가단계 2.9%로 각각 나타났다. 3학년에서는 문제확인 단계가 28.5%, 계획단계 28.5%, 설계단계 17.2%, 실행단계 18.4%, 평가단계 7.4%로 각각 나타났다.

고등학교 1학년에서는 문제확인 단계가 38.5%로 나타났으며, 계획단계 38.5%, 설계단계 12.3%, 실행단계 9.2%, 평가단계 1.5%로 각각 나타났다.

아울러 기술교과서에서 나타난 기술적 교양의 전체적인 문제확인 단계는 32.7%를 차지하고 있으며, 계획단계는 31.1%, 설계단계는 15.2%, 실행단계는 16.7%, 평가단계는 4.3%를 차지하고 있는 것으로 나타났다.

[표 6-8] 기술교과서에 나타난 기술적 교양의 과정 분포

내용 \ 학년		7	8	9	10	계
문제확인	양	38	68	73	25	204
	%	38	33.5	28.5	38.5	32.7
계획	양	37	59	73	25	194
	%	37	29.1	28.5	38.5	31.1
설계	양	18	25	44	8	95
	%	18	12.3	17.2	12.3	15.2
실행	양	6	45	47	6	104
	%	6	22.2	18.4	9.2	16.7
평가	양	1	6	19	1	27
	%	1	2.9	7.4	1.5	4.3
계	양	100	203	256	65	624
	%	100	100	100	100	100

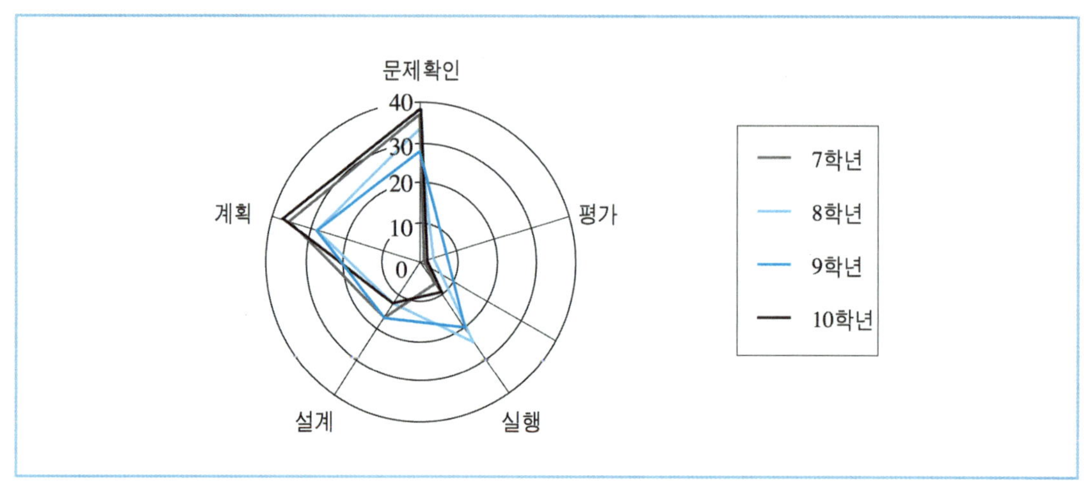

<그림 6－8> 기술교과서에 나타난 기술적 교양의 과정 분포도

이상의 내용을 정리해 보면, 기술교과서에 나타난 기술적 교양의 과정은 문제확인과 계획 단계에 머물러 있는 것으로 나타났다(전체의 63.8%).

그리고 평가단계는 전체의 4.3%를 차지하고 있어 거의 낮은 수준에 머물러있음을 알 수 있다.

(5) 분석결과가 주는 시사점

이 연구의 분석결과가 주는 시사점은 다음과 같다.

첫째, 기술적 교양의 하위내용 요소들이(생물기술, 제조기술, 건설기술, 수송기술, 정보통신기술) 기술교과서 내에 균형있게 반영되어야 한다. 특히 생물기술의 비중을 높여야 하며, 제조기술의 비중은 다소 축소할 필요가 있다. 그리고 학년이 올라감에 따라 기술적 교양의 내용요소들의 계열성과 위계를 고려하여 단원을 구성할 필요가 있다. 이에 따라 기술교과 전문가들을 대상으로 한 기술교과서의 내용구성 영역에 대한 요구조사가 필요하다.

둘째, 기술교과서를 분석한 결과 기술적 교양의 수준은 학년이 올라감에 따라 기술의 활용은 줄어들고, 기술의 인식과 탐색이 늘어나는 경향은 있었다. 따라서 차후 교육과정 개정 시에는 기술적 교양의 각 수준영역에 대한 수정 · 보완이 필요하다. 그리고 중 · 고등학교 기술교과서 모두 기술의 통제와 관련된 요소들이 극히 미약하다. 기술이 발달할수록 기술은 점점 다른 요소들과 필연적으로 밀접한 연관을 맺게 된다. 따라서 기술과 환경, 기술과 사회, 기술과 인간 등에 대한 인식은 필연적으로 요구된다.

셋째, 기술교과서에 나타난 기술적 교양의 능력 중 대부분이 인지적 능력으로 구성되어 있는 것은 기술과의 교육목표에 부합하지 않기 때문에 추후 교육과정 개정 시에 고려되어야 할 사항이다. 특히 중 · 고등학교 기술교과서에서 나타난 인지적 능력의 증가와 조작적 능력의

감소는 학생들에게 교과의 흥미를 반감시킬 수 있는 요인으로 작용할 수 있다. 따라서 인지적 능력과 함께 조작적 능력을 함께 신장시킬 수 있도록 교과서 내용을 재구성해야 할 것이다. 아울러, 정의적 능력을 다루는 내용이 극히 적은 것은 큰 단점으로 부각될 수 있다. 따라서 학생들의 기술에 대한 가치 판단과 신념, 긍정적인 태도를 증진시킬 수 있는 내용들이 포함되어야 할 것이다.

넷째, 기술적 교양의 하위과정들을(문제확인, 계획, 설계, 실행, 평가) 포함하는 개방적인 문제와 확산적 사고와 수렴적 사고 및 비판적 사고를 신장시킬 수 있는 문제들이 대폭적으로 증가되어야 할 것이다. 제7차 교육과정상에 제시한 기술과의 교과목표를 보면, 학생들에게 문제해결력과 고등 사고능력을 신장하는 것으로 되어 있다. 따라서 이러한 문제해결력과 비판적 사고력을 신장할 수 있는 내용구성이 절실하다. 아울러, 각 기술적 교양의 하위과정 요소의 위계와 관계를 구명할 수 있는 연구도 병행되어야 할 것이다.

나. 문제 중심 프로그램의 교재 체제의 내적 분석 모형에 의한 교과서 분석 연구

분석 대상 교과서는 2010년부터 사용될 4개 출판사의 검인정 기술 · 가정 1학년 교과서이다.

1) 분석 준거

김동하(2009)는 문헌 고찰에 근거하여 기술 교과 교육에서 문제 중심 프로그램의 교재 내용과 체제의 내적 분석을 위한 이론적 모형을 구안하였고, 이론적 모형은 전문가로 구성된 집단의 전문적 판단에 근거하여 그 타당도를 검증하여 기술 교과 교육에서 **문제 중심 프로그램의 교재 내용과 체제의 내적 분석을 위한 모형**을 개발하였다.

전문가의 일치된 의견을 양화한 내용 타당도 검증 방법인 내용타당도 비율(CVR: Content Validity Ratio)을 구하여 개발한 기술 교과 교육에서 문제 중심 프로그램의 교재 내용과 체제의 내적 분석 모형은 2개의 교재 분석 영역(학습 문제 및 내용, 내적 조직 체제)과 11개의 교재 분석 항목, 47개의 하위 요소의 형태를 지닌 분석 모형이다.

[표 6-9] 기술 교과 교육에서 문제 중심 프로그램의 교재 내용과 체제의 내적 분석 모형

학습 문제 및 내용(P)	P1. 학습 내용 선정 내적 준거	P11. 중요성
		P12. 타당도
		P13. 계열성
		P14. 지속성
		P15. 목표와의 관련성
	P2. 학습 내용 선정 외적 준거	P21. 유용성
		P22. 학습자의 능력, 학습가능성
		P23. 사회적 요구의 반영
	P3. 학습 내용의 통합	P31. 구조적 통합
		P32. 기능적 통합
		P33. 간 학문적 통합
	P4. 기술의 내용 영역	P41. 제조기술
		P42. 건설기술
		P43. 수송 및 에너지기술
		P44. 정보통신기술
		P45. 생명기술
	P5. 기술적 문제의 유형	P51. 발명
		P52. 설계/혁신
		P53. 고장해결
		P54. 개발
학습 문제 및 내용(P)	P6. 문제의 제시 형태(문제해결활동)	P61. 문제 상황
		P62. 도전과제
		P63. 제한조건
		P64. 문제이해 요소
	P7. 문제의 수준-난이도	P71. 적절한 난이도 제시
	P8. 문제의 구조화 정도	P81. 구조화의 정도
	P9. 학습 요소	P91. 학습목표
		P92. 학습목표의 유형
		P93. 과제지향
		P94. 범위

내적 조직 체제(I)	I1. 자료의 수업적 속성	I11. 이해 가능성(명료성)
		I12. 교육과정과의 조화
		I13. 개별화
		I14. 수업적 효과성
		I15. 수업형태
		I16. 평가도구
		I17. 적합한 학습자의 특성
		I18. 소요시간
		I19. 동기유발적 속성
		I1a. 학생의 역할 및 준비사항
		I1b. 교사의 역할 및 준비사항
	I2. 정교화 전략	I21. 개념적 정교화
		I22. 절차적 정교화
		I23. 이론적 정교화
		I24. 선수 학습능력의 계열화
		I25. 종합자의 사용
		I26. 인지전략의 활성자

[표 6-10] 분석자 대상 및 검토 내용

특성		인원	검토내용
직업	연구원	3	• 8개의 프로그램 분석 • 분석 도구의 적절성과 타당도(영역, 항목, 요소) • 분석 도구의 수정 및 보완사항
전공 분야	교육 공학	3	
성별	남	1	
	여	2	
경력 평균		8	

2) 분석 방법

기술 교과 교과서의 분석에 대한 타당도를 확보하기 위하여 기술 교육 분야에서 교육공학, 교육과정 및 교육평가 분야를 전공하고 정해진 전문 분야를 기초로 전공 학회지 등에 1편 이상의 관련 논문을 수록하거나, 관련 연구를 수행하여 보고서를 출판한 자로 한정하여 교재 분석을 위한 전문가 3인을 선정하였다.

특히 분석의 객관성을 확보하기 위해 개발된 분석 모형을 구체화 한 분석지를 사전에 설정하였고 분석은 주로 양적 분석과 내용 확인이 필요한 요소에 대하여서 질적 분석을 사용하였다.

분석자간 일치도를 검증하기 위하여 Cohen의 Kappa 계수를 추정하였다. 세 분석자간 Kappa 지수는 [표 6-11]과 같이 나타났다.

[표 6-11] 분석자간 Kappa 지수

	분석자 A	분석자 B	분석자 C
분석자 A	1.000		
분석자 B	.993**	1.000	
분석자 C	.981**	.975**	1.000

** $p < .01$

3) 학습 문제 및 내용에 대한 분석 결과

학습 문제 및 내용에 대한 분석은 학습 내용 선정 내 · 외적 준거, 학습 내용의 통합, 기술의 내용 영역, 기술적 문제의 유형, 문제의 제시 형태, 문제의 수준(난이도), 문제의 구조화 정도, 학습 요소를 양적 분석과 질적 분석을 통하여 분석하였다.

[표 6-12] 학습 내용 선정 내적 준거의 분석결과

교과서 분석 영역	학습 문제 및 내용(P)				
교과서 분석 항목	P1. 학습 내용 선정 내적 준거				
교과서 분석 하위 요소	P11. 중요성	P12. 타당도	P13. 계열성	P14. 지속성	P15. 목표와의 관련성
A	기술의 발달 발명은 혁신적 활동	미래 사회에서 슬기롭게 적응하는데 필요한 능력배양 문제해결사고와 습관배양	초 5,6과 연계	기술의 발달과 미래 발명의 과정체험	단원목표제시
B	발달하는 기술, 변화하는 세상 발명에 도전하기	X	X	기술의 발달과 미래 발명의 과정체험	단원목표제시

C	기술의 발달 문명의 발달과 발명	X	X	기술의 발달과 미래 발명의 과정체험	단원목표제시
D	기술을 실생활에 활용 발명의 중요성과 가치이해	X	X	기술의 발달과 미래 발명의 과정체험	단원목표제시

(1) 학습 내용 선정 내적 준거에 대한 교과서 분석 결과

학습 내용 선정 내적 준거에 대한 교과서 분석 결과는 A출판사의 교과서가 중요성, 타당도, 계열성, 지속성, 목표와의 관련성을 내적 준거로 제시하고 있었고, B, C, D 출판사의 교과서는 학습 내용 선정의 타당도와 계열성을 제시하지 않고 있는 것으로 분석되었다. [표 6−12]

(2) 학습 내용 선정 외적 준거에 대한 교과서 분석 결과

학습 내용 선정 외적 준거에 대한 교과서 분석 결과 A출판사의 교과서에서는 기술 교과 학습을 통한 현실적인 태도 배양과 발명품을 제작하는 것을 유용성으로 제시하고 사회적 요구를 반영하여 제시한 반면, B, C, D 출판사의 교과서에서는 미래 사회의 변화에 대처, 발명활동의 즐거움 체험과 같은 추상적 성질을 제시하였다. [표 6−13]

[표 6−13] 학습 내용 선정 외적 준거의 분석 결과

교과서 분석 영역	학습 문제 및 내용(P)		
교과서 분석 항목	P2. 학습 내용 선정 외적 준거		
교과서 분석 하위 요소	P21. 유용성	P22. 학습자의 능력, 학습가능성	P23. 사회적 요구의 반영
A	기술에 대한 인식을 통한 바람직한 태도 배양 발명품 제작	교과서(중학교 1학년)	단기간에 이루어진 현대의 기술 선조들의 창조적 역량이 대한민국을 세계 선두로 만듬
B	미래 사회의 변화에 대처 발명 활동의 즐거움 체험	교과서(중학교 1학년)	×
C	미래 사회의 변화에 대처 발명 활동의 즐거움 체험	교과서(중학교 1학년)	×
D	미래 사회의 변화에 대처 발명 활동의 즐거움 체험	교과서(중학교 1학년)	×

(3) 학습 내용의 통합에 대한 교과서 분석 결과

학습 내용의 통합 측면에서는 A, B, C, D 출판사의 교과서 모두가 기술교과 교육의 내용을 잘 반영하고 있어 구조적, 기능적, 간 학문적 통합의 유형을 지닌 것으로 분석되었다. [표 9－14]

[표 6－14] 학습 내용의 통합에 대한 교과서 분석 결과

교과서 분석 영역	학습 문제 및 내용(P)		
교과서 분석 항목	P3. 학습 내용의 통합		
교과서 분석 하위 요소	P31. 구조적 통합	P32. 기능적 통합	P33. 간 학문적 통합
A	○	○	○
B	○	○	○
C	○	○	○
D	○	○	○

(4) 기술의 내용 영역에 대한 교과서 분석 결과

교과서의 소단원에서는 한 개의 기술의 내용 영역에 한정되어 진술하고 있지만 기술의 발달과 미래 사회라는 대영역의 측면과 중영역의 측면에서는 제조, 건설, 수송 및 에너지, 정보통신, 생명기술의 5개 영역을 모두 다루고 제시한 것으로 분석되었다. [표 6－15]

[표 6－15] 기술의 내용 영역에 대한 교과서 분석 결과

교과서 분석 영역	학습 문제 및 내용(P)				
교과서 분석 항목	P4. 기술의 내용 영역				
교과서 분석 하위 요소	P41. 제조기술	P42. 건설기술	P43. 수송 및 에너지 기술	P44. 정보통신 기술	P45. 생명기술
A	시대별 제시	시대별 제시	시대별 제시	시대별 제시	시대별 제시
B	시대별 제시	시대별 제시	시대별 제시	시대별 제시	시대별 제시
C	시대별 제시	시대별 제시	시대별 제시	시대별 제시	시대별 제시
D	시대별 제시	시대별 제시	시대별 제시	시대별 제시	시대별 제시

(5) 기술적 문제의 유형에 대한 교과서 분석 결과

분석 결과 4개의 교과서가 공통적으로 설계/혁신(기술의 발달과 미래사회 단원)과 발명(기술과 발명단원)의 기술적 문제 유형을 지닌 것으로 분석되었고, 고장해결, 개발의 문제는 다루고 있지 않는 것으로 분석 되었다. [표 6−16]

[표 6−16] 기술적 문제의 유형에 대한 교과서 분석 결과

교과서 분석 영역	학습 문제 및 내용(P)			
교과서 분석 항목	P5. 기술적 문제의 유형			
교과서 분석 하위 요소	P51. 발명	P52. 설계/혁신	P53. 고장 해결	P54. 개발
A	○(기술과 발명)	○(기술의 발달과 미래사회)		
B	○(기술과 발명)	○(기술의 발달과 미래사회)		
C	○(기술과 발명)	○(기술의 발달과 미래사회)		
D	○(기술과 발명)	○(기술의 발달과 미래사회)		

(6) 문제의 제시 형태에 대한 교과서 분석 결과

분석 결과 A, C 출판사의 교과서에서는 문제 해결 활동, 프로젝트 활동, 토의 활동, 역할극 활동 등 다양한 문제를 문제 해결 요소에 맞추어 제시한 반면, B, C 출판사의 교과서에서는 실습활동만을 제시하여 기술적인 학습 활동에 능동적으로 참여하여 문제를 해결하도록 하는 기술 교과 교육의 특성에 부합되지 않는 면을 분석할 수 있었다. [표 6−17]

[표 6−17] 문제의 제시 형태에 대한 교과서 분석 결과

교과서 분석 영역	학습 문제 및 내용(P)			
교과서 분석 항목	P6. 문제의 제시 형태(문제해결활동)			
교과서 분석 하위 요소	P61. 문제 상황	P62. 도전과제	P63. 제한조건	P64. 문제이해 요소
A	○(문제해결활동)	○(문제해결활동)	○(문제해결활동)	○(문제해결활동)
B	×(실습 활동)	×(실습 활동)	×(실습 활동)	×(실습 활동)

C	○(프로젝트, 토의)	○(프로젝트, 탐구, 역할극)	○(프로젝트)	○(프로젝트)
D	×(실습 활동)	×(실습 활동)	×(실습 활동)	×(실습 활동)

(7) 문제의 수준, 문제의 구조화 정도, 학습 요소에 대한 교과서 분석 결과

문제의 수준-난이도는 7학년(중학교 1학년)의 학습자가 접하기 쉬운 문제의 수준이었으며, 문제의 구조화 정도는 P6. 문제의 제시 형태와 연관되어 A, C 출판사의 교과서에서는 구성주의 학습이론에 적합한 구조화 되지 않은 문제들을 다루고 있었고, B, C 출판사의 교과서에서는 반 구조화 또는 구조화된 문제들을 다루고 있는 것으로 분석되었다.

학습목표는 모든 교과서 제시하고 있었고, 학습목표는 메이거의 학습목표 유형에 따라 분류하였을 경우 식별력, 조작력, 문제 해결력의 유형을 지니는 것으로 분석되었다. [표 6-18]

[표 6-18] 문제의 수준, 문제의 구조화 정도, 학습 요소에 대한 교과서 분석 결과

교과서 분석 영역	학습 문제 및 내용(P)					
교과서 분석 항목	P7. 문제의 수준-난이도	P8. 문제의 구조화 정도	P9. 학습 요소			
교과서 분석 하위 요소	P71. 적절한 난이도 제시	P81. 구조화의 정도	P91. 학습 목표	P92. 학습목표의 유형	P93. 과제 지향	P94. 범위
A	교과서 (중학교 1학년)	구조화 되지 않은 문제	○	식별력, 조작력, 문제 해결력	○	○
B	교과서 (중학교 1학년)	반 구조화 된 문제	○	식별력, 조작력, 문제 해결력	○	○
C	교과서 (중학교 1학년)	구조화 되지 않은 문제	○	식별력, 조작력, 문제 해결력	○	○
D	교과서 (중학교 1학년)	구조화 된 문제	○	식별력, 조작력, 문제 해결력	○	○

4) 내적 조직 체제에 대한 교과서 분석 결과

내적 조직 체제에 대한 교과서 분석은 자료의 수업적 속성, 정교화 전략을 중심으로 분석하였다.

(1) 자료의 수업적 속성에 대한 교과서 분석 결과

분석 결과 교과서들은 명료성을 지닌 문장들로 구성되어 있었고, 국가수준 교육 과정 과의 조화를 이루고 있었으며 문제 중심, 프로젝트 중심 수업의 형태를 이루고 있었다. 또한 문제 상황, 사례 제시의 형태로 동기를 유발하는 것으로 분석되었고, 수업에서의 학습자의 역할 및 준비에 대하여 설명하고 있었다.

모든 교과서에서 용어 설명, 심화 선택 활동, 수준별 보충 실습, 보충 학습 등을 제시하여 학습자 개인의 차이를 염두에 두고 학습 내용을 개별화하여 학습할 수 있도록 구성된 것으로 분석되었다. [표 6-19]

[표 6-19] 자료의 수업적 속성에 대한 교과서 분석 결과

교과서 분석 영역	내적 조직 체제(I)				
교과서 분석 항목	I1. 자료의 수업적 속성				
교과서 분석 하위 요소	I11. 이해 가능성(명료성)	I12. 교육과정과의 조화	I13. 개별화	I14. 수업적 효과성	I15. 수업형태
A	명료한 문장	국가수준 교육과정	용어 설명을 통한 개별화 심화선택활동	문제 해결력, 창의성 신장	문제중심학습
B	명료한 문장	국가수준 교육과정	수준별 보충 실습	기술에 대한 이해, 창의성 신장	문제중심, 탐구학습
C	명료한 문장	국가수준 교육과정	보충학습	문제 해결력, 창의성 신장	문제중심학습
D	명료한 문장	국가수준 교육과정	보충학습, 심화학습	기술에 대한 이해, 창의성 신장	문제중심, 탐구학습

교과서 분석 영역	내적 조직 체제(I)					
교과서 분석 항목	I1. 자료의 수업적 속성					
교과서 분석 하위 요소	I16. 평가 도구	I17. 적합한 학습자의 특성	I18. 소요 시간	I19. 동기 유발적 속성	I1a. 학생의 역할 및 준비사항	I1b. 교사의 역할 및 준비사항
A	해보기, 문세해결활동	중학교 1학년	X	자료 및 문제 상황실명	○	교사용 지도서에 제시
B	확인문제, 탐구문제	중학교 1학년	X	자료 및 문제 상황설명	○	교사용 지도서에 제시
C	형성평가	중학교 1학년	X	자료 및 문제 상황설명	○	교사용 지도서에 제시
D	내용 정리를 위한 평가	중학교 1학년	X	자료 및 문제 상황설명	○	교사용 지도서에 제시

[표 6-20] 정교화 전략에 대한 교과서 분석 결과

교과서 분석 영역	내적 조직 체제(I)					
교과서 분석 항목	I2. 정교화 전략					
교과서 분석 하위 요소	I21. 개념적 정교화	I22. 절차적 정교화	I23. 이론적 정교화	I24. 선수 학습능력의 계열화	I25. 종합자의 사용	I26. 인지전략의 활성자
A	○	○	○	○	○	○
B	○	○	○	X	○	○
C	○	○	○	○	○	○
D	○	○	○	X	○	○

(2) 정교화 전략에 대한 교과서 분석 결과

분석 결과 A, C 출판사의 교과서에서는 개념적 정교화를 비롯하여 인지적 활성자의 활용까지 조직되어 있는 반면 B, C 출판사의 교과서는 개념적 정교화, 단순한 형태에서 점진적으로 복잡한 것을 제시하는 절차적 정교화, 이론적 정교화, 종합자의 전략을 지니고 있었고 이외의 선수 학습 능력의 계열화 전략은 활용의 정도가 낮은 것으로 분석되었다. [표 6-20]

5) 논의

기술 교과 교과서 및 교수 · 학습 프로그램 교재에 대하여 바르게 인식하고 교육공학적 토대와 프로그램 교재 분석의 이론적인 근거를 마련하여 교수 설계 과정에 기초를 제공함으로써 기술 교과 교육의 수업 전략 설계와 교수 · 학습 프로그램의 교재 평가에 기초자료를 제공하기 위하여 기술교과 교육에서 문제 중심 프로그램의 교재 내용과 체제의 내적 분석을 위한 모형을 기술교과 교과서에 적용하여 내용과 체제를 분석한 결과, A출판사의 교과서는 학습 내용 선정 내적 준거(중요성, 타당도, 계열성, 지속성, 목표와의 관련성)와 학습 내용 선정 외적 준거(기술 교과 학습을 통한 현실적인 태도 배양과 발명품을 제작하는 것을 유용성, 사회적 요구를 반영)를 제시하여 잘 조직되어 있었고, A, B, C, D 출판사의 교과서 모두가 기술 교과 교육의 내용을 잘 반영하고 있어 구조적, 기능적, 간 학문적 통합의 유형을 지니고 제조, 건설, 수송 및 에너지, 정보통신, 생명기술의 5개 영역을 모두 다루고 제시한 것으로 분석되었다.

분석 결과 기술적 문제 유형은 4개의 교과서가 공통적으로 설계/혁신(기술의 발달과 미래사회 단원)과 발명(기술과 발명단원)의 지닌 것으로 분석되었고, 메이거의 학습목표 유형에 따라 분류하였을 경우 식별력, 조작력, 문제 해결력의 유형을 지니는 것으로 분석되었다.

분석 결과 교과서들은 명료성을 지닌 문장들로 구성되어 있었고, 국가수준 교육과정과의 조화를 이루고 있었으며 문제 중심, 프로젝트 중심 수업의 형태를 이루고 있었다. 또한 문제 상황, 사례제시의 형태로 동기를 유발하는 것으로 분석되었고, 수업에서의 학습자의 역할 및 준비에 대하여 설명하고 있었다.

또한 모든 교과서에서 용어 설명, 심화선택활동, 수준별 보충 실습, 보충학습 등을 제시하여 학습자 개인의 차이를 염두에 두고 학습 내용을 개별화하여 학습할 수 있도록 구성된 것으로 분석되었다.

다. Romey 기법에 의한 교과서 분석 연구

Romey의 기법은 교과서 연구의 정량적인 방법으로서, 현재 과학을 비롯한 사회, 예체능 등 다양한 영역에서 유용하게 사용되고 있으며 교과서의 내용과 특성을 수치화 하여 객관적으로 분석하고 결론을 도출하는 방법이다. William D. Romey(1968)는 저서 “Inquiring Teaching Science”에서 교사의 교과서 선택에 대한 기준을 제시하는 방법으로 교과서를 정량적인 비율로 평가하여 교과서의 내용이나 특성을 수치화하여 객관적으로 기술할 수 있는 분석법이다.

교과서가 어느 정도로 학생들의 탐구 활동을 유도하고 그러한 그 기회를 제공하는지에 대한 것으로서 분석 절차의 방법은 다음과 같다(Romey, 1988).

1) 교과서 본문 내용의 평가 (T : text analysis rating index)

책의 여러 부분에서 10여 페이지를 자유롭게 선정하여 25개의 문장을 한 덩어리로 하여 읽고, 아래의 분석 기준표에 열거된 범주 중 어느 하나에 각 문장을 지정한다. 단, 장의 소개, 표제, 그림의 설명, 보충·심화 학습, 단원 요약 등은 제외한다.

[표 6-21] Romey 기법의 교과서 본문 내용 평가에 따른 항목별 세부 내용

항목	내용
a. 사실의 진술	학생보다는 다른 사람에 의해서 만들어진 일부 자료나 관찰을 나타내는 간단한 진술로서 정의된다. 예를 들면 (서울대학교 사범대학 과학교육연구, 1983) • 전기력에는 인력과 척력이 있다. • 전자는 (-)극에서 (+)극으로 이동한다. • 물의 흐름에 방향이 있는 것과 같이 전류의 흐름에도 방향이 있다. • 전류의 방향은 실제 전자의 흐름과는 반대가 되는 방향이다.
b. 결론 또는 일반화	일련의 사실에 대한 항목들 사이에 관계나 뜻에 대해 저자의 의견을 나타내는 진술로 정의된다. 예를 들면 (서울대학교 사범대학 과학교육연구, 1983) • 여러 개의 전구를 직렬 연결한 경우에는 전체 저항이 각 저항의 합과 같다. • 털가죽이나 유리 막대에 발생한 전기를 양전하 또는 (+)전하라고 하고, 폴리에틸렌 막대나 명주 헝겊에 발생한 전기를 음전하 또는 (-)전하라고 한다. • 전하량 = 전류의 세기 × 시간이다.
c. 단순한 정의	어떤 개념의 뜻을 확정하여 명백하게 밝힌 진술이다. 예를 들면 • 두 물체의 접촉면에서 물체의 운동을 방해하는 힘을 마찰력이라고 한다.
d. 질문이 있고 난 다음에 즉시 교과서에 답이 나오는 진술	예를 들면 • 자석 이외에도 서로 끌어당기거나 밀어내는 힘이 작용하는 경우가 있을까? 플라스틱 책받침을 헝겊이나 옷에 문질러서 작은 종이 조각을 가까이 가져가면 종이 조각이 책받침에 달라붙는 것을 볼 수 있다.
e. 질문이 학생들에게 데이터를 분석할 것을 요구하는 진술	예를 들면 (서울대학교 사범대학 과학교육연구, 1983) • 전기 분해 장치에 모인 수소 부피의 합은 몇 ml인가? • 측정한 시간과 수소 부피와의 관계를 그래프로 그려 보라.
f. 학생들에게 자기 나름대로의 결론을 만들게 하는 진술	예를 들면 • 지구를 둘러싸고 있는 공기는 우주 공간으로 퍼져 나가지 않는다. 그 까닭을 중력과 관련지어 설명해 보아라.
g. 학생들에게 어떤 활동을 실행하고 분석하도록 하는 지시, 즉 학생에 의해 해결되어야 할 문제를 제시하는 진술	예를 들면 (서울대학교 사범대학 과학교육연구, 1983) • 스위치를 닫는 순간부터 1분 간격으로 발생한 수소의 부피를 측정하라. • 스위치를 닫고 한쪽 메스 실린더에 수소가 5ml정도 모였으면 스위치를 열고 그 부피를 측정하자.

h. 학생에게 흥미를 일으키지만 교과서에서 직접적인 답을 주지 않는 질문	예를 들면 (서울대학교 사범대학 과학교육연구, 1983) • 마찰할 대 물체는 어떻게 되어 전기의 성질을 띠게 될까? • 주전자의 물을 가열하며 비교적 빨리 더워지는 이유는 무엇일까?
I. 독자가 관찰해 보도록 지시하는 문장	• 학습 활동에서 점진적인 지시 • 위 범주에서 아무런 해당이 없는 문장
j. 수사적인 질문	

출처 : "Romey의 교과서 평가 방법을 이용한 제7차 교육과정에 따른 중학교 6종 과학 교과서의 탐구적 성향 분석", 김현정, 2002, 이화여자대학교 교육대학원 석사학위논문, p. 20~22에서 재구성.

위에 열거한 범주 a, b, c, d는 그 내용이 학생의 참여나 활동을 별로 요구하지 않는 내용으로서 이러한 범주에 속하는 대부분의 항목은 교과서를 권위주의적 및 비탐구적 경향으로 만드는 반면, 범주 e, f, g, h는 그 내용이 학생의 참여나 활동을 요구하는 것으로서 이러한 범주에 속하는 대부분의 항목은 교과서를 탐구적인 경향으로 만든다. i, j 범주는 교과서 내용상에 포함되어 있으나 과학적 탐구에서 책의 유용성에 대한 참된 취지를 갖지 못하므로 고려 대상에서 제외된다. Romey는 이상의 분류에 의하여 교과서의 본문 내용에 대한 교과서의 평가지수를 다음과 같은 식에 의해 산출하였다(김현정, 2002).

$$T = \frac{e+f+g+h}{a+b+c+d}$$

2) 교과서의 그림과 도표에 대한 평가(F.D : figure and diagram analysis)

책에서 10개에 해당되는 그림이나 도표를 임의로 선택하여 아래 범주 중 하나 또는 둘 이상으로 그림이나 도표를 나눈다.

[표 6-22] Romey 기법의 교과서의 그림과 도표에 대한 평가에 따른 세부 내용

a. 설명적인 목적을 위해 정확하게 사용
b. 학생들에게 어떤 학습활동이나 데이터를 사용하도록 요구
c. 학습 활동을 위한 실험 도구의 설치 방법을 설명
d. 위 범주에 속하는 것이 하나도 없다.

출처 : "2009개정 교육과정에 따른 기술·가정 1 교과서 기술영역에 관한 비교 분석", 이은정, 2013, 경북대학교 교육대학원 석사학위논문, p. 42에서 재구성.

교과서의 그림과 도표에 대한 평가 지수는 다음 식으로 계산하며, 탐구적·비탐구적 요소가 아닌 c, d는 관련지수 계산에서 제외한다.

$$F.D = \frac{b}{a}$$

교과서의 활동지수(A : activity index)

적이도 10면 정도를 무작위로 선정하여 학생들이 해야 하는 제시된 학습활동의 수와 면수에 따라 활동지수를 결정한다.

[표 6-23] Romey 기법의 교과서의 활동지수 평가에 따른 세부 내용

a. 발견된 학습활동 수
n. 면 수

출처 : "2009개정 교육과정에 따른 기술·가정 1 교과서 기술영역에 관한 비교 분석", 이은정, 2013, 경북대학교 교육대학원 석사학위논문, p. 42에서 재구성.

교과서의 활동지수는 다음과 같이 구한다.

$$A = \frac{a}{n}$$

교과서의 장이나 절의 끝부분에서의 질문에 대한 평가(Q : rating the question at the end)

각각의 다른 절의 끝에서 10개의 질문을 고른 후 각 질문을 아래와 같이 분류한다.

[표 6-24] Romey 기법의 교과서 장이나 절의 끝부분에서의 질문에 대한 평가지수 평가에 따른 세부 내용

a. 답을 직접 교과서에서 얻을 수 있는 질문
b. 정의
c. 그 장에서 학습한 것을 새로운 상황에 응용하도록 하는 질문
d. 학생 스스로 문제 해결을 하도록 요구하는 질문

출처 : "2009개정 교육과정에 따른 기술·가정 1 교과서 기술영역에 관한 비교 분석", 이은정, 2013, 경북대학교 교육대학원 석사학위논문, p. 43에서 재구성.

교과서의 장이나 절의 끝부분에서의 질문에 대한 평가는 다음의 식으로 구한다.

$$Q = \frac{c+d}{a+b}$$

장의 종합부분에 대한 평가

각기 다른 3개의 장에서 장을 종합한 부분을 선택하고, 선택된 3개의 장의 종합 부분에서 두 개의 절을 읽고 다음 범주 중 어느 하나에 나누어 본다.

[표 6-25] Romey 기법의 장의 종합부분에 대한 평가에 따른 세부 내용

a. 장의 결론이 그대로 반복된다.
b. 새로운 질문이나 교과서에 유용하지 않은 답이나 현대 과학 연구과제에 대한 답을 제기한다.

출처 : "Romey의 교과서 평가 방법을 이용한 제7차 교육과정에 따른 중학교 6종 과학 교과서의 탐구적 성향 분석", 김현정, 2002, 이화여자대학교 교육대학원 석사학위논문, p. 23에서 재구성.

장의 종합부분에 대한 평가지수는 다음과 같은 식에 의해 산출한다.

$$\text{Rm} = \frac{b}{a}$$

주관적 평가

평가지에 근거를 두어 그 책이 강좌 과정의 행동 목표에 잘 적합한지에 대하여 주관적인 의견을 써본다. 독서수준에 대한 의견과 교과서 내에 수학의 어려움 및 수업현장에서의 태도에 대한 여러 요인을 포함시킨다(김현정, 2002).

Romey 기법의 교과서 평가 지수 정리

[표 6-26] Romey 기법의 장의 종합부분에 대한 평가에 따른 세부 내용

구분		산출방법	의미
T	교과서 본문 평가지수	$T=\frac{e+f+g+h}{a+b+c+d}$	T값이 클수록 본문 내용 중 탐구적인 문장의 비중이 높다는 것을 의미
F.D	그림과 도표 평가지수	$F.D=\frac{b}{a}$	FD 값이 클수록 탐구적인 학습자료로서의 그림과 도표가 많다는 것을 의미
A	교과서 활동지수	$A=\frac{a}{n}$	A값이 클수록 교과서 내 탐구활동의 비중이 높다는 것을 의미
Q	교과서의 절이나 장의 끝부분에서의 질문에 대한 평가지수	$Q=\frac{c+d}{a+b}$	Q값이 클수록 학생 스스로 생각하고 응용하는 탐구적 성향의 질문이 높다는 것을 의미
Rm	장의 종합부분에 대한 평가지수	$\mathrm{Rm}=\frac{b}{a}$	Rm값이 클수록 장의 종합부분이 탐구적이라는 것을 의미

출처 : "중학교 2학년 기술 · 가정 교과서의 "재료의 이용" 단원에 대한 비교 분석 연구", 이영주, 2009, 경북대학교 교육대학원 석사학위논문, p. 27~28에서 재구성.

Romey 기법의 평가지수의 해석

Romey는 평가 지수의 값에 따라 교과서를 3가지 유형으로 분류하였다. 평가지수의 값에 따라 교과서의 유형을 분류하면 다음과 같다.

[표 6-27] Romey 기법의 평가지수 해석

평가지수	평가지수=0	0<평가지수≤0.5	0.5<평가지수≤1.0	1.0<평가지수≤1.5	평가지수>1.5
평가지수 해석	학습자의 참여나 활동이 전혀 없어 사실상 참여가 봉쇄 되었다.	학생의 활동 요구가 매우 적어 권위주의적 성향이 강한 편으로 탐구능력 배양이 어렵다.	탐구적 성향이기는 하나, 학생활동 요구가 적어 탐구교재로서의 성격이 미약하다.	탐구적인 내용이 많고 학습자료도 적절하여 탐구교재로서 가장 바람직하다.	문제만 제기하고 탐구적 성향이 지나쳐, 충분한 데이터를 제공하지 못하며 교과서 자료에 의한 탐구능력 배양이 어렵다.
교과서 유형	비탐구적인 교과서 권위주의적인 교과서		탐구주의적인 교과서		

출처 : "탐구적 과학지도기술", william.D.Romey, 1980, 전파과학사 참고로 재구성.

라. 기술교과서 분석을 위한 T-Romey 방법의 탐색

기술 영역 내용을 다음과 같은 유형으로 구분하여 분석할 수 있다.

교과서의 본문 내용이 탐구적인가, 권위적인가?

Romey 분석 방법 중 교과서 본문 평가 지수와 그림과 도표에 대한 평가 지수만을 사용한다. 이 두 지수에 대한 산술 평균을 이용하여 교과서의 본문 내용이 탐구적인지 권위적인지 분석한다.

교과서 본문 평가 지수(T)는 교과서의 여러 곳에서 무작위로 10면을 선정하여 표시한 후, 각각의 페이지에서 25개 문장을 읽고 유형에 따라 문장을 분류한다. 그리고 지수를 아래의 식에 근거하여 산출한다.

$$T = \frac{e+f+g+h}{a+b+c+d}$$

(a:사실의 진술, b:결론 또는 일반화, c:단순한 정의, d:질문 후에 바로 교과서에 답이 나온 경우, e:학생들에게 자료를 분석할 것을 요구하는 질문, f:학생들에게 자기 나름의 결론을 만들게 하는 진술, g:학생들에게 어떤 활동을 실행하고 분석하도록 하는 지식, h:학생들에게 흥미를 일으키지만 교과서 안에서 직접적인 답을 구할 수 있는 질문)

교과서의 그림과 도표에 대한 평가 지수(F.D)는 교과서 여러 곳에서 무작위로 10개의 그림이나 도표를 설정 표시한 후, 각 그림 또는 표를 분석하고, 유형 <Ⅱ-5>에 따라 분류한다. 그리고 지수를 아래의 식에 근거하여 산출한다.

$$F.D = \frac{b}{a}$$

(a:직접적 설명을 위한 목적, b:학생들에게 학습 활동이나 데이터 사용을 요구)

최종 판단은 두 지수의 산술평균($\frac{T+F.D}{2}$) 값을 구하고, 다음과 같이 해석한다.

i) $0 \leq \frac{T+F.D}{2} \leq 0.5$이면 권위주의적(비탐구적)인 교과서

ii) $\frac{T+F.D}{2} > 0.5$ 이면 탐구주의적인 교과서

단, $\frac{T+F.D}{2}$ > 1.5인 경우 문제만 제기하고 탐구적 성향이 지나쳐 충분한 데이터를 제공하지 못하며 교과서 자료에 의한 탐구능력 배양이 어려울 수도 있다.

각 영역(제조 기술과 자동화, 에너지와 수송 기술, 생명 기술과 미래의 기술)별로 제시되어 있는 문제해결 활동 부분의 문제 구조화 정도는 어떠한가?

문제해결 활동 부분에 제시된 문제를 구조화된 문제, 중간 구조화된 문제, 비구조화된 문제로 구분하기 위해 아래와 같이 범주를 나누어 5단계로 평정한다. (5점: 매우 그렇다, 4점: 그렇다, 3점: 보통이다, 2점: 그렇지 않다, 1점: 전혀 그렇지 않다.)

[표 6-28] 문제 구조화 정도 분석을 위한 평정 척도

범주	세부 내용	5단계 평정				
		5	4	3	2	1
패러다임 정도(A)	문제 해결 과정에서 새로운 패러다임을 요구하고 있는가?					
사고 과정 정도(B)	문제 해결 과정에서 확산적 사고를 요구하고 있는가?					
정보 제공 정도(C)	문제 해결에 필요한 정보가 제시되어 있지 않은가?					
산출물 정도(D)	문제 해결 시 산출물이 다양한가?					

범주(A, B, C, D)의 평정 값의 산술 평균($M=\frac{A+B+C+D}{4}$)을 구하고, 평균(M)에 따라 다음과 같이 해석한다.

i) 0 ≤ 산술 평균(M) ≤ 1.5 이면 구조화된 문제가 제시된 교과서
ii) 1.5 〈 산술 평균(M) ≤ 4 이면 중간 구조화된 문제가 제시된 교과서
iii) 4 〈 산술 평균(M) ≤ 5 이면 비구조화된 문제가 제시된 교과서

교과서 내용이 체험 활동적인가, 이론 지식적인가?

Romey 분석 방법 중 교과서 활동 지수(A)를 사용한다. 교과서 활동 지수는 10페이지 이상을 무작위로 선정하여 학생들이 수행해야 하는 제시된 학습활동의 수와 페이지 수에 따라 결정한다. 지수는 아래의 식에 근거하여 산출한다.

$$A = \frac{a}{n}$$

(a : 발견된 학습활동 수, n : 면 수)

최종 분석은 활동 지수(A) 값을 구하고, 다음과 같이 해석한다.

i) $0 \leq A \leq 0.5$이면 이론 지식적인 교과서

ii) $A > 0.5$ 이면 체험 활동적인 교과서

[표 6-29] T-Romey 분석 방법의 정리

유형	분석방법	평가지수 산출방법	평가지수 해석
교과서 본문 내용이 탐구적 vs 권위적	교과서 본문 평가 지수(T)와 그림과 도표에 대한 평가 지수(F.D)를 산출한 후 두 지수의 평균값을 이용	$T = \frac{e+f+g+h}{a+b+c+d}$ $F.D = \frac{b}{a}$	$0 \leq \frac{T+F.D}{2} \leq 0.5$이면 권위주의적(비탐구적)인 교과서 $\frac{T+F.D}{2} > 0.5$ 이면 탐구주의적인 교과서
문제 해결활동 부분의 문제 구조화 정도	패러다임 정도(A), 사고과정 정도(B), 정보 제공 정도(C), 산출물 정도(D)를 범주로 하여 5단계로 평정한 후, 그 값들의 산술평균(M) 이용	$M = \frac{A+B+C+D}{4}$	0≤산술 평균(M)≤1.5 이면 구조화된 문제가 제시된 교과서 1.5 〈산술 평균(M)≤4 이면 중간 구조화된 문제가 제시된 교과서 4 〈산술 평균(M)≤5 이면 비구조화된 문제가 제시된 교과서
교과서 내용이 체험 활동적 vs 이론 지식적	활동지수(A) 이용	$A = \frac{a}{n}$	0≤A≤0.5이면 이론 지식적인 교과서 A>0.5이면 체험 활동적인 교과서

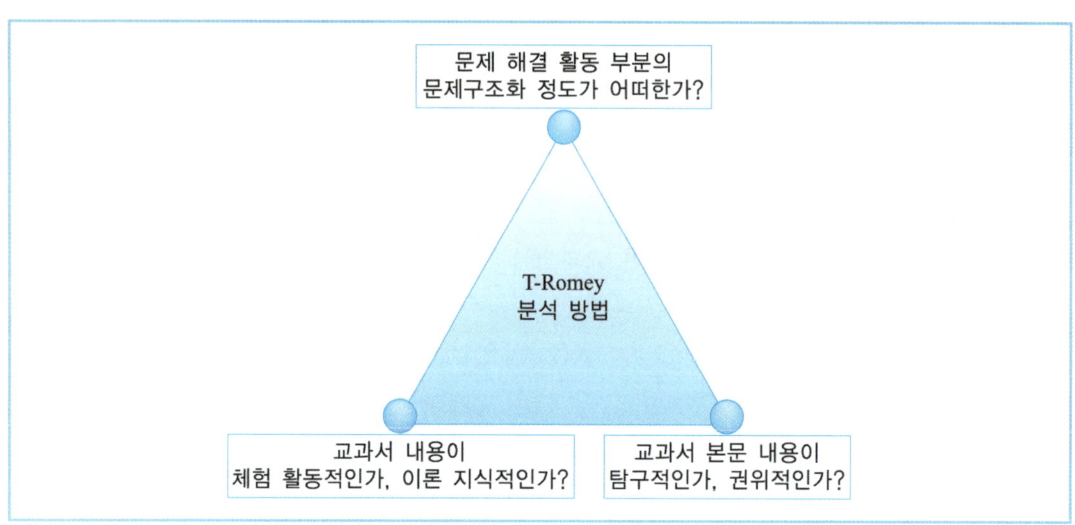

<그림 6-9> T-Romey 분석 방법의 모형

탐구문제

1. 교육공학의 개념과 영역을 도식화 해 보자.

2. 다음은 최근의 교육공학의 새로운 용어이다. 그 의미를 비교해 보자.
 • 유비쿼터스 • e-러닝 • 모바일 러닝 • u-러닝
 • 네티즌(netizen) • 유비티즌(ubitizen) • 전자책 • 전자교과서

3. 다음은 교수설계 이론과 모형들이다. 각 모형을 교수설계 이론, 교수설계 모형, 교수매체 선정으로 분류를 하고, 각각의 이론을 마인드맵으로 정리해 보자.
 • Gagne-Briggs의 교수설계 이론
 • Merrill의 내용요소 전시 이론(Component Display Theory: CDT)
 • Merrill의 교수교류 이론(Instructional Transaction Theoroy: ITT)
 • Reigeluth의 수업 정교화 이론(Elaboration Theory of Instruction: ETI)
 • Keller의 동기설계 이론(ARCS이론)
 • Dick & Carey의 체계적 교수설계 모형
 • Kemp의 교수설계 모형
 • ASSURE 모형

5. 2015 개정 기술가정 교과서 개발 현황(중학교 및 고등학교)을 조사해보자.

6. 교과서 분석의 방법과 준거들을 정리하고 어떠한 특징이 있는지 비교해 보자.

7. Romey 지수에 의한 교과서 분석 방법을 설명해 보자.

주제를 확장하는 토의·토론 과제

1. 유비쿼터스를 학습 체제를 활용한 새로운 교육공학 도입의 사례를 국내·외에서 조사해 보자.

2. 교수설계 이론과 모형들 중에서 한 가지를 선정하여 실제로 기술교과에서 적용 방안을 탐구하여 발표해 보자.
   - Gagne-Briggs의 교수설계 이론
   - Merrill의 내용요소 전시 이론(Component Display Theory: CDT)
   - Merrill의 교수교류 이론(Instructional Transaction Theoroy: ITT)
   - Reigeluth의 수업정교화 이론(Elaboration Theory of Instruction: ETI)

3. 기술교과에서 한 단원을 선정하여 다음 모형 중 하나를 선정하여 수업을 설계해 보자.
   - Dick & Carey의 체계적 교수설계 모형
   - Kemp의 교수설계 모형

4. ASSURE 모형을 적용하여 기술교과에서의 매체선정 방안을 실제로 적용해 보자.

5. 2015 기술·가정 교과서의 한 권을 선택하여 교과서의 체제상의 특징을 조사하여 발표해보자.

6. 기술 교과서에서 분석가능한 T-Romey 교과서 분석 방법의 특징을 설명하고, 기술 교과서의 지향을 토의해보자.

7. 교육에서의 인공지능 활용의 가능성과 한계점을 토의해 보자.

참고문헌

강원석 · 고영문 · 안상한 · 이진우 · 전철만(2008). 발명세계에서 살아남기Ⅷ. 대구광역시 교육과학연구원 발명교육센터.

강인애(1998). 왜 구성주의인가?. 정보화 시대와 학습자 중심의 학습환경. 문음사.

강인애(1999). 구성주의에 관한 몇 가지 질문. 교육개발, 봄호. 100-107. 한국교육개발원.

강지숙. (2011). Critical Literacy 수업을 위한 분석도구 개발. 석사학위논문, 한국교원대학교, 청주.

강향녀(1990). 초등학교 실과 교육과정 및 교과서 변천과정. 숙명여자대학교 교육대학원 석사학위 논문.

고재희(2008). 통합적 접근의 교육방법 및 교육공학. 서울: 교육과학사.

곽병선(2014). 미래 지향적 교과서관. 이정기. 2014 국제교과서심포지엄. 한국교과서연구재단, 서울.

곽상만(1984). 중학교 기술과 교육과정 국제동향연구. 한국교육개발원.

교육과학기술부(2007). 실과(기술 · 가정)교육과정. 대한교과서주식회사

교육과학기술부(2011). 교육과학기술부 고시 제 2011-361호에 따른 실과(기술 · 가정) 교육 과정. 서울: 교육과학기술부.

교육부(1992). 중학교 교육과정. 대한교과서주식회사.

교육부(1997a). 실과(기술 · 가정) 교육과정. 대한교과서주식회사.

교육부(1997b). 중학교 교육과정 해설(Ⅲ) : 수학, 과학, 기술 · 가정. 1997-15호.

교육부(1999a). 초등학교 교육과정 해설(Ⅳ) - 수학, 과학, 실과. 대한교과서주식회사.

교육부(1999b). 기술 · 가정 교육과정 해설. 대한교과서주식회사.

교육부(2000). 중학교 교육과정. 대한교과서주식회사.

교육부(1992). 기술. 산업과 교육 과정 해설. 서울: 교육부.

교육혁신위원회(2005). 직업교육체제 혁신방안. 서울: 교육혁신위원회.

권낙원(1991). 교과서 쪽수에 관한 연구. 한국2종교과서협회.

권리라(1998). 중학교 가정 교과서 선정 기준에 관한 연구. 한국교원대학교 대학원 석사학위 논문.

권성호(1998). 교육공학의 탐구. 서울: 양서원.

기남호(2004). 초 · 중등학교 실과(기술 · 가정) 교과서 내적 체제의 비교 분석. 경인교육대학교 교육대학원 석사학위 논문.

김동하 외(2008). 창의공학 기술 문제 해결 프로젝트. 홍진출판인쇄사.

김동하(2009). 기술 교과 교육에서 문제 중심 프로그램의 교재 내용과 체제의 내적 분석을 위한 모형 개발 및 타당화. 충남대 석사학위 논문.

김동하. (2009). 기술 교과 교육에서 문제 중심 프로그램의 교재 내용과 체제의 내적 분석을 위한 모형 개발 및 타당화. 석사학위논문, 충남대학교, 대전.

김만곤 · 김정호 · 이춘식 · 김재준 · 이림. (2014). 교과서 선정제도 개선방안 연구. 서울: 한국교과서연구재단.

김상우(2002). 제6차와 제 7차 교육과정에 따른 초등학교 실과 교과서의 체제 비교. 한국교원대학교 교육대학원 석사학위 논문.

김석우 · 최태진(2007). 교육연구방법론. 학지사.

김숙진(1995). 교과서 선정을 위한 중등학교 과학 교과서 평가틀 개발. 이화여자대학교 교육대학원 석사학위 논문.

김용화(1990). 우리나라 교과서 제도 변천에 관한 연구. 숙명여대 교육대학원 석사학위 논문.

김인숙(2002). 제 7차 교육과정에 따른 중학교 국어 교과서 체제 및 상관성 연구 : 중학교 2학년 교과서를 중심으로. 한국외국어대학교 교육대학원 석사학위 논문.

김정모(2009). 한국과 일본의 중학교 기술 · 가정 교과서 제조 기술 영역 내용 비교. 한국교원대학교 교육대학원 석사학위 논문.

김정섭(2006) 한국과 일본 중학교 기술 · 가정 교과서의 전기 · 전자 내용의 분석 한국교원대학교 교육대학원 석사학위 논문.

김정호 · 윤현진 · 황혜정 · 이선경 · 박소영(1988). 교과서 모형 개발 연구. 한국교육과정평가원 연구보고 RRE 98-8.

김정호 · 이춘식 · 김광민 · 유영희(2002). 실제 7차 교육과정에 따른 교과용 도서 검정 체제 연구. 한국교육과정평가원 연구보고. RRC 2002-1301.

김지숙 · 최유현(2001). 초등 실과의 공업기술영역에서 ICT의 두 가지 접근 방법 : 내용과 방법. 한국실과교육학회지. 14(1). 한국실과교육학회. 37-54.

김진숙(1998). 문제해결과 교과서 문제의 교육과정적 의미. 교육과정연구, 16(2). 205-226.

김태영 외(2005). 미래교육 시나리오에 기반한 e-러닝 표준화 로드맵 V2 연구. 한국교육학술정보원 연구보고서 KR2005-28.

김하연(2007). Romey 방법에 의한 제 7차 교육과정 고등학교 생물 I 교과서의 탐구적 성향 분석. 석사학위 논문, 성균관대학교, 서울.

김현정(2002). Romey의 교과서 평가 방법을 이용한 제7차 교육과정에 따른 중학교 6종 과학 교과서의 탐구적 성향 분석 : 에너지 영역을 중심으로. 석사학위논문, 이화여자대학교, 서울.

노명완 · 정혜승 · 윤준채 · 박성진 · 김종윤 · 오택환(2004). 교과용 도서 내적체제 개선에 관한 연구. 한국교과서연구재단 연구보고. 04-01.

노명완 · 정혜승 · 윤준채(2004). 교과용 도서 내적 체제 개선에 관한 연구. 서울: 한국교과서연구재단.

노석구(1995). 남북한 초 · 중등 과학 교과서의 화학 내용 비교. 박사학위논문, 서울대학교, 서울.

류지헌(1995). 학교학습에서의 구성주의적 접근에 대한 고찰. 육사논문집. 49. 549-576.

류창열(2006). 개정판 기술교육원론. 충남대학교 출판부.

문대영(2003). 초등학교 실과 정보통신기술 영역의 교과서 내용 분석 : ISSS를 기준으로.

문선모(1997). 교재학습연구. 학지사.

민병덕(1991). 교과서의 판형에 관한 연구. 한국2종교과서협회.

박선애(2000). 초등학교 실과교과서 평가를 위한 영역과 요소 개발. 한국교원대학교 대학원 석사학위 논문.

박성익 외 3인(2007). 교육공학 탐구의 새 지평. 서울: 교육과학사.

박수진(2013). 문제의 구조화 정도에 따른 팀 문제해결 학습에서 초등학교 발명영재의 상호작용 분석. 박사학위논문, 충남대학교, 대전.

박용조(2003). 중학교 기술 · 가정 교과서와 컴퓨터 교과서의 컴퓨터 단원의 내용 비교 분석.한국교원대학교 교육대학원 석사학위 논문.

박윤미(1986). Romey법을 중심으로 한 고등학교 화학교과서의 정량적 분석. 석사학위논문, 이화여자대학교,

서울.

박은신(2004). 현행 중학교 7-가 수학 교과서의 비교 · 분석 연구 : 수학과 8종 교과서를 중심으로. 목포대학교 교육대학원 석사학위 논문.

박정선(2008). Romey 방법에 의한 고등학교 기술 · 가정교과서 '건설기술의 기초' 단원 비교 분석. 석사학위논문, 경북대학교, 대구.

백영균 외(2006). 교육방법 및 교육공학. 서울: 학지사.

변영계(1999). 교수 학습이론의 이해. 서울 : 학지사.

부산광역시교육청(2019). 인공지능 기반 교육 가이드북. 부산광역시교육청(부산교육 2019-130).

석재호(2009). 고등학교 기술 · 가정 교과서 '에너지와 수송기술' 단원 비교 분석. 석사학위논문, 경북대학교, 대구.

손다미(2010). 중학교 기술 · 가정 교과 기술영역 교과서 내적 체제의 비교 분석. 충남대 석사학위 논문.

신세호 외(1977). 새교과서 모형개발에 관한 연구 : 초등학교 사회과 교과서를 중심으로. 한국교육개발원 연구보고, 54.

신재호(2001). 제 7차 교육과정에 의한 중학교 과학1 교과서 비교 연구 : 물질영역을 중심으로. 대구대 교육대학원 석사학위 논문.

안광식 · 최완식(2006). 중학생들의 성별에 따른 다중지능과 기술적 문제해결력과의 관계. 대한공업교육학회, 13(2), 64~82.

오지영(2007). 실과와 기술 · 가정의 내적체제와 연계에 관한 연구 : 전기 · 전자 단원을 중심으로.실 공주교육대학교 교육대학원 석사학위 논문.

유순아(2000). 국내외 초등 미술교과서 체제 비교 분석과 개선방안에 대한 연구. 인천교육대학교 교육대학원 석사학위 논문.

윤복수(2000). 제 5차 및 제 6차 교육과정에 의한 수학과 교과서 비교분석연구 : 초등학교 및 중학교 1학년을 중심으로. 공주대학교 교육대학원 석사학위 논문.

이경호(2000). 중학교 기술 교과서의 외형 체제와 내용 제시 방식 분석. 한국교원대학교 교육대학원 석사학위 논문.

이돈희(1991). 교과서 평가의 기준 체제. 교과서 연구, 제 11호. 5-11.

이영주(2009). 중학교 2학년 기술 · 가정 교과서의 "재료의 이용" 단원에 대한 비교 분석 연구. 석사학위논문, 경북대학교, 대구.

이용환 · 최유현 · 이한규 · 한지영 · 방재현(2004). 기술적 소양의 개념 구조에 터한 초 · 중등학교 실과(기술) 교과서 내용 분석과 개선 방안. 교과교육공동연구사업.

이은상(2013). 기술교과 정보통신기술 단원에서 STEAM 적용 수업이 중학생의 기술적 사고 성향에 미치는 효과. 석사학위논문, 충남대학교, 대전.

이은정(2013). 2009개정 교육과정에 따른 기술 · 가정 1 교과서 기술영역에 관한 비교 분석. 석사학위논문, 경북대학교, 대구.

이인효 · 이나미 · 김양분 · 황혜정 · 김정원 · 유용식(1997). 열린교육을 위한 교육과정 재구성 및 수업방법 실행연구. 한국교육개발원.

이재신(1979). 문제해결 과정과 문제해결 성취와의 관계에 관한 연구. 서울대학교 대학원 교육학 석사학위 논문.

이재원(1986a). 기술교과 내용의 구조화와 교수 · 학습전략에 관한 연구. 충남대학교 공업교육연구소 논문집, 8(3), 1-9.

이재원(역)(1984). 실과 지도의 원리와 실제(Nolker & Schoenfeldt(1980)'s Berufbildung). 서울 : 성안당.

이정훈(2007). 중등 기술교과교육에서 발명교육 내용의 구성 체계. 석사학위논문, 충남대학교, 대전.

이종국(1989). 교과서관과 교과서 연구. 한국출판학연구. 1989.12. 177-212.

이춘식(1996). 교과서의 일반적인 구성 요건에 의한 중학교 기술·산업 교과서의 내용 분석. 한국직업교육학회, 15(1)

이춘식 · 이수정(2003). 중학교 기술 · 가정과 교수 학습 방법과 예시 자료 개발 연구. 한국교육과정평가원.

이태호(1999). 교육과정 변천에 따른 생물교과서 유전 분야의 내용분석. 한국교원대학교 대학원 석사학위 논문.

이화여자대학교 교육공학과(2006). 교육공학. 서울: 교육과학사.

임경진(2007). 제7차 교육과정의 미술 교과서에 관한 연구 : 중학교 3학년 교과를 중심으로. 단국대학교 석사학위 논문.

임윤진(2014). 기술적 문제해결 사고력 검사도구 개발 및 타당화. 박사학위논문, 충남대학교, 대전.

전국기술교사모임(2005). 전국기술교사모임자료집. 경희정보인쇄사.

전성연 외(2007). 현대 교수학습의 이해. 서울: 학지사.

전혜옥(2000). 제 6, 7차 교육과정 비교 연구 : 빛과 파동 단원 중심으로. 공주대학교 교육대학원 석사학위 논문.

정찬섭(1992). 교과서의 판형, 글자 배열 방법, 활자 크기 및 지질에 관한 체재 분석. 교과서연구, 13('92.9). 14-34.

조영남(1998). 구성주의 교수학습관. 김종문 외, 구성주의 교육학. 서울 : 교육과학사. 151-180.

조영미(2001). 한국 · 중국 초등학교 자연과 교육과정 및 교과서 비교. 인천교육대학교 교육대학원 석사학위 논문.

조예현(2014). STEAM 프로그램 분석도구 개발. 석사학위논문, 한국교원대학교, 청주.

진재관 · 서지영 · 김국현 · 이난영 · 조아라(2007). 교과용 도서 평가 연구(Ⅰ) : 질 관리 체제 구축을 중심으로. 한국교육과정평가원 연구보고. RRC 2007-5.

최규만(1993). 교과서 외형적 체제의 시대적 비교. 한국교원대학교 대학원 석사학위 논문.

최유현 외(2008). 공학교수학습 모형과 전략. 대한인쇄사.

최유현(2010a). 기술교과 교육의 탐구. 서울: 형설출판사.

최유현(2010b). 기술교과 학습의 탐구. 서울: 형설출판사.

최유현 · 문대영 · 이진우(2008). 기술 문제 해결 프로젝트. 충남대학교출판부.

최유현 · 유태명 · 김용익 · 진의남(2003). 실과(기술 · 가정) ICT 활용 교수 · 학습방법 및 예시자료개발 연구. 한국교육학술정보원.

최유현 · 유태명 · 김용익 · 진의남(2004). 실과(기술 · 가정) 교육에서의 ICT를 활용한 교수 · 학습방법 및 자료 개발 연구. 한국기술교육학회지. 5(1).

추병완 · 최근순(역)(1999). 구성주의 교수 · 학습론(Brooks & Brooks's The Case for Constructivist Classrooms). 서울 : 백의.

하원규 외(2003). 유비쿼터스 IT 혁명과 제3공간. 전자신문사.

한국교육개발원(1995). 교과서 정책과 내용 구성 방식 국제 비교.

한국교육과정평가원(2020). 학교 교육에서 인공지능(AI)의 개념 및 활용. KICE Position Paper 2020. 6. 30.

제12권 제3호(통권 제74호)

한상용 외(2003). 모바일 컴퓨터 환경의 교육적 활용 방안 연구. 한국교육학술정보원 연구보고서 KR2003-2.

허강 · 최영복 · 곽상만 · 함수곤 · 강환동 · 현영호(2002). 한국의 검인정 교과서 변천에 관한 연구. 한국교과서 연구재단 연구보고서 02-03.

허영준(2008). 농업문해의 내용영역, 하위요소 및 성취기준 개발. 박사학위논문, 서울대학교, 서울.

허혜연(2014). 중학교 기술 교과 실습 주제 선정 영향 요인의 우선순위에 관한 연구. 석사학위논문, 충남대학교, 대전.

홍영지(2013). 중학교 기술교과에서 개념스케치를 활용한 문제해결학습이 메타인지에 미치는 효과. 석사학위논문, 충남대학교, 대전.

홍후조(2002). 교육과정의 이해와 개발. 문음사.

Alister, J. (2002). Learning Technological Concepts and Process. Gwyneth Owen-Jacson(ed.). Teaching Design and Technology in Secondary Schools. London and New York : The Open University. 79-91.

Arends, R, I.(1994). *Learning to Teach*. 3rd Edition. McGraw-Hill, Inc., New York.

Brooks, J. G. & Brooks, M. G. (1993). *The Case for Constructivist Classrooms*. ASCD.

Brown, J. W., Lewis, R. B., & Harcleroad, F. F.(1983). *Instruction:Technology*, Media and Methods(6th Ed.). Mc Graw-Hill.

Cheek, Dennis W. (1992). *Thinking Constructively about Science, Technology, and Society Education*. State Univ. of New York Press.

De Vries, M. J. (1997). Science, Technology and Society : A Methodological Perspective. International Journal of Technology and Design Education. 7. 21-32.

Eggleston, John. (1992). *Teaching Design and Technology*. P. A. : Open University Press.

Fasciato, M. (2002). Designing-What Does It Mean at Key Stages 2 and 3 Sayers, S., Morley, J. & Barnes, B. (ed.). Issues in Design and Technology Teaching. Routledge, Falmer. 27-42..

Frazee, B. M. & Rudnitski, R. A. (1995). *Integrated Teaching Methods : Thoery, Classroom Applications, and Field-Based Connections*. New York : Delmar Publishers.

Gall, M. D.(1981). *Hand book for Evaluating and Selecting Curriculum Materials*. Allyn and Bacon. Boston. U.S.A

Gwyneth Owen-Jackson(ed.). (2002). Teaching Design and Technology in Secondary Schools. London and New York : The Open University.

Gwyneth Owen-Jackson. (2001). Developing Subject Knowledge in Design and Technology : Developing, Planning and Communication Ideas. Trentham Books. The Open University.

Henderson, J. G. (1996). *Reflective Teaching : The Study of Your Constructivist Practice*. Englewood Cliffs, N. J. : Prentice-Hall.

Holsti, O, R. (1969). *Content Analysis for the Social Sciences and Humanities*. Reading, MA: Addison-Wesley.

Howard-Jones, P. A. (2002). A Dual-State Model of Creative Cognition for Supporting Strategies that

Foster Creativity in the Classroom. *International Journal of Technology and Design Education, 12.* 215-226.

International Technology Education Association(2003). *Advancing Excellence in Technological Literacy : Student Assessment, Professional Development, and Program Standards.* Reston, V. A. : Author.

ITEA-CATTS.(2005). *Invention and Innovation : A Standards-Based Middle School Model Course Guide, Engineering By Design.* International Technology Education Association.

__________(2006). *Technological System(MS-3) : A Standards-Based Middle School Modes Course Guide, Engineering By Design.* International Technology Education Association.

Keeves, J. P. (1997). *Historiography in the twentieth century; From scientific objectivity to the postmodern challenges.* Wesleyan University Press.

Kemp, W. H. & Schwaller, A. E. (1988). Introduction to Instructional Strategies. Kemp, W. H. & Schwaller, A. E. (ed.). *Instructional Strategies for Technology Education*, 36th Yearbook. Council on Technology Teacher Education. 16-34.

Krippendorff, K. (1980). *Content Analysis : An Introduction to Its Methodology.* Newbury Park, CA : Sage.

Lawshe, C.H. (1975). A quantitative approach to content validity. *Personel Psychology, 28*(4). 563-588.

Lu, J. J. & Harris, L. A. (2018). *Artificial Intelligence(AI) and Education.* Congressional Research Service. Washington D.C.

Luckin, R., Holmes, W., Griffiths, M., & Forcier, L. (2016). *Intelligence unleashed: An argument for AI in education.* Open Ideas at Pearson.

Mayring, P. (2000). Qualitative Content Analysis. *Forum Qualitative Sozial for scbung / Forum: Qualitative Social Research, 1*(2). Available from : http://www.qualitative-research.net/fqs-teste/2-00/2-00mayring-e.htm.

McCormick, R. (2002). Capability Lost and Found?. Gwyneth Owen-Jacson(ed.). Teaching Design and Technology in Secondary Schools. London and New York : The Open University. 92-108.

Melton, R. F.(1982). *Instructional Models for Course Design & Development. Educational Technology Pub.* New Jersey.

Nathenson, M. B., Henderson, E. S. (1980). *Using Student Feedback to Improve Learning Material.* Croom Helm. London.

Pierce, A. J. & Karwatka, D. (1999). *Introduction to Technology.* Glencoe MacGraw-Hill.

Raizen, S. A. et. al. (1995). Technology Education in the Classroom-Understanding the Designed World. San Francisco : Jossey-Bass Publishers.

Reigeluth, Charles M. (2005): 교수설계 이론과 모형, (최욱 외 8 역.). 서울: 아카데미프레스. (원저 1999 출판).

Romey,W.D. (김현재, 임영득 편역). (1998). **탐구적 과학지도 기술**. 전파 과학사.

Sari, I. F., Reigeluth, C. M.(1982). *Writing and Evaluating Textbooks : Contributions from Instructional Theory.* In D. H. Jonassen(Ed.), The Technology of Text. Educational Technology Pub. New Jersey.

Sayers, S., Morley, J. & Barnes, B. (ed.). (2002). Issues in Design and Technology Teaching. Routledge,

Falmer.

Schwaller, A. E. (1995). Instructional Strategies for Technology Education. Martin, G. E. (ed.). *Foundations of Technology Education. Council on Technology Teacher Education*. Glencoe : McGraw-Hill. 432-442.

Shepard, L. A. (1989). Why We Need Better Assessments. *Educational Leadership, 46*(7). 4-9.

Showstack, R.(1982). *Printing : the next stage : discourse punctuation.* In The technology of text. In D. H. Jonassen(Ed.), pp.369-376. Educational Technology Publications, New Jersey.

Silvius, G. H., & Bohn, R. C.(1976). *Planning and Organizing Instruction, Mc Knight Pub.*(2nd Ed.). U.S.A

Spencer, K.(1988). *The Psychology of Educational Technology and Instructional Media. Rout ledge.* London.

Stemler, S. (2001). An overview of content analysis. *Practical Assessment, Research & Evaluation, 7*(17). Available from : http://PAREonline.net/getvn.asp?v=7&n=17.

찾아보기

INDEX

기술교육과정 탐구

초판 1쇄 발행 / 2023년 3월 31일
초판 2쇄 발행 / 2026년 2월 27일

저자 최유현
발행처 형설출판사
경기도 파주시 회동길 37-23 · 전화 (031) 955-2361～4 · 팩시밀리 (031) 955-2341
발행인 장진혁
등록 라 - 제9호 · 1962년 5월 1일
홈페이지 http://www.hyungseul.co.kr
e-mail hs@hyungseul.co.kr

정가 27,000원

ISBN 978-89-472-8651-0 93370

기술교육과정 탐구

The Study of Technology and Engineering Education